Performance Management

绩效管理

21世纪高等院校
人力资源管理精品教材
Elaborate Textbooks on HRM for Higher Education

U0674957

第五版
5th edition

林新奇 / 著

东北财经大学出版社
Dongbei University of Finance & Economics Press
大 连

图书在版编目（CIP）数据

绩效管理 / 林新奇著. —5版. —大连：东北财经大学出版社，
2023.8（2024.11重印）
（21世纪高等院校人力资源管理精品教材）
ISBN 978-7-5654-4904-8

Ⅰ. 绩…　Ⅱ. 林…　Ⅲ. 企业绩效－企业管理－高等学校－教材
Ⅳ. F272.5

中国国家版本馆CIP数据核字（2023）第134280号

东北财经大学出版社出版
（大连市黑石礁尖山街217号　邮政编码　116025）
网　　址：http://www.dufep.cn
读者信箱：dufep@dufe.edu.cn

大连图腾彩色印刷有限公司印刷　东北财经大学出版社发行
幅面尺寸：185mm×260mm　　字数：381千字　　印张：18.75
2023年8月第5版　　　　2024年11月第2次印刷
责任编辑：石真珍　　　　　　　　责任校对：何　群
封面设计：张智波　　　　　　　　版式设计：原　皓

定价：49.00元

总序

改革开放以来，我国经济和社会发展取得了举世瞩目的巨大成就。从人力资源开发的角度来看，我国改革开放的一切成就无不得益于人性解放所爆发出的社会与经济能量。正是在市场经济条件下，人力资源向人力资本转化并不断积聚和集中，从而形成巨大的物质力量，推动了中国经济社会的强劲发展。确立建设人力资源强国战略和持续投入人力资本，是进一步推动国家发展、社会进步、人民生活水平提高的不竭动力。纵观历史，劳动力转化为商品、人力资源转化为人力资本的当代，是人类历史上最为辉煌的时代。从世界范围来看，所有发达国家都高度重视人力资本的投入，发展最快的发展中国家都处在人力资源利用效率最高的历史时期。展望未来30年，世界经济的竞争将是人力资本的较量，支撑中国和平崛起的根本动力是人力资源开发所释放出来的巨大能量。

中华人民共和国成立70多年尤其是改革开放40多年的历史，是一部转变人的分工角色、社会身份的历史，是不断解放人的思想、调整分配关系、提高人力资源利用效率的历史。因此，无论是短期设计还是从长计议，都必须深入贯彻以人为本的发展观，大幅度提高社会保障度，大幅度提高劳动者的工资，积极转变人们的社会身份，把世界上最丰富的人力资源转化为人力资本，迅速增加人力资本的存量和总量，大力推进人力资源管理向人力资本经营转化。显然，人力资源开发与管理的理论研究和实际应用，是一项充满挑战和希望的伟大事业；建立具有中国特色、与国际接轨的人力资源开发与管理体系，是我们追求的宏大目标。

目前，我国高水平的人力资源管理专业人才与经济社会发展的需求之间存在很大缺口，编撰一套好的教材是推进人力资源管理专业发展和提升我国人力资源开发与管理水平的需要。为此，东北财经大学出版社组织多所知名高校人力资源管理专业的资深教师，联合打造了"21世纪高等院校人力资源管理精品教材"。本系列中各书的主编均为学有成就的教授和研究生导师，他们丰硕的科研成果和教学经验，足以保证这套教材达到精品水平。

有优秀作者的大力支持，有策划者的努力付出，有良好的财经教育出版平台，相信本套教材的出版能创造很好的社会价值，对我国人力资源管理实践的发展、人力资源管理学科的发展和人力资源管理专业人才的培养产生积极的作用。

刘福垣

第五版前言

承蒙广大读者的厚爱和东北财经大学出版社的大力支持,《绩效管理》自2009年出版以来不断再版、重印,我深感荣幸和鼓舞。本书第四版修订于2020年7月。经历3年新冠肺炎疫情,我们迎来了奋力推进中国式现代化建设的新时期,《绩效管理》第五版也不失时机地修订出版了!

其间,中国经济社会发展历经重大变革,管理理论与实践也深刻进化,特别是国内外市场环境急剧变化,中国式现代化建设高歌猛进。千秋基业,人才为本。党的二十大报告指出"教育、科技、人才是全面建设社会主义现代化国家的基础性、战略性支撑",强调"必须坚持科技是第一生产力、人才是第一资源、创新是第一动力""加快建设教育强国、科技强国、人才强国,坚持为党育人、为国育才"。这些要求为做好新时代的人才工作提供了科学指南和根本遵循。为此,第五版在保留上一版比较完整并具备前瞻性的内容体系、维持基本理论和内容相对稳定的基础上,根据与时俱进和适度原则,修订并增补了绩效管理发展的最新趋势、典型企业的最新案例以及"拓展阅读"栏目(二维码资源)等内容。同时,围绕立德树人根本任务,在理论知识、案例资料和"学思践悟"栏目中融入课程思政元素和党的二十大精神,寓价值塑造于知识传授和能力培养之中。另外,与本书配套的网络教学资源包也获得了大家的喜爱和好评,本次修订在实时更新完善的基础上一并呈现。

值此第五版付梓之际,作者谨再次向广大读者和同行朋友致以衷心的感谢和祝福!同时向东北财经大学出版社的工作人员表示诚挚的谢意和敬佩!

原创教材的研磨是一个长期的过程,欢迎大家在教与学过程中一如既往地提出宝贵意见和建议。联系方式:电子信箱 linxq@ruc.edu.cn;微信公众号"新新HR管理"(ID:xinxinHRM)。

林新奇

2023年6月于中国人民大学苏州校区

代序言：中国式绩效管理的前途[①]

在这辞旧迎新的时刻，我很高兴有机会站在这里和大家一起分享中国第一个HR DAY的喜悦，同时向大家汇报这些年来我对人力资源管理，特别是中国式绩效管理的一些心得和体会。

2008年注定是一个要载入史册的不平凡的年份，因为这一年我们经历了太多太多的欢喜和悲伤，太多太多的光荣与梦想。值此岁末年初之际，我们情不自禁地要回顾过去、展望未来。这是什么？这就是"绩效管理"！

总结和评价2008年，日本人在众多的汉字中选择一个"变"字。日语中"变"字既有改变的意思，也有困难、不可思议的意思。美国人用了一个"CHANGE"，就是奥巴马竞选总统的口号和宣言，这与日本人的"变"字可以说基本上心意相通，十分理性。我们中国人呢？我们选出的汉字是一个"殇"字！望着这个"殇"字，我们不禁感慨万千，泪流满面。它是那么悲壮，那么带有感情色彩。这是什么？这就是"中国式绩效管理"！

探讨"中国式绩效管理的前途"，也许需要回答四个问题：一是为什么要研究"中国式绩效管理"，其意义何在？二是如何定义"中国式绩效管理"，其特点是什么？三是绩效管理在中国经历了什么样的发展过程，有哪些发展阶段？第四才是对"中国式绩效管理的前途"的展望。今天没有时间展开探讨这么多问题，我想择其要点简单地说说我的一些不成熟的看法，希望引起大家的关注和讨论。

我认为，探讨"中国式绩效管理"的视角，包括探讨"中国式管理"或"中国式人力资源管理"的视角，应该有两个：一个是对现实的总结和归纳，它属于"过去时"和"承认式"；另一个是对应有状态的设计和探索，它属于"未来时"和"实践式"。我一直不认为"中国式管理"就等于古典管理或是对传统管理思想的提炼与总结，而且我也一直认为"中国式管理"正处在一个探索的进化过程之中。所以，我不主张采取第一个角度，即仅仅对现实进行总结和归纳，而主张应该结合其过去和现实，采取一种"未来时"和"实践式"的视角。

这些年来，"中国式绩效管理"一直在质疑声中前行。有人认为20世纪90年代从美国引进的所谓绩效管理并不适合中国的国情，有人认为搞绩效管理是出力不讨好，劳民伤财，还有人甚至列出了在中国进行绩效管理的"五宗罪"。数年前日本有人提出"绩效主义毁了索尼"，传到中国，网上反响很大。虽然还没有什么人发出"绩效主义毁了联想"或"绩效管理毁了海尔"的感叹，但是质疑总是存在的，绩效管理似乎成了一根鸡肋，或是一个例行的仪式。每到岁末年初，

① 本文系作者2008年12月29日在中国人民大学劳动人事学院举办的首届中国HR节上的演说词底稿。

这种质疑声就更加强烈。

根据相关的调查和研究，之所以出现上述状况，主要是中国企业在引进和使用欧美式绩效管理的过程中，一直存在以下几个迷局，而这也可以看作基于"过去时"和"承认式"的"中国式绩效管理"现实的一些特点或缺陷：

第一，绩效管理与战略管理脱节。绩效管理本质上是实现企业战略的工具，而我们的所谓绩效管理其实还停留在传统绩效考核的阶段，不能主动与战略管理挂钩，提供战略层面的服务，企业也往往缺少战略管理，没有明确、可行的战略规划，或者战略规划朝令而夕改，使得绩效管理成为无源之水、无本之木。

第二，绩效管理缺乏其他管理系统的支持和配合。没有坚实的管理基础做支撑，绩效管理孤军深入，成为企业中可怜的孤儿，虽然轰轰烈烈一时，却难免不能持久。

第三，绩效考核的眼睛一般只盯住结果，很少关注行为；只盯住过去，很少关注未来。所谓的绩效管理只是传统绩效考核的翻版，走过场，摆业绩，行为严重短期化，绩效考核结果仅仅与薪酬激励挂钩。这种做法把绩效管理试图改善管理者与被管理者双方关系的初衷演变成管理双方更为敌对的局面。

第四，传统的劳动人事管理尚未真正升华为人力资源管理，无论是企业经营者还是人力资源管理部门，都严重存在管理能力短板，不善沟通，管理方法简单粗放，上下级之间原先那种监督与被监督的关系尚未改变为帮助、辅导和督促的关系。

总之，放眼中国企业，无论是大型企业还是中小企业，真正把绩效管理做得很好的企业并不多。那么我们不禁要问：中国式绩效管理还有前途吗？

众所周知，绩效管理是在拓展了绩效概念的内涵并总结绩效评估不足的基础上提出来的，随着人力资源管理理论和实践的发展，绩效管理逐渐被理解为一个人力资源管理过程。它是对组织和员工的行为与结果进行管理的一个系统，是一系列充分发挥每个员工的潜力、提高其绩效，并通过将员工的个人目标与企业战略相结合以提高组织绩效的过程。这里的绩效概念，指的是产出和行为的综合，即组织、部门或员工控制下的与工作目标密切相关的行为及其产出。行为旨在促进产出的合理实现，产出旨在形成目标导向，二者不可偏废。

我们认为，所谓中国式绩效管理，就是有中国特色的与中国实际相适应的绩效管理。

那么，由于文化生态和管理基础的不同，中国企业再也不能简单地照搬照抄欧美式绩效管理，必须探索出适合中国实际的"中国式绩效管理"，这是毋庸置疑的。我们认为，基于"过去时"和"承认式"的"中国式绩效管理"要想摆脱困境，走出迷局，必须实现五大转变，成为"未来时"和"实践式"的"中国式绩效管理"，才能获得比较光明的前途。这五大转变是：

第一，必须从过分关注绩效管理技术转变为更加关注绩效管理的系统性问题。所谓系统性问题，包括绩效管理与战略管理的关系，绩效管理与其他管理机制的关系，绩效管理与企业文化的关系，以及绩效管理体系内部各环节之间的协同，等等。企业对如何提高劳动生产率都是非常关注的，尤其是在外部竞争日趋激烈和内部劳动生产率提升速度日趋减缓的情况下。现代企业提高生产效率不仅要靠资金和技术，更要靠人力资源。如何开发和管理人力资源，使其发挥最大效益？绩效管理是一种重要的有效的管理方法。绩效管理的实施，对于企业的发展、战略目标的实现，以及人力资源的开发等都是非常重要的，所以现代企业无不把绩效管理作为企业管理的核心。但是，由于绩效管理是将企业的战略目标分解到各个业务单元，并分解到每个人，通过对每个员工的绩效进行管理、改进和提高，从而提高企业整体绩效，实现企业生产力的提高和竞争优势的增强，所以各绩效单元之间的配合、各绩效管理链条之间的协同就非常重要，必须引起高度关注。

第二，必须从过分关注结果转变为更加关注过程，关注企业与员工的共同发展。从企业整体经营的角度来看，绩效管理是企业生存发展的需要。企业的兴衰，关键在于员工的努力程度，但两者之间并非只是简单的比例关系。在努力程度和公司绩效之间，有一个关键的中间变量，那就是努力方向与企业目标的一致性。当员工的努力程度比较高时，而且努力的方向与企业目标相一致时，是有助于提高公司绩效的。如果努力方向与企业目标背道而驰，即使员工工作再努力，也不会提高公司绩效，相反还会造成绩效的降低。因此，在激发员工努力工作的同时，一定要使他们的努力方向与企业目标保持一致。这就需要借助完善的绩效管理系统，重视、改善和增强绩效管理沟通，改变和改善管理者与被管理者之间的关系。

第三，必须从过分关注"短期"转变为更加关注"长期"。人力资源管理强调以人为本，同样，绩效管理也需要强调以人为本。以人为本，即人力资源管理与绩效管理体系的实施既要考虑企业的利益，也要考虑员工的利益，将两者的利益紧紧地联系在一起。既克服传统的科学管理的局限性，也注意严守企业的底线，既积极履行社会责任，也充分讲求企业效益，企业、员工、股东、管理者、社会、政府等各利益相关者的权益都得到保障，短期利益与长期利益，企业与人、与自然环境、与资源等的循环关系都得到平衡，从而实现企业发展、员工发展、社会发展基础上的经营和谐，克服绩效考核的短期化行为，更加关注绩效管理的长期化目标。

第四，必须从过分关注"个体"转变为更加关注"整体"。现代绩效管理为什么强调运用平衡计分卡、KPI、360度考评反馈技术？其原因就在于现代企业特别重视绩效管理的整体性，包括重视绩效管理目标的战略性、绩效考评指标的全面性、绩效考评主体的客观多样性，以及绩效管理沟通的协同性和持续性。

第五，必须从回避沟通或不善于沟通转变为更加关注积极的沟通。企业经营中的人力资源管理包括绩效管理，它并不是某个人的行为，而是按照事先制定好的目标、规则、标准、程序等实行，一切依据制度来开展和推进。但是，文化的影响是不可忽视的，绩效沟通变得越来越重要，在某种情形下甚至可能成为绩效管理成败的决定性环节。人力资源管理已经从传统的单纯进行事务管理的状态进化为更多地进行战略规划、流程再造、组织设计和调整、企业文化建设、人力资源培训开发、员工关系管理、内部人力资源咨询等工作，员工成为企业的主体和第一资源，所以民主管理、平等沟通是必不可少的。同时，由于当今世界瞬息万变，网络技术已经普遍应用，全球化、信息化、扁平化已经成为时代的特征和管理发展的方向。绩效管理要特别重视信息化、自动化、现代化技术成果的应用，要强调构建学习型组织，培养沟通、学习氛围，提高沟通能力与沟通速度。所以，无论是企业经营者、人力资源管理者，还是所有员工，都需要具备一定的绩效沟通能力和积极的态度。

总之，借助这次金融危机及其可能促成的经济转型，如果中国企业能够实现上述五大转变，也许可以加速和促进中国式绩效管理"未来时"和"实践式"的到来。这是"中国式绩效管理"走向未来的一个机会。

最后送给大家一个"脑筋急转弯"：我们现在面临金融危机，很多企业好像都不怎么提绩效管理。大家看去年这个时候都在谈，今年不怎么谈了。所以在这样的背景下，如果你坚持要搞绩效管理，特别是中国式绩效管理，那么你就是"疯子"；如果你坚持不搞绩效管理，不搞中国式绩效管理，那么你就是"傻子"。同志们，你选择哪一个？

谢谢大家！

林新奇

目 录

第8章　　　　　关键绩效指标（KPI）及其应用 / 117

第9章　　　　　目标与关键成果（OKR）及其应用 / 140

第10章　　　　　具体的绩效考核技术（一）/ 163

第1章　绩效、绩效考核与绩效管理

学习目标

✔掌握绩效的概念
✔了解绩效考核与绩效管理的内涵和外延
✔重点掌握绩效考核与绩效管理的区别和联系
✔认识绩效管理的战略导向及意义，能独立分析绩
效管理的一些基本理论和实践问题

引例　　　　　　　　　　　　**管理者的两难境地**

A公司成立于1998年，经过20多年的发展已经成为一家以中高端服饰为主要业务的中型公司。公司每年3月份发布新年度的服饰宣传方案，这项工作一向由公司企划部门全权负责。

企划部门的机构设置是一名经理下设一名创意总监及若干创意人员。今年，公司计划以"style"为主题，制作宣传方案。经过几个礼拜的繁忙工作，经理发现下属提交的方案不尽如人意。

下属提交的男装系、女装系、休闲系、正装系文案，与预期的效果相差很远。经理通过调查发现：以前公司仅以女装为主要业务，经过去年的业务扩展，企划部的人手没有增加，却在做比原来多两倍甚至更多的企划案，一来精力有限，二来时间有限，况且许多企划人员对男装缺乏了解，所以大家仅仅在拼命地完成"数额"。

于是，经理引进了新的企划成员——一些对男装和正装有较多工作经验的员工，并且把企划人员划分为企划A组和企划B组。

企划A组基本上由以前的企划人员组成，B组则多由新进人员组成。经理很开心地发现，企划案的质量、提交速度提高了，B组的企划质量明显高于A组。于是经理在部门会议上对员工说"竞争开始了"，并且设置了一系列的激励机制。

A组和B组的竞争火热地展开了。企划部的工作效率空前提高。为此企划部在公司大会上受到表彰。

但是——

A组和B组的关系开始紧张，经理发现两组员工的关系微妙。就餐的时候，泾渭分明，敌对气氛浓厚。更为严重的是，在部门会议上，两组经常互相诋毁对方的提案。创意总监认为事态如果不加控制，将会危及部门的未来。经理在看到两组人员互相"敌视"的眼神时，也不禁心中一惊：事态严重！

"一个和尚挑水喝，两个和尚抬水喝，三个和尚没水喝"的故事还在耳边回响，A公司企划部的矛盾就已跃然眼前。谈到绩效管理，这个案例应该具有一定的代表性。虽然部门不大、人员不多，但是绩效管理确实是我们在日常管理中常常碰到的、必须面对的问题。那么，这个案例的本质问题是什么？企划部的矛盾究竟是如何产生的？又是什么原因把该经理推到了尴尬的境地？两个企划组之间的冲突过程涉及哪些管理内容？经理应该如何走出困境呢？

1.1 绩效的内涵和外延

绩效是企业经营者关心的主要问题，也是所有员工都特别关注的话题，人们对它既爱又恨，有时夸张宣扬，有时又讳莫如深。绩效不仅直接关系着个人的前途（"钱"途），即薪酬的高低以及职位的升降，而且也深深影响着组织的命运、企业的发展，所以是一个不能不认真研究的重要概念。

那么，什么是绩效呢？

根据《韦氏词典》，绩效（performance）指的是完成、执行的行为，完成某种任务或者实现某个目标，通常是有功能性或者有效能的。对于企业而言，由于其组织结构的层次性，其绩效也呈现出多样性。管理学认为，绩效可以分为组织绩效和员工绩效。组织绩效是指某一时期内组织任务完成的数量、质量、效率等状况；员工绩效是指员工在某一时期的工作结果、工作行为和工作态度的总和；组织绩效和员工绩效紧密相关。

关于绩效的含义，学者们有不同的理解，概括起来主要有三种解释：绩效产出说、绩效行为说、绩效综合说。

1）绩效产出说

这是一种最为传统的观点。绩效产出说认为，绩效是员工最终行为的结果，是员工行为过程的产出。这种说法是早期人们对绩效理解的产物，开始主要是针对一线生产工人或体力劳动者而言的。对于大多数一线工人或体力劳动者来说，尽管也存在诸如"做什么工作""这项工作怎么做""用什么办法把这项工作做得最好"等问题，但是他们的工作相对比较简单，衡量他们绩效的标准主要就是完成所分派的任务的产出。绩效产出说的代表人物主要是伯纳丁（Bernardin）。他指出，"结果必然是绩效管理体系的关键组成部分，结果的含义应当根据组织内部以及外部的客户来界定"[①];"绩效应该定义为工作的结果,因为这些工作结果与组织的战略目标、顾客满意感及所投资金的关系最为密切";绩效"是对在特定的时间内、由特定的工作职能或活动所创造的产出的记录……一项工作的绩效在总体上相当于某一关键职能或基本工作职能的绩效总和(或平均值)。职能应该与所进行的工作有关,而与执行人的身份无关"[②]。

2)绩效行为说

近30年来,人们对"绩效是工作成绩、目标实现情况、结果、生产量"的观点提出了挑战,普遍接受绩效的行为观点,即"绩效是行为",但这并不是说绩效的行为定义中不能包容目标。这一观点的代表人物主要有墨菲(Murphy)、克利夫兰(Cleveland)和坎贝尔(Campbell)等。Murphy(1990)给绩效下的定义是,"绩效是与一个人在其中工作的组织或组织单元的目标有关的一组行为"。Campbell(1990)指出,"绩效是行为,应该与结果区分开,因为结果会受系统因素的影响"。墨菲和克利夫兰早在1991年就指出,"绩效的根本定义在行为……绩效范畴的最好定义应是行为而不是结果"[③],坎贝尔和唐纳德(Donald)在1993年提出,"绩效可以被视为行为的同义词,它是人们实际采取的行动,而且这种行动可以被他人观察到。根据这一定义,绩效应该只包括那些与组织目标有关的,并且可以根据个人的能力进行评估的行动或行为"[④]。墨菲和克利夫兰还认为"绩效不是行为的后果或结果,它本身就是行为"[⑤]。鲍曼和摩托维德罗(Borman,Motowidlo,1993)则提出了绩效的二维模型,认为行为绩效包括任务绩效和关系绩效两方面。任务绩效指所规定的行为或与特定的工作熟练度有关的行为;关系绩效指自发的行为或与非特定的工作熟练度有关的行为。上述认为绩效不是工作成绩或目标的观点的依据是:第一,许多工作结果并不一定由个体行为所致,可能受与工作无关的其他因素影响(Cardy and Dobbins,1994;Murphy and Cleveland,1995);第二,员工没有平等的完成工作的机会,而且员工在工作中的表现不一定都与工作任务有关(Murphy,1989);第三,过分关注结果会导致忽视重要的过程和人际因素,不适当地强调结果可能会在工作要求上误导员工。

总之,绩效行为说认为绩效是员工在完成工作过程中表现的一系列行为特征,诸如工作能力、责任心、工作态度、协作意识等。绩效应该只包括那些与组织目标有关的,并且可以根据个人的能力进行评估的行动或行为。绩效不是行为

---

①　BERNARDIN H J. An "analytic" framework for customer-based performance content development and appraisal [J]. Human Resource Management Review, 1992, 2 (21): 81-102.

②　BERNARDIN H J, HAGAN C M, HENNESSEY H.The effects of criterion specificity and managerial accountability on appraisal effectiveness.Paper presented at the annual meeting of the Academy of Management, Vancouver, Canada, 1995.

③　MURPHY K R, CLEVELAND J N. Performance appraisal: an organizational perspective [M]. Needham Heights, MA: Allyn & Bacon, 1991.

④　MURPHY K R, CLEVELAND J N. Understanding performance appraisal: social, organizational, and goal-based perspectives [M]. Thousand Oaks, CA: Sage, 1995.

⑤　MURPHY K R, CLEVELAND J N. Understanding performance appraisal: social, organizational, and goal-based perspectives [M]. Thousand Oaks, CA: Sage, 1995.

的后果或结果，它本身就是行为。绩效是包括在个体控制之下的、与目标相关的行为，无论这些行为是认知的、生理的、精神的，还是人际的。

3）绩效综合说

绩效综合说认为绩效是产出与行为的综合。绩效作为产出，即行为的结果，是评估行为有效性的重要方法，但是行为要受外界环境的影响，而且受员工个体内因的直接控制，只看结果必然失之偏颇。绩效综合说对绩效的定义在目前比较通行，代表人物有奥利亚（Olian）和瑞尼斯（Rynes）等，以及国内一些学者。Olian和Rynes指出，"行为能够并且应当是任何绩效定义中的一部分，正如结果或成果能够在理论上与行为相联系一样"①。

越来越多的研究认为，在绩效管理的具体实践中，应采用较为宽泛的绩效概念，即包括行为和结果两个方面，行为是达到绩效结果的条件之一。这一观点在布鲁姆巴（Brumbrach，1988）给绩效下的定义中得到很好的体现，即"绩效指行为和结果。行为由从事工作的人表现出来，将工作任务付诸实施。（行为）不仅仅是结果的工具，行为本身也是结果，是为完成工作任务所付出的脑力和体力的结果，并且能与结果分开判断"。这一定义告诉我们，当对个体的绩效进行管理时，既要考虑投入（行为），也要考虑产出（结果）。绩效包括应该做什么和如何做两个方面。

国内的研究也提出产出和行为不可偏废，认为绩效是产出与行为的综合。绩效作为行为，在评判上似乎比结果导向更公平、合理，但是缺少了目标激励，对员工的要求很难明确。而从现实操作性来讲，单纯的行为评判尚无有效的评判标准，实施比较困难。

绩效综合说对绩效所做的定义在目前比较通行，因为产出和行为本身越来越难以割裂开来。本书同意绩效综合说的观点，把"绩效"定义为产出和行为的综合：

所谓绩效，是指组织、部门或员工控制下的、与工作目标相关的行为及其产出。行为旨在促进产出的合理实现，产出旨在形成目标导向，二者不可偏废。

本定义包括3个要点：第一，绩效指的是行为及其产出的综合；第二，这种行为及其产出不是一般的或者所有的行为及其产出，而是特指两种条件必须同时具备的行为及其产出，即与努力付出相关、与工作目标相关；第三，行为与产出互为正向关系，不可割裂。

以"中国式现代化"为例，这就是一个不断探索不断发展的重大的创新性绩效概念。近代以来，中国对实现现代化有着强烈的追求，并为之进行了艰辛探索。中华人民共和国成立后，开启了独立自主推进现代化建设的进程。

改革开放以来，现代化建设驶入快车道。我们初步构建起社会主义市场经济体制，充分发挥市场在资源配置中的决定性作用，更好发挥政府作用，激发各类

① OLIAN J D，RYNES S L.Making total quality work：aligning organizational processes，performance measures，and stakeholders [J]. Human Resource Management，1991，30（3）：303-330.

市场主体活力；坚持对外开放基本国策，实行积极主动的开放政策，形成具有自身特色的现代化发展方式，加快了现代化建设的步伐。

党的十八大以来，我们立足新发展阶段、贯彻新发展理念、构建新发展格局，推动高质量发展，全面深化改革开放，构建高水平社会主义市场经济体制，推动新型工业化、信息化、城镇化、农业现代化叠加发展。坚持把实现人民对美好生活的向往作为现代化建设的出发点和落脚点，着力促进全体人民共同富裕，坚决防止两极分化，不断厚植现代化的物质基础。大力发展社会主义先进文化，促进物的全面丰富和人的全面发展，推动物质文明、政治文明、精神文明、社会文明、生态文明协调发展，走出了中国式现代化道路。中国式现代化的目标是全面建成社会主义现代化强国。

党的十九大对全面建成社会主义现代化强国做出了战略部署，总的战略安排是分两步走：从2020年到2035年基本实现社会主义现代化；从2035年到本世纪中叶把我国建成富强民主文明和谐美丽的社会主义现代化强国。

党的二十大对全面建成社会主义现代化强国两步走战略安排做出宏观展望，重点部署未来5年的战略任务和重大举措。未来5年是全面建设社会主义现代化国家开局起步的关键时期。党的二十大确定的主要目标任务是：经济高质量发展取得新突破，科技自立自强能力显著提升，构建新发展格局和建设现代化经济体系取得重大进展；改革开放迈出新步伐，国家治理体系和治理能力现代化深入推进，社会主义市场经济体制更加完善，更高水平开放型经济新体制基本形成；全过程人民民主制度化、规范化、程序化水平进一步提高，中国特色社会主义法治体系更加完善；人民精神文化生活更加丰富，中华民族凝聚力和中华文化影响力不断增强；居民收入增长和经济增长基本同步，劳动报酬提高与劳动生产率提高基本同步，基本公共服务均等化水平明显提升，多层次社会保障体系更加健全；城乡人居环境明显改善，美丽中国建设成效显著；国家安全更为巩固，建军一百年奋斗目标如期实现，平安中国建设扎实推进；中国国际地位和影响进一步提高，在全球治理中发挥更大作用。搞好未来5年的发展对于实现第二个百年奋斗目标至关重要。未来5年，要紧紧抓住解决不平衡不充分的发展问题，着力在补短板、强弱项、固底板、扬优势上下功夫。

拓展阅读
1-1

正确理解和大力推进中国式现代化

1.2　绩效考核的概念界定

绩效考核又称为绩效评估（performance appraisal），最早它被定义为"对员工个人在职的绩效和行为做出评估的过程，其目的在于评估其培训需求，确定合格的留任者，进行薪水调整以及晋升"[①]。在当代管理实践中，绩效评估或绩效

---

① YOUNG H. The ALA glossary of library and information science [M]. Chicago, IL: American Library Association，1983：166.

考核一直是一个敏感的话题，牵动着每个相关者的神经。所以，清晰界定绩效考核的内涵和外延是很有必要的。

从理论上讲，绩效考核是指考评主体针对企业中的每个员工所承担职务职责的履行程度，以及担任更高一级职务的潜力，对照工作目标或绩效标准，采用各种科学的定性和定量的考评方法，对员工行为的实际效果及其对企业的贡献、价值进行有组织的、尽可能客观的考核和评价，并且将评定结果反馈给员工的一个过程。

换言之，所谓绩效考核就是管理者或相关人员对员工的工作行为及其结果进行评价的过程，它不是单纯地为了考核而考核，而是希望通过绩效考核确认员工的绩效水平，并通过对考核结果的各种合理运用达到激励员工努力工作的目的。

拓展阅读
1-2

关于绩效
结构的研究

结合绩效考核理论与实践的一些情况，本书将绩效考核界定为：

绩效考核是企业通过对部门与员工或所属单位与个体的投入产出状况进行考察、衡量或比较，从而确定其行为价值，提高企业竞争力的一个重要过程。所谓投入产出状况，指的是投入、产出及其转化过程。

1.3　绩效管理的定义

人们对绩效考核的概念十分熟悉，但对绩效管理则比较陌生。其实，随着人力资源管理理论与实践的发展，绩效管理变得越来越重要，得到越来越多的研究者和经营管理者的关注。那么，什么是绩效管理？

绩效管理（performance management）这个概念于1976年首次被研究者比尔（Beer）和鲁赫（Ruh）提出。他们将绩效管理定义为"管理、度量、改进绩效并且增强发展的潜力"[①]。

迄今为止，对于绩效管理的定义有很多，归纳起来主要有以下三种：绩效管理是管理组织绩效的一种体系；绩效管理是管理员工绩效的一种体系；绩效管理是把对组织的管理和对员工的管理结合在一起的一种体系。

1) 绩效管理是管理组织绩效的一种体系

这种观点认为，绩效管理由三个过程构成：计划、改进和考察。绩效计划主要是制定组织的愿景和战略以及对绩效进行定义的活动。绩效改进则是从过程的角度进行分析，包括业务流程再造、标准化和全面质量管理等活动。绩效考察包括绩效的衡量和评估。这种观点的核心在于通过组织结构、技术、经营程序等手段确定组织战略并加以实施。

---

① BEER M, RUH R. Employee growth through performance management [J]. Harvard Business Review, 1976, 54（4）: 59-66.

2）绩效管理是管理员工绩效的一种体系

这种观点通常用一个循环过程来描述绩效管理。它强调管理者与被管理者应在员工的期望值问题上达成一致的认识，绩效激励是部门管理者的一项职责。此外，部门管理者还在绩效考察方面发挥特殊的作用。绩效考察是管理者和被管理者共同参与的活动，是一项不断进行的活动。

3）绩效管理是把对组织的管理和对员工的管理结合在一起的一种体系

这种观点可以看作上面两种观点的综合。它认为绩效管理通过把每个员工或管理者的工作与组织的整体使命联系在一起，强化了一个企业或组织的整体经营目标，是对组织和员工的行为与结果进行管理的一个系统。它依据员工与其直接上级间达成的协议，来实施一个双向互动式的沟通过程，该协议对员工的工作职责、工作标准及员工与上级间应如何共同努力以提高绩效等方面做了规定，并对影响绩效改进的问题及如何解决这些问题提出了明确的要求。

综上所述，本书基本同意第三种观点，认为绩效管理是把对组织的管理和对员工的管理结合在一起的一种体系，是一个动态的完整的系统过程，员工不再是绩效考核的被动接受者，而是可以积极地参与制定自己的绩效目标，并与上级就绩效标准及实现方式进行沟通和协商；管理者也不再简单地充当"警察"的角色，而是在与员工进行互动交流的过程中实现组织持续改进绩效的目标。这种和谐双赢的结果也使越来越多的企业倾向于选择绩效管理来替代单纯的绩效考核。绩效管理不仅关注事后的考核，而且注重事前计划和事中控制，是事前计划、事中控制和事后考核所形成的三位一体的系统。

故此，本书对绩效管理的定义是：

绩效管理概念是在拓展绩效的内涵并总结绩效评估不足的基础上提出来的，随着人力资源管理理论和实践的发展，绩效管理逐渐被理解为一个人力资源管理过程。绩效管理是对组织和员工的行为与结果进行管理的一个系统，是一系列充分发挥每个员工的潜力、提高其绩效，并通过将员工的个人目标与组织战略结合起来以提高组织绩效的过程。

拓展阅读
1-3

绩效管理，
难也不难

学思践悟

为全面建设社会主义现代化国家开好局起好步

党的二十大鲜明提出新时代新征程党的使命任务，发出全面建设社会主义现代化国家、全面推进中华民族伟大复兴的动员令。习近平总书记郑重宣示："从现在起，中国共产党的中心任务就是团结带领全国各族人民全面建成社会主义现代化强国、实现第二个百年奋斗目标，以中国式现代化全面推进中华民族伟大复兴。"

在新征程上，必须全面把握中国式现代化的中国特色、本质要求和重大原则，锚定全面建成社会主义现代化强国的使命任务，按照党的二十大做出的重大战略部署，坚定信心、锐意进取，不断夺取全面建设社会主义现代化国家新胜利。

在全面建成小康社会、实现第一个百年奋斗目标的基础上，党的二十大报告对全面建成社会主义现代化强国两步走战略安排进行宏观展望，进一步明确了到2035年我国发展的总体目标，强调"到本世纪中叶，把我国建设成为综合国力和国际影响力领先的社会主义现代化强国"。报告强调未来5年是全面建设社会主义现代化国家开局起步的关键时期，并提出了经济、政治、文化、社会、生态、安全、国防、外交等方面的主要目标任务。学习贯彻党的二十大精神，就要深刻理解党的二十大对全面建设社会主义现代化国家做出的战略部署，紧密联系我国发展面临的新的战略机遇、新的战略任务、新的战略阶段、新的战略要求、新的战略环境，深刻认识实现全面建设社会主义现代化国家各项目标任务的艰巨性和复杂性，增强贯彻落实的自觉性和坚定性。

高质量发展是全面建设社会主义现代化国家的首要任务。今年（指2023年，下同）是全面贯彻落实党的二十大精神的开局之年，做好经济工作意义重大。当前，世界之变、时代之变、历史之变正以前所未有的方式展开，我国经济恢复的基础尚不牢固，需求收缩、供给冲击、预期转弱三重压力仍然较大，外部环境动荡不安，给我国经济带来的影响加深。但要看到，我国经济韧性强、潜力大、活力足，长期向好的基本面没有变，各项政策效果持续显现，今年经济运行有望总体回升，要坚定做好经济工作的信心。

"什么时候没有困难？一个一个过，年年过、年年好，中华民族5 000多年来都是这样。爬坡过坎，关键是提振信心。"在2022年12月召开的中央经济工作会议上，习近平总书记意味深长地说，"我们有社会主义市场经济的体制优势，有超大规模市场的需求优势，有产业体系配套完善的供给优势，有勤劳智慧的广大劳动者和企业家等人力优势，只要把各方面的优势和活力真正激发出来，就能够加快构建新发展格局，在激烈的国际市场竞争和大国战略博弈中始终立于不败之地。"

一分部署，九分落实。中央经济工作会议明确了做好今年经济工作的总体要求、主要任务和政策举措，为我们指明了前进方向、提供了根本遵循。要把思想和行动统一到党的二十大精神和党中央关于经济工作的决策部署上来，坚持稳中求进工作总基调，完整、准确、全面贯彻新发展理念，加快构建新发展格局，着力推动高质量发展，更好统筹疫情防控和经济社会发展，更好统筹发展和安全，全面深化改革开放，大力提振市场信心，把实施扩大内需战略同深化供给侧结构性改革有机结合起来，突出做好稳增长、稳就业、稳物价工作，有效防范化解重大风险，推动经济运行整体好转，实现质的有效提升和量的合理增长，为全面建设社会主义现代化国家开好局起好步。

"党的二十大制定了当前和今后一个时期党和国家的大政方针，描绘了以中国式现代化全面推进中华民族伟大复兴的宏伟蓝图。让我们踏上新征程，向着新的奋斗目标，出发！"

资料来源　《求是》杂志评论员. 以中国式现代化全面推进中华民族伟大复兴［J］. 求是，2023（1）.

本章小结

随着人力资源管理理论与实践的发展，绩效管理变得越来越重要，并且成为研究者和经营管理者们关注的一个焦点问题。我们认为，"绩效"是组织、部门或员工控制下的，与工作目标相关的行为及其产出。行为旨在促进产出的合理实现，产出旨在形成目标导向，二者不可偏废。"绩效考核"指的是企业通过对部门与员工或所属单位与个体的投入产出状况进行考察、衡量或比较，从而确定其行为价值，提高企业竞争力的一个重要过程。"绩效管理"是在拓展绩效的内涵并总结绩效评估不足的基础上提出来的，随着人力资源管理理论和实践的发展，绩效管理逐渐被理解为一个人力资源管理过程，是对组织和员工的行为与结果进行管理的一个系统，是一系列充分发挥每个员工的潜力、提高其绩效，并通过将员工的个人目标与组织战略结合起来以提高组织绩效的过程。

复习思考题

（1）什么是绩效？对这个概念有哪些解释？
（2）什么是绩效考核？如何看待其内涵和外延？
（3）什么是绩效管理？应当如何正确理解？
（4）选择数家你比较熟悉的企业，分析并比较其绩效、绩效考核或绩效管理。

案例分析题

在三线小城做世界一流科研
——记宁德时代21世纪创新实验室研发团队

当前，能源紧张已成为制约全球发展的瓶颈问题。一流电化学储能技术人才是各国争相抢夺的稀缺资源。然而，很多人不知道，在福建省东北部的三线小城宁德，竟然聚集着一批锂离子电池研发的国际化行业先锋。

作为革命老区、少数民族聚集地，宁德曾是全国18个集中连片贫困区之一。党的十八大以来，宁德深入贯彻新发展理念，全市面貌发生历史性变化，在脱贫攻坚、转型发展等方面成绩斐然。

聚集在宁德的这批锂离子电池研发人才，立志打造世界一流创新科技平台，为国家新能源事业解决一系列"卡脖子"技术难题。这群平均年龄不到30岁的年轻人，就是宁德时代新能源科技股份有限公司（以下简称"宁德时代"）21世纪创新实验室的研发团队。

1）主动求变，拥抱智能时代

在新能源领域，宁德时代21世纪创新实验室研发团队有着什么样的"江湖地位"？

2020年6月24日，一封来自2019年诺贝尔化学奖得主约翰·班尼斯特·古迪纳夫（John Bannister Goodenough）的贺信，发至宁德时代。

这一天，宁德时代21世纪创新实验室宣布正式奠基。该实验室总投资33亿元，规划在未来5年内发展至千人规模，致力于成为新能源领域的全球创新平台和技术引领者。目前的研发团队中，海内外硕博士毕业生占比达63%。

"自2019年9月起，实验室研发团队开始组建，成员都是我们面向全球选拔的行业优秀人才。"21世纪创新实验室常务副主任欧阳楚英说，"我们在选拔人才时，坚持了很高的标准，既要有很好的学历背景，又要有很强的创新潜能。"

2017年，宁德时代成为全球锂离子动力电池销量榜的冠军。业界普遍认为，这家中国公司的快速成长，源于全球顶尖的人才储备和科技研发投入。古迪纳夫在贺信中表示，作为锂离子电池技术的行业先锋，21世纪创新实验室的研发成果将使社会大受裨益。他坚信，这批年轻人在锂离子电池方面的创新，将在世界范围内减少人们对化石燃料的依赖。

厦门大学博士毕业的魏奕民，是从宁德时代研究院转至21世纪创新实验室的公司老将。他说："加入这支队伍的人虽然大多非常年轻，但都有很强的家国情怀，希望做出世界级的科研成果，让国家在新能源电池领域占据先发优势。"

作为21世纪创新实验室办公室主任，魏奕民对团队成员都很了解："大家在科研上非常投入，仅在下一代电池研发一个课题方向上，到现在已产生20多个专利。"

智能时代，没有永远的第一，只有不断超越。"我们做科研的，一直有一个担心，那就是外部'黑科技'会不会有一天突然把我们颠覆了。"博士毕业于上海交通大学的高级研发经理郭永胜也是宁德时代的科研老将。他说："我们成立21世纪创新实验室的动力之一，就是要开发出自己的'黑科技'，自己主动颠覆自己。"

2）把握机遇，构建产业高地

在一个三线小城开展世界一流的科研，21世纪创新实验室研发团队的底气与信心来自何方？

"虽然我们偏安一隅，但我们与国际最前沿的科研机构一直保持密切互动。"魏奕民介绍，宁德时代与国内外的一流科研机构、高等院校一直有紧密的科研合作，在坚持自主研发的同时，积极与国内外知名公司、高校和科研院所建立深度合作关系，主导或参与制（修）订超过50项国内外标准。截至2019年底，公司拥有授权及正在申请的国内外专利合计5 397项。

作为新能源电池领域的独角兽，宁德时代号称国内最舍得投钱做研发的锂离子电池公司，内部学术氛围也相当浓厚。2019年公司研发费用达29.92亿元，同比增长50.28%，共有研发人才5 364名，其中博士143名、硕士1 943名。"21世纪创新实验室成长于这样的土壤之中，做世界一流的科研，注定是这个团队的基因。"郭永胜说。

为保护共同的地球家园，人类需要一场自我革命，加快形成绿色发展方式和生活方式，已成全球共识。2020年9月22日，习近平主席在第七十五届联合国大会一般性辩论上发表重要讲话时强调，中国将提高国家自主贡献力度，采取更加有力的政策和措施，二氧化碳排放力争于2030年前达到峰值，努力争取2060年前实现碳中和。

"这是中国政府再次向全世界做出的庄严承诺。"21世纪创新实验室的热血青年们从中看到了自己的责任与使命，"实验室以21世纪命名，寓意21世纪是新能源造福人类的世纪，是真正实现可持续性发展的世纪，我们将为之而不懈奋斗"。

"我们优中择优建立起的21世纪创新实验室研发团队，有足够的底气与信心，以高水平的科研打造面向未来的产业高地，为国家的新能源事业贡献力量。"欧阳楚英说。

3）创新突破，勇闯科研难关

浮华世界，诱惑无处不在，为什么这批国际化人才愿意在宁德这个地方安顿自己的事业与生活？

"我留学时，就是在一个很小的城市里。我很享受在安静环境里做科研的人生。"海归博士张欣欣是在实验室全球招聘中脱颖而出的优秀人才，她表示，"从国外大学转到宁德工作，我在科研上并没有感觉到有任何落差。"

习近平总书记多次强调："惟改革者进，惟创新者强，惟改革创新者胜。"在2020年10月举办的第五届动力电池应用国际峰会上，宁德时代董事长曾毓群表示，为迎接能源和交通变革，宁德时代将推进三大应用市场的突破：一是依托动力电池和新能源汽车，摆脱对移动式化石能源（石油）的依赖；二是依托锂离子电池储能电站+可再生能源发电，摆脱对固定式化石能源也就是火力发电的依赖；三是用电动化+智能化，为各行各业提供绿色、安全、经济的发展模式。

"这一公司顶层设计，让青年科研人才看到了一个广阔的未来，感到前途光明。方向已定，剩下的就是大家在科研工作中的全情投入了。"欧阳楚英说，"我们也的确幸运，真的凝聚了一批热爱科研的优秀人才。大家在专业上虽然各有凌云志，但在生活上的要求都很简单。宁德发展迅速，有山有海，空气也好，大家就都很满足了。"

"实验室的科研氛围非常好，定期会有学术交流活动。大家在分享交流过程中，往往会碰撞出一些非常有意思的结果。"张欣欣说，在2020年8月举行的学术交流活动上，她就自己的研究方向做了一次演讲。

"当时就有同事对我说，可以帮助做一些基础原理的确认工作。经过几轮改进之后，大家发现这个东西还挺有价值的。目前，相关专利的申报工作已经启动。"张欣欣说，"有这样的环境，有这样的团队，对一个喜欢科研工作的人来说，夫复何求。"

资料来源　罗旭. 在三线小城做世界一流科研——记宁德时代21世纪创新实验室研发团队〔N〕. 光明日报，2020-11-15（07）.

思考与讨论：

宁德时代是如何发展起来的？其人力资源和绩效管理理念有什么特点？结合新能源企业发展历程，谈谈数字经济时代绩效管理发展的新趋势。

第2章　绩效管理的作用、目标和意义

学习目标

✓ 明确绩效管理的目标
✓ 了解绩效考核与绩效管理的地位、意义和作用
✓ 从宏观、微观上充分重视绩效考核与绩效管理，
为进一步深入学习和研究绩效管理问题奠定基础，为组织
长远发展树立绩效管理意识

引例 **"四面楚歌"的绩效考评**

超能达股份有限公司从国有企业改制到现在已有10多个年头的时间。10多年来，在总经理赵一军的领导下，年销售总额已达5亿元。但是，随着销售额、生产规模和企业人员等不断地增加与扩大，企业所表现出来的问题也越来越多。

（1）公司的"销售冠军"及其销售团队集体上演"消极门"，明确地向赵总提出增加提成比例的要求和其他附加条件。在赵总尚未明确表态的情况下，这个销售团队一直在"给赵总脸色看"。

（2）后勤管理部门人员纪律松散、官味十足，内部投诉一宗接一宗。虽然换下了三任行政总监，但效果不大。

（3）生产部门也因人员"工资及福利"等问题，导致员工满意度下降，频繁出现品质不良、成本上升、产量下滑等问题。

赵一军总经理在综合分析了以上现象之后认为，上述问题均源自企业的"绩效管理与激励机制"不完善，并请猎头公司为其物色了一位专长于"绩效考评"的绩效专员进入公司总经办，开始全面推行企业绩效管理新模式。

6个月之后，生产厂长、行政总监、营销总监正式向赵总递交了辞职报告，他们辞职的一致理由是"不适应公司目前的绩效管理制度"。一周后，负责绩效考评的绩效专员也向赵总递交了辞职报告，原因是"不适应公司的文化和工作氛围"。

赵一军总经理陷入了困惑……

资料来源　陈竹友. 绩效考核，想说爱你不容易［N］. 安徽经济报，2008-08-14.

　　绩效考核与绩效管理是企业成败的监控者、预测者，员工视之为"敏感区"，管理者视之为"危险区"，往往是"出力不讨好"，稍有不慎，累人累己，甚至闹得四面楚歌。赵一军总经理的困惑就是一个典型。那么，应该如何做好绩效管理呢？

　　要弄明白以上问题，首先需要从绩效管理的源头，即绩效管理的出发点开始讲起，那就是要正确认识绩效管理的地位与意义，正确理解绩效管理的目的和作用，这些都是做好绩效管理的重要保障。有了正确的期望，才能达到正确的结果。

2.1 　绩效管理的地位与作用

　　绩效管理是一个综合的管理体系，是整个人力资源管理系统的核心，贯穿于企业管理的始终。绩效管理是企业人力资源管理的有效手段和方式，也是人力资源管理部门的工作目标。总体来说，绩效管理涉及人力资源管理的各个方面，既包括大量的管理技巧，也包括企业人力资源管理所最终要致力的目标，即提高企业员工的绩效水平和企业管理员工绩效的能力。同时，绩效管理是一个完整的系统，在这个系统中，组织、管理者和员工全部参与进来，管理者和员工通过沟通的方式，将企业的战略、管理者的职责、管理的方式和手段以及员工的绩效目标等管理的基本内容确定下来，在持续不断沟通的前提下，管理者帮助员工清除工作过程中的障碍，提供必要的支持、指导和帮助，与员工共同实现绩效目标，从而实现企业的远景规划和战略目标。

　　绩效管理也是现代企业管理体系中不可缺少的一环，有效的绩效管理会给我们日常的管理工作带来巨大的好处。绩效管理可以使管理工作富有计划性，能够不断提醒管理人员保持忙碌与实现组织目标并不是一回事，绩效管理的贡献就在于它对组织最终目标的关注，促使组织成员的努力从单纯的忙碌向有效的组织方向转变；绩效管理还可以规范管理者的行为，帮助管理者提升管理水平；通过绩效管理，管理者能够发现企业潜伏的问题，使企业找准发展的方向。这些都对企业管理工作及战略目标的实现有着积极的促进作用，即使绩效管理不能直接解决所有的问题，它也为处理好其中大部分管理问题提供了一个工具。因此，绩效管理在整个企业管理中居于关键地位，发挥着重要的作用。

　　图 2-1 清晰地表述了绩效管理在企业管理特别是人力资源管理中的地位和作用。

　　在实践中，我们往往把绩效管理的地位和作用与绩效考核的地位和作用混淆，其实它们是不同的。绩效考核只是绩效管理之中的一个环节，所以其地位与作用应该被包括在绩效管理之中。

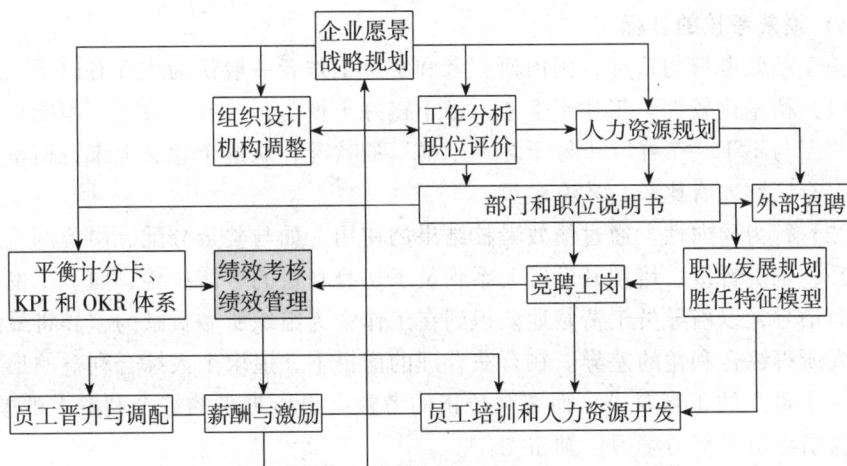

图2-1　绩效管理的地位和作用

（1）绩效考核是人员聘用的依据。由于实行了科学的评价体系，企业对员工的工作、学习、成长、效率、培训、发展等进行全方位的定量和定性的考核，按照岗位工作说明书的标准要求，决定员工的聘用与否。

（2）绩效考核是人员职务升降的依据。其考核的基本依据是岗位工作说明书，即员工工作的绩效是否符合该职务的要求，是否具有升职条件，如不符合职务要求应该予以降职或免职。

（3）绩效考核是人员培训的依据。通过绩效考核，可以准确地把握工作的薄弱环节，并可具体掌握员工本人的培训需要，从而制订切实可行和行之有效的培训计划。

（4）绩效考核是确定劳动报酬的依据。根据岗位工作说明书的要求制定的薪酬制度要求员工按岗位取得薪酬，而这一目标是依靠绩效考核来实现的。因此，根据绩效确定薪酬，或者依据薪酬衡量绩效，使得薪酬设计不断完善、更加符合企业运营的需要。

（5）绩效考核是人员激励的手段。通过绩效考核，把员工聘用、职务升降、培训发展、劳动薪酬结合起来，使得企业激励机制得到充分运用，有利于企业的健康发展；同时对员工本人，也便于建立不断自我激励的心理模式。

拓展阅读
2-1

绩效管理的
八个新思维

2.2　绩效考核与绩效管理的目标

绩效考核或绩效评估是企业通过对部门与员工或所属单位与个体的投入产出状况进行考察、衡量或比较，从而确定其行为价值，提高企业竞争力的一个重要过程。它是企业管理系统的一部分，是一种重要的战略和人力资源管理工具。那么绩效考核与绩效管理的目标是什么呢？这是我们需要了解的。

1）绩效考核的目标

关于绩效考核的目标，国内研究者和实务工作者一般认为主要有以下三个：

（1）衡量比较性。工作干下来，谁干得好干得差，要有个说法，不能再回到过去"干与不干一个样，干好干坏一个样"的状况，从这个意义上来说衡量就是区别，有区别才有比较，才有政策。

（2）行为导向性。通过绩效考核结果的使用，如与奖金分配、岗位调整、职务晋升、工资晋级、培训开发等关系到员工切身利益的事情挂钩，向员工发出行为导向信号，以引导员工清楚地认识到在工作中为组织所做贡献的差异将最终导致个人所得综合利益的差异。在合法合理的前提下，追求个人综合利益的最大化是每一个员工的正当要求，而客观公正的考核结果所带来的综合利益上的差异，必然会引导员工努力学习、勤奋工作。

（3）培训开发性。由于绩效考核的主要依据是岗位职责，因此它可以为员工的培训提供科学依据。通过考核，发现员工在履行职责方面存在的不足和问题，从而有的放矢地开展培训。在员工出现不足和问题时，不仅要查员工方面的主观原因，还要查组织方面的客观原因，即用人是否得当，培训是否到位。对员工的培训也应该是全方位的，针对问题分析原因，从思想品德、敬业精神、业务水平、工作能力等方面进行培训，以收到实在的效果。

一般认为，企业进行绩效考核主要是因为企业面临的内外环境（工作性质、组织结构、信息技术、市场等）发生变化，为了降低成本（交流成本、信息获取和传递成本、组织管理成本等），达到利润最大化，提高员工和企业的生产效率，在激烈的市场竞争中立于不败之地，企业必须采取或改进很多绩效评估措施。员工绩效考核一般权重参考表见表2-1。

2）绩效管理的目标

相对而言，企业进行绩效管理的根本目的是提高竞争力，不断获取竞争优势。对企业进行绩效管理的目标可以从不同角度进行研究。国外许多著名的绩效管理专家，比如安迪·尼利（Andy Neely）、彼得·F.德鲁克（Peter F.Drucker）、克里斯托夫·迈耶（Christopher Meyer）、约翰·M.伊万切夫（John M.Ivancev）、格雷厄姆·温特（Graham Winter）等人都对此进行了深入探讨，提出了许多值得参考和借鉴的观点。

在安迪·尼利所著的《企业绩效评估》一书中，他研究了如下问题：为什么企业需要评估自身的绩效？企业评估什么？怎样评估？安迪·尼利认为，企业进行绩效评估的主要原因或目的有：

（1）工作性质。例如，传统财务系统在直接劳动的基础上分摊一般管理成本，容易导致产品成本核算出现很大错误，这意味着管理者可能会做出错误决策。20世纪80年代末至90年代初，作业成本法和产量会计被推行。随着交通和通信基础设施的发展、企业合并案例的增多，企业在规模、范围和复杂性上不断提高。高层管理人员被迫寻找实用的办法来管理不同的企业，并认为财务评估是最佳方法。

表2-1   员工绩效考核一般权重参考表

	人员类型 大类指标	现场人员	职能人员	管理人员
用于奖励	业绩考核	80%	40%	60%
	态度考核	20%	60%	40%
	能力考核	0	0	0
用于增加基本薪酬	人员类型 大类指标	现场人员	职能人员	管理人员
	业绩考核	0	30%	50%
	态度考核	80%	40%	20%
	能力考核	20%	30%	30%
用于晋升	人员类型 大类指标	现场人员	职能人员	管理人员
	业绩考核	20%	30%	50%
	态度考核	60%	20%	10%
	能力考核	20%	50%	40%

（2）日益激烈的竞争。在全球范围内，企业面临的竞争日益激烈。全世界的企业都承受着这样的压力：在不断降低成本的同时提高交到顾客手中的价值。变化的结果是全球性绩效标准和顾客期望的不断提高，进而引发了更高级别的竞争。这些从三个方面影响了绩效评估：第一，许多公司现在积极地寻求方法使自己在服务质量、灵活性、按用户需求定制、革新和快速反应等方面能够区别于竞争对手，但传统的企业绩效评估无法提供相关信息或数据，因而企业不得不改变评估方案，因为战略已经改变。第二，通过这样做，许多企业已经实现了评估和战略相协调所带来的一个好处，即绩效评估会促进战略的实施。绩效评估会对行为产生影响，这已被广泛认可。第三，大多数企业通过取消中间管理层并提升其他员工的权力来精简规模。顶尖的企业都把评估系统作为与员工交流的手段，使其了解企业发展的方向，将战略规划转化为经营目标。为适应不断增强的竞争压力，大量的企业已经开始执行某些改进措施，如全面质量管理、统计进程控制、标杆管理、企业流程再造等，所有这些方法和技术都有一个共同点：它们依赖绩效评估。

（3）国家和国际的质量奖。为了确认许多组织所实现的经营绩效的实质性提升，人们设立了许多国家级和国际级的质量奖，如戴明奖、鲍德里奇奖、欧洲质量管理基金奖等。随着越来越多的企业了解这些奖项的基础框架，传统的绩效评估系统无法满足要求这一事实就变得格外明显，现在大多数企业已经选择了改变已有的绩效评估系统。

（4）转变的组织职能。在20世纪八九十年代，组织职能曾有过微妙的变化，一些学术团体开始对传统的绩效评估体系进行批评，并且影响越来越大，他们鼓励其成员在平衡评估体系的发展中发挥积极的作用。人力资源主管在企业绩效管理中也发挥着积极的作用。这主要有三个原因：第一，绩效评估经常与绩效管理体系连为一体，这通常属于人力资源部门的职能；第二，对于绩效评估是否应该与报酬联系在一起仍存在相当多的争论，这是另一个与人力资源紧密相关的问题；第三，企业在裁员之后如何激励留下的员工？绩效评估能够帮助澄清绩效期望值，使每一个人能更加清楚地判断出自己的工作目标。

（5）变化的外部需求。企业会遇到非常多的外部需求，每一个外部需求都牵涉到企业绩效评估，如各种独立监管组织要求其所监管的企业必须达到一定的绩效标准，并有权对未达标的企业进行处罚。它们的要求能够使企业引进新的绩效措施，收集必要的绩效统计数据，而且它们的严格审查也迫使企业采取某种评估措施确保对企业绩效评估的高度重视。其他外部力量还有顾客的影响力、金融机构的压力等。

（6）信息技术的力量。信息技术的发展使数据的获得和分析变得更加容易，而且为数据的核查和随后的行动提供了新的机会。现在很多企业都建立了信息技术支持系统，用于绩效评估。

同时，安迪·尼利还从深层次分析了绩效评估，认为其对企业的好处是带来直接效益和无形利益。许多著名的咨询公司通过研究表明，绩效优秀的企业都存在关于服务成本、利润和顾客行为的绩效衡量标准，而不是未处理的顾客满意度原始数据，而无形的绩效评估利益集中于绩效评估系统的开发过程中。这种过程的价值主要集中在以下两个方面：提供了新的视角考察企业；促进了管理团队的整合。

现在，企业绩效管理被放在重要位置。传统绩效评估的缺陷已被人们广泛了解。传统绩效评估重点不明，评估的导向是已发生的事件，容易导致短期行为。因此，众多的管理人员常常没有考虑能否获得所寻求的利益，就匆忙地接受了平衡计分卡等新的方法。关键问题是：组织试图通过绩效管理获得什么？

任何一项人力资源开发与管理活动都离不开绩效管理。根据企业实际和笔者的咨询实践，绩效管理的目标可集中表述为以下几个方面：

（1）检验员工聘任上岗表现及其工作业绩；

（2）促进发展战略的逐步分解和可操作化；

（3）促进压力传递，激发员工的竞争意识；

（4）实现价值评价和价值分配机制的优化；

（5）培育使优秀人才脱颖而出的企业文化。

2.3 \ 绩效管理的重要意义

随着社会的发展与企业的发展，我们发现绩效考核与绩效管理的地位已经不容小视，其意义和作用已经为众多管理者所共识。可以这么说，绩效管理不仅在人力资源管理中居于核心的位置，是招聘、薪酬激励、岗位调整、培训开发等的重要依据，而且是承接战略规划与其他人力资源管理职能之间联系的重要纽带。更重要的是，绩效管理是实现企业管理有效性的重要手段，是促进企业战略落地的主要方法，绩效管理可以为企业带来持续的制度化的竞争优势。随着企业管理和人力资源管理的发展，特别是随着全球化和知识经济的发展，绩效管理的战略意义将会大大提升。

2.3.1 知识创新与绩效管理

在知识经济时代，一个企业的成功不再依赖于它对传统金融工具的管理，而更多地取决于它对无形资产（如客户关系、内部业务、雇主的学识）的测评能力。但是，评估最近的绩效及采取相应的企业战略，对于企业家们来说是一个很大的挑战。

彼得·F.德鲁克在《经理们真正需要的信息》一文中提到，人们向企业投资的目的，是期望它创造财富，而不是控制成本。但是，这个明显的事实并没有在传统的绩效测评办法中反映出来，所以企业需要能使经理人员制定正确决策的信息。其中有四种特殊的信息必不可少：基础信息、生产效率信息、竞争力信息和稀缺资源的分配信息。而且，这四种信息仅能帮助我们管理组织当前的业务，制定适当的战术。要制定发展战略还需要经过加工的外部环境信息。发展战略是在市场信息、客户和非客户信息、所在行业和其他行业信息、国际金融环境以及世界经济变动信息的基础上制定出来的。只有充分掌握了这些信息，才能制定成功的发展战略。这才是绩效所在。

克里斯托夫·迈耶在《正确的绩效测评如何有助于团队成功》一文中指出，许多经理已经认识到，以过程为重心的多功能团队，能极大地改进公司向顾客交付产品和服务的方式。不过，多数经理尚未认识到，要实现这种期望，团队需要新的绩效测评体系。从理论上讲，为支持以团队为基础的组织而设计的测评体系，应该有助于团队克服实现有效性的两个主要障碍：使各职能部门在团队需要时能提供专门技术或知识；使团体中执行不同职能的人讲同一种语言。传统的测评体系不能解决这些问题。

约翰·M.伊万切夫在《人力资源管理》一书中提到，绩效评估是用于提高员工工作效率的决策活动。员工应该被监督者评估吗？为了回答这个问题，考虑到员工在职业挑战中的境况，可以想到，设计良好的正式的测评体系的潜在目标如下：

（1）发展。它可以决定哪些员工需要接受训练，还可以帮助评估训练项目的结果，帮助监督者与下属之间交流、联系，鼓励监督者观察下属行为并帮助他们。

（2）动力。它鼓励创造性，增强责任感，激励下属获得更好的绩效。

（3）交流。它可作为管理者与下属之间持续讨论有关工作问题的基础，通过互动和高效率的反馈过程，使各部门更好地了解彼此。

（4）合法遵守。它可以作为晋升、调职、调薪、解职的一个合法的防护理由。

（5）人力资源管理研究。其研究成果可以用于使选择的管理工具生效，如绩效考核。

绩效评估和人力资源管理其他活动的所有关系，都没有评估和员工机会平等的关系更重要，尤其是当它意味着晋升和解职时。除非评估被认为是公平和有尊严地对待每一个人，否则就会有明争暗斗。一个评估的有价值的目标是员工认为它是有意义的、有用的、公平的和诚实的。不幸的是，很多因素是不公平、忽视实践和短视的，使得这个目标很难达到。

安德烈·德瓦尔（Andre de Waal）在《成功实施绩效管理》一书中认为，绩效管理系统包含许多目标和目的，比如：帮助组织持续提高绩效；在转向以绩效为导向的文化中发挥杠杆作用；增强员工的动力和责任心；鼓励个人开发自己的能力，提高其工作满意度，并且尽最大努力实现自身和整个组织的利益；促进团队凝聚力的增强和绩效的提高；通过全年实际执行的工作开展持续对话，在个人和管理者之间建立公开的建设性关系；为个人提供表达工作愿望和期望的机会；支持组织活动计划的编制；改进管理方式；引进适用于群体绩效的薪酬制度；影响员工的态度；执行基准检查程序；分享个人和组织的知识；集中投资并证明投资的合理性。

2.3.2　战略实施与绩效管理

在竞争激烈的今天，企业更多地关注战略，战略性、系统性地思考问题。信息时代的到来加速了这一趋势，而绩效管理则提供了这样一种经营理念和管理工具。罗伯特·西蒙斯（Robert Simons）在《战略实施中的绩效评估和控制系统：教程与案例》中指出，任何绩效评估和控制系统的目的都是传送信息。要对所有对决策和管理可能产生影响的财务和非财务信息加以重视。绩效评估和控制系统是正式的方法和程序，是为管理者特别设计的，是为了保持或者修正。正确的活动形式可以保证生产过程中的效率，避免差错，还能鼓励产品创新，提高新产品的产销率。越是表现优异的企业，越是需要出色的绩效评估和控制系统对企业的运行状况进行监测，以便管理者充分挖掘企业的潜力，防范企业的风险。

绩效评估和控制系统是所有有效的管理者实现其利润和战略目标的基本工

具。这一系统由利润计划以及一整套绩效管理方法组成。这一系统能使管理者平衡利润、成长和控制之间的矛盾，平衡短期绩效和长期绩效之间的矛盾，平衡不同群体之间期望值的矛盾，平衡机会和注意力之间的矛盾，平衡不同激励方式之间的矛盾。正确运用绩效评估和控制系统，能够清除妨碍员工发挥潜能的组织障碍。

英国学者格雷厄姆在《人力资源管理——工业心理学与人事管理》一书中指出绩效评估有三个目的：

（1）协助管理者依照下属的表现、绩效决定增加多少工资；

（2）决定员工将来的任用，例如，他是否应留现职、调职、晋升、降职或解雇；

（3）了解员工是否需要培训，例如，如果给予员工适当培训，他需有何种范围的绩效改进。

现在，随着社会的发展与企业的发展，绩效考核与绩效管理的地位和作用已经为众多管理者所认同。绩效考核与绩效管理的重要意义体现为它们在人力资源管理中的地位和作用，以及对于企业管理的重要意义及战略价值。

绩效管理不仅在组织管理（企业管理）中具有重要的地位和作用，而且在整个人力资源管理中也居于核心的位置，成为工作的重心。绩效管理既是检验组织设计、工作分析、人力资源规划、员工招聘、职业规划等是否合理有效的主要依据，也是进行公平合理的薪酬激励、岗位调整、培训开发等的主要依据，还是承接战略规划与人力资源管理职能之间联系的主要纽带。

绩效管理是促进企业战略落地的主要方法，是实现战略管理的主要工具，也是实现企业管理有效性的重要手段，绩效管理可以为组织带来持续的制度化的竞争优势，已经成为人力资源管理的核心和工作重心。随着企业管理和人力资源管理的发展，特别是随着全球化和知识经济的发展，绩效管理的战略意义更将大大提升。

拓展阅读
2-3

"绩效主义"
毁了索尼

学思践悟

用好人才工作考核"指挥棒"

推进人才工作高质量发展，要发挥好考核"指挥棒"作用，优化"考什么"、完善"怎么考"、聚焦"如何改"、突出"怎样用"，确保人才工作考核落到实处、取得实效。

优化"考什么"，科学设置考核指标。科学的考核指标，是推动人才工作高效开展的风向标。要建立健全重点突出、导向鲜明、相对完备的人才考核指标体系，重点将人才规模、素质、投入等指标纳入考核范围，实现系统考核、精准考核。要把各级党委、政府和人才工作领导小组成员单位的主要负责人作为考核重点，完善包括加强领导、队伍建设、环境优化等方面的考核指标，推进"一把手"紧抓"第一资源"。要因地制宜,结合岗位性质、区域特色和发展阶段等因素,合理设置差异化考核指标,既有"规定动作",也有"自选动作",既有"显绩"指标,也有"潜绩"指标,以多样化考核"标尺"考量人才工作业绩。

完善"怎么考",创新考核评价机制。传统念稿子、听汇报式考评,难免产生揉搓材料"空对空"、简单应付"走过场"、一锤定音"片面化"等问题。要坚持"平时考"与"年终评"相结合、定性考核与定量考核相结合,实行"年初建账、年中查账、年底交账"述职评议机制,通过横纵对比,确保考准考到位。要丰富评价主体、组团现场评判,考评权既交给领导,也交给群众、服务对象等,通过社会评价"参数"提高考核含金量。要敢于动真碰硬,既听"怎么说",又看"怎么干",还究"干得怎么样",既肯定"成绩单"又开具"诊断书",真正传导压力责任。

聚焦"如何改",紧抓问题整改落实。人才工作考核效果如何,关键要看问题整改的"后半篇文章"。要落实责任抓整改,对标人才工作先进典型,针对自身短板弱项列出问题清单、责任清单和整改清单,科学制订整改方案,明确整改措施,进行台账式销号管理,做到整改一个、销号一个,及时消除问题、补足短板。要放眼未来抓长效,将整改落实情况作为下次考评规定内容,持续健全人才工作包保服务、问题清零、督查问责机制,不断完善人才工作跟踪问效长效机制,破解人才工作问题"年年述、年年改、年年在",使人才工作目标责任制考核真正成为落实人才引领驱动的强力助推器。

突出"怎样用",强化考核结果运用。考评是基础,运用是关键。要强化激励作用,将考核成绩纳入领导班子和领导干部综合评价体系,作为评价实绩、选拔任用、推先评优的重要依据,让实绩突出者更有动力、履职不力者产生紧迫感,做到"干好干坏不一样",推进能者上、优者奖、庸者下、劣者汰。完善人才工作考核结果公示和动态排序机制,将考核结果与各地区各部门的人才项目申报、立项和经费资助等紧密挂钩,通过健全公示通报、奖优罚劣等举措,倒逼人才工作责任人奋勇争先。

资料来源 晋玉东. 用好人才工作考核"指挥棒"[N]. 中国组织人事报,2023-02-10(3).

🔦 本章小结

时至今日,绩效考核与绩效管理的作用已不容置疑。绩效考核或绩效管理可能存在种种问题和不足,出力可能不讨好,但是实践证明,不搞绩效考核或绩效管理,更是万万不行的。绩效管理对人力资源管理的核心贡献,对组织管理的效率、价值导向作用十分明显。

绩效管理的目标具体表现为:检验员工聘任上岗表现及其工作业绩;促进发展战略的逐步分解和可操作化;促进压力传递,激发员工的竞争意识;实现价值评价和价值分配机制的优化;培育使优秀人才脱颖而出的企业文化。

绩效考核与绩效管理的重要意义体现为它们在人力资源管理中的地位和作用，以及对于企业管理的重要意义及战略价值。

复习思考题

（1）绩效管理的目标是什么？

（2）关于绩效管理的目标，国内外有什么观点？

（3）为什么说企业管理等于人力资源管理，人力资源管理又等于绩效管理？

（4）绩效管理在企业管理中居于什么位置？

（5）绩效管理在人力资源管理中居于什么位置？

（6）如何理解绩效管理的地位与作用？

（7）你认为绩效考核的意义是什么？

（8）绩效考核在绩效管理中具有什么地位和作用？

（9）绩效管理和知识创新有什么关系？

（10）绩效管理和战略实施有什么关系？

（11）为什么说绩效管理将越来越具有战略意义？

案例分析题

跨国公司绩效管理的比较与实践

随着信息与通信技术的高速发展，商品、资本、技术和人力资源国际流动的不断加速，经济全球化的进程进一步加快。世界经济进入新时期，跨国公司不断涌现，国际竞争日益激烈。在这一新的历史时期，人才的竞争逐渐取代技术和产品的竞争，成为跨国公司竞争的焦点。如何培养人才、开发人才、留住人才、提高员工绩效，进而促进组织战略目标的实现，成为跨国公司面临的一项艰巨的任务。

跨国公司的人力资源管理系统是在不同的国家和文化间进行转移和整合的，绩效管理的对象是国籍不同的员工，他们在文化传统、价值观念、社会关系、政治观点、劳资福利关系、文化程度等方面存在很大差异，这就决定了跨国公司绩效管理的迫切性、艰难性和复杂性。有人将绩效管理比作一把双刃剑，有的公司用卓越的经营业绩证明了绩效管理促进企业发展的巨大魅力，有的公司的实践却证明它们的努力换来的是员工的抵触、混乱的管理、紧张的氛围，甚至下滑的业绩，感受的是绩效管理所带来的伤痛。绩效管理作为人力资源管理的核心环节，在一些跨国公司却成为公司开发人力资源、提升竞争力的瓶颈，制约着公司进军国际市场的步伐，影响着公司规模的扩大和经营战略的落地。

1）通用电气集团的绩效管理

在欧美企业的绩效管理模式中，具有代表性的是通用电气的绩效管理。通用电气的绩效管理是一个系统的工程，从绩效目标、绩效评估等绩效管理体系的设计，到六希格码管理、员工职业发展等配套制度的完善，再到信息的及时反馈、强调公司的价值观、管理层与一般员工的积极参与等绩效运行环境的营造，都被纳入公司的绩效管理系统中。

制定绩效目标与计划是通用电气全年绩效管理的基础，目标必须符合"SMART"原则，即目标是明确的、可衡量的、可实现的、现实的和有时限的，并在与公司、部门目标保持一致的基础上，与员工反复沟通推敲。然后，在制订绩效计划的基础上实施绩效评估。

通用电气的绩效考核分为过程考核和年终考核。过程考核即在绩效计划实施过程中予以及时的绩效辅导，员工表现好时及时给予肯定和表扬，表现不好时及时提醒，帮助纠正，以利于绩效目标的实现，同时为年终考核积累数据。年终考核是公司绩效评估最重要的一环，其考核主要通过自我鉴定、上级考评两个过程来实施。首先是员工的自我鉴定，主要通过填写个人学习记录、个人工作记录和年度工作完成情况记录来完成。其次是经理的评价，经理在参考员工自评的基础上，填写员工业绩考评记录。经理填写时必须与员工沟通，取得一致的意见。如果经理和员工有不同的意见，必须有足够的理由来说服对方。如果员工对经理的评价有不同的意见，员工可以与经理沟通但必须用事实来说话。如果员工能够说服经理，经理可以修正其评价意见；如果双方不能取得一致，将由上一级经理来处理。双方在相互沟通、交流时必须用事实来证明自己的观点，不能用任何想象或编造的理由。

考核结果的应用会影响公司的绩效管理效果。在通用电气，考核的结果不仅与员工的薪酬相关，还应用在员工培训、晋升、换岗等领域，与员工的职业生涯发展紧密相联。总体来讲，对考核结果的处理分为四种类型：①价值观和工作业绩的考核结果都不好，员工只能走人；②工作业绩考核结果不好但价值观考核结果良好，公司会保护员工，给员工第二次机会，根据考核结果制订一个提高计划，帮助员工提高，包括换岗、培训等；③工作业绩考核结果好但价值观考核结果不好，员工不再受到公司的保护，公司会请他走；④工作业绩与价值观的考核结果都优秀，员工作为公司的优秀员工，会获得晋升、加薪等机会。

对于管理人员以及软性因素的考核一直是绩效管理的难点。通用电气一开始就给管理人员、领导人员确立了行为准则，这些行为准则是公开的。管理人员对照这些行为准则，可以清楚地知道自己哪些方面做得好，哪些方面有差距。员工也可以根据行为准则，评价管理人员的管理绩效。而对于员工对企业文化的认同、价值观等软性因素的考核，通用电气的做法是把工作放在事前，凡是加入公司的员工，首先被告知的是公司的价值观，然后参加与价值观有关的各种培训，员工对价值观的感悟会不断得到强化，然后用员工在公司的事实行为来考核员工的价值观。在考核时每一个结论都必须用事实来证明，决不能凭空想象，使得考核合理、科学、可行。

2）索尼公司的绩效管理

在日本跨国企业的绩效管理中，具有代表性的是索尼公司的绩效管理。索尼公司的绩效管理以业绩为中心，采用的是关键业绩指标（KPI）的绩效管理模型，运用"5P"的评价体系全面评估员工的业绩。"5P"指的是个人（person）、职位（position）、过去（past）、现在（present）、潜力（potential）5个因素。一个人（person）在一个岗位（position）上，首先要符合这个位置的要求。一个员工能否得到晋升，公司要通过考察其业绩（performance）来决定。业绩由3个部分构成，即过去的业绩（past）、现在的业绩（present）、将来的业绩。将来的业绩看不到，但是可以预测他的潜力（potential）。

绩效计划是绩效管理的基础，索尼公司非常注重绩效计划的制订，并注意计划实施过程的调整。索尼公司的工作计划是在网上公开的，计划在实施的过程中肯定会发生一些变化，管理人员要核查行动的结果；同时，事前要预测各种情况，及时调整计划。核查绩效计划执行情况是管理人员每天都要做的事情，这在索尼已经形成了惯例。不断调整方案，才能保证有效地完成计划工作：公司员工每天工作之后都要写一份工作报告，交给上级审阅；经理审阅完报告之后会做出批示，以指导员工工作，并作为日常绩效管理资料的积累。

索尼公司的绩效评估是一种周期性的制度，实行年度绩效评估制。年终的绩效考核首先是员工的自我评估，每个员工根据年初制订的绩效计划，对照公司发布的绩效评估标准，对工作业绩完成情况进行自我评估。然后，员工的直接上级对员工进行评估。直接上级会与员工谈话，对员工的工作内容进行分析，并对员工的工作方式、工作态度、团队合作精神等内容进行评估。在评估的过程中，上级会发现员工的优点和不足，第二年的绩效目标也会在这个过程中确定下来。其次是对团队绩效进行评估。每一家分公司的总经理要陈述对下级的评估情况，说明评估的结果和原因。管理者要帮助下属完成任务、提高技能，如果管理者的技能需要提高，在陈述的过程中也要提出目标。通过对各部门进行评估，公司可以掌握各家分公司、各个部门之间的平衡。公司的绩效管理通过这样制订绩效计划、实施、评估、再制订计划的循环过程运行着。

对于主管及以上的员工，公司会要求他们撰写自己的素质报告。素质报告考察很多方面，比如工作是否专注、是否富有激情、是否了解外界的形势。员工写完小结，会有不同的上司对员工的工作潜力等做出评价。在上级评价完后，还会由不同的人匿名进行评价，其中会有非业务部门的人员。而员工要获得提升，在完成素质报告之后，还要参加书面考核，以对员工的常识、观点进行考核。书面考核完后，公司高层领导会对员工进行全面考核，员工要面对多个公司高层陈述自己的想法、建议。索尼公司通过上述几个考核程序，对员工的潜力进行全面的评估，促进员工获得发展。

2006年，索尼公司因笔记本电脑锂电池着火事故，召回约960万台笔记本电脑，更换电池的费用损失达500多亿日元。2007年1月，索尼公司前常务董事天外伺朗撰写了《绩效主义毁了索尼》一文。他认为，由于过度推崇绩效管理，索尼公司已经发生并存在如下严重问题：过于注重绩效考核结果与薪酬的关系；量化主义导向；追求短期利益；利益主义抬头，责任感缺失；不信任感破坏团队精神。

3）跨国公司绩效管理实践的特征

（1）以人为本的绩效管理企业文化

国内外优秀的跨国企业在绩效管理过程中始终坚持以人为本的思想，充分重视人、尊重人、开发人，真正意识到人是企业的核心竞争力和原动力，并且将这种思想贯穿于绩效管理的各个阶段：在绩效准备阶段，进行各级人员的工作分析和素质测评，既考虑到岗位工作的特殊性，又注意到员工素质的个体差异；在绩效规划阶段，在绩效管理主体与客体充分沟通的基础上，制定出适合绩效评估客体的绩效规划；在绩效实施阶段，强调对绩效客体的工作辅助和各种资源的支持，帮助绩效客体对工作方向和成效进行有效控制，以促进绩效目标的实现；在绩效评估阶段，以规范的标准努力消除因评估主体的偏见而对客体的绩效评估造成的偏差；在绩效反馈阶段，绩效管理主体与客体双方开诚布公，各抒己见，最终达成一致意见，使绩效双方都认可最终的绩效评估结果；在绩效评估结果的应用阶段，把绩效评估结果与薪酬提高、职务晋升、业务培训以及职业指导等各种激励手段结合起来，为员工个人的发展提供有序、宽松的环境。通用电气让员工自己制订绩效计划、进行自我评估，都是以人为本的体现。

（2）与绩效管理匹配的文化环境

优秀跨国公司都非常重视营造并保持良好的绩效运行环境，其中主要是企业文化环境，它们认为企业文化是企业赖以生存与发展的根本，是绩效管理的基础。企业文化因其国度不同、价值观不同而各有特色，但它们共同的特征是尊重人，充分发挥人的主观能动性，营造良好的文化氛围，为绩效管理创建适宜的人文环境，重视企业高绩效文化的建设，形成绩效管理的良好氛围，把绩效管理的刚性化建立在企业文化的柔性氛围之上。企业文化具有强大的凝聚功能，可以把员工共同的理想与信念紧紧融合在一起，还具有较强的约束力，它强调员工自觉地接受规范和约束，并按企业特有的价值观的指导进行自我管理与控制，使绩效管理过程中的沟通更有效。有了良好的绩效文化氛围，绩效管理双方才能进行充分的沟通与交流，绩效管理系统才能良好运行，绩效管理工作才能真正促进个体、集体绩效的提高。

（3）兼顾管理科学与管理艺术的绩效管理制度

许多优秀的跨国公司在绩效管理中既坚持制度化的硬性管理，又实施艺术化的软性管理，将二者完美结合起来，达到科学管理与艺术管理的适度平衡，取得良好的管理效果。许多跨国公司在进入国外市场时往往带入其成熟的制度，绩效管理也是如此。跨国公司利用母公司成熟的制度来规范子公司，避免在文化交融的过程中产生混乱。同时，在具体的绩效管理中，又因地制宜、量体裁衣，根据公司所在国的具体环境灵活变动，即给予国外子公司充分的管理自主权，子公司管理人员可以在总公司绩效管理体系的约束之下，建立适合当地文化的、有利于公司业绩提高的管理体系，甚至仅给予建立绩效体系的原则，具体制度则由子公司自行建立，促进公司业绩的提高，实现跨国公司的发展战略。

资料来源 由作者的硕士生梁少博同学综合新闻报道和相关资料整理而成.

思考与讨论：

比较跨国公司的绩效管理实践，分析其成功的经验与失败的教训，谈谈你的体会。

第3章　绩效考核与绩效管理的历史演进

学习目标

✔了解近代欧洲的绩效评估与考核特点，现代美国的绩效考核与管理的趋势

✔思索日本人事查定与业绩评价对绩效考核理论的意义

✔重点把握古代中国的考绩制度

✔系统思考绩效考核与绩效管理的时代进程

引例　　　　　　　　　　三个和尚没水喝之后

深夜，三个和尚虽然都很渴了，却仍然互不理睬。这时，一只小老鼠神气活现地跑出来。它登上烛台，弄倒了蜡烛，烧着了幔布。哎呀！寺庙着火了！

三个和尚冲到寺外，一个下山挑水，一个泼水救火，一个用袈裟扑打，齐心协力，终于扑灭了大火，保住了寺庙！

三个和尚累得一屁股坐在地上。没想到，小老鼠又窜了出来！这回，他们合力围住，把小老鼠打死了。三个和尚互相握手庆贺。

从此以后，三个和尚在山顶安了一台辘轳式运水机，胖和尚在山下打水，小和尚摇水上山，高和尚把水倒进水缸。三个和尚分工合作，水缸总是满满的。

胖和尚说："以前没有水喝，因为没有东西督促我们！"

小和尚说："大家以前害怕自己多干活，别人不干活也有水喝！"

高和尚说："多亏了小老鼠啊！"

人力资源工作者说："三个和尚没水喝的原因是没有'领导'来考核每个人的工作绩效，职责不清而互相推卸责任，最后一只恶作剧的老鼠使他们认识到问题的严重性，引起了他们对绩效的关注——没有水的严重性。"

资料来源　李玉萍. 小老鼠引发的绩效管理［N］. 大河报，2004-07-02.

和尚们终于发现了维护和提升大家共同利益的方法——协同作业。在漫长的历史中，人们也是这样发现了绩效考核与绩效管理。不同文化、不同民族的绩效考评各有其特点，呈现出自己独特的发展进程。我们大致上可以把它们划分为四

类：古代中国的考绩制度、近代欧洲的绩效评估与考核、现代美国的绩效考核与管理，以及日本的人事查定与业绩评价。

3.1 古代中国的考绩制度[①]

考绩又称"考课""考成""考核"等，其含义就是"言用人之法，皆须考以功绩"[②]，尤其是对现任官吏的表现和政绩，以有效方式进行考核，然后定出优劣，以供用人参考。所以，考绩的直接结果，就是对官吏实行奖惩。

中国古代的考绩与奖惩，不但具有非常丰富的实际内容，而且曾制定过许许多多的法规、法令，由此形成了一套颇具规模的考绩与奖惩制度。它是中国古代人事管理史的一个重要组成部分。

3.1.1 考绩制度发展概况

早在先秦时期，中国就已经出现了对官吏的考绩。《尚书·舜典》中记载："三载考绩，三考，黜陟幽明，庶绩咸熙。"这段话主要是说西周以前的事，它表明在很早以前，中国的统治者就开始认识到了考绩的重要性，并且实行了较为有效的考绩措施，并与奖惩结合在一起。该书还记载了对早期部落联盟领袖舜的考绩，而舜对所辖各部首领的考绩也是有安排的，即所谓"五载一巡守，群后四朝。敷奏以言，明试以功，车服以庸"。

到西周时期，考绩开始系统化。当时考绩分两级：

一是天子对各诸侯的考核，实行"巡狩"与"述职"两种方法。"巡狩"就是天子定期到诸侯国考察，进行实地考核。《孟子·梁惠王下》记载："天子适诸侯曰巡狩。巡狩者，巡所守也。""述职"是指诸侯或其代表按时到中央汇报工作，以供天子考评，亦即"诸侯朝于天子曰述职。述职者，述所职也"。这种上下结合的考核方式，对于当时社会政治经济关系比较简单、诸侯国又具有较强独立性的状况，还是比较合适的。

二是天子对王畿内的官吏、诸侯对本辖区的官吏的考绩。其方式有"日成""月要""岁会""大计"等几种。如《周礼》中提到大宰以八法治官府，"岁终，则令百官府各正其治，受其会，听其致事，而诏王废置。三岁，则大计群吏之治而诛赏之"，小宰以官府之六叙正群吏，"月终，则以官府之叙，受群吏之要，赞冢宰受岁会。岁终，则令群吏致事"。从这些不甚明了的记载中，我们可以窥见西周时期的考绩已经具有一种由上而下、层层考核的体系。

但是严格地说，真正的考核制度是与封建专制官僚制度相伴而生的，也就是说，是从战国时期才开始的。为什么这么讲呢？原因主要有三点：

---

① 林新奇. 中国人事管理史［M］. 修订版. 北京：中国社会科学出版社，2004.
② 《汉书·王吉传》颜师古注语。

首先，从战国时期开始，中国封建专制官僚政治才逐渐形成。在建立君主集权制、统一国家的过程中，严格的考核制度成为必要。社会的发展及官僚队伍的扩大，客观上也要求建立一套经常性的考绩制度以利于进行有效的人事管理，特别是在世官制被打破以后，官员的升降任免不再依靠血缘世袭，而需要有一个较为客观的新的依据，而这种新的依据就是考绩制度。

其次，春秋战国时期，诸子百家争鸣，涌现了一批以管仲、韩非、荀况等为代表的政治理论家，他们所提出的许多人事管理思想为建立新的系统的考绩制度奠定了理论基础。如管仲曾说："君之所审者三：一曰德不当其位，二曰功不当其禄，三曰能不当其官。"（《管子·立政》）他明确把"德""功""能"当作统治者考核其臣下的主要标准，并认为这是进行官吏管理的"三本"。

最后，从战国时期开始，在吴起、商鞅等一批改革家纷纷登上政治舞台实行变法的过程中，真正的考绩制度建立了。其主要标志是"上计制度"。"上计"，指将"计书"即有关簿册逐级上报以供考核。

根据各种资料来看，战国时期已经比较普遍地实行了上计制度，但是具体标准和方法还不完善。秦汉时期继续实行上计制度，运用范围更加广泛，制度也更加严密。其具体方法是：每年秋天，先由郡国守相考核县令长，由县令长把该县的户口、垦田、财赋、治安等具体数字编为计簿呈报郡国，由郡国守相进行考核，同时将县级管理考核情况及县簿加以汇总，结合本郡国一年政绩，在年终前报达中央，由中央主管部门进行考核。此外，中央各部门及地方各级长官还要对自己所属官吏进行考核，这种考核也是一年一次。而中央各部门长官的考核则由皇帝负责。考核完毕，由主考官定出每个官吏的考绩等第，叫"殿最"，以作为升降奖惩的依据。通常是经三年考绩以后，才根据总的考绩等第确定黜陟。

总之，从战国时期开始至秦汉时期普遍实行的上计制度，已经是一种比较规范、完备的考绩制度：其考绩标准比较全面、客观，注重定量考核，具有可操作性；其程序比较严密、合理，逐级考核，运用广泛，方法较为得当。所以，这种考绩方法一直延续到隋朝，持续实行了一千余年，生命力相当强。唐代以后的各种考绩制度也在很大程度上滥觞于上计制度，上计制度的影响是十分深远的。

3.1.2　考绩主体及管理机构

隋唐以前的考绩尚无专门的管理机构负责，通常由某些特定官吏兼领，尤其是中央各部门及地方各级行政长官，一般都兼掌考绩。如先秦时期，"诸侯月试其国，州伯时试其部，四试而一考。天子岁试天下，三试而一考"（《春秋繁露·考功名》）。汉代时期，中央主持考绩的官吏是丞相（司徒）和御史大夫（司空），地方上则主要由郡、县行政长官负责。

专门负责考绩的管理机构是在魏晋南北朝时期萌芽，到隋唐时期才确立起来的。魏晋南北朝时期，吏部开始设考功郎、考课尚书等官职。到了唐代，正式设置考功司，其属于吏部，专门负责对全国官吏的考绩。唐代明确把考课与选授、勋封连在一起,由同一个部门负责。其中,考课又专由考功司负责,其具体职权是掌管内外文武官吏的考课。由此可见,唐代考绩的地位已经大为提高,考绩的形式也更加规范。此后各朝代虽有某些变化,但由吏部考功司主管全国各级各类文武官吏考绩的体制相对稳定下来。这种考绩权责相对集中的做法,是与隋唐以后专制主义中央集权制度的发展趋势相一致的。

3.1.3 考绩的主要内容

1) 考绩的标准

考绩标准是考绩制度赖以实行的重要依据,也是考绩能否取得成效的前提条件之一。从理论上说,考绩标准的制定应当遵循严明、可行、重绩效等原则,但实际上不一定能做到,于是实行的效果也不同。我国历史上为考绩而制定的标准很多,包括了德、能、勤、绩等各个方面,各朝代总是依据其当时所处的社会实际状况和需要来制定考绩的标准,所以各朝代考绩标准侧重点不同。总的来说,从先秦到明清,考绩标准的发展呈现出这样的趋势:在内容上由主要看官吏的工作实绩转变为工作实绩与德行表现相结合,而且德行的成分越来越重;在形式上则由繁杂逐渐简化,甚至形成某种概念化的东西。这种趋势与古代专制主义中央集权制度的发展及考绩对象的变化,即由重视地方官转向既重视地方官又重视京官这一变化特点,是密切联系在一起的。

2) 考绩的程序与方法

考绩标准一旦确立,便要制定相应的考绩程序与方法,使考绩标准付诸实施。程序是否合理,方法是否得当,直接关系到考绩的成败及效果。为了使考绩不致流于形式,我国古代各王朝都曾创造过许多新颖的方法,包括考绩工作的组织安排、考绩对象范围的划定、考绩时间的确定、具体的考绩步骤与方法,以及考绩结果的批准与公布等。

下面我们将汉、唐、宋、明清四个有典型意义的历史时期的考绩程序与方法做一下介绍:

(1)汉代。汉代主要实行上计制度。其考绩工作的组织安排分别由各相关的主考机关负责。其又分两个系统:一是中央对地方的考绩,由郡国课县、中央课郡国、丞相受计、御史大夫核实、皇帝主计等程序组成。这是一种层层考绩的形式。时间上从每年秋天开始,年终结束。一年一小考,三年一大考,三考决定殿最和黜陟。二是中央及地方各部门长官对本部门所属官吏的考绩。这种考绩比较简单,不是很受重视,一般都是由各部门长官依据所属官吏对自己汇报的工作情况而加以甄别,并直接做出奖惩决定。

汉代上计制度还特别重视两种考绩方法:一是朝会受计;二是实地考察。所谓朝会受计,就是中央接受郡国上计,要举行比较隆重的仪式,这不仅是为了显示中央对上计考绩的重视,而且具有当庭按察虚实真伪、直接指导当地工作的意义。

（2）唐代。唐代宰相以下文武官吏，不论职位高低，不分京官、外官，均要接受考绩。三品及以上官吏，由皇帝亲自进行考核，四品及以下官员则分为京官、外官两大类，分别由皇帝指定专人负责考核。考绩实行每年一小考、四年一大考制度。其具体执行步骤是：由中央各部门及地方各级行政部门考评下属每个应考官吏，须先由本部门行政长官写一份考状，具录当年功过行能，然后公布，征求考官本人及大家的意见。

（3）宋代。宋代对官吏的考绩事宜不再专属吏部，而是另外设立专门负责考绩事宜的审官院和考课院。审官院负责考绩京官，考课院负责考绩外官，但是三品以下、五品以上的官吏则由中书省和枢密院负责考绩，三品以上的高官要由皇帝亲自考核，并与宰相共同决议。考绩年限为一年一小考、三年一大考。

宋代的考绩方法也是自下而上分两步进行：第一步，由各部门长官对所属官吏进行考核，考核的目的在于评定官吏任职期间的善恶功过；第二步，应考者经三考之后，即将所有材料报经中央主考部门审核，既用于人事铨选，也用于考绩。

（4）明清时代。明代的考绩分为考满和考察两种。考满是指对每个官员在任职年限中的政绩所进行的考核，其目的在于考核官员是否尽职。考满的方法与唐宋时代相似，也是实行由下而上评议鉴定的方法，不过在具体形式上更复杂一些。明代考满分为京官、外官、杂职官、教官、吏官五个序列，分开考核。

考察主要是对不称职和有过失的官员统一进行审查和处理的一种考绩方法。它与考满相辅而行，不管官员任职时间、职务、级别等的差异，一概定期考察。

拓展阅读
3-1
古代官吏的
考核制

清代的考绩程序与方法基本沿袭明制，但也有些变化。主要的变化有两点：一是取消考满法，而将考满法的功能全部并入考察法之中；二是考察分"京察"与"大计"两类，分别以"四格六法"标准进行考绩。清代京察和大计都是三年举行一次，但是分别交叉进行。其负责主持者是吏部考功司，但是部院各衙门及地方督抚等各级行政长官要事先配合组织考核，并由下往上、逐级考评。此外，都察院有关科道也要协助吏部考功司"纠检"考绩事宜，以保证考绩质量。

3.1.4 奖惩制度

从根本上说，考绩只是一种手段，它的直接目的是为奖惩提供依据。任何一种成功的考绩制度，无不带有明确的奖惩目的。

我国古代的奖惩又称"赏罚"，其历史由来已久。传说原始社会末期已开始奖惩之施。夏商时期，赏罚普遍见于战争。从西周开始，国家政治体制比较系统地建立起来，人事管理走向正轨，奖惩措施逐渐由主要用于军事而转向与日常管理考绩制度相结合。春秋战国时期，随着封建官僚制度的确立，奖惩开始真正以考绩为基础。当时的军功赏赐，除赏赐官爵外，还赏给土地、住宅、奴婢等。而惩罚则有免职、疏用、不用、鞭笞等，以至处死。奖惩不仅用于军事，而且用于日常行政管理。在秦代，奖惩制度以上计结果为依据，宣明优劣，分出殿最，以定黜陟。奖励主要有官职升迁、实物奖励、特殊礼遇等。处罚主要有降职、鞭笞、禁锢等。两晋南北朝时期，世族豪门垄断官场，朝野上下功过不分，是非颠倒，严格意义的奖惩制度已经不再实行。

自唐代至清代，随着政治制度的完善和君主专制集权统治的日益加强，奖惩制度不断完备，成为统治者进行人事管理的得力工具，并且更加紧密地与考绩制度结合起来。唐代将所有官吏职务的升降与俸禄的增减和考绩结果紧密地联系起来，并且规定严格而明确，使奖惩制度有一个客观公正的依据。宋代奖惩制度也以考绩结果为依据，但是由于宋代考绩制度本身变化较大，或以德行功能为标准，或以年资为标准，前后不一，纷繁复杂，所以奖惩制度也出现一定的波动性。可以这么说，凡是在考绩以德行功能为主要标准的时候，奖惩制度就具有比较公正、积极的意义；反之，若考绩以年资为标准，则奖惩制度就流于形式，一点也起不到应有的作用。元代不重考绩，所以也谈不上什么奖惩。明清时期，考绩制度重新受到重视，并且获得较大发展。奖惩制度以考绩为基础，同样日益受到重视。

3.1.5　对考绩与奖惩制度的评价

宋代学者苏洵曾说过："夫有官必有课，有课必有赏罚。"（《嘉祐集》卷十）这句话的确精辟，它不仅说明了中国古代考绩与奖惩制度建立并不断获得发展的原因，而且深刻地反映了考绩制度与奖惩制度之间的关系。

中国古代人事管理对象庞大，体系复杂。如何有效地将庞大而复杂的官吏队伍组织起来，充分调动他们的积极性，以便为专制中央集权统治服务，是历代统治者面临的重要课题。在长期的统治实践中，他们认识到考绩与奖惩制度是一种十分有效的约束与激励机制。

纵观中国古代的考绩与奖惩制度的发展演变，我们可以看到它有如下特点：

（1）考绩与奖惩的权力集中于中央，尤其是对高级官吏的考绩权和对所有官吏的奖惩权，都完全掌握在专制君主一人手中。所以，君主的喜好和认知在很大程度上决定了考绩与奖惩制度的内容和成效。可以说，这是中国古代考绩与奖惩制度的最大特点。

（2）考绩与奖惩面向所有级别的官吏，考核的范围十分广，具有一定的普遍性。一般讲，从宰相到小吏，每个人都要接受考绩，这在等级森严的封建社会的确不容易。它体现出一定的公平原则。

（3）历代考绩制度都规定了一定的时间期限，大考小考结合起来，定期进行考绩，具有持之以恒的经常性。

（4）历代考绩的内容都追求全面、明确，制定的标准力求接近实际，对地方官特别注重功绩，对京官则强调德才兼备，依据官员的不同各有其侧重点，这对保证考绩的客观针对性和有效性、澄清吏治、严肃奖惩关系甚大。

（5）考绩不仅与奖惩密切结合，而且与监察制度密切结合。从汉代开始，考绩都要有御史参与，以便进行监督。明清时期，都察院要与吏部协同办理考绩事宜，这无疑使考绩制度在迈向法治化的道路上前进了一步。

总之，中国古代的考绩与奖惩制度具有许多创造性的特点，它对实现封建国家因人而设职、量能以授官的人事管理目标，对修明吏治、维护封建王朝的长治久安，对调动封建官吏队伍的工作积极性，有一定的积极意义。同时，这在世界范围的绩效考核与绩效管理的发展演进过程中，应该说也是具有重要的地位和意义的，值得好好总结和借鉴。

拓展阅读 3-2

绩效革命 三十年

当然，中国古代的考绩制度也存在许多缺点，与现代绩效考核和绩效管理不同。其最大的缺点有两个，即"人治"和"论资排辈"。前者使考绩陷入主观片面性，后者则使考绩流于形式。尤其值得注意的是，中国古代的考绩制度是针对政府官吏的，完全没有针对企业的内容。

3.2 近代欧洲的绩效评估与考核

据说19世纪80年代初，苏格兰有一位杰出的纺织工厂主叫罗伯特·欧文（Robert Owen），即那位著名的空想社会主义者，他在经营管理纺织企业的过程中，为了考评工人的劳动效果，创造了一种简单而有效的绩效考评方法。他把一小块涂有不同颜色的四方木块挂在每个雇员的劳动岗位上，管理者每天按照自己的评价来旋转木块的色彩面，以表示雇员前一天的劳动效果：黑色表示劣等，蓝色表示一般，黄色表示良好，白色表示优秀①——这就是近代西方国家企业早期的绩效考评。

当然，今天的企业员工已经无法忍受这样的考核制度了，各种考评方法也极大地丰富和更加科学了。但是从这里我们可以看到，从欧洲工业革命开始，一直到1911年泰勒的科学管理理论兴起为止，绩效管理的发展已经从东方转到了西方，从政治领域转到了经济领域，从对官吏的考核与管理转到了对产业工人的考核与管理。这是一个全新的时代、一个全新的方向和趋势。从那时起，绩效考核与绩效管理就进入了企业管理的范畴。

所以，分析近代欧洲的绩效评估与考核时，虽然相关的资料和研究很少，但是我们至少可以看到以下特点：

第一，近代欧洲的绩效评估与考核是建立在近代工业革命的大背景下的，它产生了以制造业、机器化大生产为基础的一种新型生产方式，又处于从原来的手工作坊甚至农耕小生产方式向近代先进生产力和生产方式过渡的过程之中。

第二，近代欧洲的绩效评估与考核是以民主政治、市场经济和自由竞争为基

---

① 武泽信一，怀特希尔. 日美企业人事管理比较 [M]. 陈一壮，刘亚红，张志宏，等译. 北京：求实出版社，1987.

础的一种经济管理方式，这表现在企业管理之中就可能更多地引入市场与竞争的一些因素，建立一种新的管理机制。

第三，近代欧洲的绩效评估与考核是建立在对产业工人进行人力资源管理的基础上的。也就是说，其绩效评估与考核的主要对象是产业工人，是以制造业一线员工即"蓝领"为主体的。这与古代以官吏为主体，现代以"白领"即非制造业一线员工为主体的情况是不同的。

第四，近代欧洲的绩效评估与考核是与其人力资源管理方式联系在一起的，而欧洲各国的人力资源管理又是世界各地区中最复杂的一种。学者们研究认为，世界上没有哪一个地区能像欧洲这样，在这么小的范围内集中那么多不同的历史、文化和语言。每一个欧洲国家都有自己的法律，自己的工会、教育制度，自己的人力资源管理方式、培训体系以及自己的管理文化。相对于世界其他地区而言，欧洲各国又存在许多共同的特点，欧洲国家企业的人力资源管理有许多的相似之处，自成一体。欧洲对人力资源管理的理论研究从一开始就充分考虑自身的政治、经济和文化特点，并一贯力求基于已有的社会基础来充分考虑这些特点，谋求人力资源管理与企业战略的结合，寻求具有欧洲特色的人力资源管理。

第五，包括绩效评估与考核在内的近代欧洲的人力资源管理一直在选人上强调以内部招聘为主，在育人上重视为员工提供各种培训，强化对优质劳动力的培养，在用人上强调劳资双方的双向选择、自由雇用、长期雇用，在留人上偏好采用薪酬留人和文化留人，而在裁人上则强调政府参与劳资关系协调，建立劳动关系协调机制，禁止突然解雇等。这些人力资源管理特点深深地影响着近代欧洲的绩效评估与考核。

第六，具体而言，近代欧洲的绩效评估与考核呈现出许多不同于美国和东方式绩效评估的特点，比如：

① 绩效评估主要为人岗匹配提供依据。研究显示，在选人方面，欧洲企业的主要方式是内部招聘，外部招聘只是辅助形式。因此，借绩效评估检验、核查人岗匹配情况成为人力资源管理的主要任务。

② 绩效评估主要为人员培训提供依据。欧洲企业为员工提供各种培训，强化对优质劳动力的培养，尤其以德国的企业为代表。完善的初级职业培训以及各类再教育和再培训必须有所依托，绩效管理弥补了这一缺陷。

③ 绩效评估主要为晋升降级提供依据。由于欧洲企业的高层主管多从内部提升，因此必须做好候选人的绩效考核，为员工晋升铺平道路，为内部提升提供依据。

从以上几点不难看出，近代欧洲企业整合了各种人力资源管理工具，在其独特的、多元的文化环境中，形成了具有独特风格的绩效考评制度，长久以来发挥了巨大的作用，奠定了近代世界各国企业绩效管理的基础。

3.3 　现代美国的绩效考核与管理

与泰勒的科学管理理论的兴起同步，现代美国的绩效考核与管理应该说也是从 1911 年开始的，并从那时起就取代了欧洲成为绩效管理的一个方向标、一个新时代，但是，现代美国的绩效考核与管理是建立在美国人力资源管理模式的基础上的。要了解现代美国的绩效考核与管理，必须首先了解美国人力资源管理模式的内容、特征与发展历程。

3.3.1　美国人力资源管理模式的内容与特征

美国人力资源管理模式是各种人力资源管理模式中产生最早、发展最完善的一种模式，其影响是巨大的，可以说在其他几种模式中都可以找到美国人力资源管理模式的影子。

所谓美国人力资源管理模式，是指以注重劳动力资源的市场配置、自由就业政策，实行制度化的管理、对抗性的劳资关系和强调物质刺激的工资福利制度为特征的人力资源管理模式，它是现代企业制度、资本主义的大规模生产和精确严密分工的产物。

具体来讲，美国人力资源管理模式有以下特点：

（1）强调发达的劳动力市场在调节人力资源配置过程中的作用。作为一个典型的信奉自由主义的国家，美国的劳动力市场非常发达，劳动力市场的竞争极为激烈，美国企业对人力资源的需求几乎都是在劳动力市场上得到满足的。

（2）以详细的职业分工为基础的制度化管理。

（3）以强烈的物质刺激为基础的工资福利制度。

（4）对抗性的劳资关系。

3.3.2　美国人力资源管理模式的发展历程

1）科学管理理论

被称为"科学管理之父"的泰勒是美国的管理学家，主要著作有《计件工资制》《科学管理原理》，他的理论成果对 20 世纪的管理实践具有重大的影响。他提出的管理思想有以下几个方面：科学确定劳动定额，科学培训员工，科学选拔和合理配置员工，实行差别计件工资制，强调人员素质等。

泰勒适应了那个时代的要求。德鲁克认为，正是由于美国把泰勒的方法系统地运用于工人培训上，它才能在第二次世界大战时打败日本和德国。"现代史上所有早期经济大国——英国、美国、德国——都是通过在新技术领域获得领先地位而崛起的。第二次世界大战后的经济发达国家和地区首先是日本，然后是韩国、中国台湾、中国香港、新加坡，它们都把自己的兴起归功于泰勒的培训。泰勒的培训使它们基本上仍是工业化前的、低工资的劳动力能很快拥有世界级的生产力。战后时期，泰勒的培训成了经济发展唯一真正有效的手段。"

2）人本管理思想

霍桑实验之后，人本管理思想开始兴起。以泰勒为代表的科学管理理论虽然做出了重要贡献，但它仅侧重于劳动力的生产技能和管理方法方面的培训与素质的提高，只是服务于劳动生产力的提高，对劳动力本身的社会心理的开发却注重不够或忽视，甚至将人当作机器，激起人们的反抗行为，使人力资源的开发受到限制。行为科学从认识人的本质出发，提出人性假设，并把它作为人力资源开发与管理的基础前提，大大地丰富了人力资源开发与管理的内容。

美国心理学家梅奥指出，工人是从社会的角度被激励和控制的，效率的提高和高昂的士气是由于工人的社会条件和人与人之间关系的改善，而不是由于物质环境的改善。因而，企业管理者必须既考虑到工人的物质技术方面的问题，又考虑到其他社会心理因素等方面的问题。他提出：企业员工是"社会人"，而不仅仅是"经济人"；企业中存在"非正式组织"；作为一种新型的企业领导，其能力体现在通过提高员工需要的满足程度来提高员工的士气，从而提高劳动生产率。

因此，"社会人"人性假设的基本观点如下：人的工作积极性主要由其社会性需要所引起；人际关系是影响工作效率的最主要因素，工作效率主要取决于士气，而士气又取决于组织成员在家庭、群体及社会生活中各方面人际关系的协调程度；非正式组织是影响组织成员行为的一种潜在力量；管理者的领导方式与领导风格对激励组织成员有着不可忽视的作用。

人本管理提倡的管理措施包括：满足组织成员的社会性需要，关心员工，鼓励员工参与；建立融洽的人际关系；因势利导做好非正式组织工作；提高管理者的素质，协调人际关系，运用激励措施鼓舞士气。

3）第二次世界大战后的发展

第二次世界大战之后，由于国际国内经济形势的变化，美国人力资源管理进入了快速发展时期，产生了许多具有革命性的管理思想，如1980年前后的三大管理变革，即全面质量管理、提高员工工作生活质量、工作团队，其中提高员工工作生活质量标志着人力资源管理的新发展。1990年前后，美国人率先推动了技术管理和营销管理的创新，并且开始发展文化管理、企业流程再造、学习型组织、战略性人力资源管理等。

纵观这些管理思想的发展可以发现，第二次世界大战后，各种人力资源管理模式的发展方向是一致的，即由对工作的关心转向对人的关心，开始注重人和工作的匹配，重视员工在工作中其他需求的满足。人力资源成为企业的第一资源，并逐渐形成如下人力资源管理体系：进行以详细的职位分析为基础的制度化管理，重视进行系统、科学的人力资源规划，重视进行严格、科学的员工招聘和甄选，重视评价中心的作用，员工的录用既灵活又规范，强调员工的社会培训，建立以社会教育为主的专业知识与技能培训制度、以能力为核心的人才竞争机制，注重多口进入和快速提升的人力资源使用政策，实行以职位分析和职位评价为基础的职位工资制度，重视以物质刺激为主的薪酬福利政策，重视以工作绩效考评为基础的员工优胜劣汰的制度，突出个人的作用，提倡个人主义、英雄主义和理想主义。

美国人力资源管理模式既有积极的一面又有消极的一面。其升降机制、工资政策可以充分调动人的积极性，特别是挖掘人的潜力。其高刺激、高激励政策可以网罗一大批精英。与此同时，任意就业政策、详细的职务分工等对于提升企业的竞争力、发挥员工的潜力和降低企业成本都有重要的作用，但是短期行为严重，员工流失率也较高。

3.3.3　美国绩效考核与管理的特征

在美国人力资源管理模式下，其绩效考核与管理以科学管理理念作为考核的基本理念，以详细的职位分析作为绩效考核的制度基础，以考核结果作为录用、薪酬以及职务提升的参照，具体呈现出以下特征：

（1）持续对员工进行业绩监督和指导，定期对员工进行工作业绩考核与评价，考评结果与培训、薪酬、晋升等密切相关；

（2）绩效考核支持快速的升降机制；

（3）定期绩效考核支持奖励性报酬和晋升；

（4）定期绩效考核支持企业裁人需要；

（5）绩效考核与管理和企业战略接轨；

（6）绩效考核与管理的范围扩大，参与人员增多，例如360度考核反馈、流程再造的引进；

（7）绩效管理成为企业基本理念。

3.4　日本的人事查定与业绩评价

日本的人事查定和业绩评价体系带有浓厚的东方色彩，体现着东西方人力资源管理理念的冲突。

日本的人力资源管理模式是在第二次世界大战以后日本经济复苏和高速发展的时期形成的，它的基本特点是以人为本，强调终身雇佣制和年功序列制，不注重市场调节，规范化和制度化程度比较低。

日本在传统上是一个农耕民族，种族单一，受中国传统文化影响较深，崇尚"仁、义、礼、智、信"的文化价值观，价值观以和谐、安定为首，强调忠诚。日本的家族主义渗透到企业文化中，形成了年功序列制的文化基础。企业依据员工的年龄、工龄、学历等条件决定其工资的多少，使得用工比较稳定，防止人员的流动。

在长期的经济高速增长的过程中，日本企业一方面实行比较稳定的用工制度，一般不轻易辞退员工，企业内部劳动力市场活跃；另一方面，又比较注重对员工的培训与能力的开发，使其适应很多方面的工作需要，增强其就业能力。此外，更加值得注意的是，日本企业实行的是一种固定或核心员工与非固定工并举的灵活的用工机制，特别是低端的劳动力市场以及业务量变动很大的中小企业，非固定工的比例非常高。这种做法使企业可以很好地面对不断变化的市场，同时也为流动劳动力提供了就业机会。

具体而言，日本企业在选人上重视以毕业生选拔为主的招聘制度，在用人上强调以长期雇用为主的用人制度（主要适用于大型企业），在育人上注重以能力开发为目标的企业内部培训制度，在留人上强调体现年功和能力相结合的薪酬制度，一般不轻易裁人。

日本的人事查定和业绩评价深深地植根于其人力资源管理模式中，基于其人力资源管理的大环境，其人事查定与业绩评价的目的主要是为内部转岗提供依据，为再培训提供依据，为提高绩效提供反馈。相对于美国绩效考核主要为薪酬激励提供依据的特点，日本的人事查定与业绩评价在这方面的作用很小，而更多地为培训提供依据，致力于绩效改进。

但是，随着时代的发展和企业经营环境的变化，日本企业人力资源管理模式在发展过程中不断暴露出其不足之处，同时企业竞争的压力也迫使日本企业对其以终身雇佣制为基础的人力资源管理模式进行变革。当代企业所需人才比以往更加多样化，市场配置资源的作用更加突出，而这恰恰是日本企业最为薄弱的环节。近年来，许多日本企业取消了终身雇佣制，它们开始引进能力工资制，原有的人事查定和业绩评价模式也开始悄然改变，其中以松下公司最为典型。2019年日本的经济财政白皮书中也指出有必要修改年功序列制度。相关人士认为如果不打破这个制度，日本企业今后很难汇聚优秀人才。现在日本企业正在慢慢从终身雇佣、年功序列的人事薪资体系转为与职务的市场价值相符的JOB型①薪资体系，不再考虑年龄、年功，但是想要真正做出改变并不容易。②

拓展阅读
3-3

日本企业
改变年功
序列制

学思践悟

加快建成全方位、全过程、全覆盖的预算绩效管理体系

2018年9月25日，中共中央、国务院印发《关于全面实施预算绩效管理的意见》（以下简称《意见》）。这是党中央、国务院对全面实施预算绩效管理做出的顶层设计和重大部署，对于深化预算管理制度改革、推进国家治理体系和治理能力现代化具有重要意义。《意见》围绕"全面"和"绩效"两个关键点，对全面实施预算绩效管理做出部署。总体思路是，创新预算管理方式，更加注重结果

---

① JOB型员工即限定型正式员工，指固定工作地点、时间、内容的正式员工。
② OUKOU.年功序列制已无法适应企业发展需要，日本各企业纷纷支付高薪以抢夺优秀人才［EB/OL］.［2023-07-05］. https://www.517japan.com/viewnews-109375.html.·

导向、强调成本效益、硬化责任约束，力争用3~5年时间基本建成全方位、全过程、全覆盖的预算绩效管理体系，实现预算和绩效管理一体化，着力提高财政资源配置效率和使用效益，改变预算资金分配的固化格局，提高预算管理水平和政策实施效果，为经济社会发展提供有力保障。

2022年，锚定"走在前"目标定位，构建"大绩效"管理格局，山东比国家要求提前一年建成了"全方位、全过程、全覆盖"的预算绩效管理体系。

2022年，山东财政围绕项目、部门和政府预算三个层级，坚持问题导向和有解思维，深化创新，推动财政资源优化配置和资金效益全面提升。

项目预算层面，全面实施成本绩效改革。按照过紧日子要求，将所有财政资金纳入成本绩效管理范围，加强支出管理和成本管控，算好成本账，下好效益棋。在工作中，将绩效目标表中的成本指标调整为一级指标，规定在事前绩效评估中增加成本效益分析内容，成本约束力进一步增强；各级围绕环卫保洁、场馆运维等15个公共服务领域制定1 400多项财政支出标准，全部应用于2023年预算编制，有效缓解财政收支矛盾，共节约预算资金8.2亿元。

部门预算层面，系统重构整体绩效管理，从指标体系、管理模式、结果应用等方面系统优化部门整体绩效管理。统一标准，推动管理结果横向可比、纵向可用。扩围提质，选择省水利厅等9个部门开展部门整体评价，数量比2021年增加4个；评价规模达106亿元，增长285%。同时，加大市县工作督导力度，推动部门整体绩效管理向基层部门延伸，截至2022年底，已实现省市两级部门整体绩效管理全覆盖，县级覆盖率超过60%。奖优罚劣，通过整体评价，共发现9个部门124项问题，提出109条建议；对于评价得分前三名的部门，省财政予以通报表扬；对于评价结果为"中"的1个部门，压减其2023年度2%的商品和服务支出，部门履职成效和业务实施效果进一步提升。

政府预算层面，提升财政运行综合绩效。针对当前经济不确定性因素增多，各级财政运行压力加大等现实情况，探索从财政运行角度解决政府管理难题。建立省对市、市对县（区）、县对乡镇（街道）的三级评价管理机制，同时，根据各级管理重点，围绕收入组织、支出保障、规范管理、可持续性和运行成效五个方面，构建不同层级的评价指标体系，推动财政健康持续发展。开展四市（县）评价试点，首次开展对德州、济宁两市和莒县、临邑两个省直管县财政运行综合绩效评价，评价采用现场和非现场相结合的方式，共发现支出进度慢、资金管理不规范等10类问题，及时将评价情况反馈市县，督导整改落实。多措防范化解风险，通过评价，进一步摸清了市（县）管理真实情况，采取有力举措堵住管理漏洞，防范化解财政运行风险，推动预算管理由"治已病"向"治未病"转变。

资料来源　[1] 佚名. 加快建成全方位、全过程、全覆盖的预算绩效管理体系 [N]. 中国财经报，2018-09-27（2）. [2] 赵小菊，唐韶龙. 提前1年！山东建成"全方位、全过程、全覆盖"预算绩效管理体系 [N]. 大众日报，2022-12-29.

本章小结

古代中国的考绩与奖惩，不但具有非常丰富的实际内容，而且曾制定过许许多多的法规法令，由此形成了一套颇具规模的考绩与奖惩制度。它是中国古代人事管理史的一个重要组成部分。

从欧洲工业革命开始，到1911年泰勒的科学管理理论兴起为止，绩效管理的发展已经从东方转到了西方，从政治领域转到了经济领域，从对官吏的考核与管理转到了对产业工人的考核与管理。这是一个全新的时代，一个全新的方向和趋势。从那时以来，我们的绩效考核与绩效管理就进入了企业管理的范畴。

与泰勒的科学管理理论的兴起同步，现代美国的绩效考核与管理应该说也是从1911年开始的，并从那时起就取代了欧洲成为绩效管理的一个方向标、一个新时代。在美国人力资源管理模式下，其绩效考核与管理以科学管理理念作为考核的基本理念，以详细的职位分析作为绩效考核的制度基础，以考核结果作为录用、薪酬以及职务提升的参照，但短期行为严重，员工流失率也较高。

日本的人事查定和业绩评价深深地植根于其人力资源管理模式中，基于其人力资源管理的大环境，其人事查定与业绩评价的目的主要是为内部转岗提供依据，为再培训提供依据，为提高绩效提供反馈。相对于美国绩效考核主要为薪酬激励提供依据的特点，日本的人事查定与业绩评价在这方面的作用很小，而更多地为培训提供依据，致力于绩效改进。

复习思考题

(1) 简述古代中国考绩制度的发展进程。
(2) 古代中国考绩制度有什么特点？
(3) 近代欧洲的绩效评估与考核有什么特点？
(4) 现代美国企业绩效考核与管理的主要内容是什么？
(5) 对比分析近代欧洲、现代美国的绩效评估与考核。
(6) 日本的人事查定与业绩评价有什么特点？
(7) 应当如何看待绩效考评的时代性？
(8) 绩效管理应当如何因时因地制宜地做好？

案例分析题

索尼中国公司的绩效管理做得怎样

索尼公司前董事天外伺朗先生发表的那篇题为《绩效主义毁了索尼》的文章影响很大，它说明索尼公司在日本的绩效管理没有做好。那么，索尼中国公司的绩效管理做得怎么样呢？它在中国是如何进行绩效管理的呢？

根据索尼中国公司人力资源部负责人的介绍，在中国，索尼采用5P评价体系来全面评估员工的业绩。5P是指person（个人）、position（职位）、past（过去）、present（现在）、potential（潜力）。实际上，在管理上管理层看的是整个公司的业绩，股东看的是整个股票的业绩。作为个体的员工，也会对自己的业绩进行自我评估：公司有没有给我晋升（promotion）？有没有给我奖金或者其他奖励？这是公司给的回报（pay）。pay最终的决定性因素就是——个人的业绩、部门的业绩、公司的业绩，业绩最终决定了公司最后能够拿出多少钱来发奖金。公平一点讲，应该完全按照业绩来发放工资和奖金。很多公司强调以人为本，索尼认为人固然重要，但是归根结底业绩才是公司运作的核心。业绩管理好了，人就很好管理了。人人都追求公平、公正、公开，如果业绩管理能够做到公平、公正、公开地系统管理，每个人在公司都会感到比较舒畅。

索尼中国公司是怎么具体展开绩效管理的呢？它做每件事情都有一套体系，这被称为"360度管理"。有人因为"计划赶不上变化"就不做计划，但这不是索尼的风格。计划在实施的过程中肯定会发生一些变化，因此一定要去核查行动的结果；同时在事前要对各种情况进行预测，这需要不断地观察。索尼中国公司的工作计划是在网上公开的，细节方面是一定会变化的；核查（check）是每天都要做的事情，这在公司已经形成惯例。不断调整方案，才能保证有效地完成工作。

索尼认为，应教会员工怎样管理，目标管理也好，时间管理也好，员工都要掌握方式、方法。这是一个周期性的制度，索尼中国公司实行的是年度考核制。到年末每个员工首先进行自我评估，评估考核的标准都在网上公布；然后上司会与员工谈话。沟通的程序和内容包括：首先，对员工的工作内容进行分析；其次，对方式方法进行评估；最后，评估员工的工作态度、团队合作精神等。

一些很难用具体标准去衡量的指标，比如员工的工作态度，索尼中国公司是怎样评估、考核的？在索尼中国公司，所有的东西必须量化，量化的方法就是给出很多问题，类似于问卷调查，回答完问题，量化的结果也就得出来了。例如，某个员工第一次做某项工作，他缺乏必要的技能，所以工作做得不是很理想，但是态度很好；或者某个员工有必要的技能，态度也很好，但是他在管理能力上有所欠缺，不善于分工、把大家调动起来；或者某个员工管理能力不错，但是控制能力比较差。对于管理者来说，最关键的还是执行能力，当然控制能力也很重要。

索尼认为，在评估的过程中会发现员工的不足与优秀之处。明年的目标也会在评估的过程中确定下来，这样就能够确定明年具体到每个员工的培训方向。做完个人的评估，还要对团队进行评估。每一个分公司的总经理要陈述对下级的评估，说明打分的原因。比如，人力资源部部长要给本部门的人打分。作为管理者要帮助下属完成任务，帮助下属发展、提高技能，如果管理者的技能需要提高，他的上级在陈述的过程中也要给他提出目标。另外，通过对各部门进行评估，可以掌握各个分公司、各个部门之间的平衡。

索尼中国公司的整个评估体系就是这样周而复始运行的。评估完成后，实际上明年的目标也就设定好了，也知道整个公司在哪些方面需要尽快改善。

员工的资历在整个评估体系中是无足轻重的。员工的资历越深，公司对他的期望越高；如果员工资历浅但做出了业绩，评价一样会高。公司看重的是员工的业绩，而不是他在公司待了多少年。

在索尼中国公司的5P评估体系中，员工的past（过去）与present（现在）比较容易衡量，对于员工的potential（潜力），怎样测评与分析呢？索尼认为，潜力实际上是一个结果，一个人的业绩有一定的连续性，公司会对员工3年的业绩进行综合考评。对员工的评价分为几个独立因素，并尽可能地做到几个因素互不干扰，不能因为受到上司的喜欢，就得到晋升机会，也不会因为一个上司喜欢、另一个不喜欢，而得到完全不同的评价，公司会进行较为全面、客观的评估。

对所有主管级别以上的员工，公司会要求他们写自己的素质报告。素质报告要考察很多方面，比如，工作是不是很专注、富有激情？是不是了解外界的知识？不同的上司对员工会做出各自的评价。

员工写完小结，还要接受一项评估。这项评估由不同的人匿名进行，其中会有非业务部门人员。而员工要获得晋升，要由目前的上司进行提名。过了这关以后，要参加书面考试，它对员工的常识、观点进行考核。书面考核完后，公司高层领导再对员工进行全面考核。员工要面对5个公司高层陈述自己的想法、建议，公司高层将据此评估，看看作为将来的领导者，这名员工有没有优秀的发展思路。通过这样一系列的综合评估，才能证明一名员工有没有潜力。有时候，一些员工会产生误解，认为自己过去3年业绩很好，自然就应该得到晋升，或者今年很努力，业绩比去年提高了很多，就应该得到晋升。但是索尼认为，过去的东西只能是一方面，有些人可能是一个很好的主管，可是已经到达了他能力的极限；有些人可能有巨大的爆发力，只是暂时没有发觉；有些人可能只想做好目前的工作，不想要更高的职位，因为他们不想承担更多的责任。现在的岗位对有些人来说已经发挥到了极限，而对有些人而言只发挥了他的5%的力量，还有95%没有发挥出来，公司要寻找的是那些还有发展潜力的人，当然也不会惩罚已经发挥到极限的人。

有些员工确实尽心尽力了，也只能做到目前的状况，公司应该鼓励和奖励，但不能晋升，因为他可能达不到要求，如果晋升他，公司就要承担他不能胜任而造成的后果。潜力和过去的表现不一样，要把两者明确区分开。过去是一方面，但绝不等于发展潜力，在这方面公司要给员工做咨询、给予职业指导，要让他们学会对自己进行测评，了解自己，这是人力资源部门的一项非常重要的工作。

索尼中国公司在业绩管理方面有哪些需要进一步改善之处呢？它认为，就目前的情况来看，需要改善的就是公司绩效管理者的反应速度。索尼的高层在中国开会，要追加2亿美元的在华投资，扩大业务范围。人力资源主管的第一反应会是我要干什么，从哪里能够拿到这个业务计划，到哪里去招聘相应的人员，怎样编排队伍，还要考虑扩大的业务对人员的要求与原来是否一致，新领域的人事结构有什么特点。如果他不掌握这些情况，可能就会延误战略的实施。如果公司高层在做战略之前就与他们商量的话，工作效率会更高。比如，公司决定在中国追加投资的时候，如果让人力资源部部长知道自己能做什么的话，可能会更理想。竞争是残酷的。索尼现在已经发布了战略，其他公司知道后，也会立刻做同样的事情，如果人家的新产品都已经上市了，索尼还没有把队伍整合好，人力资源部门就要承担很多责任。索尼认为，企业做战略的时候要考虑到人力资源管理，不能把它仅仅看作纸面上的管理。大家都在讲"战略伙伴"，但是"战略伙伴"不是那么简单的。要把自己的功夫练得很强，才能够成为伙伴。所谓伙伴，是能出谋划策的，否则连跟班都不是。

资料来源　穆静. SONY如何考核业绩［J］. IT时代周刊，2004（14）.

思考与讨论：

请比较索尼日本公司与索尼中国公司的绩效管理有什么区别，效果又有什么不同。为什么？

第4章　从绩效考核过渡到绩效管理

学习目标

✓ 了解绩效考核的局限性
✓ 重点把握绩效管理的特点
✓ 深入理解绩效管理与绩效考核的区别
✓ 明确绩效考核过渡到绩效管理的必要性

引例　　　　　　　　　　**绩效考核还是绩效管理？**

A经理最近情绪糟糕透了，临近年末，除了要做好销售业绩冲刺外，公司年中才开始推行的"绩效管理"也要做。

A经理叹了一口气："天天讲管理，市场还做不做？管理是为市场服务的，不以市场为主，这管理还有什么意义？又是规范化，又是考核，我们哪有精力去抓市场？不过，还得应付，否则，公司一个大帽子扣过来，自己吃不了还得兜着走。"

好在"绩效管理"也是轻车熟路了，A经理给每位员工发了一份考核表，要求他们尽快完成自评工作，同时自己根据员工一年来的总体表现，利用排队法对所有员工进行了排序。排序是件非常伤脑筋的工作，时间过去那么久了，下属又那么多，自己不可能一一都那么了解，谁好谁差确实难以区分。不过，好在公司没有什么特别的比例控制，特别好与特别差的，自己还是可以把握的。

排完队，员工的自评差不多也结束了，A经理随机选取6名下属进行了5~10分钟的考核沟通。问题总算解决了，考核又是遥远的下个年度的事情了，每个人又回到"现实工作"中去。至于考核的报表则交给其他人去处理吧。

A经理一年一年地应付着，至于这是绩效考核，还是人事部B经理说的"绩效管理"，他不关心，只要全身心把市场搞上去就可以了。

资料来源　佚名. 莫把"绩效管理"变"绩效考核"[EB/OL].［2023-06-12］. http://www.docin.com/p-1054067103.html.

在许多企业中，人事部高喊"绩效管理"，职能部门"应付了事"，企业高层"愁眉不展"，员工"莫名其妙"，管理者"糊里糊涂"。理解绩效考核走向绩效管理的必要性成为当务之急。首先，绩效考核的局限性无法回避，总是摆在管理者面前。

4.1 绩效考核的局限性

在实践中，绩效考核的目的经常被歪曲，并带来了一系列消极的影响，例如：

（1）绩效考核往往被异化为替代管理者履行管理责任的工具，凡事"一考了之"，以为绩效考核就是管理，从而削弱各级管理者的应有职能和主观能动性；

（2）员工之所以改善绩效，其主要动力不是来自对企业价值的认同，而是来自利益的驱使和对惩罚的惧怕；

（3）绩效考核的结果倾向容易使管理者单纯依赖定期的、既成绩效的评估而忽略对工作过程的控制和督导；

（4）过分依赖绩效考核来提高员工绩效的管理方式，重结果、轻过程，不利于培养缺乏工作能力和经验的员工；

（5）在绩效考核过程中，管理者往往充当着"警察"的角色，易导致管理者与被管理者之间的对立与冲突等；

（6）有些工作无法用明确的工作标准来衡量，导致员工趋向规避责任；

（7）当员工发现通过努力无法达到要求的工作标准时，就可能自暴自弃、放弃努力，或归因于外界、他人和其他因素；

（8）绩效考核可能会产生"劣币驱逐良币"的效应，即低绩效的员工仇视高绩效的员工，一旦大家都对他们产生抵触情绪，则高绩效者也可能放弃追求高绩效的努力。

本书认为绩效考核的局限性可以追溯到其早期形成阶段。绩效评估（考核）是人们对绩效进行管理的早期形式，在绩效管理的发展历史上起到了重要作用。但是，很快学者们就认识到了它的诸多不足，在文献以及实际操作中都对其进行了诸多批评。

绩效评估会使一个管理者陷入既要评判某人绩效，又要帮助其有效提高工作效率的两难境地。每年进行一次的复杂的绩效评估，其价值令人质疑；上级对下属工作的指导应当在日常工作中进行，而不是一年才进行一次；应当用设置目标的方法而不是批评来鼓励绩效提升；评估应当根据不同的目的分别进行。在每年的绩效评估中给出一次嘉奖对于绩效提升并没有显著影响，而批评则通常会导致员工产生抵触情绪，拒绝为低绩效负责任。

在这种背景下，绩效考核就常常成为"鸡肋"，成为"负担"，从绩效考核过渡到绩效管理就成为必然的选择。

4.2 \ 绩效管理的主要特点

　　绩效管理作为一个综合的管理体系，是整个人力资源管理系统的核心，贯穿于企业管理的始终。绩效管理是人力资源管理部门整合企业人力资源系统的有效手段和方式，也是人力资源管理部门的工作目标。

　　绩效管理的主要特点如下：

　　（1）绩效管理的思想精髓是"战略导向"，它是战略管理的工具，是实现组织战略目标的主要载体和杠杆。所以，确立战略管理思想，才能做好绩效管理，这与传统的绩效考核是很不相同的。参与绩效管理的每一个部门、每一个人都需要有战略管理的意识。

　　（2）绩效管理的基本理念是"以人为本"，它不是为了单纯地将员工分出高低等级，也不是为了单纯地进行奖惩，而主要是为了改进组织与员工个体的绩效，促进企业与员工的共同成长。所以，绩效管理既重视组织的发展，也重视员工的发展，在实现组织目标的同时，实现员工的个人价值和职业生涯规划。它可以使员工与团队、组织目标一致，确立"共赢"的观念，实现"共赢"的目标。

　　（3）绩效管理的设计原则是"双向互动"，既强调"自上而下"的指标分解，也强调"自下而上"的层层支撑，是一个让领导与员工共同协调、充分参与的全方位管理过程。领导要清楚地了解组织战略及规划，指导下属层层分解战略目标，每一个员工则应该根据组织战略规划和上级的指导，具体地参与设计自己的绩效目标计划，并与领导达成一致。绩效管理不仅仅是人力资源部门的事，更是直线经理的事，是各相关部门、各员工共同参与的事业，其中高层管理者是否支持和参与是决定绩效管理成败的关键因素。

　　（4）绩效管理的实现形式是"绩效沟通"，这是一个强调管理沟通、持续沟通的过程。绩效沟通的内容包括：组织的价值观、愿景、使命和战略目标；组织对每一个成员的期望结果和评价标准以及达到该结果的途径、方式与方法；各种必要的信息和资源；上下级之间、部门之间以及员工之间的相互支持和鼓励等。所以，反馈、交流、沟通、支持，是绩效管理过程中的常用语言。

　　（5）绩效管理的最终结果是"发展提高"，这是一个强调发展的过程，一个强调提高的过程，通过绩效管理促进组织的发展，促进员工的提高。绩效管理的目标之一是建立学习型组织，从而增强组织的核心竞争力，同时为每一个员工提供支持、指导和培训，提高员工的胜任力。每一个员工都应该在绩效管理过程中通过主动学习、互相学习获得进步，而不是斤斤计较一时的得失，组织也要从大局出发，着眼于长远的发展，打造和积蓄组织所需要的稳定的人力资本。

　　（6）绩效管理具有明显的"绩效导向"。绩效管理离不开"绩效"，其评价基准无疑应该是"绩效"。但是，这里的"绩效"是在拓展了传统的绩效内涵基础

上的一个全新概念，既包括结果或产出，也包括行为或过程，更包括对战略目标的理解和把握。企业中流行一句名言，就是"最怕在错误的方向上做了最正确的事情"。方向是第一的，然后是结果，是行为。绩效管理就是要让每一位员工每天的行动都与企业的战略挂钩，通过体系化的管理制度，把企业的核心价值观、战略思想、目标计划、压力与信心等，层层传递给员工，使之变成员工的自觉行为。因此，绩效管理的最终目标是建立企业的绩效文化，形成具有激励作用的工作氛围。

4.3 绩效管理与绩效考核的区别

绩效管理与绩效考核，无论是基本理念、目标体系，还是具体的实际操作，都存在很大的差别。对这些差别加以正确的区分，可以帮助我们树立正确的绩效观和考核观，有效地运用绩效管理的体系、方法和工具以提高组织的管理水平，改善员工的绩效能力，从而获得比较满意的绩效水平，达到绩效管理的目的。

绩效考核与绩效管理的区别见表4-1。

表4-1 **绩效考核与绩效管理的区别**

区别	绩效考核	绩效管理
假设前提	假定人们不会也不知道采取主动的行为以实现组织的目标，战略目标的制定和实施与一般员工无关	假定人们都是愿意与组织同舟共济的，会主动采取必要的行为以努力实现事先确定的组织目标和个人目标
出发点	以控制为中心，绩效考核是为了更有效地控制部门和员工个人的行为	以战略为中心，绩效管理体系的设计和运用都是为战略服务的
对象	对某一时间段或时间点的考核	对整个过程的监控与管理
	仅仅是事后的考核评估	事前、事中、事后相结合
	主要评估过去的表现，向后看	既关注过去，更关注未来的发展
方法	主要手段就是考核，自上而下的单向考核，被考核者只是被动接受	计划、监控、考核、沟通、反馈相结合，被考核者主动参与，全员参与
目的	主要目的是为实施奖惩提供依据，重点是薪酬调整和奖励	主要目的是促进企业战略的落实、绩效的改进和员工的共同成长

通过表4-1我们可以看到，绩效管理与绩效考核的区别主要表现在：

（1）绩效管理是一个有关企业战略、绩效、竞争力和人力资源管理，以及计划、促进、考核、反馈、结果运用等各环节的完整系统，绩效考核只是这个系统中的一个环节、一个部分；

（2）绩效管理不仅关注结果，更关注过程，而绩效考核是一个阶段性的总结，关注的是一个时期工作完成的结果；

（3）绩效管理具有前瞻性，由于它关注的是未来，因而能帮助企业和管理者前瞻性地看待问题，以有效地规划企业和员工未来的发展，而绩效考核则只关心过去的一个阶段的工作绩效，不具有前瞻性；

（4）绩效管理是一套从计划、促进、监督、控制到考核、反馈、沟通的完整的体系和方法，而绩效考核则只是一种简单地、被动地接受与提取信息的手段；

（5）绩效管理注重组织竞争力和员工能力的培养，实现的是企业和员工的双赢，而绩效考核只关注员工的考核结果，以一时的得失论英雄，以简单的结果论成败；

（6）绩效管理能够促进管理者与员工之间建立互信合作的伙伴关系，有利于双方朝着共同的目标努力，而绩效考核可能使管理者和员工处于对立的状态，甚至造成考了还不如不考的负面影响；

（7）绩效管理是一种绩效导向的管理思想，其最终目标是建立企业特有的绩效文化，形成具有激励作用的工作氛围，而绩效考核只是为了监督员工工作、督促员工改进绩效，并没有上升到企业文化的高度。

当然，绩效管理与绩效考核也不是截然分开的，它们之间既有区别，也有联系。绩效管理是人力资源管理体系的核心内容，绩效考核则是绩效管理体系中的关键环节，起着承前启后的作用，既能够检验绩效管理前期的计划和促进工作成果的取得，也能够为今后的绩效沟通与改进工作提供参考依据。因此，不能因为绩效管理与绩效考核的种种区别而忽视绩效考核在绩效管理甚至人力资源管理中的关键地位和基础作用。

4.4 绩效管理的产生与发展

4.4.1 绩效管理的产生

1）绩效评价的缺点

20世纪80年代以来，经济全球化的步伐越来越快，市场竞争日趋激烈。在这种竞争激烈的经营环境中，企业要想取得持续的竞争优势，就必须不断地提高其整体绩效水平和能力。莱文森（Levinson，1976）曾指出："多数正在运用的绩效评价系统都有许多不足之处，这一点已得到广泛的认可。绩效评价的明显缺点在于：对绩效的判断通常是主观的、凭印象的和武断的；不同管理者的评定不能比较；反馈延迟，这会使员工因好的绩效没有得到及时的认可而产生挫折感，或者为根据自己很久以前的不足做出的判断而恼火。"实践证明，提高绩效的有效途径是进行绩效管理。

2）绩效管理的重要作用

绩效管理是一种提高组织与员工的绩效和开发团队、个体的潜能，使组织不断获得成功的管理思想和具有战略意义的、整合的管理方法。

（1）绩效管理可以帮助企业实现其绩效的持续发展，促进形成绩效导向的企业文化，激励员工，使员工工作更加投入，促使员工开发自身的潜能，提高员工的工作满意度，增强团队凝聚力，改善团队绩效；而且，通过不断的工作沟通和交流，还可以发展员工与管理者之间的建设性的、开放的合作关系，给员工提供一个经常表达自己意见、建议和工作期望的机会。

（2）绩效管理可以加强全面质量管理。组织绩效可以表现为数量和质量两个方面。近年来，质量已经成为组织绩效的一个重要方面，质量管理已经成为人们关注的热点。凯瑟琳·吉尼（Kathleen Guin，1992）指出："实际上，绩效管理过程可以加强全面质量管理（TQM）。因为绩效管理可以给管理者提供TQM的技能和工具，使管理者能够将TQM看作组织文化的一个重要组成部分。"可以说，一个设计科学的绩效管理过程本身就是一个追求"质量"的过程——达到或超过内部、外部客户的期望，使员工将精力放在质量目标上。

（3）随着战略目标与组织结构的调整和变化，组织需要采用新的管理绩效的措施，这也促使企业必须从绩效考核过渡到绩效管理。组织的多数结构调整都是对社会经济状况的一种反应，其表现形式多种多样，比如减少管理层次（delayering）、缩小规模（downsizing）、增强适应性（flexibility）、注重团队工作（team-working）、强化高绩效工作系统（high performance work systems）、改善战略性业务组织（strategic business units）、增加授权（empowering）等。组织结构调整后，管理思想和风格也要相应地改变，比如给员工更多的自主权，以便更好更快地满足客户的需求；给员工更多的参与管理的机会，促使他们增加对工作的投入，提高他们的工作满意度；给员工更多的支持、指导和帮助，不断提高他们的工作胜任力等。所有这一切，都必须通过建立绩效管理系统，从绩效考核过渡到绩效管理，才可能得以实现。

4.4.2 跨国公司绩效管理的发展历程

20世纪80年代后半期特别是90年代以来，先进的企业特别是跨国公司绩效管理的发展过程表明，从绩效考核过渡到绩效管理是完全可能的，也是大势所趋。跨国公司绩效管理的发展过程大致可以分为三个阶段：

（1）在20世纪80年代晚期和90年代早期，从事绩效管理的管理者们意识到他们所评价的对象发生了变化，原来以财务绩效为核心的评价指标引导他们走入了一个短视的误区，使绩效管理之路越走越狭窄。

（2）为了克服这一短视误区，从20世纪90年代开始，很多企业管理者引进了一种新的绩效管理系统，比如关键绩效指标和平衡计分卡，从而开创了绩效管理的新阶段。

（3）进入21世纪，在引入了关键绩效指标和平衡计分卡以后，企业人力资源管理者又面临着如何更加合理地将绩效评价与企业实际和企业文化结合的问题，于是他们开始关注有效地收集和使用通过新绩效评价系统得到的数据资料。

4.4.3   跨国公司绩效管理的特点和发展趋势

归纳30多年来跨国公司绩效管理的发展进程，我们可以看到以下几个主要特点及发展趋势：

1）把绩效管理作为企业管理的核心

跨国公司对如何提高企业的劳动生产率是非常关注的，尤其是在外部竞争日趋激烈和内部劳动生产率的提高速度日趋减缓的情况下。现代企业提高生产效率不仅要靠资金和技术，更要靠人力资源。那么，如何开发和管理人力资源，使其发挥最大效益呢？绩效管理是一种有效的管理方法。实施绩效管理，对于企业的发展、战略的实现以及人力资源的开发等都是非常重要的。

由于绩效管理是将企业的战略目标分解到各个业务单元，并分解到每个人，因此通过对每个员工的绩效进行管理、改进和提高，可以提高企业整体的绩效，企业的生产力和价值随之提高，企业的竞争优势也就由此而获得。

2）强调员工的努力方向与企业目标的一致性

从企业整体经营的角度来看，绩效管理是企业生存发展的需要。企业的兴衰，关键在于员工的努力程度，但两者之间并非只是简单的比例关系。在努力程度和企业绩效之间，有一个关键的中间变量，那就是努力方向与企业目标的一致性。

员工的努力程度比较高，而且努力的方向与企业目标一致，是有助于提高企业绩效的。如果员工的努力方向与企业目标背道而驰，即使员工工作再努力，也不会提高企业绩效，相反还会降低绩效。因此，在激发员工努力工作的同时，一定要使他们的努力方向与企业目标保持一致。这就要借助于完善的绩效管理系统。通过设定与企业目标一致的考核内容，并将考核结果反馈给员工，使他们知道自己的行为是正确的还是错误的，与企业的要求有多大差距，从而采取相应措施继续努力或纠正错误，改进自己的行为，通过员工个人绩效的提高促进企业达到既定的经营目标，实现良性发展。

3）在重视财务指标的同时越来越强调以人为本

以人为本，即不管是考核指标的设计还是考核体系的实施都要从员工出发，激励员工的积极性。例如，惠普重视员工的绩效考核，将员工的考核与经理的考核结合起来，绩效指标的设计也侧重对员工个人能力的评价，不再以绩效的高低为主要标准。研究者认为，企业绩效管理者运用绩效评价的结果数据是为了影响次级管理者和雇员的行为。正是由于有效地改进组织中个体的行为是绩效管理的一个重要目标，我们才要更加关注组织中人的特性和行为，体现以人为本的经营理念。

4）强调绩效管理各项相关配套制度的建设

企业的绩效考核不是哪个经理个人行为的结果，他们考核的指标、程序等都是事先制定好的，依据制度开展绩效考核。比如，IBM实施的绩效考核是以个人业务承诺（personal business commitments，PBC）为中心的绩效考核体系，这个体系包括指标设计、考核流程设计、考核结果汇总等。

5）强调绩效管理指标的全面性和综合平衡

跨国公司在运用平衡计分卡、关键绩效指标、360度考评反馈技术方面的比例是比较高的，为什么？其原因就在于它们强调绩效指标的全面性。跨国公司一般都实力雄厚，开展多元化经营，担负较大的社会责任，战略目标远大，经营目标具有多样性，工作内容丰富，绩效管理指标的全面性有其内在的要求。

6）重视绩效管理的客观性和定量化

跨国公司注重向所有的考核者和被考核者提供明确的工作绩效标准，完善企业的工作绩效评价系统，把对员工能力和成果的定性考察与定量考核结合起来，建立客观而明确的管理标准，用数据说话，以理服人，改变过去员工考核中定性成分过大、评价模糊、易受主观因素影响的不足。

7）强调绩效管理要在一个稳定的基础上进行

要使考核工作规范、有序、高效，必须建立科学的绩效考核体系。绩效考核体系的构建是一项系统工程，包括计划、实施、考核、考核结果反馈及考核结果处理和应用。跨国公司特别是世界500强企业一般都具备扎实稳健的管理基础，这使得绩效管理系统能够在企业日常管理工作中比较顺利地运行。

8）重视信息系统在绩效管理中的导入和应用

当今世界瞬息万变，网络技术的普遍应用正使地球成为一个"村落"。而在绩效管理中如何有效地运用最新的科学技术也成为管理者、专家们研究的方向。因为企业之间特别是高科技公司之间竞争激烈，战略必须更好地执行，对市场的反应也必须更加灵敏，为此企业必须通过将科技应用到企业管理的各个环节，尤其是人力资源管理之中，促进绩效管理自动化，从而实现人力资本最大化。

绩效管理是一种不断开发人力资本的方法，它包括评估、开发和促进人员绩效。虽然至今在很多公司里，绩效管理的主要部分依然是一个纸质的进程，但是情况正在发生变化，在线绩效管理逐渐成为主流。许多跨国公司已经从绩效管理所采用的组织化的、在线操作的方法中获益。应用高级软件使得绩效计划、跟踪和管理过程实现自动化，这样可以帮助公司有效地应对挑战。而结构化的工作流程也使得这一过程中每一个关键的任务都能快速落实。更重要的是，在绩效管理中，一个高质量的信息系统可以确保最佳绩效管理方案的应用前后一致，促使所有的员工更加勤奋并且有动力。这使绩效管理从过去那种"吃力不讨好"的职能性活动转变成为企业的一个必不可少的竞争优势。

拓展阅读
4-2

大数据视域下企业人力资源绩效管理创新

学思践悟

管理创新的"25年周期进化说"

《光明日报》编者按：本文作者林新奇教授通过对中、日、美等国家的经济发展方式转变与人力资源管理创新之间关系的研究，发现并提出了"25年周期进化说"。虽然在严格的意义上讲这还是一个假说，但是以此作为一个参考视角来观察、分析我们面临的许多经济管理现象，展望未来发展可能需要探讨解决的问题，却具有一定的启发意义。

1）关于经济发展周期与管理创新的若干理论

1911年，以泰勒的《科学管理原理》出版为标志，现代管理科学诞生了。100多年来，现代管理科学在科学管理的基础上不断丰富和发展，对实践产生了越来越重要的影响。同时，关于管理理论与管理实践的相互关系及其发展特点与规律，人们也做了许多探讨，提出了不少有趣的富有启发的观点，值得我们——无论是理论工作者还是实务工作者——深思借鉴。

1939年，美籍奥地利人、著名经济学家约瑟夫·阿洛伊斯·熊彼特融合前人的观点，以"创新理论"为基础首次提出在资本主义经济发展过程中同时存在长、中、短三种周期的理论。"长周期"（"长波"）即为"康德拉季耶夫周期"，"中周期"（"中波"）即为"朱格拉周期"，"短周期"（"短波"）即为"基钦周期"。熊彼特宣称，上述几种周期并存而且相互交织的情况进一步证明了他的创新理论的正确性。在他看来，一个长周期大约包括6个中周期，而一个中周期大约包含3个短周期。熊彼特沿袭了康德拉季耶夫的观点，把近百年来资本主义经济发展过程进一步划分为3个"长波"，而且用创新理论作为基础，以各个时期的主要技术发明及其应用以及生产技术的突出发展作为各个"长波"的标志。对于经济周期性波动，熊彼特用"创新"来解释，这里的"创新"包括两个方向：技术性的创新和组织与制度性的创新。

熊彼特在1934年出版的《经济发展理论》（英文修订版）中对三次长周期的划分是这样的：

第一波长周期从18世纪80年代到19世纪50年代，即所谓的第一次产业革命时期。这个周期的基本特征是手工制造或工场制造的蒸汽机逐步推广到所有工业部门和工业国家。

第二波长周期从19世纪50年代末到19世纪末，即所谓的蒸汽和钢铁时代或铁路化时代，这是第二次产业革命时期，其特征是机器制造的蒸汽机成为主要的动力机，并得到普及。

第三波长周期从1898年开始（那时前一个"长波"尚未结束），即所谓的电气、化学和汽车时代，这是第三次产业革命时期，其特征是电动机和内燃机在工业部门的普遍应用。

1992年，美国管理学家斯蒂文·巴利与罗伯特·孔达发现，一个多世纪以来，理性主义（或科学管理）与非理性主义（或人文主义）的管理思潮交替成为管理学界的主流意识形态，每二三十年轮流坐一次庄。斯蒂文·巴利与罗伯特·孔达还发现，管理思潮的交替与宏观经济状况息息相关：当经济一路凯歌往上走时，理性主义占上风；当经济萎靡不振时，人文主义占上风。如1929年的大萧条成全了人际关系学派，第二次世界大战后的狂飙突进则让理性管理风光一时。20世纪80年代随着日本的崛起，又掀起了一场企业文化运动。

斯蒂文·巴利与罗伯特·孔达提出了一个解释：当公司的绩效看起来与资本的有效管理联系更为紧密时，理性主义胜出；而当公司的绩效看起来与劳动的有效管理联系更为紧密时，人文主义胜出。1994—2000年是美国有史以来经济状况最好的时期之一，高增长，高就业，低通胀。按照以上规律，理性主义应大行其道。果然，管理学界最流行的是基于资源或基于知识的公司理论，实务界最流行的则是彼得·圣吉的学习型组织和第五项修炼理论，以及像《把信送给加西亚》这样的书，还有各种信息管理系统，如企业资源计划（ERP）系统，其目的在于用最新的信息技术优化业务流程，最大限度地达到理性控制的目的。

20世纪90年代以来，以信息技术革命为基础的知识经济的迅猛发展，推动了美国微观经济运行机制、中观经济产业结构和宏观经济管理方式的深刻变革。在要素投入知识化、信息处理网络化、竞争方式创新化、生产制造柔性化和经营运作全球化等新经济条件下，美国经济的运行周期逐渐显现出新的演变趋势。

2）25年周期进化说

迄今为止，关于经济发展与管理周期的研究，基本上都是从经济、投资的角度来论述，而且带有某种循环往复的宿命性。与此相反，笔者通过对中、日、美等国家的经济发展与管理创新之间关系的历史考察，尤其是经济发展方式转变与人力资源管理创新之间关系的系统研究，发现了一个值得重视的、带有规律性的现象，即"25年周期进化"规律。"25年周期进化"的观点，是从管理的角度，从经济发展方式转变的角度，从经济发展与管理创新之间关系的角度来探讨的，并且是逐级提升、进化、发展的观点，而不是轮回。每一个进化周期，都推动了经济发展方式的转变，促进了管理创新，尤其是人力资源管理创新。

考察一个世纪以来欧美国家的企业管理和人力资源管理的发展进程，我们可以很容易地发现这个周期性特征：随着经济发展方式的转变，出现了一个阶段又一个阶段的管理创新的高潮（见表4-2）。第二次世界大战结束以来日本经济发展和企业的案例同样也表现出这么一个规律性特点。其周期大概是每隔25年进化一次（见表4-3）。

表4-2　　　　　美国：经济发展方式转变与管理创新（1911—2011年）

大致年份	1911	1936	1961
经济发展方式转变	一般工业的发展：机器化大生产和劳动密集型产业的分工协作	重化工业的崛起：大工业化、分工协作的进一步发展	跨国公司、跨国贸易的迅猛发展：附加值提升、品牌保护、全球产业链管理
管理创新	泰勒式科学管理：以提高单位劳动生产率为中心的管理创新	流水线生产管理：组织行为视野下的人本管理创新	比较管理、跨文化管理、国际人力资源管理：围绕跨国公司管理的创新
大致年份	1986	2011	
经济发展方式转变	制造业大规模海外转移、技术标准和技术领先、知识经济的发展	高端制造业与现代服务业的平衡兼顾发展、全球产业分工的重新整合	
管理创新	制造和服务外包型管理、组织学习型管理、重视核心竞争力和平衡发展战略的管理创新	知识型人力资源管理的发展，差异化、多样化、跨文化管理的进一步创新	

表4-3　　　　　日本：经济发展方式转变与管理创新（1945—2045年）

大致年份	1945	1970	1995
经济发展方式转变	出口导向的劳动密集型产业的发展及升级换代、现代工业的崛起	重化工业的发展、城市化的发展、跨国经营的大发展	房地产、金融服务业的大发展及经济泡沫破灭后的长期经济停滞和调整
管理创新	劳动力从农村到城市的大规模转移、劳动集约化管理、劳工关系纠纷与调整	终身雇佣制、年功序列制、企业内工会等的形成与强化，工资倍增计划的实现	竞争机制和能力主义管理的引入、跨国公司人力资源管理国际化创新、知识创造型管理的倡导
大致年份	2020	2045	
经济发展方式转变	经济振兴、高端制造业与现代服务业的平衡兼顾发展、全球产业分工的重新布局与整合	保持经济大国地位、维持国际产业分工格局中的技术领先地位、适应老龄化和少子化的经济发展	
管理创新	知识型人力资源管理的发展，差异化、多样化、跨文化管理的进一步创新	适应国际化、信息化、老龄化和少子化的人力资源管理创新	

可以说，经济发展方式转变呼唤着管理创新，尤其是人力资源管理创新，而管理创新尤其是人力资源管理创新则促进了经济发展方式的转变。在这样一个互动的过程中，管理创新或人力资源管理创新不断呈现出主导的作用。

所以，考察企业发展的经验可以发现，成功的企业总是主动地进行管理创新尤其是人力资源管理创新，而不是被动地等待和适应。一个企业如此，一个地区如此，一个国家同样如此。

根据经济发展不同阶段的要求，管理创新尤其是人力资源管理创新各有侧重点。比如，在经济发展的初期阶段，主要着眼于效率和规范，所以管理创新的重点是管理技术和管理机制；在经济发展的中期阶段，主要关注发展的可持续性问题，则人力资源管理创新的重点为效率基础上的公平，确立科学合理的人力资源管理模式和基本体系，比如体面的用工和就业、激励性绩效薪酬、稳定的劳资关系；随着经济发展向更高阶段迈进，以人为本、工作与生活的平衡受到重视，则人力资源管理创新的重点就进一步向和谐、协调和文化管理迈进。

总的趋势是，管理创新尤其是人力资源管理创新要从微观的层面转移到更高的战略层面，从技术层面逐渐向文化层面过渡，适应经济发展方式的转变，推动经济发展方式的转变。这是一个时代的呼唤、一个历史的潮流。

3）经济发展方式转变与中国人力资源管理创新

以"25年周期进化说"来考察和分析中国的经济发展及其未来走向（见表4-4），我们也许可以得到以下一些启示：新中国成立70多年以来，尤其是改革开放40多年以来，我们一直在摸索经济发展方式及其转变，而经济发展方式的转变，首先是一场管理的创新特别是人力资源管理的创新。有时候，我们甚至需要把管理创新称为管理革命。

表4-4　　　　　　　中国：经济发展方式转变与管理创新（1949—2049年）

大致年份	1949	1974	1999
经济发展方式转变	中华人民共和国成立，从战争到和平；计划经济，苏联模式，重工业优先发展	提出四个现代化目标；引入商品经济，实行改革开放；出口导向、劳动密集型产业发展	国企改革、股份制、全球经济一体化、加入WTO；产业升级与现代服务业、金融业、房地产业发展；从出口导向到扩大内需
管理创新	低工资、高就业，统筹分配；低流动、高稳定的工作与分工；家长制、集权制，平均主义、单位所有制	打破"大锅饭""铁饭碗""铁交椅"；有限的市场竞争机制；拉开收入差距，先富光荣论	优化组合、下岗，竞争上岗；福利货币化，绩效工资，劳资关系纠纷的发展及其解决机制的探索；实现成果共享、双增长的管理创新，关注发展的可持续性

续表

大致年代	2024	2049	
经济发展方式转变	科学发展、全面小康，实现2020年国家发展战略目标；现代制造业与服务业快速发展，跨国经营与跨国公司急剧发展，产业整合与提升，现代企业体系形成，全面工业化与城市化初步实现	实现全面的工业化、城市化和现代化，进入中等发达国家行列；全面地提升经济产业品质和国际分工地位，知识经济和现代服务业比重大幅提高，跨国公司成为经济主体	
管理创新	全面的市场化、规范化和国际化的管理创新；人才强国战略全面实施，人才开发升级，从人口大国发展为人力资源强国，劳动力流动从动荡到内敛，劳资关系趋于稳定；实现跨国管理、收入分配的合理化调整与创新	中国式管理、中国式人力资源管理成为关注核心；学习型组织、创新型管理、人本管理、知识管理、文化管理、跨文化管理成为管理创新重点；注重工作与生活的平衡	

　　可以说，对中国这样一个具有深厚传统文化的国家而言，管理创新特别是人力资源管理创新显得更加困难和迫切，但也具有更加重要的意义。没有管理创新特别是人力资源管理创新，就没有经济发展方式的转变，更没有改革开放的成果和明天的发展。如果说科学技术与现代管理犹如鸟之两翼、车之两轮，那么管理创新特别是人力资源管理创新就是科学技术已经迅猛发展、经济已经腾飞的中国的关注重心，是未来的希望之所在。经济发展方式转变呼唤着管理创新尤其是人力资源管理创新，管理创新特别是人力资源管理的创新将大大促进经济发展方式的转变，促进科学发展观的落实，促进中国的科学发展！

　　资料来源　林新奇．学者提出"25年周期进化说"［N］．光明日报，2011-05-18（15）．内容有改动。

拓展阅读
4-3

全面把握新
时代人才强
国的丰富
内涵

本章小结

　　绩效考核存在严重的局限性：绩效评估使一个管理者陷入既要给某人以奖惩，又要帮助其提高绩效的两难境地。每年进行一次的复杂的绩效评估，其价值令人质疑；上级对下属工作的指导应当在日常工作中进行，而不是一年才进行一次；应当用设置目标的方法而不是批评来鼓励绩效提升；评估应当根据不同的目的分别进行。在每年的绩效评估中给予一次嘉奖对于绩效提升并没有显著影响，而批评则通常会导致员工产生抵触情绪，拒绝为低绩效负责任。

绩效管理涉及人力资源管理的各个方面，既包括大量的管理技巧，也包括企业的人力资源管理最终要致力的目标，即提高组织与员工的绩效水平和企业管理员工绩效的能力。同时，绩效管理是一个完整的系统，在这个系统中，组织、管理者和员工共同参与进来，管理者和员工通过沟通的方式，将企业的战略、管理者的职责、管理的方式和手段以及员工的绩效目标等管理的基本内容确定下来，在持续不断沟通的前提下，管理者帮助员工清除工作过程中的障碍，提供必要的支持、指导和帮助，与员工共同实现绩效目标，从而实现企业的战略目标和愿景使命。

为此，绩效考核必须过渡到绩效管理。20世纪80年代后半期特别是90年代以来，先进的企业特别是跨国公司绩效管理的发展过程表明，从绩效考核过渡到绩效管理是完全可能的，也是大势所趋。

复习思考题

（1）绩效考核为什么总是出力不讨好？

（2）绩效考核的局限性主要表现在哪里？

（3）绩效管理的主要特点是什么？

（4）如何理解绩效管理与绩效考核的联系和区别？

（5）为什么绩效考核必须过渡到绩效管理？

（6）在实践中，从绩效考核过渡到绩效管理可能吗？

（7）跨国公司的绩效管理实践说明了什么？

（8）试分析若干身边的案例，探讨绩效考核过渡到绩效管理的必要性和途径。

案例分析题

美国对中兴通讯的制裁与中兴通讯休克事件

2018年4月16日，美国商务部宣布，未来7年将禁止美国公司向中兴通讯股份有限公司（简称中兴通讯）销售零部件、商品、软件和技术。禁售理由是中兴通讯违反了美国限制向伊朗出售美国技术的制裁条款。4月17日，中兴通讯股票自开市起停牌。5月，中兴通讯公告称，受拒绝令影响，公司主要经营活动已无法进行。也是在这一时期，中兴事件在国内外掀起轩然大波，由此产生了一股讨论我国跨国企业应该如何开展国际化经营的风潮。作为此次中美贸易战过程中具有标志性意义的一件事情，中兴事件大致可以分为以下几个阶段：

1）事件起因及其发展

2012年，中兴通讯通过签订合同的方式，将一批搭载了美国科技公司软硬件的产品出售给伊朗最大的电信运营商伊朗电信（TCI）。而根据美国的出口限制法规，美国政府禁止美国制造的科技产品出口到伊朗。中兴通讯的这笔生意涉嫌违反美国对伊朗的出口禁令。此次中兴通讯制裁事件由美国商务部主导，调查重点是中兴通讯是否通过幌子公司采购美国产品，然后将其提供给伊朗，从而违反美国的出口禁令。

2013年11月，在美国监管机构已经在调查中兴通讯违规行为的情况下，中兴通讯仍然决定恢复与伊朗的交易。为规避美方监管，中兴通讯制订了《进出口管制风险规避方案》并找到了一家无锡上市公司作为"隔断"公司，替中兴通讯跟伊朗做交易。中兴通讯通过国内贸易的形式将产品卖给无锡这家公司，这家公司再卖给伊朗。对美方监管机构而言，这相当于一方面谈和解，一方面顶风作案。

2014年，中兴通讯一位高管去美国时在机场当场被扣下检查，美方在与该高管同行的秘书的电脑里面发现了《关于全面整顿和规范公司出口管制相关业务的报告》和《进出口管制风险规避方案》两份机密文件。这两份文件最终成为美方指控中兴通讯违规的最重要的证据。

在这一阶段，一个非常关键的人物便是时任中兴通讯美国分公司法律总顾问的Ashley Kyle Yablon。刚开始，Yablon负责为中兴通讯准备应对美国商务部的行政调查事宜，主要关于中兴通讯与伊朗1.3亿美元的巨额交易。随后由于Yablon与中兴通讯之间的矛盾爆发，Yablon选择面见FBI探员Carwile，并向其提供一份集合了中兴通讯内部高度机密的报告，报告中详细讲述了中兴通讯是如何通过一系列方案将美国产品卖往伊朗的。

2）初次审查

2014年3月，美国商务部工业和安全局（BIS）将中兴通讯列入"实体名单"，主要是基于其获得的两份中兴通讯的机密文件。其中，《进出口管制风险规避方案》描述了中兴通讯通过设立、控制和使用一系列"隔断"公司绕开美国出口管制的方案，而且明确记载了华为出口产品到禁运国且有效躲过美国核查的做法。该文件认为，中兴通讯应该参考华为的做法，修改自己的作业流程，以降低被美方查获的风险。由于这份文件被美国政府查获，华为后来也被美国商务部行政传唤。

当时美国商务部对中兴通讯施行出口限制，禁止美国元器件供应商向中兴通讯出口元器件、软件、设备等技术产品，原因是其涉嫌违反美国对伊朗的出口管制政策。

2014年3月7日，中兴通讯向美国政府提出和解，美国政府聘用第三方进驻中兴通讯调查，但是中兴通讯非常不适应这样的调查，担心泄露其他信息，所以在调查的过程中试图隐瞒相关信息。这导致美方十分不信任中兴通讯。最终，美国政府对中兴通讯提出三项指控，不仅包括串谋非法出口，还包括阻挠司法以及向联邦调查人员做出虚假陈述，并据此判决中兴通讯支付约8.9亿美元的刑事和民事罚金。此外，BIS还对中兴通讯索取3亿美元罚金。

2017年3月23日，中兴通讯与美国政府就出口管制调查案件达成和解，中兴通讯与美国司法部的和解协议在美国得克萨斯州北区法院经批准后生效。作为和解协议的一部分，中兴通讯同意支付约8.9亿美元的刑事和民事罚金。此外，给美国商务部产业与安全局的3亿美元罚金被暂缓。是否支付，取决于未来7年中兴通讯对协议的遵守情况以及是否继续接受独立的合规监管和审计。作为和解协议的一部分，中兴通讯同意将其4位高级员工解职，并减少35名其他员工的奖金或给予其他处分。一旦中兴通讯违背了该和解协议的任何方面或者违反美国《出口管理条例》（EAR），该禁令就会被立即激活。

3）二次制裁

2018年4月16日晚，美国商务部发布公告称，美国政府在未来7年内禁止中兴通讯向美国企业购买敏感产品，包括软件、技术、芯片等，理由是中兴通讯违反了美国限制向伊朗出售美国技术的制裁条款。美国商务部官员认为，根据之前的协议，中兴通讯承诺解雇4名高级雇员，并通过减少奖金或其他方式处罚35名员工，但中兴通讯在当年3月承认，公司只解雇了4名高级雇员，未处罚35名员工或减少他们的奖金。

4）事件结局

2018年6月13日，停牌多日的中兴通讯终于复牌，但付出的代价十分惨重。为了复牌，中兴通讯共向美国支付了14亿美元民事罚款，并暂缓支付4亿美元罚款；更换上市公司和中兴通讯的全部董事会成员；接受BIS为期10年的新拒绝令。6月19日，美国参议院以85∶10的投票结果通过恢复中兴通讯销售禁令法案。

2018年7月5日，中兴通讯管理层换血，原总裁赵先明等19名高管辞职，新总裁徐子阳上任；美国商务部暂时、部分解除对中兴通讯公司的出口禁售令。7月12日，美国媒体报道，美国商务部表示，美国已经与中兴通讯签署协议，取消近3个月来禁止美国供应商与中兴通讯进行商业往来的禁令，中兴通讯在缴纳4亿美元的保证金后，正式恢复运营，长达4个月之久的贸易制裁终于结束。

纵观中兴事件的整个过程，除了企业合规管理、风险控制、核心科技研发等为大家所热议的话题外，跨国企业如何进行国际人力资源管理也是一个非常热门的话题。中兴通讯在接受美国商务部调查时，聘用的法律顾问是一名犹太裔的外籍人士，而犹太裔与中兴通讯的客户伊朗之间向来关系不太和睦，这位中兴通讯的法律顾问不仅没有将中兴通讯成功地从泥潭中解救出来，反而让其受到了更为严格的审查和处罚。这也让我国更多的大型跨国企业开始思考：究竟应该采取什么样的措施来进行国际人力资源管理？究竟应该采用本国核心人才还是国外的人才呢?

　　资料来源　由作者的硕士生何罡同学综合新闻媒体的相关报道整理而成.

　　思考与讨论:

　　从中兴事件出发,你认为该如何看待中美贸易战?通过对中兴事件的全过程的了解,你认为跨国企业绩效管理需要考虑哪些因素?最需要关注的是哪些方面?

第5章 关于绩效管理的方法、技术与流程

学习目标

✔了解绩效考核方法的分类，明晰甄选绩效考核方法应该考虑的主要因素

✔认识基本的绩效考核方法与技术，掌握绩效考核工具有效性的评估标准及方法

✔总体把握绩效考核与绩效管理的流程，懂得绩效管理流程设计中应该注意的问题

✔加强绩效考核与绩效管理技术的创新，不断提高绩效考核与绩效管理的有效性

引例　　　　　　　　　**腾讯是如何优化绩效体系的**

绩效体系建设一直是人力资源工作者（HR）们心头的难题，尤其是互联网公司，形势变化频繁，产品迭代迅速，绩效体系建设必须跟上业务的节奏。而腾讯HR，是在一家有两万人的公司改革、优化运行了十几年的绩效体系。

腾讯早期的绩效考核分四档——S、A、B、C，S为最优秀，C为最差。当时企业处在快速发展阶段，需要员工更有紧迫感。

随着公司快速发展，很多业务成为行业第一，管理者和HR都希望考核更为弹性化，能从四档过渡到五档。

旧的绩效体系运作了十几年，根深蒂固，改变有很大困难和风险。腾讯HR思考，能不能像做游戏产品一样，先做灰度测试，慢慢磨合之后，把实践中发现的问题逐步放大，逐渐解决。因此，在绩效改革时，HR共做了三轮灰度迭代。

第一轮，先尝自己出的"狗粮"。考核变革最先在300个HR中试点，他们发现即使方案设计得再完美，员工也未必真正能感受到。这一轮试点收到很多吐槽，根据槽点，HR们对方案做了修改。

第二轮，寻找典型团队。新的灰度测试在业务部门3 000人的团队中试水，又发现了很多问题，比如业务人员对HR术语不理解，也有一些新的矛盾。基于这些反馈，HR们再次对方案做了一轮优化。

第三轮，全公司推广。经过两轮试水，HR在全公司推广改革方案时虽然还

是会听到一些不同的声音，但已大大降低了员工对新体系不适应或者排斥的程度。

绩效考核一年一次，灰度迭代半年一轮，总共历时一年半，HR将原先完善管理工具需要的时间缩短了整整一半。

综上，变革绩效体系，要快也要稳。用产品思维做HR，小步快跑、灰度迭代，既能响应业务需求，又能不断纠错、完善方案。

资料来源　赵国军. 腾讯是如何优化绩效体系的［EB/OL］.［2023-06-16］. https：//zhuanlan.zhihu.com/p/86832594.

绩效考核的方法很重要。这里的"方法"是个广义的概念，包括方法、技术、工具、流程等各方面。在许多情况下，方法甚至能决定绩效管理的成败。绩效管理与绩效考核的方法、技术、工具有很多，并且每天都在不断地变化、创新、完善和发展，正如引例中腾讯公司要根据企业的发展需要对绩效体系进行迭代、变革。所以，我们有必要对绩效管理与绩效考核的方法进行分类，并且对其影响因素加以研究。

5.1　绩效考核方法的分类

5.1.1　绩效考核的类型

谈到绩效考核的方法，首先需要说明一下绩效考核的类型。绩效考核的类型在很大程度上决定着企业选择什么样的绩效考核方法。根据不同的考核内容，绩效考核可以分为三种类型：

1）结果取向型

结果取向型考核着眼于"干出了什么"，而不是"干了什么"。其考核的重点在于产出和贡献，而不关心行为和过程。这类考核对于那些最终绩效表现为客观的、具体的、可量化的指标的员工是非常适合的，如在一线从事具体生产的操作人员。

2）行为取向型

行为取向型考核重点评价员工在工作中的行为表现，即工作是如何完成的。这种考核类型适合于绩效难以量化考核或需要以某种规范行为来完成工作任务的员工，如管理人员、服务人员等。行为取向型考核面临的主要问题是实际考核时难以开发出所有与工作行为相关的标准。

3）特性取向型

特性取向型考核主要用于考核员工的个性特征和个人能力等。所选择的内容主要是那些抽象的个人基本品质，诸如决策能力、对公司的忠诚度、主动性、创造性、交流技巧以及是否愿意与他人合作等。这种类型的考核对员工工作的结果关注不够。

5.1.2 绩效考核方法的类型

1）传统硬指标型绩效考核方法

传统硬指标主要分两类：一是生产指标，如产量、销售量、废次品率、原材料消耗率、能耗率；二是个人工作指标，如出勤率、事故率、违纪违规率等。这些指标是客观的、定量的，因而也是最可信的。然而，事实上影响工作绩效的原因有很多，员工受自身不可控的环境因素影响很大，并且，这种方法重工作结果，忽略被考核者的工作行为，可能会因重视短期指标而牺牲长期绩效。

2）传统软指标型绩效考核方法

传统软指标型绩效考核方法主要分为结果导向型和行为导向型两类。

结果导向型方法是针对工作之后的成果进行考核评价，主要包括目标管理法、岗位绩效指数化法、产量衡量法等。

行为导向型方法是针对工作行为进行相对考核和绝对考核。进行相对考核时，它称为行为导向型主观评估方法，即将员工间的工作情况进行互相比较，得出每个员工的评估结论，主要包括交替排序法、配对比较法、强制分布法等。进行绝对考核时，它被称为行为导向型客观评估方法，即首先对员工的工作行为加以界定，然后根据员工在多大程度上做出了这些行为进行评价，主要包括图尺度评价法、关键事件法、行为对照表法、行为锚定等级评价法等。

3）现代创新型绩效考核方法

近30年来，现代人力资源绩效考核与管理不断发展，开发出许多创新型方法。除了注重上述所列的那些传统的行为和结果的考核外，人们更加关注企业的发展战略、内外部竞争优势等方面，如：运用KPI（关键绩效指标）对企业发展战略进行层层分解，从而实现战略落地；运用BSC（平衡计分卡）对企业财务指标、市场与客户、员工学习与成长、内部运营管理流程等方面进行综合考核，以求实现平衡发展；运用360度考评反馈方法从多个视角对被考评者进行综合绩效考核，以求实现全方位绩效管理等。同时，还重视建立严格的企业分层分类绩效考核组织体系与流程，关注企业长期发展，注重全面提升企业核心竞争力等。

5.2 影响绩效考核方法甄选的因素

不同的企业有不同的情况，不同的绩效考核方法适用于不同的条件，这是不言而喻的。因此，企业不可能都选择同样的绩效考核方法，同一个绩效考核方法不可能适用于所有的企业，也不可能适用于同一企业的所有部门和岗位。我们可以看到，同一个绩效考核方法在某些企业成功了，在另一些企业却没有什么效果，这是一种正常现象。那么，对于绩效考核方法的甄选究竟需要考虑哪些因素呢？

一般来讲，企业在甄选绩效考核方法时应重点考虑的因素包括企业的战略目标、企业的组织特点、员工工作的性质、考核结果的用途、承担考核成本的能力等，以此来判断应该采用哪一种或哪几种适合自身状况的绩效考核方法，使绩效考核成为帮助企业与员工共同发展的有力工具，不断提高企业的核心竞争力。

5.2.1 企业战略与绩效考核目标

企业绩效考核的主导目标决定了它应该选择何种绩效考核方法。例如，有的企业经营业绩不佳，急需在一定时期内提升经营业绩、实现既定的目标，其追求的是如何快速地实现绩效目标，这时更适合选择结果导向型的绩效考核方法。

然而，有的企业追求的是建设一支高素质的稳定的员工队伍，至于企业的短期绩效目标的实现情况并不是首先考虑的问题，这类企业就更适合采用行为导向型的绩效考核方法。绩效考核目标与绩效考核方法之间的关系见表5-1。

表5-1   **绩效考核目标与绩效考核方法之间的关系**

目标	导向	方法
信息反馈与沟通	绩效导向	业绩评定表法，关键事件法，目标管理法，行为固定业绩评定表法，作业标准法
客观依据	人员导向，绩效导向	业绩评定表法，强制分布法，行为固定业绩评定表法，排列法
绩效改进	绩效导向	业绩评定表法，关键事件法，目标管理法，作业标准法
人事研究	绩效导向	叙述法，关键事件法，行为固定业绩评定表法，作业标准法

5.2.2 员工的工作性质

1）工作的独立性

企业内部员工工作的独立性主要取决于员工相互间工作的依赖程度，这与工作内容的可分解程度密切相关。对于团队合作性要求较高、工作结果在很大程度上受到相关外部因素的影响、独立性弱的工作，一般采取行为导向型绩效考核方法比较适宜。对于独立性较强、个人对工作控制力强、对他人依赖程度较低的工作，采用结果导向型绩效考核方法可能更合适。

2）工作的结构化程度

对于员工工作的结构化程度，主要通过其工作内容、完成方式、程序和结果等的确定程度来判断。结构化程度高的工作，其外在控制影响力弱，个人自由发挥的空间有限，工作内容、程序、完成方式都是确定的，员工只要按照程序化的要求行动就可以达到预期的工作效果，因而一般以采用行为导向型绩效考核方法为宜；反之，结构化程度低的工作，员工在工作方式和内容上的自主空间大，上级较难通过行为观察推断其工作绩效，因而一般以采用结果导向型绩效考核方法为宜。

3）工作内容的复杂程度

工作内容的复杂程度实质上是工作内容的可分解程度，这可以从横向与纵向两个角度进行分析。

从横向角度看，工作内容的难易程度决定了工作的可分解程度。简单的劳动可以被分解成不同的工作程序或环节，且每一个工作程序或环节都可以为独立的个体所承担。复杂的劳动往往很难清晰地被分解成单一的工作程序或环节，即使被分解成相对独立的工作程序或环节，独立的个体也往往难以胜任。

从纵向角度看，完成一项任务的工作时间的延续性决定了工作的可分解程度。一项时间短暂且不延续的任务往往较易被分解为阶段性的工作程序或环节，并可由独立的工作个体完成。复杂性任务往往伴有工作时间长且延续性要求高的特征，很难被分解为个体可独立承担的具体工作环节，因此也很难衡量该工作期间个体的具体工作行为。这样，对于复杂程度高的工作往往以结果导向型考核方法为主进行评估，对于复杂程度低的工作则可通过观察个体行为，以行为导向型考核方法为主进行评估。

4）岗位层级的高低

岗位层级指的是员工在组织中所处的位置，岗位层级的高低和工作性质密切相关，并影响绩效考核方法的选择。一般而言，在组织中低层级岗位的工作内容大多微观、具体、结构化程度高，可以通过工作行为和结果进行衡量，所以采用行为导向型绩效考核方法相对有效。高层级岗位的工作则较多涉及宏观决策，复杂而抽象，常常是思维活动的结果，一般难以通过具体的工作行为显示其绩效，因而采用结果导向型绩效考核方法来评估比较合适。

5）工作目标的可量化度

由于工作性质各异，各项工作目标的可量化度是不同的。一般，工作目标可量化度越高，越适宜采用结果导向型绩效考核方法；反之，如果工作目标难以量化，则根据工作行为可测的程度选择相应的行为导向型绩效考核方法为佳。

5.2.3　企业组织特点

1）组织的规模大小

当组织的规模不断扩大时，分工越来越细化。在工作相关性较强的正式组织中，每个员工只负责完成工作总量的很小一部分，组织很难考核其工作行为是否与组织目标的实现直接相关，因此组织中的各个子系统必须采用一个简单的能够被组织中其他成员清晰理解的绩效衡量手段，这时采用结果导向型绩效考核方法比较合适。对于分工层次不是很明晰，员工个人绩效对组织绩效具有直接影响的组织而言，采用行为导向型绩效考核方法则更适宜。比如，一个只有七八人的小组织，通过行为观测就能很清晰地了解员工的工作效果，所以采用行为导向型绩效考核方法就可以进行有效评估。

2）组织的文化类型

如果一个组织的领导类型倾向于关心人，其拥有"强调员工发展"的组织文化，那么以观测员工行为过程为基础的行为导向型绩效考核方法更适合该类组织。如果一个组织的领导类型倾向于关心工作任务本身，其组织文化倾向于关注员工工作结果的输出，那么结果导向型的绩效考核方法在此类组织中应该更适用。

3）组织的外部环境

处于不同行业以及不同生命周期的企业所面临的外部环境的压力是不同的。如果组织的开放性强，所面临的外部环境复杂多变、竞争激烈，那么组织为了迅速适应外部竞争的需要，往往更强调当前的工作成效，因而采用能够较快获得数据的结果导向型绩效考核方法比较适宜。如果组织面对的外部环境相对稳定，同行业竞争压力较小，或处于生命周期中持续上升的回报期，那么因为其实力和时间允许，并且组织战略更倾向可持续发展，选用行为导向型绩效考核方法更符合组织目标。

5.2.4 考核结果的用途

考核结果可以有很多用途，比如可为招聘与选拔提供反馈信息，或作为确立员工劳动报酬的依据，员工提薪、晋升和奖励的重要参照标准，员工岗位调配的依据，也可据此确定培训、开发的对象与内容等。选择绩效考核方法时必须事先考虑好考核结果的用途。

例如员工比较评价法，由于它评价的基础是整体的印象，而不是具体的比较因素，所以较难发现问题存在的领域，因此不适合用来对员工提供改进绩效的建议或进行反馈和辅导，而且它在为奖金的分配提供依据方面的作用也是有限的。如果企业进行绩效考核的目的是进行重大的人事决策，比如晋升和提薪等，那么评价者就必须对员工进行相互比较，这时员工比较评价法就是不可或缺的。又如目标管理考核法，由于不同的部门、不同的岗位所设立的目标一般有所不同，部门之间、员工之间的可比性不强，因此使用这种方法评价的结果就不便于为奖金的分配提供依据，也不适宜为日后的晋升决策提供支持，但是这种方法有助于发现具体的问题和差距，便于制订下一步的工作计划，因此非常适合用来对员工提供改进绩效的建议或进行反馈和辅导。

5.2.5 承担考核成本的能力

绩效考核成本往往为绩效管理者或设计者所忽视，但是我们在实践中发现它很重要，往往成为影响绩效考核成败的一个重要因素。绩效考核成本不仅包括直接发生的绩效考核费用和时间成本，而且包括间接的机会成本、组织成本等。企业承担考核成本的能力也成为选择考核方法时的重要影响因素。越复杂的考核方法越需要花费更多的考核成本，不仅需要大量的经费，而且需要大量的时间和精力。比如，要请专家开发专门的考核量表，需要领导进行更慎重的讨论和决策，绩效考核的组织管理部门从平时开始就要有所准备和积累，还要在考核中运用大量的统计分析方法，要考虑各类储存在计算机里的员工管理资料，以及考核信息与计算机系统相匹配的问题等，因此成本较高。出于降低管理成本的考虑，很多公司可能更愿意选择一些便于操作、简单易行的考核方法。当然，无论采用何种方法，都不是仅仅看它能否节约成本，还要看它是否符合科学、有效的原则，要以企业利益的最大化为标准。

5.3 选择绩效考核技术的标准

结构良好的绩效考评工具应该对员工的产出具有引导性，对其行为能够产生影响，与组织战略具有关联性，同时具备科学、合理、公平、有效、及时、经济、可行等特征。

5.3.1 最低标准是工作分析

工作分析用来说明最理想的工作方法、工作设施和工作环境是什么。人力资源工作者用工作分析来说明达到某一具体工作最理想的绩效所要求的行为。工作分析是一个获得员工工作信息的过程，是对促成成功的行为进行的研究，是对作为优秀指示剂的行为范围的确认。总之，工作分析的基本任务是：弄清楚工作或环境所要求的行为的特征是什么。

工作分析的一个基本作用是帮助人力资源工作者开发出考评尺度，方便人们去评估自己和他人的绩效。这种方法能够在一定程度上减少因绩效考评而引起的法律纠纷。我国已经颁布《劳动合同法》等相关法律法规，这对我国企业有重要的参照作用。

5.3.2 信度和效度

除了要基于工作分析进行选择以外，绩效考评技术和考评工具还要符合效度与信度的要求。信度影响效度，如果考评尺度极度不可信，它也不可能有效。

1）信度

信度是指考评结果的一致性和可靠性，即用同一考核方法和程序对员工在相近的时间内所进行的两次测评结果应当是一致的。它具体是指绩效考核的随机误差，当系统误差很小时，随机误差的大小决定信度的高低，随机误差越大考评信度越低。绩效考核的高信度能保证考核结果的公正性。考核标准的设定一般以职位说明书和职位规范为依据。在职位规范和职位说明书的内容没有改变的情况下，不能因考核时间、考核人员的变化而随意改变考核标准。当然，随着企业经营状况的变化，对某些职位的任务要求也会发生相应的改变，此时需要对职位说明书和职位规范做相应的修改与调整，但这种调整应该得到员工的认可，或者说这种改变应该在主管与员工协商一致的情况下做出，与此同时，也要注意对工作条件做相应的改变，这样才能保证绩效考核标准的前后衔接。

下列方法可以用来判断一项绩效考评工具的信度：

（1）重测信度，又称为稳定性系数，它的计量方法是采用重测法，即用同一测验方法，在不同时间对同一群体施测两次，这两次测验分数的相关系数（采用积差相关系数）即为重测系数。根据重测系数的高低，可以评估绩效考核方法在一段时间内的稳定性。一项测验的重测信度越高，说明测量的结果越一致、越可靠。

（2）考评者的信度，是指不同考评者对同样的对象进行评定时的结果一致性，也就是通过两个或更多考评者独立评估员工的结果一致性来确定。最简单的计量方法就是随机抽取若干份问卷，由两个独立的考评者打分，再求出每份答卷两个评判分数的相关系数。计算相关系数时可以用积差相关方法，也可以采用斯皮尔曼等级相关方法。考评者保持相对独立性是关键。

（3）考评量表内在信度，用复本信度与内在一致性系数来衡量。

复本信度，又称等值性系数，它是以两个测验复本（功能等值，但题目内容不同）来测量同一群体，然后求得应试者在这两个测验上得分的相关系数（积差相关）。复本信度的高低反映了这两个测验复本在内容上的等值程度。

重测信度和复本信度分别注重考虑测验的一致性（稳定性）和跨形式的一致性（等值性），而内在一致性系数主要反映测验内容、题目之间的关系，考察测验的各个题目是否测量了相同的内容或特质。内在一致性系数又分为分半信度和同质性信度。它反映考核量表的内部一致性，显示同一量表的所有项目是否在测评同一维度（如质量）。它提供了一种方法来检查在何种程度上避免内容样本失误。比如，如果量表是用来测量产品质量的，那么提高市场份额就与质量无关，应该将其去掉。

2）效度

效度是指绩效考核结果与要考评内容的相关程度，即用某一考核标准所测到的是不是真正想测评的对象。高效度的考核标准能保证考核结果的准确性。要使绩效考核具有较高的效度，在设定具体考核项目时就要使其与所考核职位的特点相适应，在各项权重的设置上也要考虑该职位的主要职责和次要职责。例如，在对管理人员进行考核时，组织协调能力的权重要大于具体操作能力的权重，而对一线工人进行考核时，具体操作能力的权重要大于组织协调能力的权重。这样才能使考核结果较为准确地反映员工的绩效。此外，还要注意，对某一职位绩效考核项目及其权重的设立要与类似职位的考核项目及其权重的设立相平衡。

对于绩效考评工具和考评技术的效度，有几种基本的评估方式：

（1）内容效度。考察内容效度旨在系统地检查测量内容的适当性，并根据对所研究的概念的了解去鉴别测量内容是否反映了这一概念的基本内容。检验内容效度就是检验由概念到指标的经验推演是否符合逻辑，是否有效。内容效度实质上是一个判断问题。贝利在《社会研究方法》中指出，内容效度必须考虑两个主要问题：测量工具所测量的是否正是调查人员想要测量的那种行为；测量工具是否提供了有关行为的适当样品。

（2）准则效度。符合被假设或定义为有效的测量标准的测量工具就是可以用于测量某一特定现象或概念的效标。当对同一现象或概念进行测量时，可以使用多种测量工具，每种测量工具与效标的一致性就称为准则效度。

（3）预测效度。如果考评的目的是预测员工做不同工作的绩效，就必须用预测指标。对个体在现有工作中的绩效考评打的分数与对同一个人在下一项工作中的绩效考评打的分数应该相关。然而，这种指标在组织中还较少使用，因为绩效样本要求包括30人或30人以上，而同一组织中很少有那么多人在同一职位上。

（4）结构效度。结构效度又称构造效度，被用来推测被考核者拥有的一些特质（如员工对组织的价值）的程度，而且假定这些特质在该绩效考评方法中可以反映出来（Blum & Naylor）。确定结构效度的大致程序是先收集几个不同的在逻辑上能够测量同一特质（如管理技巧）的绩效考评法，然后观察这些方法之间的联系。如果高度相关则表示有结构效度。考察结构效度就是要了解测量工具是否反映了特质的概念和相关命题的内部结构，这种方法常常在理论研究中使用。由于结构效度是通过与理论假设相比较来检验的，因此它也被称为理论效度。[①]

3）信度与效度的关系

信度与效度是表示考核质量的重要指标，两者既相互区别，又存在联系。考核结果的一致性与稳定性用信度来反映，而其正确性与可靠性则由效度来表示。概括地讲，信度是效度的必要而非充分条件，即如果正确与可靠，则必然稳定与一致；反之，则不一定成立。因此，在考核中，如果效度较高，则信度也一定较高，就不必再做信度检验了，但若是信度较高，则还需要对效度进行检验。

在此，我们要清楚，信度和效度不是指一个特定程序，而是一个或多个程序中的含义。另外，内容效度、预测效度、准则效度和结构效度不是指几个不同的效度，而是一个效度的不同方面，对其进行分类仅仅是为了方便讨论。

还需要注意的是，与效度有关的还有实用性和标准化。一个考评工具对其使用者来说必须是可以理解、有道理和能接受的（Smith，1976）。如果使用者认为该工具或技术使用起来比较困难和比较麻烦，就没有达到设计的目的。一个考评工具在符合组织要求的同时，还要符合法律的规定。[②]标准化是指在操作和评价

---

① 莱瑟姆，韦克斯利. 绩效考评——致力于提高企事业组织的综合实力 [M]. 萧鸣政，等译. 2版. 北京：中国人民大学出版社，2002：34-40.
② 曹颖，仲维维. 论增加绩效考核的信度与效度 [J]. 中国林业经济，2008（4）.

考评工具时减少其中的差异，因为考评数据要用来对组织中同一部门或不同部门的员工进行比较。

5.3.3　绩效考核中常见的问题及应对策略

1）常见问题

（1）光环效应（halo effects），又称晕圈错误，是指评估者对某个因素或某个方面过于看重，并因此对被评估者的其他方面给出不实评价的情况。光环效应还包含一个叫"逻辑错误"的小类，指评估者将不同的评估要素混淆在一起，由于被评估者拥有某方面的特征而对其他方面做出错误的评估。

（2）分布效应（distributional effects）。分布效应通常是指某些因素对绩效评估结果的等级分布构成影响的情况。分布效应可以分为两种类型：一是过宽或过严评估（leniency/strictness effects），是指对被评估者一直给予比人们所设想的常规值或平均值高或低的评价；二是中心倾向（central tendency effects），是指评估者错误地将被评估者评价为接近平均或中等水平。

①过宽或过严倾向。过宽（leniency）是指有些主管为了避免部属起冲突，倾向给予大多数员工高估的考核等级（正向偏误），即使员工的实际绩效并无充分理由支持该项偏高的等级（分数）；过严（strictness）则指有些主管可能因为不了解外在环境对员工绩效表现的限制或自己被考核的结果偏低等，而倾向给员工偏低的分数（反向偏误），即使员工的实际工作绩效证明并不应该有此偏低的分数。

出现过宽或过严倾向的原因主要是考核者根据自己的经验和能力，采取主观的标准评估。克服这类误差的办法，除了帮助考核者建立自信心外，还可进行专项培训，以激励考核者进行正确评估，还可以采用强制分配法，即按照正态分配的比例来进行评估。

②趋中倾向，指有些主管由于不愿得罪人，或者管理的员工太多，对其工作表现好坏不是很清楚，因而给员工的考评分数都集中在某一固定的范围内（平均值），比较常见的是大多数的考核分数都集中在中间等级（平均值），而没有显著的好坏之分。

这种趋中倾向一般被认为是考核者对被考核者的工作缺乏了解引起的，例如未深入了解员工工作、平常未能定期搜集考核时所需要的情报、不关心对部属的指导或在指导能力上缺乏自信等。克服这类偏误的对策，除采取强制分配法外，主管应平日就密切地与员工接触，要彻底将其工作表现与评价基础做对比，认真执行对部属的指导、培训工作。如果配合使用行为锚定量表，在每一个分数旁边都进行说明，则可减少错误的发生，或用排序法来避免这个问题，对每个人都排序也就没有所谓的平手了。

（3）近期行为偏见（recent behavior bias），指评估者在进行评估时受被评估者近期行为的影响，而忽视其在整个评估期间的整体行为表现。同这种评估错误相类似的是过于看重第一印象而形成的偏见。按照行为科学的解释，人的行为往往具有目标导向。以加薪为例，员工在加薪前对加薪的需求较强烈，工作会比较努力，一旦加薪后，其工作努力的程度自然就会下降，这是相当正常的行为。主管如果不能体察这种变化，可能就会认为员工以前表现不好，但最近这两个月表现不错，所以对员工的绩效评价较高，这样就产生了近期行为偏见。

（4）溢出效应（spillover effects），指尽管被评估者目前的绩效表现同其过去不同，但过去的评估结果仍然直接影响了其目前的评估结果的状况。

（5）个人偏见（personal bias），指评估者的个人偏见（如对种族、宗教、性别、年龄等个人特征的偏见）对绩效评估结果的影响。

（6）我同性错误（same-as-me rater error）和异己性错误（different-from-me rater error），指评估者因为被评估者的个人特征或工作表现与自己相同、相似或不同，而对其做出高于或低于其应得的评价的情况。如果评估者对其他人评估时，特别注意被评估者是否具有评估者本人所具有的某些特点，那么他就犯了我同性错误。例如，假如一个评估者认为自己进取心很强，在评估他人时，他就可能寻找其进取心的特点，那些表现出这些特点的人就会受益，而其他人则会吃亏。

（7）评估者的结论性角色（judgmental role of evaluator），指评估者故意操纵并滥用评估，对被评估者做出不公正评价的情况。

（8）第一印象（first impressions），指个人最先对他人形成的看法，此种看法所得到的信息，常能决定个人对他人以后信息的知觉和组织方式。管理者以第一印象对员工进行考核，难免发生偏颇，例如管理者对新进员工与老员工的绩效评价之间常有不公平的现象产生。

在上述各种评估错误中，最常发生的是光环效应和分布效应。

2）潜在问题的应对策略

关于上述绩效考核衍生的一些问题，其应对策略有：

（1）将考核功能与发展功能分开实施管理。考核应该兼具过去导向的考核功能及重视未来潜能开发的功能，而将考核分两个不同的阶段来进行，使用不同的量表，可以获得不同的考核功能，通过有效的反馈与指导，使员工有更好的绩效表现。

（2）将考核标准与用途分开。考核标准是落实组织文化的一种工具，员工事先了解考核标准，才能明确要追求的工作目标。在绩效面谈时，沟通双方都要明确地抓住重点，避免因沟通不良而在绩效面谈后产生工作低潮与愤愤不平的情绪。

（3）持续性且常态化的观察。确保考核者对被考核者进行持续性且常态化的观察，而不是在正式规定的考核期间如半年或一年才观察一次。

（4）搜集考核资料。考核前应尽量搜集员工工作表现上的具体资料，作为参考。除了直属上司进行考核之外，还要配合员工自评，同事、服务对象或其他单位主管测评等方式，使考核结果更加周延、正确与公平。

（5）考核者接受专门训练。对考核者施以适当的训练，让他们了解考核过程的理论基础，并且知道各种测量错误的来源，例如接受考评技术的运用指导、实际操作的训练，或是了解不当的考核方式等，有助于确保考核结果及考核反馈的正确性。

（6）慎选适当的考核表。考核的向度类似于工作分析，如果某一重要项目被遗漏，将会影响在该方面有较好表现的员工的考核结果。同时，一份良好的考核表应具备适当的效度及信度，以确保考核结果的准确性。

（7）评估考核时机。考核次数太多，将使考核工作不胜其烦；考核次数太少，又不容易获得完整的数据，使考核流于形式，失去考核意义。因此，宜以定期考核为主、平时考核为辅，使绩效考核更能掌握时效，发挥功能。

（8）反馈结果。反馈是指将考核信息告知员工，以谋求其在未来有更佳的表现的程序。研究数据显示，反馈可以使员工减少对角色的模糊认识并增加工作满意度，还可以明确引导员工的行为。考核者应将考核的结果通知员工本人，应与员工沟通，共同面对问题、解决问题。对于不服考核结果者，应给予其申诉机会，消除员工的不满情绪。

（9）检讨考核制度。定期检讨整个绩效考核制度的有效性与准确性，诊断考核流程中缺失与限制的内容，将结果反馈至整个评估系统，通过不断修正、改进，发展出一套适当的考核制度。

拓展阅读
5-1

一场卓有
成效的考核

5.4 绩效管理流程及其设计

5.4.1 绩效管理流程

一般来说，一个完整的绩效管理流程包括绩效计划、绩效辅导与促进、绩效考核与评估、绩效反馈与绩效改进四个基本过程。

从绩效管理的流程上看，绩效管理本质上是个不断循环的系统，如图5-1所示。

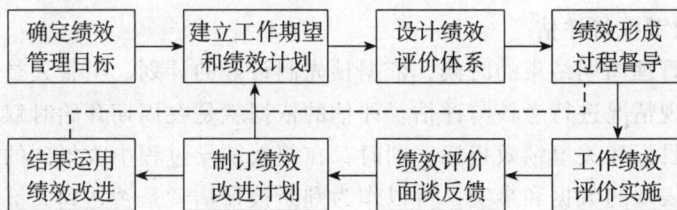

```
确定绩效        建立工作期望       设计绩效        绩效形成
管理目标   →    和绩效计划   →    评价体系   →    过程督导

结果运用        制订绩效         绩效评价        工作绩效
绩效改进   ←    改进计划    ←    面谈反馈    ←    评价实施
```

图5-1 绩效管理基本程序

只有当绩效管理循环是一个封闭的环时，它才是可靠的和可控的，同时它也是不断提升和改善的保证。有了连续不断的控制才会有连续不断的反馈，而有了连续不断的反馈才能保证连续不断的提升，如图5-2所示。

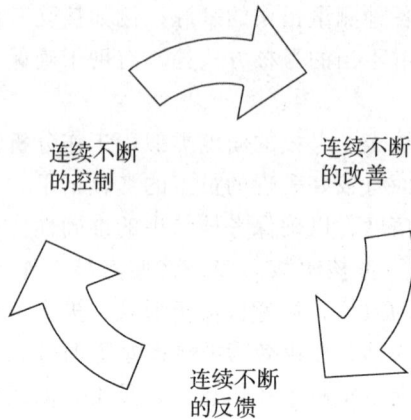

连续不断
的控制

连续不断
的改善

连续不断
的反馈

图5-2　不断提升的绩效管理循环

1）绩效计划

绩效计划是绩效管理过程的起点。企业的战略要落地，必须先将战略分解为具体的任务或目标，落实到各个岗位上，然后再对各个岗位进行相应的职位分析或工作分析、人员资格条件分析。经理和员工在清楚认识目标的基础之上，必须根据岗位的工作目标和工作职责来进行讨论，搞清楚在绩效计划周期内员工应该做什么工作，做到什么地步，为什么要做这项工作，何时应做完，以及明确员工的权力大小和决策权限等。在这个阶段，管理者和员工的共同投入与参与是绩效管理的基础，如果是管理者单方面布置任务，员工单纯接受要求，就变成了传统的管理活动，失去了协作的意义，绩效管理也就名不副实了。通常绩效计划都是做一年期的，在年中可以修订。

2）绩效辅导与促进

绩效辅导与促进是管理者和员工共同实现绩效目标的过程，这一阶段管理者要对员工的工作进行指导和监督，对发现的问题及时予以解决，探讨为实现绩效目标需要改善的方面，辅导和帮助员工实现绩效目标，并根据需要对绩效目标进行滚动调整。在整个绩效管理期间，管理者都要不断对员工进行指导与反馈。

3）绩效考核与评估

在绩效管理周期结束的时候，依据预先制订好的计划，主管人员要对员工的绩效目标实现情况进行考核与评估。评估的依据就是在周期开始时双方达成一致意见的绩效目标和关键绩效指标。同时，在绩效辅导过程中收集到的能够说明被评估者绩效表现的数据和事实，可以作为判断被评估者是否达到关键绩效指标要求的证据。

4）绩效反馈与绩效改进

绩效管理过程并不是在绩效考核环节打出一个分数就结束了，主管人员还需要与员工进行面对面的交谈。通过绩效反馈面谈，主管可以使员工了解上司对自己的期望，了解自己的绩效，认识自己有待改进的方面，员工也可以提出自己在实现绩效目标中遇到的困难，请求上司给予指导或帮助。

绩效改进是采取一系列具体行动来改进员工的绩效。通常在绩效反馈面谈时，员工与主管双方对绩效评估结果和需要改进的地方达成共识，选出亟待改进的项目率先开始绩效改进，从而使主管和员工得以确定下一个绩效管理周期的绩效目标和改进点，开始新一轮的绩效评估。绩效改进是提升企业组织及员工绩效的重要环节。

经过上面的四个环节，就经历了一个绩效管理的循环。在这个循环中得到的绩效评价的结果具有多种用途。首先，绩效评估结果可用于提高员工工作绩效和工作技能，通过发现员工在完成工作过程中遇到的困难和工作技能上的差距制订有针对性的员工发展和培训计划。其次，绩效评估结果可以比较公平地显示出员工对企业做出的贡献的大小，据此可以决定对员工的奖励和薪酬的调整。最后，通过员工的绩效状况，也可以发现员工对现有的职位是否适应，根据员工绩效高于或低于绩效标准，进行相应的人事变动，使员工能够从事适合自己的工作。

拓展阅读 5-2

某IT公司绩效管理流程

5.4.2　绩效管理流程的设计

1）绩效管理流程设计的原则

（1）公开与开放的原则。开放式绩效管理系统的要求，应体现在评价的公开、公正、公平上，如此才能取得上下级的认同，使绩效管理得以推行。评价标准必须是十分明确的，上下级之间可通过直接对话、面对面沟通进行绩效管理工作。

贯彻公开与开放原则应注意的要点是：要通过工作分析制定客观的岗位任职资格标准及绩效管理标准，将组织对员工的期望和要求明确地规定下来，使考评的总体性和全局性得以加强，进而成为人力资源管理的组成部分；要实现绩效管理活动的公开化，必须破除神秘感，进行上下级间的直接对话，将技能开发与员工发展的要求引入考评体系之中；要引入自我评价及自我申报机制，对公开的工作绩效评价做出补充；要分阶段引入绩效管理的评价标准和规则，使员工有一个逐步认识、理解的过程。

（2）反馈与修改的原则。反馈与修改的原则要求及时反馈绩效管理的结果，将正确的行为、方法、程序、步骤、计划、措施坚持下来，发扬光大，对不足之处加以纠正和弥补。

（3）定期化与制度化原则。绩效管理是一种连续的管理过程，必须实现定期化、制度化。

（4）可靠性与有效性原则。可靠性即信度，有效性即效度。可靠性与有效性是保证绩效管理科学性的充分必要条件，所以一个绩效管理体系要想获得成功，就必须具备良好的信度和效度。

（5）可行性与实用性原则。可行性是指任何一个绩效管理方案所需的时间、人力、物力、财力，要能够被使用者及实施的客观环境和条件所允许。实用性要求绩效管理方案能够产生积极的效果。

2）绩效管理流程设计必须注意的问题

在进行绩效管理流程设计的过程中，必须注意一些问题，并且给出明确的回答。如果回答不了，就要不断地加以讨论，直至得到满意的答案为止。这些问题包括：

（1）为什么要对员工或组织进行绩效管理？它与企业发展战略规划及生产经营目标是什么关系？

（2）在绩效管理的过程中，对员工和组织应当考评什么，即考评的指标和标准是什么？

（3）绩效管理的全过程应当如何组织实施？各个工作阶段是何种关系？每个工作阶段的具体程序、步骤和实施方法是什么？

（4）在绩效管理的活动中，谁是考评者和被考评者？谁是决策者和管理者？由哪些具体部门负责？其具体责任、权限和职责范围是什么？

（5）在绩效管理的过程中，绩效考评应当在何时何地进行？是每月考评一次，还是每季度或半年考评一次，还是一年考评一次？

（6）绩效管理的信息、绩效考评的结果，在何时何地通过何种方式及时反馈给考评者和被考评者？具体反馈时应当按照什么程序、采用什么方法保证信息沟通的渠道畅通？

（7）针对绩效管理中发现的问题，由谁具体负责做出分析研究报告？如何加以解决？如何改进绩效？怎样落到实处？

（8）本次绩效管理的循环周期结束之后，如何总结经验教训？如何更有效地组织下一轮绩效管理循环？

在绩效管理流程设计中，应当明确规定以下内容：绩效管理的目的、方向和绩效考评目标；绩效管理组织机构、人员及其工作职责；绩效考评的指标体系与考评标准和范围；不同类别人员采用的不同考评方法；实施绩效考评的具体时间和期限；绩效考评具体实施的程序和步骤；绩效考评结果整理与反馈的步骤和方法；绩效考评结果的应用与对工作的改进，等等。

3）绩效管理流程的检查与评估

设计绩效管理流程，其实也是一个发挥集体智慧不断进行检查和评估的过程。检查和评估绩效管理流程的有效性可以采用以下一些方法：

（1）座谈法。通过召开由不同人员参加的专题座谈会，可以广泛地征询各级主管、考评者与被考评者对绩效管理制度、工作程序、操作步骤、考评指标和标准、考评表格形式、信息反馈、绩效面谈、绩效改进等各个方面的意见，并根据会议记录写出分析报告书，针对目前绩效管理系统存在的主要问题提出具体的调整和改进建议。

（2）问卷调查法。有时为了节约时间，减少对员工工作的干扰，充分了解各级主管和下属对绩效管理系统的看法和意见，可以预先设计出一张能够检测系统故障和问题的调查问卷，然后发给相关人员填写。采用问卷调查法的好处是有利于掌握更详细、更真实的信息，能对特定的内容进行更深入、全面的剖析。

（3）查看工作记录法。为了检验绩效管理系统中考评方法的实用性和可行性，可以采用查看各种绩效管理原始记录的方法，对其做出具体的评价。例如，通过查看各个下属单位的奖励记录，可以发现绩效考评结果被利用的程度；通过查看绩效面谈的记录，可以发现绩效面谈中存在的问题等。

（4）总体评价法。为了提高绩效管理的水平，可以聘请企业内外的专家，组成评价小组，运用多种检测手段，对企业绩效管理系统进行总体的评价。调查研究与分析的主要内容为：总体的功能分析，总体的结构分析，总体的方法分析，总体的信息分析，总体的结果分析。

4）绩效管理流程设计的重点是绩效考评指标体系的设计

（1）绩效考评指标体系的设计应该遵循以下原则：

① 针对性原则。由于绩效考评的目的、对象和侧重点不同，在选择和确定绩效考评的要素和具体指标时，应从实际情况出发，使其具有较强的针对性，充分体现出所考评对象的性质和特点。

② 科学性原则。绩效考评指标体系的确定，应以生理学、心理学、管理学、行为科学、人才学等科学原理为依据，采用科学的调查研究方法，借用先进的测量工具，对数据资料进行采集、整理、汇总、分析和处理，保证所确定的要素和指标能够系统、全面、正确地反映和体现岗位工作的性质、特点和要求。

③ 明确性原则。在所确认的绩效考评指标体系中，每个考评要素和指标都要有明确的内容、定义或解释说明，必要时还要列出计算公式，使考评要素和指标的概念内涵明确、外延清晰。同时，对考评要素和指标的文字表述应力求精练、直观、通俗，所选择的要素和指标要少而精，考评指标体系的设计要达到规范化和标准化的要求。筛选考评指标时可借鉴表5-2。

（2）绩效考评指标体系的设计方法主要包括：

①绩效要素图示法。所谓绩效要素图示法，是将某类人员的绩效特征用图表描绘出来，然后加以分析研究，确定需考评的绩效要素。这种方法一般将某类人员的绩效要素按需要考评程度分档，然后根据少而精的原则进行选取。在调查表中，对评价要素和指标的需要程度的判定，可以分成三档（绝对需要考评、较为需要考评和需要考评），也可以分成五档（需要考评程度极高、需要考评程度很高、需要考评程度一般、需要考评程度低、几乎不需要考评）等。一般来说，工作分析是选择绩效考评要素的前提和基础。

表5-2 绩效考评指标筛选表

指标			三大基本原则			SMART原则					处理结果	
维度	名称	定义	战略匹配性	文化匹配性	现实匹配性	S	M	A	R	T	代替	删除
1												
2												
3												
4												
5												

具体的设计步骤是：首先，应根据工作分析所提供的资料，将各个相关要素和指标一一列出，经过初选后排列在要素分析图的横坐标上，纵坐标为极为（完全）需要、较为需要和需要三个档次；然后，请专家和有关人员进行图上作业，在集中大多数人意见的基础上，优选出若干项指标，从而构成绩效考评指标体系。

②问卷调查法。问卷调查法是采用专门的调查表将所有与本岗位工作有关的要素和指标一一列出，并用简单明确的文字对每个指标做出科学的界定，再将该调查表分发给有关人员填写，收集、征求不同人员意见，最后确定绩效考评指标体系的构成。

具体的设计步骤是：第一步，根据绩效考评目的和对象，查阅工作岗位说明书，通过必要的现场调查，详细地采集与工作绩效各种要素和指标相关的数据和资料。第二步，列出所有相关的影响和制约工作绩效的要素及具体的指标，并进行初步筛选。第三步，用简洁精练的语言或计算公式，对每个相关要素（指标）概念的内涵和外延做出准确的界定。第四步，根据调查的目的和单位的具体情况，确定调查问卷的具体形式、调查对象和范围，以及具体的实施步骤和方法。第五步，设计调查问卷，将需要调查的内容以一定的格式编制成问卷。第六步，发放调查问卷，通过一定的渠道将调查问卷分发给被调查者，选择的渠道应是可靠的。第七步，回收调查问卷，进行整理汇总和统计分析，取得最后的调查结果。

在调查过程中，对调查问卷中所提的问题、问题的回答方式、答题次序等都必须要慎重考虑。比如：调查问卷中所提的问题应当"直截了当，不能绕弯子"，在一个问题中不要包含两个或两个以上问题，对提问的措辞要认真推敲，要避免诱导答题者；回答问题的方式可采用封闭式或开放式，两者各有优点，应根据实际需要做出选择；对于调查问卷中需要回答或做出判定的问题，在次序上应按合理的逻辑、先易后难的顺序排列。

③个案研究法。个案研究法就是通过选取若干具有代表性的典型人物、事件或岗位的绩效特征进行分析研究，来确定绩效要素和考评指标体系。个案研究可分为典型人物研究和典型资料研究两种形式。典型人物研究是以典型人物的工作情况作为研究的直接对象，通过对其观察分析，确定出其所代表的人群或岗位的绩效考评要素和指标体系。典型资料研究是以典型人物或事件的文字资料为直接研究对象，通过对这些材料的总结分析，归纳出绩效考评要素和指标体系。

④访谈法。访谈法是通过与各类人员，如被考评者的上级、人力资源管理人员、被考评者以及与被考评者有较多联系的有关人员的访谈收集有关资料，以此作为确定考评要素和指标的依据。这有两种具体的形式：个别面谈法和座谈讨论法。

⑤经验总结法。根据特定时期的用人政策、本单位的具体情况，以及考评单位所积累的经验来确定考评的要素和指标，或者参照、总结一些较为权威的绩效考评要素和指标体系以及同行业单位人员绩效考评的经验，再结合本单位的情况以及考评目的来确定。

⑥头脑风暴法。头脑风暴法的目的，是寻求新的和别具一格的解决所面临难题的途径与方法。在使用头脑风暴法进行集体讨论时，应遵守以下四个基本原则：任何时候都不批评别人的想法；思想愈激进、愈开放愈好；强调产生想法的数量；鼓励别人改进想法。

学思践悟

年度考核要给"潜绩"留空间

党的二十大报告强调，"完善干部考核评价体系，引导干部树立和践行正确政绩观，推动干部能上能下、能进能出，形成能者上、优者奖、庸者下、劣者汰的良好局面"。干部考核是坚持和加强党的全面领导、推动党中央决策部署贯彻落实的重要举措，是激励干部担当作为、促进事业发展的重要抓手，必须突出政治导向、完善考核方式、延伸考用链条，以高质量干部考核推动事业高质量发展。

为政之要，首在得人；知事识人，重在考核。考核是"指挥棒"，是检验干部工作状态和能力水平的"试金石"。因此，它成为干部管理的基础性工作，也被各级党委政府当作奖优罚劣、激励善为的重要抓手。

岁末年初，各地都要对一年来各项工作的进展情况及其实际成效开展收官考核。从表现形态看，成绩既有能摆出来的"显绩"，也有仍在沉淀期的"潜绩"。客观而言，无论是出于考核的易操作性、可量化性和易评估性，还是出于考核对象的心理预期，人们都喜欢看得见、摸得着的"显绩"。在一些人看来，"显绩"既显山又露水，既能让上级领导直观地看到这一年所取得的成绩，又能向辖区群众广而告之这一年的所想所干。实际上，古往今来的历史经验表明，考核既要重视"显绩"也要重视"潜绩"。唯有实行双绩同考，才更为客观准确、公平公正。

之所以要给"潜绩"留空间，深层次看是事物发展的客观规律使然。马克思主义经典作家在分析事物发展时早就告诉人们："没有物质或运动的增加或减少，没有有关物体量的变化，是不可能改变这个物体的质的。"一种事物之所以能够实现飞跃，正是因为它经历了量的不断积累。"显绩"的产生同样如此，掩映在其背后的往往是无数个"潜绩"。在某个特定时间，一个地区或一个单位没有"拿得出""叫得响"的成绩，也许正处于打基础、谋长远、利千秋的沉淀期，而这恰恰是讲求发展规律、注重高质量发展的体现，是耐得住寂寞、守得住平淡、悟得住得失的体现。对于这种注重夯实基础、涵养潜力、积蓄力量，"一张图纸绘到底"、一任接着一任干，不给后任掏空家底或者留下焦头烂额"烂摊子"的做法，就应该与那些可圈可点、蜚声内外的"显绩"同等对待，甚至更高看一眼。现实中还有一种情况也可能导致"显绩"不佳，需要从长计议：一个地方的发展基础本身就比较薄弱，资源禀赋亦非常有限。在这种情况下，要让其在较短的时间拿出轰轰烈烈的"显绩"，难免有"巧妇难为无米之炊"之感。还比如，一个干部刚到一个新岗位，难以在较短的时间里迅速打开局面，无法创造令各方满意、可圈可点的"显绩"。凡此种种，无不说明要坚持双绩同考，多给"潜绩"留空间。

然而，当前有些地方在开展年度考核时尚存在"重显绩轻潜绩"的问题，没有辩证地评价一个地区或一个单位的实绩，片面地把看得见、见效快、影响大的"显绩"作为重点，有意无意地忽略了那些原本着眼根本但精力投入多、时间战线长、耗费精力大、见效周期长的"潜绩"。这种失之偏颇的考核，不仅伤害了一些干部真心抓"潜绩"的担当精神，而且容易诱发急功近利、好大喜功等不良作风。因此，当前亟须学懂弄通政绩考核有关规定的精髓要义，健全完善干部考评机制，让"显绩"与"潜绩"都成为干部勇担当、敢作为的"强心剂"。

抓好"潜绩"考核要从多处着手。其中，摆在首位的是要建立科学合理的考评指标。考评指标是"指挥棒"的神经中枢，其科学性、全面性直接决定了整个考核体系的可信度。习近平总书记强调，要改革完善干部考核评价制度，建立系统完备、科学规范、有效管用、简便易行的干部综合考核评价体系。这就意味着，考评指标的设计要能体现政绩"虚"与"实"、"隐"与"显"、主观努力与客观条件、已有基础与当下成果、现实成效与长远发展之间的关系。特别是要从指标内容、标准细则、考核权重等关键层面入手，让考核对象不仅要关注经济增长、自然生态保护等硬指标，而且要关注人文环境营造、文化传承弘扬、政治生态优化等软指标，不仅要增加促进经济增长的投入，而且要加大社会发展的投入，进而推动整个考核体系更加全面、科学、合理。

科学合理的考评指标能不能发挥有效作用，还同考核方法密切相关。因此，在考评指标确立以后，要选择务实管用的考核方法。比如，综合运用历史纵向对比、区域横向比较、内外环境同期分析等方法，仔细研判考核对象所做的抓眼前、求当下与打基础、利长远的事情，以最大限度甄别工作中的"潜绩"。特别是要走好群众路线，秉持"知屋漏者在宇下，知政失者在草野"的群众理念，深入"田间地头"认真听取群众的意见态度，尽最大限度把那些暂时"不显山、不露水""步子小"但是遵循发展规律、利长远、前景无量的"潜绩"挖掘出来，并同等对待。

"知贤之近途，莫急于考功。"考核是指挥棒，也是放大器，具有强烈的导向作用。要想让一个地区在推动高质量发展的征程中跑出持久力，就要在抓看得见、摸得着的"显绩"的同时，同步抓好那些暂时也许还看不见、摸不着的"潜绩"。只有这样，才能让各级领导干部传递好一任接着一任干的"接力棒"，才能给后任留下充盈的"粮仓"而不是被掏空的家底，才能让那些埋头做事、不事张扬、谋划长远的"老实人"更能脚踏实地、真抓实干。

资料来源　陈朋. 业绩考核要给"潜绩"留空间［N］. 光明日报，2021-01-26（11）.

本章小结

绩效考核的方法很重要。这里的"方法"是个广义的概念，包括方法、技术、工具、流程等各方面。在许多情况下，方法甚至能决定绩效管理的成败。绩效管理与绩效考核的方法有很多，并且每天都在不断变化、创新、完善和发展。良好的绩效考评方法、技术、工具与流程应该对员工的产出具有引导性，对其行为能够产生影响，与组织战略具有关联性，同时具备科学、合理、公平、有效、及时、经济、可行等特征。

不同的企业有不同的情况，不同的绩效考核与管理方法适用于不同的条件。因此，企业不可能都选择同样的绩效考核方法，同一个绩效考核方法不可能适用于所有的企业，也不可能适用于同一企业的所有部门和岗位。

一般来讲，企业在甄选绩效考核方法时应重点考虑的因素包括企业战略目标、企业组织特点、员工工作的性质、考核结果的用途、承担考核成本的能力等，依此来判断应该采用哪一种或几种适合自身状况的绩效考核方法，使绩效考核成为帮助企业与员工共同发展的有力工具，不断提高企业的核心竞争力。

复习思考题

（1）谈谈绩效考核方法的概念及分类。
（2）简述若干基本的绩效考核方法与技术。
（3）甄选绩效考核方法时应该考虑哪些主要因素？

（4）绩效考核工具有效性的评估标准及方法是什么？

（5）谈谈绩效考核与绩效管理的基本流程。

（6）绩效管理流程设计应该注意哪些问题？

（7）收集若干企业案例，谈谈应如何加强绩效考核与绩效管理技术的创新。

（8）结合相关企业案例，试分析提高绩效考核与绩效管理有效性的途径与方法。

案例分析题

绩效考核如何才能更加"客观"

背景

AA公司是一家生产办公用纸的大型企业，拥有两台相同型号的大型现代化纸机，纸机长约150米，宽约7米。一台纸机的年产量接近25万吨。除了每月两到三次必要的停机维护之外，纸机保持24小时不间断运行。得益于各种现代自动控制技术的帮助，一台纸机仅有甲、乙、丙、丁4个班操作，每班各有1个固定的主管，有8名操作员。这样AA公司一共就有8个班、8名主管、64名操作员。现代化大型纸机的复杂程度可以与飞机媲美，它对作为纸机直接控制者的操作员的专业要求也非常高，他们每个人都有7年以上操作大型纸机的工作经验。每天的生产分为早班、午班和晚班，时间分别是8：00～16：00、16：00～24：00、24：00～8：00。每班工作6天休息2天，即甲班上6天的早班休息2天，然后接着上6天的午班再休息2天，最后上6天晚班再休息2天，如此往复。

存在的问题

操作员的月薪由两部分组成：基本工资和奖金，基本工资约占月薪的75%，奖金约占月薪的25%。奖金与每个月的生产绩效挂钩，又由4个部分组成：自我培训20%；问题分析20%；主管评价20%；目标管理40%。自我培训、问题分析、主管评价和目标管理的分数都是由每班的主管在月底根据人事部和生产部共同制定的评分细则直接给出的。最后的总分将分为A、B、C、D4个等级，其所得奖金分别是每月基准奖金的125%、100%、75%、50%。主管给自己班的每个操作员打完分之后，交由纸机经理签字，最后交给人事部签字存档，为在年底进行的操作员年度考核提供依据，而年度考核结果是操作员每年基本工资调整的唯一参考。由于人事部硬性规定每个班每月必须至少有1个操作员得A级，至少4个操作员得B级，至少2个操作员得C级和D级，这就出现了一个非常有趣的现象，即每个班中4个等级的操作员每个月都在无规则变化着，这个月得A级的操作员，下个月或许会得B级或者C级甚至D级，也或许会再得一次甚至两次A级，但每次到年底的时候，8名操作员之间的总分总会惊人地保持极其微小的差别。这样造成有的操作员对此不满，认为干好干坏都没有多大的差别，失去了工作的积极性。

初步解决方案

发现这个问题之后，人事经理和生产经理决定召集所有的主管开一次关于主管给操作员评分公正性的会议，并且共同制定了尽可能数字化的评分细则。但是，无论评分细则多么数字化，最后的年度评分结果仍然是惊人的一致。在经过紧急磋商之后，人事经理和生产经理决定：将原来每天的早、午、晚三班倒，改为早晚两班倒。早班为8：00～20：00，晚班为20：00～8：00，工作时间为每天12小时。并且，将主管的工作时间更改为工作4天休息4天，即上2天早班再上2天晚班，然后休息4天，接着再上2天晚班和2天早班，再休息4天，如此往复。这样主管将会在一天中遇到两个班的操作员，而且主管对操作员的评分由以前的每月一次更改为每天一次。人事经理和生产经理认为这次应该能够遏制住主管在给自己班的操作员评分时的主观行为。但是年底到了，操作员年度评分结果依旧和更换主管工作时间以前一样。

矛盾激化

人事经理和生产经理非常恼火，因为这样的制度改变没有起作用的唯一可能就是8名主管相互串通评分。于是，人事经理和生产经理将8名主管召集起来，严厉地批评他们串通一气，认为主观评分将会给操作员的生产积极性带来致命的打击，进而严重影响公司的生产效益。

一位主管沉不住气，终于开口了："我和操作员都是朝夕相处的，我的确知道他们哪个好哪个差，但是他们之间好和差有那么明显吗？至少我认为绝对没有明显到在每月拿奖金时相互之间相差达到500元的程度。你们硬规定每个月必须有操作员得A得D，但是如果真的要按照你们那种评分方法的话，那么那个最差的操作员一直得D，本来每个月的奖金就拿得最少，到最后年度考核时肯定涨工资也是涨得最少的，这样恶性循环下去，他工作起来还有什么积极性？"人事经理听完很沉重地说："我们希望用奖金制度来激励操作员，如果把奖金差异制定得太小，比如50元，那不是等于没有激励的作用吗？我承认现在奖金的差异是很大，因为我们希望操作员明白干好与干坏之间的差异。你们串通好给他们打出使最后年度总分非常相近的分数，这样不等于给他们一个'大锅饭'的暗示吗？现在已经有许多优秀的操作员对此表示强烈不满了，你们知道吗？"

另外一位主管也说话了："操作员之间好与差的差别有多大这里我不说了，我想说的是关于主管给操作员评分的方法。现在我每天要遇到两个班，两个班有16个操作员，那就是说我要给16个操作员按照评分细则严肃地评分。我想问的是，采用这样的评分方法以后我还有时间去管理生产吗？我是一个生产主管，不是人事主管。"又一位主管说："生产工作大家也知道，工作时间一长，尤其是这么几年下来，大家对机器控制的熟练程度真的非常接近。我承认我每年给大家的绩效考核评分没有什么差距，我知道这样做对那些特别优秀的操作员不公平，他们心理不平衡是很正常的。但是我们一个班有8个操作员，一两个优秀的操作员心理不平衡对生产造成的损失，我个人认为远远不及一个班的大多数操作员心理不平衡所造成的损失。我认为我们需要的是一个优秀的集体。"

生产经理最后摇了摇头，叹了口气说道："我就知道，今天之后，即使今年明年后年操作员之间所得奖金会无规则变化，但5年、10年的奖金加起来，可能相差100元都不到。"一个主管若有所思地说："衡量一个员工的好与差的标准究竟是由谁做出的？是主管，那就是由人做出的。有很多评分细则可以用数字去限制评分者的主观性，但是还有很多你根本不可能用单纯的数字去限制，这就必然有主观成分在里面，这样你不会知道操作员之间的好与差究竟相差多少，并且究竟应该以多大的奖金差异来体现。现在最好与最差之间你定了一个500元的差额，但是事实上到底有多少，谁都不知道。"生产经理最后长叹道："我们制定各种方法来促使绩效考核尽量客观化，但是绩效考核所遭遇的是主观的人啊，绩效考核有客观的可能吗？"

资料来源 肖昂. 绩效考核如何才能更加"客观"［M］//何国玉. 人力资源管理案例集. 北京：中国人民大学出版社，2004.

思考与讨论：

（1）如何评价AA公司现行的绩效考核和薪酬制度？

（2）请为AA公司设计一个更合理的绩效考核和薪酬制度。

第6章 目标管理法（MBO）及其应用

学习目标

✔ 了解目标管理法的产生和发展过程
✔ 掌握目标管理法的基本内容
✔ 学会运用目标管理法的基本思路和操作流程
✔ 能对目标管理法做一个简单的总体评价

引例　　　　　　　　　　**联想集团的目标管理**

联想集团成立于1984年，是一家在信息产业内多元化发展的大型企业集团，于1994年在香港上市（股票代码00992），是香港恒生指数成分股。联想正在建立新的增长核心，致力于发展成为更强大、更加多元化的全球科技领导企业。2014年10月，联想集团成功完成对IBM x86服务器业务及谷歌旗下摩托罗拉移动业务的收购，确立了在移动和企业级业务这两大新领域的强势地位。目前，联想在全球180个国家和地区开展业务，业务布局非常均衡，在全球分为五个业务大区，中国、欧洲-中东-非洲、亚太其他地方、北美、拉美，联想的业务在每个大区都处于领先的位置。2021年联想PC销售量居全球第一。2022—2023财年，联想集团全年营收为4 240亿元人民币，净利润129亿元人民币。

联想将自身的使命概括为"四为"：为客户，联想将提供信息技术、工具和服务，使人们的生活和工作更加简便、高效、丰富多彩；为员工，创造发展空间，提升员工价值，提高工作生活质量；为股东，回报股东长远利益；为社会，服务社会文明进步。未来的联想将是"高科技的联想、服务的联想、国际化的联想"。

联想的考核体系结构围绕"静态的职责+动态的目标"两条主线展开，建立起目标与职责协调一致的岗位责任考核体系。考核体系的实施框架包括四个部分：职责分解、目标分解、目标与职责结合、考核实施。

静态职责分解是以职责和目标为两条主线，建立以"工作流程"和"目标管理"为核心，适应新的组织结构和管理模式的大岗位责任体系。

一个岗位仅仅知道做什么、怎么做还不够，还要知道什么时间要做到什么程度、达成什么目标。动态目标分解就是按照职责这条横线，与时间、目标这条纵线有机整合，使各部门、岗位之间的职责和工作关系有机地协调起来。首要过程是战略规划。战略规划的过程是将公司目标具体化。公司战略更多关注的是在哪儿竞争的问题，而不是如何竞争的问题。公司范围的战略分析可以影响增加业务、保持业务、强调业务、弱化业务和调整业务的决定。一个部门或岗位一个季度的重点工作是3～4项；日常职责则不在"目标任务书"上体现。把公司宗旨和目标分解到个人的"岗位责任书"和"目标任务书"，可以为监控和考核打下扎实的基础。

设定职责和目标后，联想利用制度化的手段对各级员工进行考核评价：（1）定期检查评议。（2）量化考核、细化到人。（3）考核形式是多视角、全方位的，包括上级对下级的考核，平级之间、下级对上级的评议，以及部门互评等。

员工绩效考核的内容分两部分：一是工作业绩结果导向，针对员工根据直接上级与员工预先商定的目标业绩工作计划进行，针对各级管理者则主要是围绕"管理三要素"（建班子、定战略、带队伍）并具体分解成"目标计划、激励指导、公正考评"等管理业绩进行。二是行为表现及能力，这部分为过程导向，按普通员工、各级管理人员分别制定不同的考核标准和权重。部门经理对员工及所属部门的考核等级进行审核调整后，汇总到人力资源部，考核结果要符合公司的正态分布比例；部门经理与员工进行绩效面谈，告知考核结果，肯定成绩，提出改进意见和措施，挖掘员工潜力，同时确定下季度工作计划，面谈结果需双方签字认可；员工如果对考核评定过程有重大异议，有权向部门经理或人力资源部提出申诉；所在部门及人力资源部为每位员工建立考核档案，考核结果作为工薪、年度奖金、干部任免、评选先进、岗位调换以及辞退的重要依据。

资料来源　［1］张建林. 联想集团的考核体系［J］. 通信企业管理，2002（12）.
［2］联想集团官方网站.

那么，我们应该如何分析和看待联想集团的绩效管理，特别是其目标管理呢？

6.1 目标管理法的产生和发展

6.1.1 目标管理法的产生

彼得·德鲁克1954年在《管理的实践》一书中最先提出"目标管理"（management by objective，MBO）的概念，他认为，"凡是工作状况和结果直接、严重地影响企业的生存和发展的部门，目标管理都是必需的"，其后又提出"目标管理和自我控制"的主张。

彼得·德鲁克认为，并不是有了工作才有了目标，而是相反，有了目标才能确定每个人的工作。所以，"企业的使命和任务必须转化为目标"，如果一个领域没有目标，这个领域的工作必然被忽视。因此，管理者应该通过目标对下级进行管理，当组织最高层管理者确定了组织目标后，必须对其进行有效分解，转变成各个部门以及个人的分目标，管理者根据分目标的实现情况对下级进行考核和奖惩。

彼得·德鲁克还认为，目标管理就是先由企业制定、提出在一定时期内期望达到的理想总目标，然后由各部门和全体员工根据总目标确定各自的分目标，并积极主动设法使之实现的一种方法。

6.1.2　目标设置理论

目标管理法是建立在目标设置理论基础上的。从20世纪30年代起，心理学家就开始了对目标的研究。梅斯（Mace，1935）是第一位研究不同类型目标对任务绩效的影响的学者，但他的研究大多被人们忽视了。只有瑞安（Ryan）和史密斯（Smith）在其《工业心理学原理》（Principles of Industrial Psychology）教材中引用了Mace的研究。洛克（Locke）在前人研究的基础上，于1968年正式提出了目标设置理论（Theory of Goal-Setting）。Ryan（1970）指出："人类行为受有意识的目标、计划、意图、任务和喜好影响。"[1]此后，基于Ryan的"有意识的目标影响行为"这一观点，大量学者进一步研究了目标和任务绩效水平之间的关系，使目标设置理论的内容日趋丰富、体系日趋完善。[2]

目标设置理论认为，明确而具体的目标能够提高工作绩效；难度大的目标，一旦被人们接受，会比容易实现的目标带来更高的工作绩效；有反馈比无反馈能够带来更高的工作绩效。

目标的具体化本身就是一种内在的推动力，如"将销售量提高10%"，而不是"努力提高销售量"，而且在可能的情况下，应有一个执行目标的时间限制，如"在以后6周内，使成本降低3%"。

目标应具有挑战性并可能达到。如果目标被接受，那么困难的目标会比容易的目标带来更好的绩效；相反，如果员工发觉目标无法达到，他们就不会接受这些目标。追求一个永远达不到的目标，员工也不会获得成就感。因此，对自信心或能力不足的员工应设立相对容易的目标，对自信心和能力强的员工应设立较难的目标。此外，还应该确保反馈。管理人员必须保证为员工提供精确的反馈，以便员工了解他达到目标的程度及存在的差距，并按此调整他的努力程度或策略。研究表明，反馈是促进工作的充分必要条件，而不仅仅是充分条件。定期反馈的一种有效方法就是用图表描绘出员工在某一时期的工作情况。

---

[1]　RYAN T A. Intentional behavior [M]. New York, NY: Ronald Press, 1970: 10-18.
[2]　杨秀君. 目标设置理论研究综述 [J]. 心理科学, 2004 (1).

6.1.3 目标管理法的发展

"目标管理"概念被提出后，便在美国迅速流传。第二次世界大战后，发达国家经济由恢复转向迅速发展，企业急需采用新的方法调动员工积极性以提高竞争力，目标管理的出现可谓应运而生，并很快为日本、西欧国家的企业所效仿，在世界管理界大行其道。20世纪70年代初，美国白宫引入目标管理，使这种新兴技术步入了公共管理的领域。20世纪60年代，日本电信电话公社、十条制纸、住友金属矿山等企业引入了这一管理制度。在经历了1965年、1975年两次目标管理热之后，1990年日本又掀起了目标管理的新热潮。中国认识目标管理的时间相对较晚，在20世纪80年代，目标管理才被引入中国。

拓展阅读
6-1

目标管理
相关知识

6.2 目标管理法概述

6.2.1 目标管理法的内容

目标管理不仅仅是关注组织中员工个人绩效的管理过程的一个通用名词，通常，它是一个目标设定的过程，可以为组织、部门、部门经理及员工建立目标。MBO不是一个衡量员工行为的工具，它只是试图衡量员工行为的有效性或员工行为对组织成功和目标实现的贡献（Campbell et al.，1970）。MBO只不过是一门技术，该技术有助于管理者与员工针对企业目标进行交流和沟通，可以设定个人及企业的目标，同时也可以通过它建立一个有效的薪酬和激励系统及监督反馈系统（John A.Simpson，MAI，1993）。

MBO的定义有很多种。在回顾主要专家的MBO著作后，麦康基（McConkie，1979）将MBO定义为：它是一个管理过程，即为了追求相互认可的目的和目标，由上级和下属参加协商和确立组织目标的过程；这些目的和目标是明确的、可衡量的、有时间限制的，并且要融入行动计划中；工作的进步和目标的实现在绩效考核阶段是可衡量和可监控的；这个阶段的工作应集中于围绕共同确定的目标制定绩效标准。理查德·斯蒂尔斯（Richard Steers）在他的《组织行为导论》（Introduction to Organizational Behavior）中将MBO定义为：MBO是一个过程，在这个过程中，综合性组织的员工协力工作，确立共同的目标并互相协调以实现这些目标。

具体而言，所谓目标管理是一种程序或过程，它使组织中的上级和下级一起协商，根据组织的使命确定一定时期内组织的总目标，由此决定上级和下级的责任和分目标，并把这些目标作为考核组织绩效、衡量部门和个人绩效对组织的贡献的标准。

6.2.2　目标管理法的特点

彼得·德鲁克认为，任何组织的目标和部门以及个人的目标必须步调一致。虽然企业中每个成员所做的贡献各不相同，但是他们必须全都朝着同一方向努力，他们的贡献必须融为一体，以产生一种整体的业绩。与其他管理模式相比，目标管理具有以下特征：

（1）目标管理是参与管理与自我控制相结合的管理形式。在目标管理过程中，目标的实现者即目标的制定者，通过上下协商，制定出企业各个部门乃至每个员工的分目标；员工参与目标制定过程，而且在承诺目标的同时被授予相应的权力，这无疑调动了员工的自我控制性和工作主动性。

（2）从目标管理的整个实施过程来看，它注重统一。一方面，它强调工作和人的统一。管理者不断地挖掘员工本身所具有的自我实现的欲望，让员工从工作中获得生存的价值，更好地实现目标。另一方面，它强调个人目标和组织目标的统一。

（3）注重成果第一的方针。目标管理以制定目标为起点，并且以对目标实现情况的最终考核为终结。由于目标管理在起初就制定了一套完善的目标考核体系，因而能够按照员工的工作成果如实地评价一个人。[①]

6.3　目标管理法的原则和操作流程

彼得·德鲁克在1954年出版的《管理的实践》一书中提出了"目标管理和自我控制的主张"，认为"企业的目的和任务必须转化为目标。企业如果无总目标及与总目标相一致的分目标来指导员工的生产和管理活动，则企业规模越大，人员越多，发生内耗和浪费的可能性越大"。概括地说，目标管理就是让企业的管理人员和一般员工亲自参与工作目标的制定，在工作过程中实行自我控制，并努力实现工作目标的一种管理机制与制度。

6.3.1　目标管理法的原则

目标管理法的主要原则是：

（1）企业的目的和任务必须转化为现实可操作的目标，并且要由单一目标评价变为多目标评价。

（2）必须为企业各级各类人员和部门制定目标。如果一项工作没有特定的目标，这项工作就做不好。

（3）目标管理的对象要包括从领导者到员工的所有人员，大家都要受到"目

---

① 帕卡德. 惠普之道 [M]. 贾宗宜，译. 北京：新华出版社，1995.

标"的控制与管理。

（4）实现目标与考核标准一体化，即按实现目标的程度实施考核，由此决定职务的升降和工资的高低。

（5）强调充分发挥各类人员的创造性和积极性。每个人都要积极参与目标的制定、展开和实施。领导者应允许下级根据自己参与制定的企业总目标设立自己的目标，以满足"自我成就"的需求。

（6）任何分目标都不能离开企业总目标自行其是。在企业扩大规模和进行部门重组时，不同部门有可能片面追求各自的目标，而这些目标未必有助于实现企业的总目标。企业总目标往往是摆好各种目标的位置、实现综合平衡的结果。

从本质上来说，目标管理法要求管理人员与每一位员工共同制定一套便于衡量的具体工作目标，并定期与员工审查他们的目标实现情况。总的来说，目标管理法是一种复杂的、涵盖整个组织的目标设立和评价体系。

6.3.2　目标管理法的操作流程

要想实施目标管理法，必须执行以下流程：

（1）制定组织目标。为整个组织制订一年的工作计划，确定相应的目标。

（2）制定部门目标。各部门负责人在了解组织目标（比如将利润率提高20%）之后，还要与他们的上级共同制定本部门的工作目标。

（3）讨论部门目标。部门负责人就本部门的目标与下属员工展开讨论（一般是在部门会议上），并要求员工初步订立自己的个人目标。换而言之，部门中的每一位员工都要考虑，自己如何才能为本部门目标的实现做出贡献。

（4）界定预期成果（制定个人目标）。部门负责人与他们的下属员工共同制定短期的个人绩效目标。

（5）绩效审查。部门负责人对每一位员工的实际工作绩效与他们事前制定的员工个人工作目标进行比较。这一步骤能让考核者找到原因，即为什么未能达到既定的绩效目标，或为何实际达到的绩效水平远远超出了预先设定的绩效目标。这一步骤不仅有助于决定员工对于培训的需求，还有助于确定下一个绩效考核周期的各级绩效指标。

（6）提供反馈。部门负责人与下属员工一起讨论和评价在目标实现方面所取得的成就，并制定新的绩效目标，以及为实现新的绩效目标而可能采取的新的战略。凡是已成功实现绩效目标的被考核者都可以参与下一个考核周期的绩效目标的设置过程。而那些没有实现既定绩效目标的被考核者，在与其直接上级进行沟通，判明这种情况是不是偶然现象，找出妨碍目标实现的原因并制定相应的解决办法和行为矫正方案后，才可以参与新一轮考核周期绩效目标的设置。[①]

以上第（1）～（4）步，实际上是上下级共同确定各个层级所要实现的绩效

---

① 德斯勒，曾湘泉. 人力资源管理［M］. 10版（中国版）. 北京：中国人民大学出版社，2007：334.

目标。在实施目标管理的组织中，通常是上级考核者与被考核者共同制定目标。目标主要指期望达到的结果，以及为达到这一结果所采取的方式、方法。

目标管理法的操作流程如图6-1所示。

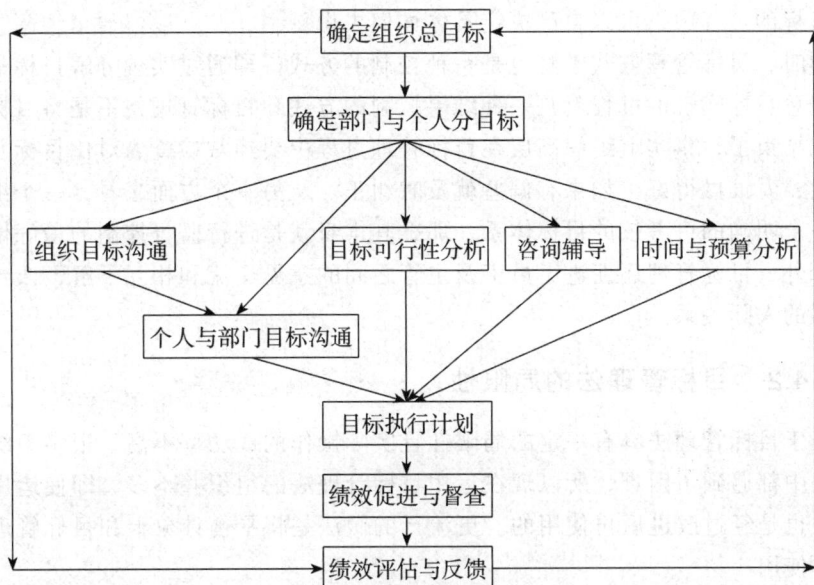

图6-1　目标管理法的操作流程

拓展阅读
6-2

惠普公司的
目标管理

6.4　目标管理法的实践评价

6.4.1　目标管理法的优点

第一，目标管理使组织各级主管及成员都明确了组织的总目标、组织的结构体系、组织的分工与合作及各自的任务，也使得主管人员知道，为了实现目标必须给予下级相应的权力，而不是独揽大权。另外，许多着手实施目标管理的组织，通常在实施的过程中会发现组织体系存在的缺陷，从而帮助组织对自己的体系进行改造。一旦各级部门及员工知道他们需要实现的目标是什么，就可以把时间和精力投入到能最大限度地实现这些目标的行为中去。

第二，目标管理会给组织内易于度量和分解的目标带来良好的绩效。对于那些在技术上可分解的工作，由于责任清晰、任务明确，目标管理常常会起到立竿见影的效果。

第三，目标管理调动了员工的主动性、积极性和创造性。由于目标管理强调自我控制、自我调节，将个人利益和组织利益紧密联系起来，因而提高了员工士气。目标管理实际上也是一种自我管理的方式，或者说是一种引导组织成员自我管理的方式。在实施目标管理的过程中，组织成员不再只是做工作、执行指示、等待指导和决策，而是已经成为有明确目标的单位或个人。一方面，组织成员已参与目标的制定，并取得了组织的认可；另一方面，组织成员在努力工作实现自己的目标的过程中，可以自己决定具体如何去做。

同时，目标管理方式本身也是一种控制的方式，即通过实现分解目标最终保证组织总目标实现的过程就是一种结果控制的方式。目标管理并不是将目标分解下去就结束了，事实上组织高层在目标管理过程中要经常检查、对比目标及其实现情况，看谁做得好，如果有偏差就及时纠正。从另一个方面来看，一个组织如果有一套明确的可考核的目标体系，那么其本身就是进行监督控制的最好依据。

此外，目标管理还促进了员工及主管之间的意见交流和相互了解，改善了组织内部的人际关系。

6.4.2 目标管理法的局限性

由于目标管理法具有一定的局限性且实际操作的成功率不高，很多组织在实施过程中都遇到了困难，所以现在运用目标管理法的组织并不多，即使运用目标管理法也是经过改进后再使用的。更流行的做法是将平衡计分卡和目标管理法结合起来使用。

目标管理法的局限性有以下七个方面，有些是方法本身存在的，另外一些则是在运用中引起的：

第一，对目标管理的理论及其应用环境认识不够。目标管理看起来简单，但要把它有效地付诸实施，则要了解目标管理的整个体系，目标管理是什么，它怎样发挥作用，为什么要这样做，它在评价管理工作成效时起什么作用，以及参与目标管理的人能得到什么好处等。

第二，由于种种原因，容易出现目标不明确的情况。在目标管理中，制定明确的目标是关键，这个明确的目标不是一个遥不可及的梦想，而是在现实中可以做到的。制定目标时要遵守SMART法则，而且要把目标细分到每个职能单位、每个人。现实中的情况是很多组织实行了目标管理，而组织成员对目标却没有清晰的认识，仅仅停留在口号阶段，也没有明确的努力方向。

第三，在目标管理过程中往往沟通不足。沟通是有效执行目标管理的前提，但现实中这个环节往往被管理者忽视，尤其是与下属的沟通往往不足。管理者是很少跟一线员工沟通的，比如英国的一家面包店实施目标管理时，由于管理者缺乏与基层员工的沟通，使得包装设备落后于生产设备，产生了瓶颈效应，导致目标无法实现，了解到事情的真相后，CEO决定将与一线人员谈话列入其每个星期的工作日程。

第四，目标的短期性。现在几乎所有实行目标管理的组织所确定的目标都是短期的，很少有超过一年的，常常是一个季度甚至更短的。强调短期效应容易导致管理者和员工为了实现目标而损害组织的长期利益。

第五，不灵活的危险。目标管理要取得成效，就必须确保目标明确和肯定，如果目标经常改变，就难以说明它是经过深思熟虑和周密计划的结果，这样的目标是没有意义的。但是，计划是面向未来的，而未来存在许多不确定因素，因此必须根据已经变化了的计划工作前提对目标进行修正。然而，修正一个目标体系与制定一个目标体系所花费的精力相差无几，结果可能迫使主管人员不得不中途停止目标管理的过程。

第六，片面关注财务指标，缺乏非财务指标。现代企业在发展过程中不仅应关注财务上的增长，还应关注非财务方面的发展，如社会贡献度、员工满意度、客户满意度等，而目标管理缺乏对这些指标的强调。

第七，目标管理法比较费时间。订立目标、衡量员工在实现目标方面的进展状况、向员工提供反馈等，这些工作会导致评价者每年都要在每一位员工身上花费大量的时间，而这通常超出了对员工的工作绩效直接进行评价所需的时间。

拓展阅读
6-3

联想与惠普
的目标管理
比较

学思践悟

社保基金绩效管理：守好10万亿元百姓救命养老钱

2022年6月，财政部等四部门公布了《社会保险基金预算绩效管理办法》（下称《办法》），2023年起社保基金绩效评价将在全国推开，并在绩效目标、绩效运行监控、绩效评价、结果反馈及应用等方面立下基本规则。这将有助于提高约10万亿元社保基金的管理水平，守好老百姓的"养老钱""看病钱"。

《办法》出台意味着中央全面实施绩效管理评价覆盖了"四本"预算中的社保基金预算账本，填补了社保基金绩效评价制度的空白。在养老保险全国统筹大背景下，着眼于绩效导向，此举有助于保障包括老工业基地在内的养老金及时足额发放，把钱花在刀刃上，确保社会稳定。

所谓社会保险基金预算绩效管理，是指在社会保险基金预算管理全过程中融入绩效理念和要求，通过合理确定绩效目标、全面实施绩效运行监控、科学开展绩效评价和切实强化结果应用，进一步改善政策实施效果、提升基金使用效益、促进基金精算平衡、防范基金运行风险的预算管理活动。

资料来源　陈益刊. 社保基金绩效管理首次立规矩：守好10万亿百姓救命养老钱［EB/OL］.［2023-06-28］. https://www.yicai.com/news/101458352.html.

本章小结

目标管理法（MBO）不仅仅是关注组织中员工个人绩效的管理过程的一个通用名词，通常它是一个目标设定的过程，可以为组织、部门、部门经理及员工设立目标。MBO不是一个员工行为的衡量工具，它只是试图衡量员工行为的有效性或员工对组织成功和目标实现的贡献。目标管理使组织各级主管及成员都明确了组织的总目标、组织的结构体系、组织的分工与合作及各自的任务。

目标管理法也有一些局限性，有些是方法本身存在的，另外一些则是在运用中引起的。现在运用目标管理法的组织并不多，即使运用目标管理法也是经过改进后再使用的，更流行的做法是将平衡计分卡和目标管理法结合起来使用。

复习思考题

（1）什么是目标管理法？它与目标设置理论有哪些联系？

（2）目标管理法有哪些特点？其优点和缺点是什么？

（3）在实践中，应该如何克服目标管理法的缺点而发挥其优点？

（4）你能描述出目标管理法的操作流程吗？

（5）试为某民营企业导入目标管理法提供一个指导框架。

（6）目标是什么？它有哪些特点？在具体实施目标管理的过程中需要注意哪些问题？

（7）试用目标管理法给自己设计一个人生规划，并有短期和长期的目标。

案例分析题

民营企业 A 公司的目标管理实践

A 公司是一家大型股份制民营企业，也是国内规模最大、品种最多的皮卡生产厂家。多年来公司以"每天进步一点点"的经营理念和实践，在激烈的竞争中脱颖而出，连续 4 年在同行业中保持第一的市场地位，成为名副其实的国内皮卡第一品牌，在同行业中创出了市场占有率、产销量、销售收入、产品品种、出口数量、国际质量认证、服务网络、企业综合实力等 8 项第一。

目前，公司下属有汽车有限公司、汽车发展有限公司、内燃机有限公司、桥业有限公司等多家控股公司，有员工 5 000 多人。

A 公司采用的是合资管理机制，在企业内部建立了严格的质量检验体系，创建精致企业，强调精益求精管理，注重稳健经营。

A 公司从 2002 年 7 月开始实行目标管理，当时属于试行阶段，后来由于人力资源部人员的不断变动，这种试行也就成为不成文的规定并执行至今。应该说执行的过程并不是很顺利，每个月目标管理卡的填写或制作工作似乎成了各部门经理的任务或者说是累赘，总感觉占了他们的大部分时间或者说是浪费了他们许多时间。每个月办公室都督促大家填写目标管理卡，但不同的部门有不同的难题，如财务部门的工作每个月的常规项目占据所有工作的 90%，目标管理卡的重复内容非常多；而行政部门的工作临时性项目特别多，很难确定目标管理卡的内容。

A 公司的目标管理按如下几个步骤执行：

1）目标的制定

（1）总目标的制定

前一财年末公司总经理在职工大会上做工作总结报告时向全体职工阐述下一财年的工作目标。在财年初的部门经理会议上，总经理和副总经理、各部门经理讨论协商确定该财年的目标。

（2）部门目标的确定

每个部门在前一个月的25日之前确定下一个月的工作目标，并以目标管理卡的形式报给总经理，总经理办公室留存一份，本部门留存一份。目标由各项工作的权重以及完成的质量与效率共同来决定。最后经总经理批阅后方可作为部门的工作目标。

（3）目标的分解

各个部门的目标确立以后，由部门经理根据部门内部具体的岗位职责以及部门分工协作情况进行分配。

2）目标的实施

目标的实施过程主要采取监督、督促和协调的方式，每个月由总经理办公室主任与人力资源部绩效主管共同或是分别到各个部门询问或了解目标的实现情况，并直接与各部门的负责人沟通，了解各项工作进行到什么地步，哪些工作没有按规定的时间、质量完成，为什么没有完成，并督促其完成。

3）目标结果的评定与运用

目标管理卡首先由各部门的负责人自评，自评过程受人力资源部与办公室的监督，最后报总经理审批，总经理根据每个月部门的工作情况，对目标管理卡进行相应的调整。

目标管理卡最后以考评得分的形式作为部门负责人的月考评分数，部门员工的月考评分数的一部分来源于部门目标管理卡。这些考评分数作为月工资发放的重要依据之一。

但是，最近大多数部门领导反映不愿意每个月都填写目标管理卡，认为这样做没有必要，因为在执行过程中，部门员工能够明显地了解到本月自己应该完成哪些项目，每一个项目应该做到什么程度才是最完美的。人力资源部在最近一次与部门员工的座谈中了解到，有的部门的办公环境不允许把目标管理卡张贴出来（个别的部门），如果领导每个月不对本部门员工解释清楚，员工根本就不知道自己的工作目标是什么，只是领导叫干什么就干什么，显得很被动……可是部门领导如今不愿意进行目标管理，而且有一些员工也不清楚目标分解到他们那里应该是什么样的。

目前人力资源部的人数有限，而且各司其职。面对以上问题，人力资源部应该怎么办呢？

资料来源　王丽丽. 目标管理的无奈［M］//何国玉. 人力资源管理案例集. 北京：中国人民大学出版社，2004.

思考与讨论：

（1）A公司的目标管理总体上存在什么问题？

（2）既然财务、市场、行政等部门在工作内容、方式、方法上大不相同，那么该如何针对不同部门的职能特点设计目标管理卡呢？

（3）A公司的部门管理者为什么不支持目标管理？如何让各部门的管理者意识到目标管理的重要性和必要性？

（4）为什么会出现"员工不知道自己的工作目标是什么，领导叫什么就干什么"的情况？这个问题应该如何解决？

（5）经过对上述问题的分析，谈一谈实现目标管理需要注意什么，最重要的是什么。

第7章 平衡计分卡（BSC）及其应用

学习目标

✔了解平衡计分卡的产生、发展和完善
✔掌握平衡计分卡的结构
✔理解平衡计分卡的基本思想
✔把握平衡计分卡指标系统的特点和设计思路
✔学会实施平衡计分卡的操作要点以及基本步骤
✔能对平衡计分卡的理论与实践做出较贴切的评价

引例 **平衡计分卡在万科的应用**

万科企业股份有限公司（简称万科）于1984年成立，1988年进入房地产行业，经过30多年的发展，已成为国内领先的房地产公司。公司定位于城市配套服务商，坚持"为普通人盖好房子，盖有人用的房子"，坚持与城市同步发展、与客户同步发展的两条主线，核心业务包括住宅开发和物业服务。2019年万科再度上榜《财富》世界500强，位列榜单第254位。万科的核心价值观主要包括：①客户是万科永远的伙伴；②阳光照亮的体制；③人才是万科的资本；④持续增长与领跑。不难看出，这四点企业文化恰好分别与平衡计分卡中的客户维度、内部运营维度、学习与成长维度、财务维度相互照应，为万科引进平衡计分卡奠定了坚实的基础。

1）客户维度

万科一直将客户视为企业最宝贵的资源，实施客户满意战略。在产品上，坚持以客户为中心，切实满足主流消费者的自住需求，保证90%以上的主流项目定位；在2016年交付的21.4万套房屋中推广实量实测与交付评估等管理工具，并大力开展"天网行动"（对采购的材料、部件及设备等进行不定期抽检），将产品质量控制在良好水平。在服务上，万科旗下的子公司万科物业早已使"为业主资产保值增值"的服务理念深入人心，逐渐探索出一条连接传统住宅服务、商写服务、基于楼宇或生活的增值业务服务的生态链条。坚持"聚焦大客户、聚焦重点城市、主打高标库产品"的核心战略使万科物业成为客户认可度最高的物流地产服务商之一，其在2016年实现主营业务收入42.6亿元，同比增长43.4%。

2）内部运营维度

好的内部运营流程是决定企业价值创造和持续发展的关键，万科显然早早认识到了这一点，在客户需求提升及城市发展速度加快的前提下，积极寻找新的商业机会、探索新的经营制度。例如滑雪业务，截至2016年底，万科在吉林、桥山和北京开展了滑雪项目，无论是雪道面积还是索道数量均居全国第一，其专属冰雪品牌形象逐步建立。此外，万科在运营管理中也对民生问题持续关注，基于城市、社区的居家养老需求，深入探索养老模式。首个大型养老社区杭州随园嘉树项目成为2016年G20峰会的接待参观点。在对经营模式的改良上，万科积极开发以公共交通为导向的发展模式（transit-oriented development，TOD），于2017年1月，向深圳地铁集团协议转让公司15.31%的股份，使其成为公司的重要股东。在核心城市土地供应日益短缺的背景下，万科深入探索"轨道+物业"、城市产业升级等新型经营模式，既可以维持企业现有业务的经营特性，又涉及长远的产品与服务的革新，彰显了万科差异化的价值主张。

3）学习与成长维度

万科一直将人才视为最宝贵的财富和核心竞争力，完善事业合伙人制度，通过开展关怀活动、加强团队建设、与员工保持良好沟通和实施有效的激励约束措施等方式，使团队上下一心，尽量控制人员流失的风险。在信息化平台的建立上，万科于2016年1月启动了"沃土计划"，以信息化建设为导向，完善客户数据库平台，整合多业态客户数据，全面提升经营效率并推动业务持续增长。万科在2014年推出的项目跟投制度将员工利益与项目经营成果相关联，授予跟投人员更大的权力，激励其为公司与股东创造最大价值。截至2017年2月底，万科已实现308个项目跟投。而无论是跟投项目的开工开盘还是现金流量的回正，其平均时间明显缩短，营销费用率也得到有效控制，成功发挥杠杆作用，促使无形资产驱动企业业绩的提高以及战略目标的实现。

4）财务维度

在万科，现金为王的道理并不过时，公司2016年各项财务指标，无论是绝对数还是相对数，大部分与2015年相比均有改善或提高。其中具有代表性的几个指标为：实现房地产销售金额3 647.7亿元，较2015年增长39.5%；净资产收益率提升至18.5%，同比上升0.44%；房地产业务毛利率为19.8%，同比增长0.32%；净负债率为25.9%，继续保持在行业低位。这些财务指标的实现才是说明万科何以成为房地产业龙头最直观最有说服力的直接证据。

资料来源 李文奇. 论平衡计分卡在我国的应用——以万科集团为例［J］. 中国市场，2018（3）.

万科之所以能够取得如此成就，与其重视企业战略管理、积累管理能力有着重要的关系，特别是万科采用了平衡计分卡的方式提升企业管理水平，以完善的企业管理制度为基础，契合企业自身价值与理念，平稳持续地提升企业的管理能力。

7.1 　平衡计分卡的诞生和发展

7.1.1 　平衡计分卡的诞生

在平衡计分卡（balanced score card，BSC）产生之前，传统的考核指标已经出现了重大的缺陷。纵观人类历史上的绩效考核，不管是中国古代的考绩制度，还是近代欧洲的绩效考评与考核（自工业化开始），都侧重从某个角度去考察某个人的绩效。在平衡计分卡产生之前的20世纪80年代，各国的大公司都发现，采用传统的以财务为单一衡量指标考核企业和个人经营绩效的方法，已经不能适应现代社会竞争日益激烈的环境的需要。在某些方面，传统的财务指标已经妨碍了企业的进步，具体表现在：

（1）依靠传统的财务指标已不能向企业高层提供切实可靠的信息。仔细研究不难发现，企业的经营绩效受到很多因素的制约，仅仅依靠财务指标的做法实际上对企业产生了很多的误导。结果，企业把所有精力都放在了节约成本上，然后想办法增加利润，但事与愿违，企业的利润不是在稳步提升，而是在不断枯竭。

（2）无形资产的地位日益提升和受重视，这大大削弱了单一财务指标作为企业绩效衡量标准的代表性。现在，企业已经将无形资产纳入财务指标中，但在以前，财务指标只关注有形资产。

（3）企业自身的发展与社会发展相对应。一开始企业的首要任务就是搞好生产，以求低成本、大批量地供应产品，满足巨大的社会需求，因此，那时的企业是以生产为中心的。接着，随着形势的发展，企业不仅需要提供高质量、低成本的产品，还需要注重销售问题，企业的中心也就由一个变为两个。

到了20世纪末，企业面对的是全球性的竞争，顾客的要求也变得严格、多样，这就要求企业关注需求分析、产品创新设计、生产制造、市场营销、售后服务等方方面面的问题。为了与企业的职能变化相适应，企业的组织结构也要随之改变，也就是说，企业的职能范围越来越广，企业的组织结构也越来越复杂，构建于简单企业基础之上的管理控制体系越来越力不从心。此外，精益生产、准时生产、制造资源计划、世界级制造、全面质量管理等先进管理技术的发展对管理控制体系也提出了更高的要求。在这种情况下，客观环境要求我们去寻求一种更好的考核方法，摆在我们面前的是：如何用一种新的方法比单一财务指标更有效地去考核企业和个人绩效？

1992年，卡普兰（Robert S.Kaplan）和诺顿（David P.Norton）对在绩效测评方面处于领先地位的12家公司进行为期一年的研究之后，在《哈佛商业评论》和《成本管理杂志》上发表第一篇关于平衡计分卡的论文——《绩效考核：平衡计分卡方法》，正式提出这一概念。平衡计分卡是一种将传统的财务指标与非财务指标结合起来评价组织绩效的方法，可以为管理者提供更广泛、丰富的管理及决策信息，实际上是一种战略管理工具。

2005年3月下旬，BSC的创始人卡普兰来到中国"布道"平衡计分卡，掀起一股平衡计分卡旋风，许多组织对BSC产生了浓厚的兴趣。经过20多年的发展，平衡计分卡已经发展为集团战略管理的工具，在集团战略规划与执行管理方面发挥非常重要的作用。大多数管理咨询公司在指导各类组织实施战略及提升绩效的过程中普遍使用平衡计分卡的理论及分析框架。

7.1.2　平衡计分卡的发展

平衡计分卡改变了以前绩效考核只是从财务指标入手的片面性，从四个方面去关注企业的绩效：财务（financial）维度、顾客（customer）维度、内部业务流程（internal business process）维度、学习与成长（learning and growth）维度。过去的研究主要集中在如何给这四个方面设定具体指标，不同行业的考核指标及指标权重可能有所差异。今天的平衡计分卡已经发展到将战略置于中心地位，它将公司的总体战略目标分解为不同的目标，并为之设定具体的绩效考核指标，通过将员工报酬与测评指标联系起来的办法促使员工采取一切必要的行动去实现这些目标。

1）第一代平衡计分卡

20世纪80年代末，卡普兰和诺顿发现，企业单纯依靠财务指标进行绩效考核存在很多问题，过度关注财务指标会引发企业的短期行为，进而损害企业的长期利益，甚至给企业带来毁灭性的打击。因此，他们提出了平衡计分卡的概念。他们建议从多个角度来审视企业的绩效，强调绩效考核既要看结果，更要注重过程，要设置均衡的衡量指标体系。

在这个阶段，卡普兰和诺顿建立了平衡计分卡的逻辑框架，即从财务指标和非财务指标两个方面来综合衡量绩效，从四个角度关注企业绩效，然后选择那些与具体的战略目标相连的指标来构成整个测量体系。因此，整个平衡计分卡体系实际反映了多种平衡关系：短期和长期目标、财务和非财务指标、滞后和前置指标、外部和内部业绩视角。但是，他们并没有对什么是平衡计分卡进行十分清楚的定义。这时平衡计分卡是作为一个绩效评估的改进工具来使用的，以弥补传统目标管理在业绩指标体系设计方面的弊端。

早期的平衡计分卡关注战略和愿景，但是没有说明如何有效设计和使用平衡计分卡。因为组织中的指标繁多、复杂，卡普兰和诺顿没有说明在设计平衡计分卡时如何进行指标的过滤（选择一小部分具体的指标来进行测量）和分类（决定如何将测量指标按不同"角度"分组）。当时他们在其著作中仅仅建议"设计考核指标要以企业战略和愿景为导向"，并给出了一些提示性的问题供企业参考，如"为了让客户和股东满意，我们要完善和做好哪些业务流程"等，并没有具体提出一套具有可操作性的方法和工具来提炼衡量指标。显然，这种方式缺乏系统性和可操作性，不利于平衡计分卡在企业中的实际应用。很多企业在设计平衡计分卡时陷入迷茫。这对平衡计分卡的适用性提出了很大的挑战。

2）第二代平衡计分卡

针对平衡计分卡难以操作的缺陷，卡普兰和诺顿对平衡计分卡进行了第一次重大改进。

这次改进的一个关注点是因果联系。由于早期关于平衡计分卡内部的因果联系的阐述是不足的，卡普兰和诺顿在1996年发表了两篇文章，分别阐述了测量指标之间以及战略目标之间的因果联系。当时，他们建立了"战略联系模型"（在他们2004年的文章中被称为"战略图"）来展示和阐述战略目标之间的联系，帮助企业识别需要进行考核的行为和结果。根据战略目标来确定一系列指标体系中的关键指标的要求，导致平衡计分卡的设计流程发生了重大改变，为解决指标过滤和分类的问题提供了指导。同时，由于强调指标之间的因果联系，尽管不同部门的指标有所不同，但平衡计分卡体系却由此成为一个有机整体。经过这次发展，平衡计分卡从"改进的测量系统"发展为"核心管理系统"（core management system）。

同时，在这次改进中，卡普兰和诺顿为了强调平衡计分卡对组织战略执行管理的支持，提出平衡计分卡是"战略管理系统"的一个核心要素，战略是衡量指标体系的灵魂。他们强调绩效衡量指标应该反映企业特有的战略意图，企业应设置具有战略意义的衡量指标体系。战略图是一个能够帮助企业明晰战略、沟通战略的有效工具。

3）第三代平衡计分卡

有学者认为，第一代平衡计分卡更加关注指标选择的过滤问题，而第二代平衡计分卡更加关注指标选择的分类问题。但是在实践中，很多开发平衡计分卡的组织发现，在衡量指标的选择和目标的设定，以及如何理性地由高层次平衡计分卡推衍出较低层次的平衡计分卡方面存在很大的难度，并且很多企业的管理流程在不同程度上都存在缺乏一致性的问题，各个管理体系分散，没有整合成统一的管理体系，导致战略难以落地。

因此，卡普兰和诺顿再一次对平衡计分卡进行了重大改进。这次改进主要体现在设计方法上的重大变化。具体来说，也就是对模型本身以及各种指标进行重新确认和定义，管理者可以根据这些具体、明确的陈述来选择与发展模型，不必参考其他的东西。

在第三代平衡计分卡中，卡普兰和诺顿提出了"目标陈述"（destination statement）的概念，作为选择战略目标、衡量指标和目标设置的出发点。目标陈述是一种描述，包括对组织在未来应是什么样子的量化的、详细的描述。通过目标陈述，对战略目标的选择和因果假设的阐述都更加容易，并且管理团队能更迅速地达成一致。

通过这次改进，平衡计分卡已经上升为战略性绩效管理体系，成为执行战略的工具。它强调企业应建立基于平衡计分卡的战略管理体系，来统一管理思想和战略执行方向，调动企业所有的人力、财力和物力等资源并集中起来协调一致地去实现企业的战略目标。

综上所述，第一代平衡计分卡主要是提出了平衡计分卡的逻辑框架，作为一种绩效评估的改进工具。第二代平衡计分卡主要是用战略图建立了战略目标间的因果联系。第三代平衡计分卡提出了"目标陈述"的概念，成为一种战略执行工具。虽然平衡计分卡在内容上发生了很大的变化，但是卡普兰和诺顿最初提出的平衡的理念始终没有变化。

7.2 \ 平衡计分卡的基本内容

7.2.1 平衡计分卡的结构

平衡计分卡以企业战略为基础，将各种衡量方法整合为一个有机的整体，它既包含财务维度的指标，又包含顾客维度、内部业务流程维度、学习与成长维度的非财务指标，使得组织能够一方面追踪财务结果，另一方面又密切关注能使企业提高能力并获得未来增长潜力的无形资产等方面的进展，这样就使企业既具有反映"硬件"的财务指标，又具备能在竞争中取胜的"软件"指标。

平衡计分卡是使企业战略落地的工具。它最突出的特点就是将企业的愿景、使命和发展战略与企业的业绩评价体系联系起来，把企业的使命和战略转变为具体的目标和测评指标，以实现战略和绩效的有机结合。

平衡计分卡的基本结构如图7-1所示。

（1）顾客维度——顾客怎样看待我们？企业要获得长远的财务业绩，就必须创造出令客户满意的产品和服务。平衡计分卡给出了两个层次的绩效评估指标：一是企业为在客户服务方面达到期望绩效而必须实现的各项目标，主要包括市场份额、客户保有率、客户获得率、客户满意度等；二是针对第一层次的各项目标进行逐层细分，选定具体的评价指标，形成具体的绩效评估量表。

（2）内部业务流程维度——我们必须擅长什么？这是平衡计分卡突破传统绩效评价方法的显著特征之一。传统绩效评价方法虽然加入了对生产提前期、产品质量回报率等的评价，但是往往停留在单一部门绩效上，仅靠改造这些指标，只能有助于组织生存，而不能形成组织独特的竞争优势。平衡计分卡从满足投资者和客户需要的角度出发，从价值链上针对内部的业务流程进行分析，提出了四种绩效属性：质量导向的评价、基于时间的评价、柔性导向的评价和成本指标的评价。

我们怎样满足企业所有者？

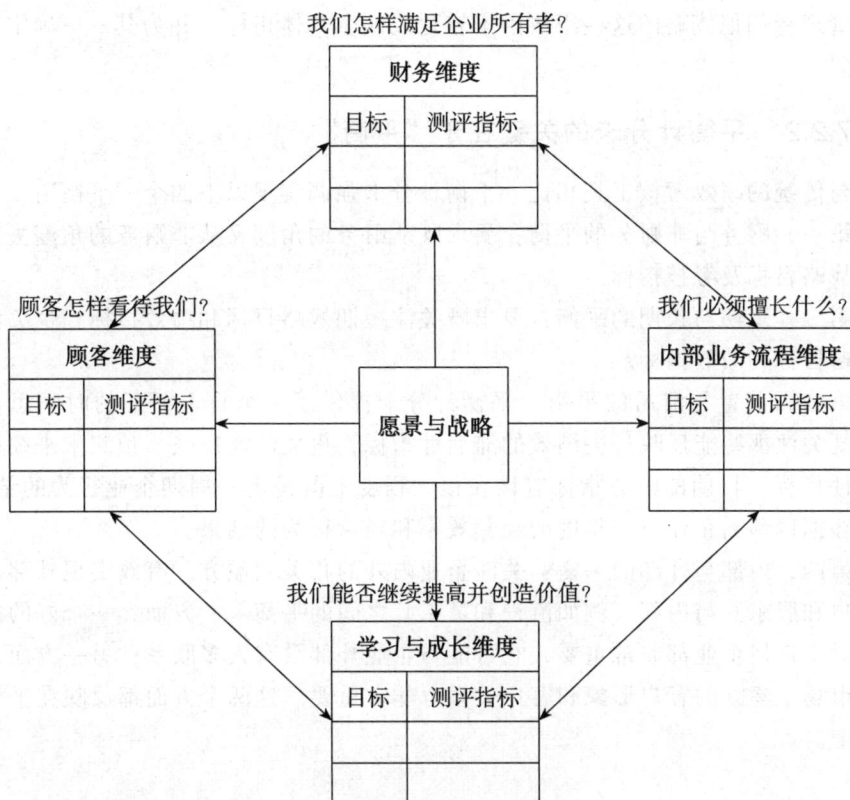

图7-1 平衡计分卡基本结构

（3）学习与成长维度——我们能否继续提高并创造价值？这个方面的观点为其他领域的绩效突破提供手段。平衡计分卡实施的目的和特点之一就是避免短期行为，强调未来投资的重要性，同时并不局限于对传统设备的改造升级，更注重对员工能力和业务流程的投资，注重分析满足需求的能力和现有能力的差距，将注意力集中在内部技能和能力上，通过员工培训、技术改造、产品服务对这些差距加以弥补。相关指标包括新产品开发循环期、新产品销售比率、流程改进效率等。

（4）财务维度——我们怎样满足企业所有者？作为市场主体，企业必须把盈利作为生存和发展的基础。企业各个方面的改善只是实现目标的手段，而不是目标本身。企业所有的改善都应该最终归于财务目标的实现。平衡计分卡将财务方面作为所有目标评价的焦点。如果说每项评价方法是综合绩效评价制度这条纽带的一部分，那么因果链上的结果还是归于"提高财务绩效"。

管理者们可以通过把企业的战略和使命转化为具体的目标和测评指标，建立平衡计分卡。比如，为了建立平衡计分卡中顾客维度的内容，某电子线路公司的经理确立了顾客绩效的总体目标：使标准产品早日上市，为顾客缩短产品上市时间；与顾客建立伙伴关系，向其提供多种选择；开发能够满足顾客需要的新产品。管理者们把战略的这些组成因素转化成四个具体指标，并为其一一确定测评指标。

7.2.2 平衡计分卡的关键在于"平衡"

与传统的绩效考核工具相比，平衡计分卡强调实现以下四个"平衡"：

第一，财务与非财务的平衡：要求既从财务的角度又从非财务的角度去思考企业战略目标及考核指标。

第二，短期与长期的平衡：要求既关注短期战略目标和绩效指标，也关注长期战略目标和绩效指标。

第三，前置与滞后的平衡：平衡计分卡提供了一个自上而下的时间思考维度，既关注那些能反映过去绩效的滞后性指标，也关注能反映、预测未来绩效的前置性指标。目前的财务指标应该在很大程度上既是上一周期企业行为的结果，又能够据以预测企业下一年度的经营效率和经营行为的结果。

第四，内部与外部的平衡：关注企业内外的相关利益方，有效实现外部（例如客户和股东）与内部（例如流程和员工）之间的平衡。一方面，一个好的内部流程对于任何企业都非常重要，它可能与企业外部没有太多联系；另一方面，企业在市场上建立的客户形象和客户关系也非常重要。这两个方面都反映在平衡计分卡中。

7.3 平衡计分卡指标体系设计思路

7.3.1 平衡计分卡绩效指标的分解

基于平衡计分卡的指标体系一般都是针对企业整体的，也就是说其评价的对象是企业而非企业内的某个部门或岗位。但是，平衡计分卡不能停留在企业整体层面，而应该被分解到各个部门以及各个岗位；否则，企业的战略就只是企业高层管理者们的战略而已，难以真正落实到各部门以及各岗位。因此，完整的平衡计分卡指标体系应被分解为三个层次：企业层次、部门层次和岗位层次。

1）将企业级的绩效指标分解到各个部门

目前做这项工作的方法有两种：一是把各部门看作一个个虚拟的企业，分别为每个部门单独制定出平衡计分卡四个维度的绩效指标。例如，对于人力资源部，财务指标是该部门的费用率等，顾客指标是各部门对其满意度等，内部业务流程指标是招聘流程、培训流程等，学习与成长指标是内部年人均培训时间、部门内员工满意度等。二是由不同的部门来分别承担企业级平衡计分卡不同维度的不同指标。例如，顾客指标和财务指标由销售部门和服务部门承担，内部业务流程指标由生产部门承担，学习与成长指标由人力资源部门承担。

将企业级平衡计分卡合理分解到各部门的正确做法是，在企业级平衡计分卡各维度的绩效指标设计好之后，对每一个指标进行分析，然后将它们分成三类：企业通用指标、部门通用指标、部门专用指标。企业通用指标的特征是，企业内部各部门皆对其负有或多或少的责任，例如财务维度中的收入指标和利润指标、顾客维度中的客户满意度指标、学习与成长维度中的员工满意度指标和人均利润指标等。部门通用指标的特征是，某两个或多个部门对其负有或多或少的责任，例如内部业务流程维度中的质量指标、学习与成长维度中的关键员工保持率等。部门专用指标是某一个部门对其负有全部责任。将已划分好的企业通用指标、部门通用指标和部门专用指标分别归入与其相对应的部门，便可得到每个部门的平衡计分卡。

2）将部门级的绩效指标分解到各个岗位

部门级各维度的绩效指标设计好之后，要对每一个指标进行分析，然后将它们分成三类，即部门通用指标、岗位通用指标和岗位专用指标，然后再把已划分好的这些指标分别归入与其相对应的工作岗位，这样便可以得到每个岗位的平衡计分卡。

根据平衡计分卡的四个维度，对常见的指标进行列举，如图7-2所示。

平衡计分卡的绩效衡量指标体系

财务维度：
➢ 利润率
➢ 现金流量
➢ 收入增长
➢ 项目效益
➢ 毛利率
➢ 回款率
➢ 税后净利润
➢ 净现值

顾客维度：
➢ 市场份额
➢ 用户排名调查
➢ 新客户的增加
➢ 客户的保有率
➢ 客户满意度
➢ 品牌形象/识别
➢ 服务差错率

内部业务流程维度：
➢ 产品（服务）质量
➢ 产品开发/创新
➢ 事故回应速度
➢ 安全与环境影响
➢ 劳动生产率
➢ 设计开发周期
➢ 生产周期
➢ 生产计划
➢ 预测准确率
➢ 项目完成指标
➢ 关键员工流失率

学习与成长维度：
➢ 提供新服务收入的比例
➢ 员工满意度
➢ 改善提高效率指数
➢ 关键技能的发展
➢ 继任计划
➢ 领导能力的发展
➢ 人均创收
➢ 员工建议数
➢ 新产品上市的时间
➢ 新产品收入所占比例

图7-2　平衡计分卡四个维度之常见指标举例

7.3.2　平衡计分卡指标体系设计思路的进步

在企业实践过程中，平衡计分卡的设计思路主要集中在财务、顾客、内部业务流程、学习与成长这四个维度。在各行各业的实际运用中，其重点的设计领域包含三个方面：（1）这四个维度的权重如何设置？（2）这四个维度下面应该分设一些什么样的指标？（3）分设指标的权重应该如何设置？

在平衡计分卡最初的发展过程中，大家关注的视角主要局限在平衡计分卡的四个维度上，指标标准化问题一直没有得到重视。不同行业有不同行业的特色，对不同行业，专家和学者都提出了一套平衡计分卡。各企业采用的平衡计分卡千差万别，运用的方式也各具特色，这就使得平衡计分卡的种类、样式繁多，没有一个统一的模式，不利于进一步地总结、推广与研究平衡计分卡。因此，平衡计分卡的标准化势在必行。

阿特金森（Atkinson）等人意识到了这一点，于是提倡把进一步研究平衡计分卡的重点放在确定那些关系到平衡计分卡成败的关键因素上。哈特姆·艾尔-希希尼（Hatem El-Shishini）也认为有必要对某些平衡计分卡的指标达成共识。也就是说，需要对环境、企业以及平衡计分卡本身做深入研究，并在此基础上挖掘出比较全面的、基础的、具有普遍性的、与企业业绩紧密相关的且得到广泛认可的关键指标。这些指标是从普遍现象中抽象出来的，不针对任何特定的国家、行业或企业，是一个"标准"的平衡计分卡体系的基石。这一时段的研究基本上没有实质性的突破，Atkinson 等人的努力其实就是在百家争鸣的所有研究中去"挖掘"共性，现在看来，这种"挖掘"还在不断进行，因为各国的不同行业在指标设置上不可能完全相同，相同行业的企业设置的指标权重也绝非完全一致。设置指标权重时可参考表7-1。

表7-1　　　　　　　　　　**权值因子判断表与权值统计计算表**

权值因子判断表

序号	评价指标	评价指标						评分值
		指标1	指标2	指标3	指标4	指标5	指标6	
1	指标1	x	4	4	3	3	2	16
2	指标2	0	x	3	2	4	3	12
3	指标3	0	1	x	1	2	2	6
4	指标4	1	2	3	x	3	3	12
5	指标5	1	0	2	1	x	2	6
6	指标6	2	1	2	1	2	x	8

权值统计计算表

序号	评价指标	评价者								评分总计	平均评分	权值	调整后权值
		1	2	3	4	5	6	7	8				
1	指标1	15	14	16	14	16	16	15	16	122	15.25	0.254	0.25
2	指标2	16	8	10	12	12	12	11	8	89	11.13	0.186	0.20
3	指标3	8	6	5	5	6	7	9	8	54	6.75	0.113	0.10
4	指标4	8	10	10	12	12	11	12	8	83	10.38	0.173	0.20
5	指标5	5	6	7	7	6	5	5	8	49	6.13	0.102	0.10
6	指标6	8	16	12	10	8	9	8	12	83	10.38	0.173	0.15
合　计		60	60	60	60	60	60	60	60	480	60	1.000	1.00

资料来源　秦杨勇. 平衡计分卡与绩效管理［M］. 北京：中国经济出版社，2004：115.

在这之后，平衡计分卡又经历了一次质的飞跃。首先是职能上的延伸，主要表现在两个方面：一是要求根据战略目标来确定一系列指标体系中的关键指标，这导致平衡计分卡的设计流程发生了重大改变。这在企业的实践中表现为：要运用平衡计分卡，必须先明确企业的战略，然后再结合非战略的其他因素，根据实际设定适合本企业的平衡计分卡体系。在这一阶段，平衡计分卡不再仅仅是一种绩效考核工具，还具有了另外一个职能——战略落地的工具。同时，工作分析势必与平衡计分卡紧密联系。虽然平衡计分卡是战略落地的工具，但平衡计分卡本身不能直接将战略落地，而是要利用工作分析实现战略落地。也就是说，在实际操作中分解企业战略的制度层面是依赖于工作分析的。二是不再孤立地对待平衡计分卡的四个维度，专家和学者进行了大量的指标间的关联研究。由于强调指标之间的因果关联性，虽然不同部门的指标有所不同，但平衡计分卡体系却由此成为一个有机整体。经过这次发展，平衡计分卡不再仅仅用于管理控制（或者说业绩考核），它同时也成为一种战略控制工具。

从诞生到现在，平衡计分卡的基本指标体系大体如下：

（1）财务维度——包括各种利润指标，如资产收益率、销售增长率、现金流等。以下三个维度只是实现目标的手段，而不是目标本身。

（2）顾客维度——包括提供给顾客的产品和服务。平衡计分卡在该维度提供顾客满意度、顾客保持力、顾客反应时间、市场份额等指标，并针对这些指标进行逐层分解，形成具体的绩效考核量表。

（3）内部业务流程维度——包括产品开发、售后服务、生产效率、质量等方面。这一维度在传统绩效考核的基础上有了大的提升，有助于企业增强其独特的

竞争优势。

（4）学习与成长维度——包括员工素质、信息系统、组织程序和应变能力等。该维度为其他维度绩效的提高提供保障，也突出了平衡计分卡平衡的特性，避免了短期行为，强调对未来投资的重要性。

7.4 平衡计分卡的实施步骤与操作要点

平衡计分卡不仅仅是一种绩效考核工具，更是一种战略管理工具，因此企业应该在高层管理人员的承诺和支持以及强有力的领导之下，将平衡计分卡提升到战略管理的高度，通过绩效考核四个维度的指标（即财务指标、顾客指标、内部业务流程指标、学习与成长指标）之间的因果驱动关系共同描绘组织战略的实施轨迹，并且通过"制订绩效考核的计划—实施—管理过程契合组织战略—实施—修正"过程，使绩效考核与战略管理实现统一。

平衡计分卡中每一项指标都是一系列因果关系中的一环，通过它们把相关部门的目标同组织的战略联系在一起；而"驱动关系"则反映了各方面指标所代表的业绩结果与业绩驱动因素的双重含义，也就是通过指标之间的前馈指导与后馈控制关系，实施战略管理。

7.4.1 平衡计分卡的实施步骤

实施平衡计分卡的步骤，主要有如下几条：

第一，明确企业的使命、愿景和战略。明确企业的愿景，有助于管理者就企业的使命和战略达成共识，确定企业的平衡计分卡（包括顾客、财务、内部业务流程、学习与成长四个维度）。

第二，进行战略目标沟通，使各级管理者能在组织中就战略要求进行上下沟通，并把企业战略目标与各部门及个人的目标联系起来，即将企业的基于战略分解的平衡计分卡目标落实到各部门的计分卡中，再落实到关键管理者和关键员工这一层面。

第三，进行基于战略的业务规划。将经理们利用平衡计分卡制定的目标作为分配资源和确定业务先后顺序的依据，采取那些能推动企业实现长期战略目标的措施，并注意协调。

第四，在企业、部门和个人层面建立反馈机制、绩效考核和能力发展模型，赋予企业战略性的学习能力。

第五，建立浮动薪酬的绩效激励系统，与企业、部门和个人层面挂钩，激发员工发挥积极主动性，使自己的目标与企业战略保持一致，更好地执行企业战略，获得长期发展。

7.4.2　平衡计分卡的操作要点

归纳起来，要想成功实施平衡计分卡，其决定性因素有如下几个：

（1）最重要的一条是最高管理层的决心、支持和推动。平衡计分卡是一个战略管理系统，不只是一个人力资源项目。

（2）人力资源管理部门需要被提升到战略高度，使之成为企业高层管理者的合作伙伴。

（3）要设定与企业战略相联系的合适的目标、指标、行动计划和任务，特别是关键要素和行为流程。

（4）要整合并理顺相关的组织机构和流程，强化跨部门团队合作，建立有效的信息技术系统，减少行政性干扰。

拓展阅读
7-2

平衡计分卡
在高新技术
企业绩效管
理中的应用

7.5　平衡计分卡的理论与实践意义

7.5.1　建立平衡计分卡的必要性

在信息时代，企业的成功依赖于对知识资产的持续投资和管理，依赖于从职能专业化向基于顾客的流程运作的转变；顾客需求日趋个性化和多样化，企业必须不断提高系统的柔性、快速响应能力、创新和优质服务水平；产品与服务的创新和改进日益取决于员工职业化技能的提高、先进信息技术的应用和组织内部关键流程的协同作用；当企业实施这一转变时，其成功（或失败）是不能用传统的、短期的财务指标衡量的，由此产生了建立平衡计分卡的必要性。

7.5.2　平衡计分卡的实践意义

1）平衡计分卡的普及

1992年初，罗伯特·卡普兰和大卫·诺顿提出平衡计分卡的概念，平衡计分卡开始受到企业界的关注。近年来，在谈到绩效评估时，企业界和学术界都围绕着平衡计分卡来讨论，平衡计分卡似乎已被看作一个完美而成熟的绩效评估工具而被普遍使用了。

在世界范围内有很多企业正在或计划实施平衡计分卡。但是，几乎所有应用平衡计分卡进行绩效评估的企业都在实施中遇到了很大阻碍并迷惑不解。通过深入研究绩效评估的本质与平衡计分卡在绩效评估方面的能力后，我们发现了造成这些困难的一些深层次的原因。

平衡计分卡创始人卡普兰教授2003年3月份在上海做讲座时特别提醒中国的企业管理者：平衡计分卡的好处不只在于它给企业带来的商业成果，更在于它实施的过程。平衡计分卡的实施需要企业所有中高层管理者参与：全体经理人团结一致，共同制定企业的经营战略，从财务、顾客、内部业务流程以及学习与成长四个维度考虑企业经营的方方面面。

2）企业推行平衡计分卡遇到的问题

由于环境的变化，企业面临的外部环境日趋复杂，推行平衡计分卡已经不再像以前那样得心应手，具体表现在：

（1）不同行业的绩效考核维度有所差异，某些关键绩效指标可能不属于这四个大的维度，这时企业会选择增加某些维度，但一定要谨慎，因为如果增加不当就会使人觉得平衡计分卡只是将组织所有的指标进行了综合和分类，这有悖于平衡计分卡强调战略和关键成功因素的初衷。

（2）平衡计分卡不是简单的指标汇集，其指标可分成前置指标和滞后指标两种类型。这两种指标反映了手段与目的或者原因和结果的关系，如顾客满意是财务业绩的前置指标，又是及时送达商品的滞后指标，但是在实际应用中可能由于因果链太多，指标间的关联过于复杂，使得这种表达方式并不完美，开发人员在被认为满意的关系上总是会产生某些争议。平衡计分卡的指标，一部分可能适用于多个经营单位，另一部分则可能是某个经营单位所独有的。这些独有的指标相当重要，因为它们反映了相应经营单位的特有战略。然而，进行多部门评价的管理者常常会低估甚至忽略这些特别的指标。这种认识上的局限会极大地降低平衡计分卡在抓住经营单位特性方面的卓越潜力。

（3）将目标转换成可以计量的业绩指标，对管理者来说是十分具有挑战性的工作。它要求这些指标必须是可控的和完整的，即应当抓住业绩的重要方面，而要做到这一点是十分不容易的。指标应当表明部门的真实情况，但是在大多数情况下这种想法是很难实现的，因为总是存在一些不可控的因素。完整性和可控性常常是矛盾的，需要均衡。当两个或者更多的下属经营单位相互依赖时，绩效就比较难衡量，因为追踪其每项决策的成本和效益比较困难。

3）平衡计分卡的合理运用

在实际操作中，一个企业尤其是大的集团公司往往结合各种考核方法进行绩效考核，以目标管理法（MBO）为出发点，以平衡计分卡（BSC）为考核框架，以关键绩效指标（KPI）来细化指标。

第一，目前成功实施绩效管理的组织的特性还不是很清楚，还有待于进一步深入研究在大型/综合性组织中，阻碍那些有潜力获得最大利益的组织采用先进的绩效管理系统的因素，从而进一步明确阻碍成功实施平衡计分卡的因素，以更好地完善平衡计分卡系统。

第二，平衡计分卡在实际应用中样式繁多，没有统一的标准化模式。如何在不同的国家、不同的行业、不同规模的企业中成功引入和实施平衡计分卡仍然是一个难题。目前已经有很多学者关注如何在IT行业、高校、研发部门等知识导向的行业和部门以及医院等非营利组织中，开发、改进和实施平衡计分卡。另外，如何对平衡计分卡进行标准化、以不变应万变也成为学者们研究的一个焦点。

第三，平衡计分卡已经由最初的绩效考核工具发展为一种战略控制工具，它的应用范围已经不仅仅局限于绩效管理领域。如何进一步拓展平衡计分卡的应用范围，将平衡计分卡植入组织管理环节的方方面面，使其在组织管理的整个过程和核心竞争力的获取和维持方面发挥作用，也成为平衡计分卡未来发展的一个重要方向。

第四，从平衡计分卡最初提出到现在，全球经济环境以及组织环境已经发生了很大的变化。随着知识经济的到来，组织的内外环境更加复杂，组织所面临的竞争也更加激烈，组织考核的方式以及目标都在发生巨大的变化。因此，平衡计分卡如何更好地应对知识经济的挑战也成为学者们关注的一个热点问题。

第五，平衡计分卡的实施难度大，要求企业有明确的组织战略，高层管理者具备分解和沟通战略的能力和意愿，中高层管理者具有指标创新的能力和意愿。同时，平衡计分卡的工作量极大，除了对战略有深刻理解外，还需要消耗大量精力和时间把它分解到部门，并找出恰当的指标。

最后值得指出的是，平衡计分卡也许不一定完全适用于对个人的考核。考虑到成本和收益，没有必要把平衡计分卡应用到个人层面。对于个人而言，绩效考核要易于理解，易于操作，易于管理。

拓展阅读
7-3

平衡计分卡
落实
"三步曲"

学思践悟

数字化转型中的人才画像

2023年2月，中共中央、国务院印发《数字中国建设整体布局规划》（以下简称《规划》），明确了数字中国建设的整体框架，提出全面提升数字中国建设的整体性、系统性、协同性，促进数字经济和实体经济深度融合，以数字化驱动生产生活和治理方式变革，为以中国式现代化全面推进中华民族伟大复兴注入强大动力。

随着数字化高技能人才对产业发展重要作用的日益凸显，数字人才的高质量供给日益成为企业全面转型和升级的关键。如何培养高素质的复合型数字人才，成为业界关注的焦点。在强化人才支撑方面，《规划》指出，要培养创新型、应用型、复合型人才，办好数字中国建设峰会等重大活动，举办数字领域高规格国内国际系列赛事，推动数字化理念深入人心，营造全社会共同关注、积极参与数字中国建设的良好氛围。

数据显示，处于数字化转型成熟期的企业人才培养明显优于那些处于探索期的企业。在数字化转型进程中，企业和社会对人才的要求是瞬息万变的，数字化人才不仅要具备夯实的基本功，更要善于应对环境的变化和企业发展的差异，随时提供适合的技能支持。鉴于此，企业也应制定合适的人才战略，做好接下来数字化时代的人才储备工作。

不同等级管理者在数字化转型中的主要职责和核心能力不同。企业高层管理者在数字化转型中主要承担着制定数字化战略和数字化商业模式的职能，他们的重点工作是打造数字化组织，为整个企业的数字化进程服务。高层管理者应当具备的数字化能力包括颠覆式的创新思维、自我驱动力、制定数字化战略的能力、革新组织架构等。

企业中层管理者在数字化转型中主要肩负着制定数字化业务模式、推行数字化运营以及打造数字化团队的任务。对他们而言，想要适应并引领企业数字化转型，必须具备创新商业模式的能力，能在关键时刻建言献策，同时要具备组织管理、团队管理、横向管理等多项企业管理能力，辅助推动企业在数字化转型中的各项进程。

企业基层员工或管理者则主要负责落实数字化运营，将领导层制定的数字化决策切实执行，他们应当具备相关专业的数字化运营能力，同时，为了及时适应数字化转型，还要具备较强的数字化学习能力。

可以发现，不同位置的企业员工均肩负着重要任务，而对企业而言，打造这样一支具有创新精神、学习能力和执行力的人才队伍至关重要。业界人士认为，数字化领导力的核心在于引领、组织、规划数字化转型方向，整合统筹内外部组织资源，保证数字化转型战略的高效落实。

这就要求相应的管理人才必须具备跨业务的符合性能力，即具备专业业务能力，深入了解数字化技术，具有丰富的数字化项目实践能力，能够结合宏观环境和企业战略，对业务端的数字化战略进行系统布局和规划，也具备通用管理能力，能够不断升级、革新商业认知，同时为团队赋能。

战略方面，数字化转型人才要勇于突破和创新，克服企业现有转型困难，主动推动数字化发展。我们通过走访发现，大多数数字化战略无法贯彻落实的企业，大多是由于大刀阔斧的改革引起了部分人尤其是市场经销商的不满，在数字化观念没有深入每一位企业成员内心的时候，突如其来的变革很容易受阻。因此，数字化转型需要企业和领导者拥有强大的韧性，勇于带领企业这台复杂机器更换发动机。

组织方面，领导者需要构建并维护数字化网络、平台和生态，要用长远的发展目标和发展节奏驱动企业前行，要敢于放手员工和市场经销商大胆创新，激发更多创造性。不少企业的数字化营销是由市场经销商自下而上推行成功的，常年奋战于市场一线的经销商对于如何用好数字化工具带领团队向上发展更有发言权，企业要敢于放权，愿意为他们的试错买单。

业务方面，无论是企业管理者抑或员工、经销商，都要积极适应数字化时代的巨大变化。事实上，数字化时代早已扑面而来，直销企业乃至整个社交电商的大多数，并未完全接纳这个全新的商业理念和发展逻辑，很多企业的数字化仍处于初级阶段，但是及时调整业务策略未必会被时代抛下。

资料来源　丁晓冰. 聚焦数字化转型与人才培养［J］. 知识经济，2023（14）：76-79.

本章小结

平衡计分卡是以企业战略为基础，将各种衡量方法整合为一个有机的整体，既包含财务指标，又包含顾客、内部业务流程、学习与成长等业务指标，使得组织能够一方面追踪财务结果，另一方面又密切关注使企业提高能力并获得未来增长潜力的无形资产等方面的进展。所以，平衡计分卡是使企业战略落地的工具，其最突出的特点就是将企业的愿景、使命和发展战略与企业的业绩评价体系联系起来，把企业的使命和战略转变为具体的目标和测评指标，以实现战略和绩效的有机结合。

记住平衡计分卡创始人卡普兰教授的话：平衡计分卡的好处不只在于它给企业带来的商业成果，更在于它实施的过程。

复习思考题

（1）试分析平衡计分卡诞生的背景。

（2）简述平衡计分卡的发展历程。

（3）平衡计分卡的指导思想是什么？基本内容是什么？其指标之间有何联系？

（4）平衡计分卡的操作要点是什么？它在企业中应该怎样实施？

（5）搜索有关平衡计分卡的案例，分析实施平衡计分卡需要注意哪些问题。

（6）为什么说平衡计分卡的好处"不只在于它给企业带来的商业成果，更在于它实施的过程"？

（7）分析平衡计分卡与目标管理法之间的关系。

案例分析题

飞利浦中国公司的绩效管理

全球60%的电话都含有飞利浦的产品，世界上有30%的办公室安装了飞利浦的照明产品，飞利浦还同时为世界上65%的主要机场、55%的足球场和30%的医院提供照明设施。飞利浦电子在全球120个国家和地区共有8万多名员工。2011年7月11日，飞利浦宣布收购奔腾电器（上海）有限公司，金额约25亿元。2014年12月17日，飞利浦宣布以12亿美元收购美国医疗设备制造商Volcano公司。2014年9月，飞利浦宣布了其战略重点的实施计划，主要措施包括建立两家独立的公司，分别关注医疗健康科技和照明业务。自2017年初以来，飞利浦进行了18次医疗技术收购。2022年，飞利浦的销售额为178亿欧元，调整后的EBITA为13.18亿欧元。

飞利浦运用平衡计分卡（BSC）明晰了企业远景，使员工全力关注重要工作，并指导他们什么是绩效驱动因素。飞利浦管理团队运用平衡计分卡指导每季度的全球管理回顾，并把它作为一项机制鼓励持续改进和组织学习。

1998年，飞利浦中国公司与全球公司一起开始尝试实施平衡计分卡，经过不断探索和完善，已经使这套系统成为公司最重要的管理工具之一。

战略远景：实施BSC的契机

"这幅地图代表了飞利浦中国公司的全面发展情况。"时任飞利浦电子中国集团公司CHO的徐承楷打开电脑，输入自己的用户名和密码（由于系统还在进一步拓展之中，只有少数公司高层可以进入），公司各个部门的月底考核结果就像一幅地图一样展现在面前。

在即将召开的月度峰会上，管理层将对上个月的计分卡进行检查，并将根据计分卡所反映的信息和数据对公司的下一步发展战略做细微的调整。

按照公司的战略方向——"2005年中国公司的生产和销售总额达到120亿美元"，如果缺乏全新的激励机制，不能调动所有员工的积极性，要圆满实现这个目标根本是不可能的。

因为行业早已步入充分竞争阶段，在2000年，进入中国15年之久的飞利浦达到了巅峰状态，年营业额接近55亿美元，但在2001年，市场格局的新变化让其营业额缩减到了50亿美元。这就意味着，公司要以平均每年接近25%的增长速度持续增长才能实现2005年的战略目标。

此时开始实施BSC，无疑是一个契机。2001年，经过了3年辅导期的飞利浦BSC项目正式上马。

管理鸿沟：战略如何分解

"严格说来，BSC并不是一个单纯的绩效考核工具，而是一个战略管理工具，它借助绩效考核将公司战略密切联系到每个部门、每个员工身上。"帮助飞利浦中国公司实施BSC的咨询专家Simon介绍说。

变革最大的挑战在于人心。而对这场关系着飞利浦中国公司战略发展方向和1.8万名员工切身利益的变革，飞利浦更不敢掉以轻心。

飞利浦成立了由公司所有高层参与的委员会。

第一轮的工作就是员工辅导。在正式实施BSC之前，飞利浦中国公司用了近3年的时间对集团公司和在中国的30家合资及独资企业、60多个办事处的1.8万名员工逐层进行辅导，人力资源部门随时为管理层、部门负责人和员工提供相关咨询。

最为烦琐但最关键的是游戏规则的制定，即将战略目标量化为数字指标。

第一层分解发生在公司最高层，中国区总裁和各个分管工作的副总裁如CTO、CFO以及各个职能部门的负责人根据自己的职位和以往的业绩，结合公司的战略目标，确定本职位3年内的长期发展目标和1年内的短期目标，对实现这个目标的关键成功指标（critical success indicators，CSI）也要按照重要程度一一列举，对达到每一个CSI的关键绩效指标（key performance indicators，KPI）必须一一量化。

对于直接关系到自身考核、加薪、升迁等利益的指标（indicators）的设定，每一个相关人员都非常慎重。

飞利浦的做法是，首先让利益相关人将自己预计达到的目标和KPI罗列出来，然后将此反馈到委员会。委员会进行讨论，如果觉得有需要增减和修改的部分，要和相关利益人反复进行沟通，直至达成双方都认可的一个结果。

"所有的指标都尽量量化，"徐承楷介绍说，"比如本土化就可以分解为：①高级管理者（经理级以上）本土化的比例；②产品在本土的占有率；③原材料、包装本土化的比例。而这些指标在不同的职位、不同的业务部门的分配比重又是不一样的。"

诸如此类的分解逐层进行，直至每个员工，而在每一层分解中，财务结果、客户满意度、组织管理流程和组织及个人的能力这四个基本方面都必须包括在内。当所有的分解完成之后，一幅飞利浦中国公司的战略全景图就清晰可见了。

"员工再也不会觉得自己和公司战略有着遥远的距离，每个员工都明白，自己的工作和业绩表现情况不仅仅关系到自身的利益，更关系到公司的发展。"徐承楷说。这种"牵一发而动全身"的关联性使得公司的凝聚力和团队精神得到最充分的体现。

但对于飞利浦中国公司来说，顺畅的信息下行通道只是一个方面，更重要的是透明和快捷的上行通道。

据介绍，在某一年年末的年度管理会议上，公司对某个产品部门的平衡计分卡进行审核时发现，该产品的财务结果、销售额、市场占有率等指标都表现非常良好，但是在客户满意度方面却有所下降。信息迅速被反馈到飞利浦中国公司总部和全球总部，公司管理层对此表示了极大的关注，相应的调查迅速展开。经过调查发现，该产品在当年参与了同类产品的价格战，采取了低价促销的手段。

于是，在公司管理会议上，相关信息和缘由被列入重要讨论议程，随之而来的不仅仅是该产品市场战略的调整，还有对飞利浦所有产品的更清晰的战略定位，即保持高端定位，不参与价格战，以确保品牌形象。

"BSC就像一台精密的仪器，随时可以告诉各个领域各个方面的进展情况和遇到的问题，这样，管理层可以根据BSC反馈过来的信息和数据对公司战略做出及时和适当的调整。"徐承楷说。

"PDCA"循环

但是，仪器的运转需要源源不断的动力。飞利浦的经验就是将BSC和全面质量管理（total quality management）结合起来，保持BSC持续循环的动力。

在飞利浦，BSC有一个持续的循环系统：计划（plan）—执行（do）—核查（check）—改善（act），简称PDCA循环。

在从管理者到员工各个层级的KPI被确立的同时，每个KPI的PDCA周期也同时被确定下来。在公司每个月的管理峰会上，BSC都是一个例行话题。管理层都会抽出时间专门查看各个部门KPI被执行的情况。

为了显得直观，飞利浦采用交通信号灯来衡量每个KPI的执行情况，绿灯表示优秀，黄灯表示非常接近目标，红灯就意味着非常糟糕了。

"这样，整个部门的业务状况和员工表现通过灯的颜色就可以表现出来。管理层只要进入每个部门的BSC系统，一眼就可以感觉到各个KPI在这个部门的执行情况。"徐承楷介绍说。

对于BSC的核查并不是简单停留在察看的层面，在每一个红、黄、绿灯的背后，管理层更希望发现"为什么"。比如对于比较刺眼的红灯，就要深究是KPI的设计不够科学还是执行的问题。如果问题出在KPI本身，那就必须做出分析和判断，根据实际情况做出调整；如果问题出在执行上，那么相关的负责人必须在3天内做出解释，并给出改善方案。

另一个比较敏感的部分就是，某个KPI完成的情况可能不仅仅是某一个部门的责任，而是涉及几个部门，那么这些跨部门的KPI如何才能得到公平的考核呢？

服务标准协议（service level agreement，SLA）在这种情况下发挥了关键作用。发生业务关联的部门之间签订服务协议，这样，如果因为某一个部门在执行上的失误而造成整个业务KPI表现不佳，那么追究责任也就有章可循了。

资料来源 [1] 段晓燕. 战略阶梯的计分卡：飞利浦70亿增长计划分解玄机 [N]. 21世纪经济报道，2003-03-13. [2] 飞利浦2022年报.

思考与讨论：

结合案例谈谈飞利浦成功实施BSC的关键因素是什么，在哪些方面还有待改进和完善。

第8章 关键绩效指标（KPI）及其应用

学习目标

✓了解关键绩效指标以及关键绩效指标体系的含义和意义

✓把握关键绩效指标的特征

✓理解关键绩效指标体系的设计思路

✓掌握关键绩效指标体系的设计步骤，能对关键绩效指标体系的应用做出自己的评价

引例 **DY公司的KPI设计**

DY公司是位于中国中部省份的一家民营期货公司，在当地属于行业龙头，但在全国整个行业中只能算一个规模中等偏小的企业，行业排名第80多位。基于对中国宏观经济和金融、期货行业发展趋势的预期，以及对自身资本、人力资源等的判断，DY公司确立了两个战略目标：第一是快速做大，从业务规模上进入全国行业前30位；第二是在将来国家政策允许的时候，成为首批综合性的期货公司①。

根据公司的两个战略目标，DY公司开始设计本公司的KPI体系。

为了实现第一个战略目标，公司必须快速发展业务，扩张业务规模，增加业务收入。从平衡计分卡的角度来看，它主要涉及公司财务方面的目标。

为了实现第二个战略目标，除了要有一定的业务规模做基础之外，更重要的是增强公司的综合竞争能力。

从期货行业监管的政策导向来看，综合性期货公司最重要的是风险管理能力。不论是自营业务，还是经纪业务，期货公司最大的风险源自对市场行情的判断，而对市场行情的深入分析与准确预判又对公司的市场研发能力提出了要求。综合竞争能力在BSC中并没有直接反映，与它相近的是内部业务流程或学习与成长方面，但对DY公司来说，内部业务流程的重要性体现得并不充分。因而，设计人员将经典平衡计分卡中的内部业务流程维度改为综合竞争能力。同时，对其他三个维度以及企业战略之间的驱动关系也加以改进，形成了DY公司的平衡计

---

① 综合性的期货公司可以同时办理自营业务和经纪业务。目前，出于控制风险、保护投资者利益的考虑，期货公司只能办理经纪业务。

分卡。

DY公司分析认为，要想实现成为综合性期货公司的战略目标，必须在企业成长与综合竞争能力这两个方面达标。企业成长维度的指标包括业务收入、业务增长率和投资回报率。

期货公司的业务收入目前主要来源于客户的佣金，要想实现业务收入的增长，必须使客户满意，愿意选择DY公司而不是其他公司。怎么样才能使客户满意呢？最重要的是为客户提供专业、高效的投资建议，增加客户盈利。同时，当前是一个供大于求的时代，期货业也不例外，再好的公司也必须主动去开发新客户，竭力维持老客户。客户满意与开发维度的指标包括客户盈利率、客户满意度、新增客户数和客户流失率。

客户盈利源于期货公司高质量的投资建议，这就需要公司拥有较强的市场研发能力。同时，还要针对客户的差异化需求和市场环境的变化，及时开发新产品，提供新服务，这又需要具备一定的业务创新能力。此外，为了实现尽早成为综合性期货公司的战略目标，还需要具备较强的风险管理能力。因此，综合竞争能力维度的指标包括市场研发能力、业务创新能力和风险管理能力。

作为一个以智力服务为特点的企业，DY公司的综合竞争能力主要通过高素质的员工队伍来获得，因而员工学习与成长就成为综合竞争能力的驱动因素，它也是整个战略因果链的基础。员工学习与成长维度的指标包括学习计划完成率、员工满意度。

表8-1是经过改进的DY公司的平衡计分卡维度及其关键绩效指标。

表8-1　　　　　　　　　DY公司的平衡计分卡维度和关键绩效指标

平衡计分卡维度	关键绩效指标
客户满意与开发	客户盈利率、客户满意度、新增客户数和客户流失率
综合竞争能力	市场研发能力、业务创新能力和风险管理能力
员工学习与成长	学习计划完成率、员工满意度
企业成长	业务收入、业务增长率和投资回报率

那么，DY公司设计的这种KPI体系合理、可行吗？

8.1　什么是关键绩效指标

8.1.1　关键绩效指标的含义

对关键绩效指标（key performance indicator，KPI）的理解有广义和狭义之分。

狭义的理解，KPI主要是通过对组织及个体关键绩效指标的设立，在层层分解量化的基础上，建立KPI体系，从而获得个体对组织所做贡献的评价依据，实现对组织重点活动及其核心效果的直接控制和衡量。

广义的理解，KPI是通过提取企业成功的关键因素，并利用目标管理的方式，不断分解和传导到基层单位，从而确保企业战略目标实现的一种绩效管理方法。企业实施KPI的目的，是建立一种机制，将企业战略转化为内部管理过程和活动，以不断增强企业的核心竞争力和可持续发展的动力。将企业的宏观战略目标层层分解为具有可操作性的战术目标，建立战略与战术相结合的指标体系，既可以反映战略执行的效果，也可以对效果进行监测，所以KPI在狭义的理解上是一种指标体系，而在广义的理解上则应视为一种融合结果与过程的管理体系。

KPI所体现的衡量内容最终取决于组织的战略目标，是对组织战略目标的进一步细化和发展，并随着组织战略目标的发展演变而调整。从总体上看，KPI是从组织战略出发，以事实为基础，从最高目标向下层层分解，建立团队和个人的绩效衡量指标体系，以制订并检查绩效计划、促进行动过程、实现绩效结果，使各个绩效链条向预期方向发展，促进组织目标实现的一项绩效管理工具。所以，KPI使绩效管理体系不仅成为一种激励约束的手段，更成为一种战略实施的工具。

8.1.2 KPI的特征及判别

1）KPI的特征

通常认为，要区别于一般的绩效指标，KPI必须具备如下几个基本特征：

（1）重要性：所选KPI对企业的整体价值和业务重点的影响必须相对重大，即具有关键性。

（2）可衡量性：KPI必须有明确的定义、计算方法、评分标准以及数据采集方法，易于操作且不容易产生歧义。

（3）可控性：KPI的责任主体应对指标具有较强的控制能力，也就是说，员工能通过行动来影响指标结果，促使指标值朝着战略指引的方向发展。

关于KPI的特征，研究者们提出了许多观点。比如戴维·帕门特（David Parmenter）认为，关键绩效指标应该具备以下几个特征：它们要被组织上下所熟知；它们应该实时被衡量，比如说每天一次甚至每小时一次；员工应该明白绩效的衡量标准，而且必须清楚需要采取哪些正确行动；与绩效指标相对应的责任要落实到团队或个人；它们对于企业而言非常重要；积极的行动会对许多其他的指标产生作用，并且这些作用都是正面的。

2）KPI的判别

韦恩·埃里克森（Wayne Erickson）提出了关于KPI的十个主要特征，而肯特·鲍尔（Kent Bauer）则提供了如何利用这十个特征来判别某一指标是不是

KPI的思路[1]，他的创新之处在于他在这十个特征的基础上构建了"KPI选择矩阵"，并运用供应链管理案例帮助我们理解如何运用这个矩阵。

Kent Bauer认为，从供应链管理领域内提取KPI的最大挑战在于从中确认重要的战略驱动指标，他在文章中介绍了供应链管理领域内四个主要的候选KPI：

（1）响应时间指标（时间维度）。

关注：减少供应链响应时间。

公式：响应时间=完成整个产品供给循环所花的时间（以小时计）

描述：与组织的客户战略相匹配；数据有效；战略驱动；具有层级性。

（2）可见性指标（过程有效性维度）。

关注：在供应链渠道中识别出产品和它们的位置。

公式：可见性=利用存货管理系统定位产品所花的时间（以分钟计）

描述：与销售、后勤部门的战略相匹配，以提高产品透明度（主要是为了使产品能够被RFID[2]识别出来）；数据有效；功能驱动；不具有层级性。

（3）生产率指标（生产率维度）。

关注：在供应链运营中提高资源的利用率。

公式：生产率=运输每吨产品时用在仓库、后勤、销售上的时间（以小时计）

描述：与公司的生产战略相匹配；数据有效；战略驱动；具有层级性。

（4）损失率指标（利润率维度）。

关注：减少由盗窃和损坏所造成的损失。

公式：损失率=产品的损失÷所有的运费

描述：与销售、后勤部门的战略相匹配，以减少成本；数据有效；功能驱动；不具有层级性。

Kent Bauer认为，现在的主要挑战在于如何从上述被建议的一系列自助餐式的指标体系中挑选出适宜的KPI。为解决该问题，Kent Bauer构建了"KPI选择矩阵"（见表8-2）。从矩阵的横向来看，是四个候选的KPI；从矩阵的纵向来看，则是Wayne Erickson提出的KPI所应具备的十个主要特征（参见8.3.2小节）。

从表8-2中我们可以发现，Metric#2（可见性指标）和Metric#4（损失率指标）更加关注过程，并且是销售、后勤部门所特有的，而不是整个公司的，即它们不完全具备KPI的十个主要特征，所以Metric#2和Metric#4不属于KPI。与之相反，Metric#1（响应时间指标）和Metric#3（生产率指标）关注战略层面，并且与整个组织战略相匹配，因此Metric#1和Metric#3是关键绩效指标。其实不管哪一种候选的KPI，Kent Bauer认为我们都可以很方便地通过这个矩阵来判断其是不是KPI。

①　BAUER K. KPIs：not all metrics are created equal［J］. DM Review，December 2004.
②　RFID是一种非接触式的自动识别技术，它通过射频信号自动识别目标对象并获取相关数据，识别工作无须人工干预，可工作于各种恶劣环境。RFID技术可用于识别高速运动物体并可同时识别多个标签，操作快捷方便。短距离射频产品不怕油渍、灰尘污染等恶劣的环境，可在这样的环境中替代条码，例如用在工厂的流水线上跟踪物体。长距离射频产品多用于交通领域，识别距离可达几十米，如自动收费或识别车辆身份等。

表8-2　　　　　　　　　　　　　　　　KPI选择矩阵

特征	候选的KPI			
	Metric#1：减少供应链响应时间	Metric#2：提高产品在渠道中的透明度	Metric#3：提高员工的劳动生产率	Metric#4：减少产品损失率
	响应时间指标	可见性指标	生产率指标	损失率指标
反映战略价值的驱动因素	Yes	功能驱动	Yes	功能驱动
由高管确定	Yes	功能性定义	Yes	功能性定义
在组织上下形成层级结构	Yes	No	Yes	No
基于公司标准	Yes	特定功能	Yes	特定功能
基于有效数据	Yes	Yes	Yes	Yes
适量且易于理解	Yes	Yes	Yes	Yes
总是恰当的	Yes	Yes	Yes	Yes
提供未来的绩效情境	Yes	Yes	Yes	Yes
让使用者充满动力	Yes	Yes	Yes	Yes
产生积极效果	Yes	Yes	Yes	Yes
结论：是不是KPI	KPI	普通指标	KPI	普通指标

资料来源　［1］BAUER K. KPIs: not all metrics are created equal［J］. DM Review, 2004, 14（12）: 42.［2］BAUER K. KPIs – the metrics that drive performance management［J］. DM Review, 2004, 14（9）: 63.

8.1.3　KPI库的特征

简单而言，KPI库指的是一个公司、单位或部门所有KPI的集合，但它并不是一个简单、随机的组合。好的KPI库应具备如下特征：

（1）系统性。KPI库中的指标组合应能全面、完整地反映公司或部门及各职位的战略目标和业务重点；同时，所有职位的KPI都应被包含在KPI库中，无遗漏。

（2）唯一性。KPI库中的各个指标都是唯一的，不能有两个相同的指标出现在一个库中；同时，每一个KPI应能独立地反映一项战略目标或业务重点的全部或某一方面。

（3）关联性。KPI库的各指标之间应具有一定的关联性，而不是相互孤立存在的，指标与指标之间应具有承接或支持关系。例如，在一个公司的KPI库中，如果仅有订单保障率而没有产品库存成本，则是没有意义的。

表8-3列举了某公司KPI库中关于人力资源管理的指标体系。

表8-3 某公司KPI库中关于人力资源管理的指标体系

序号	指标	指标定义	功能	考核依据
1	员工增加率	（本期员工数-上期员工数）/上期员工数	检测周期内员工增加比例	
2	员工结构比例	各层次员工的比例分配状况	检测人力资源结构的合理性	
3	关键人才流失率	一定周期内流失的关键人才数/公司关键人才总数	检测公司关键人才的流失情况	
4	工资增加率	（本期员工平均工资-上期员工平均工资）/上期员工平均工资	检测工资增加情况	
5	人力资源培训完成率	周期内人力资源培训次数/计划总次数	检测人力资源部门培训计划的执行情况	
6	部门员工出勤情况	部门员工出勤人数/部门员工总数	检测部门员工的出勤情况	
7	薪酬总量控制的有效性	一定周期内实际发放的薪酬总额/计划预算总额	检测人力资源部门在薪酬总额控制方面的有效性	
8	人才引进完成率	一定周期内实际引进人才总数/计划引进人才总数	检测人力资源部门的招聘计划完成情况	
9	考核工作完成的及时性、准确性	公司绩效考核是否及时、准确完成	检测人力资源相关部门在绩效考核方面的有效性	
10	其他（略）			

8.2 KPI体系的构成及分层分类特征

KPI体系的构成有两个特征是必须认真把握的：一个是指标的关键性；另一个是分层分类。人们一般都比较关注其关键性特征，而往往忽略其分层分类的特征。

所谓分层分类，是指在不同的层级和类别，KPI具备的特征和意义是不同的。根据组织层级与业务类别或人员类别的不同，应该设计与之相对应的KPI。比如，一个企业往往有总公司层级、子公司或分公司层级、基层一线单位，也有高级领导部门、中级管理部门、具体业务岗位，各岗位也有其等级划分，有经营领导型的工作类别，也有职能管理型的工作类别，更有制造业务、研发业务、市场营销业务等一线业务工作类别。所有这些层级与类别，因其特征与意义不同，对KPI的设计提出了分层分类的要求，而不能简单地上下对应和左右附和。

下面举例（图8-1至图8-5）介绍一下实践中形成的某些总公司层级、职能部门层级和具体工作岗位的KPI体系，供研习参考。

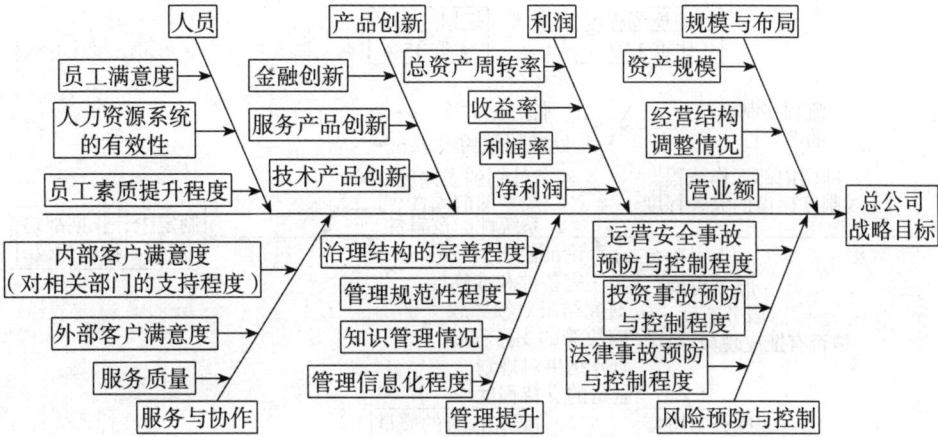

图8-1　某集团总公司层级战略KPI体系

战略重点	KPI	关键驱动流程	关键流程绩效	可能涉及的部门
提高资产利用率	总资产周转率	应收账款管理流程	应收账款周转率	销售部
			过期应收账款比率	销售部
			坏账比率	销售部
		存货管理流程	存货周转率	储运部／生产部
			材料周转率	储运部／生产部
			产成品周转率	储运部／生产部
		固定资产管理流程	固定资产利用率	生产部／销售部
			在建工程按期完成率	公司行政部

图8-2　某公司关键流程绩效指标分解示例

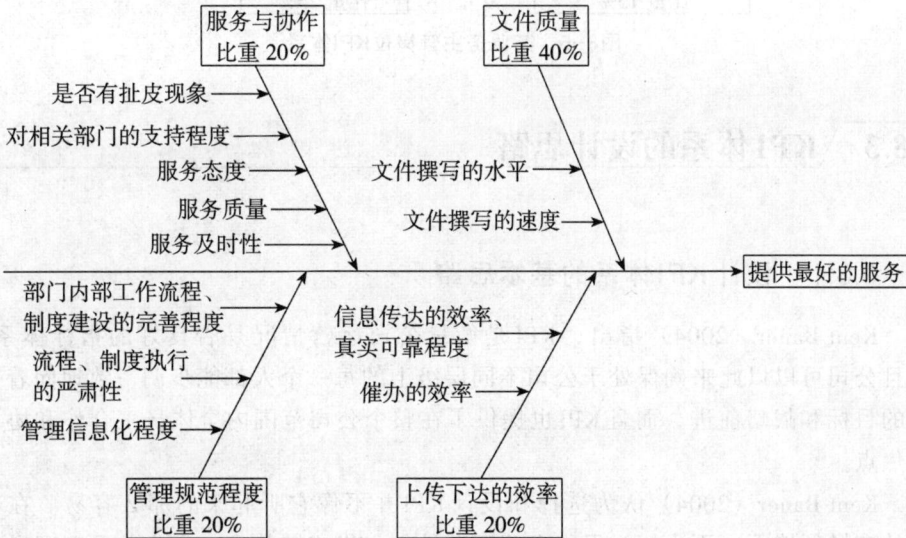

图8-3　某综合办公部门KPI体系

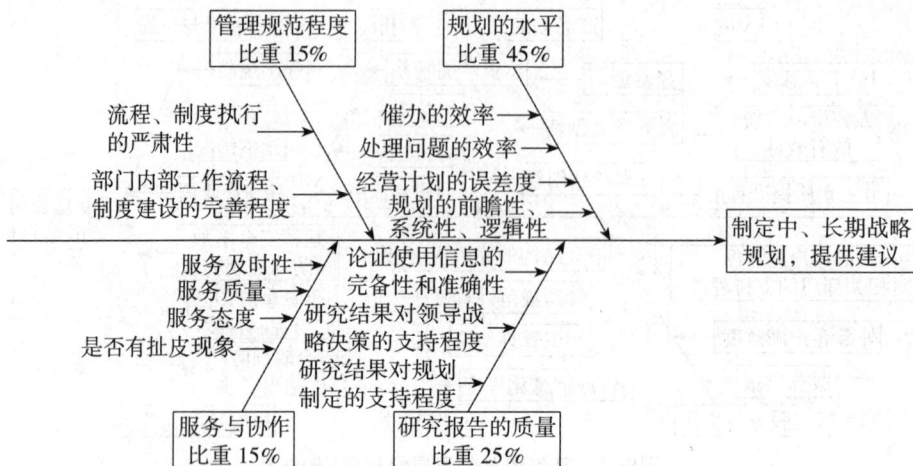

图8-4 某研究规划部门KPI体系

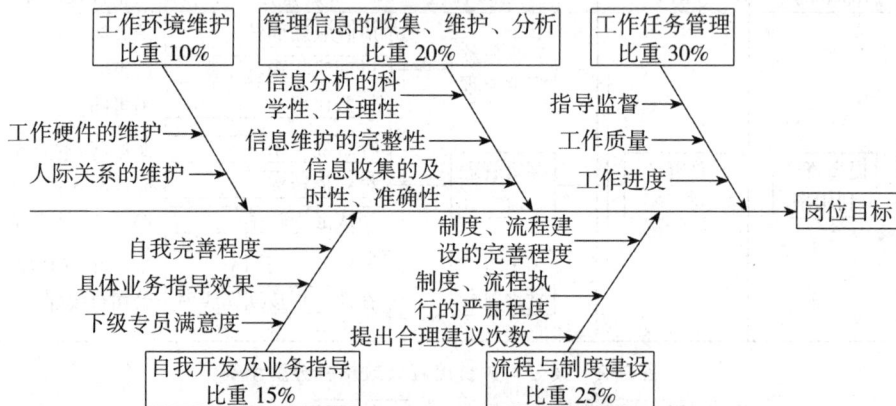

图8-5 某业务主管岗位KPI体系

8.3 KPI体系的设计思路

8.3.1 设计KPI体系的基本思路

Kent Bauer（2004）指出，KPI是衡量公司运营情况是否良好的指标体系，并且公司可以以此来确保处于公司不同层级上的每一个人都能步调一致地向着共同的目标和战略前进，而且KPI也提供了在整个公司范围内全体员工合作和协调的焦点。[①]

Kent Bauer（2004）认为选择和设计KPI并不像它听起来的那么容易。在目前的市场环境下，不论何时引进企业资源计划、供应链管理、客户关系管理和绩

---

① BAUER K. KPI – the metrics that drive performance management ［J］. DM Review, 2004, 14 (12)：42.

效管理等系统，公司管理人员都将面临如何从成百上千的指标体系中选出15~20个关键绩效指标，如何从这些看似普通的指标当中区分出一些关键绩效指标，如何确保这些被选择出来的关键绩效指标就是公司运营的重要驱动因素等问题，还要考虑如何平衡长期目标和短期目标，以及是否有可以获得的数据来支持这些指标等难题。

因此，Kent Bauer（2004）认为在寻求如何回答这些问题的过程中，我们应该首先对KPI的基本定义有比较深刻的理解。他认为KPI是一些可以计量的指标，用来衡量组织在实现目标过程中所产生的绩效。KPI反映的是战略价值驱动因素而不是仅仅衡量那些无关紧要的商业活动和过程。KPI涵盖了组织的所有层级（公司级、部门级和个人），而且每个层级都有非常明确的目标体系与衡量标准用来跟踪组织的运行进程。同时，KPI也确保了公司中每个人都在为实现共同的目标而努力。绩效管理计划能否成功的关键是公司是否选择了正确的KPI。若选择了错误的KPI会导致生产率下降，产生令人沮丧的结果。因此，在脑海中形成这样的观念是非常重要的：所有的KPI都是指标，但并不是所有的指标都是KPI。

拓展阅读
8-1

各主要责任
中心KPI
举例

Kent Bauer（2004）认为公司管理人员必须意识到"KPI只是用来衡量那些非常重要且监控组织运行状况的少数活动和过程"。同时，我们在设计KPI的过程中还要关注以下几个方面的问题，多做一些深入的思考：

（1）你需要衡量什么？

（2）你要设计多少个指标？

（3）你要多久衡量一次？

（4）什么可以解释这些指标？

（5）这些指标的复杂性应该达到什么程度？

（6）你如何使这些指标规范化？

（7）你如何保证这些指标能够对公司战略目标的实现起到积极的推动作用？

Kent Bauer（2004）认为，公司在选择和设计KPI时必须确保这些指标反映了公司的战略驱动因素，并且要始终与组织的愿景和目标保持一致。换句话说，KPI必须源于组织的愿景（见图8-6）。

从图8-6我们可以看到，要把公司的愿景转化为KPI和关键行动计划，必须经过一系列的中间步骤——确定公司的战略、目标和关键成功因素。仅仅知道我们要往哪里前进并以此为依据来选择相关的KPI是不够的。未来的愿景（使命）必须得到战略、目标、关键成功因素、KPI和关键行动计划的支持。

由于KPI要涵盖组织的每个层级，因此我们在构建KPI体系时，首先要找出公司级KPI，接着各部门主管需要根据公司级KPI建立部门级KPI，然后各部门主管再将部门级KPI进一步分解为各具体岗位的KPI，最后还要为KPI体系设立相应的衡量标准。

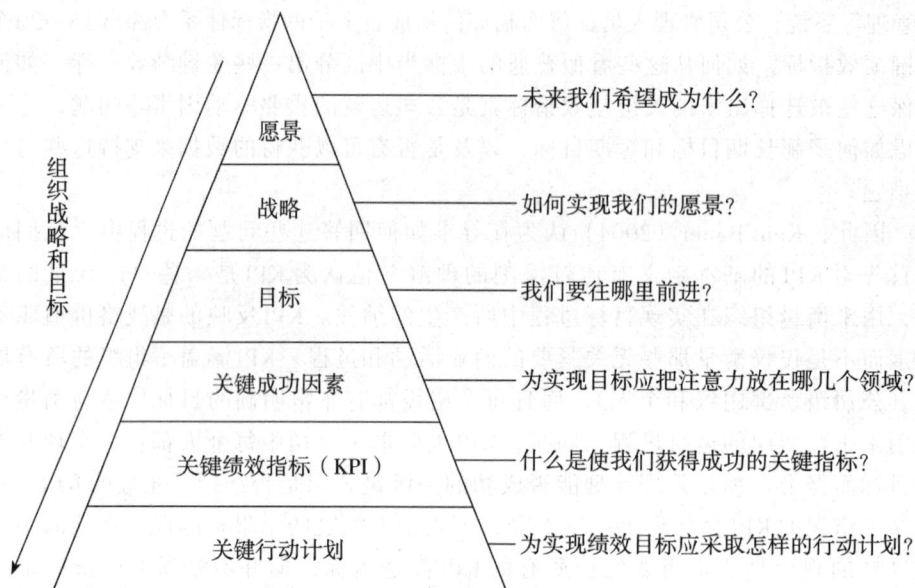

图8-6 KPI设计思路

此外，根据学者的研究和企业的实践，在设计KPI时还应该注意以下几点：

（1）KPI不是设计得越多越好。David Parmenter认为，一个组织设计10~20个指标就足够了。同样，史蒂夫·费尔托维奇（Steve Feltovich）在他的The Power of KPI一文中也指出，在设计KPI时，限制KPI的数量是很有必要的，这样才能确保组织中的每个人都能够把焦点集中在实现共同的目标上。

（2）KPI并不能使公司收到立竿见影的效果，而且它们往往是公司在管理过程中经常忽略的一个重要因素。Steve Feltovich特别指出，其实管理人员可以充分利用关键绩效指标作为"胡萝卜"来激励员工，使他们能够如期实现整个公司框架之内的预定目标。

（3）KPI只是公司取得成功的重要因素之一，而不是全部。这一点Steve Feltovich在The Power of KPI一文中特别做了说明。他认为，不要指望公司设计好了KPI就万事大吉了，就一定能够实现预期的目标，公司还必须有一个非常清晰、现实的战略和一支优秀的管理团队来维系公司的成功。

8.3.2 KPI应该具备的主要特征

Wayne Erickson在他的Ten Characteristics of a Good KPI一文中指出，一个KPI一定是一个指标，但是一个指标并不一定就是一个KPI。它们之间的主要区别在于KPI反映的是组织战略驱动因素，而普通的指标可能仅仅是某一项商业活动的衡量指标。

我们必须时刻清楚KPI需要同时具备十个不同的特征，而一个普通的指标可能只具备其中的几个特征。KPI应该具备的十个特征是：

1）反映战略价值的驱动因素

KPI反映和衡量的是公司战略价值的主要驱动因素。有效的驱动因素意味着这样的行动：如果它们被正确地执行下去，那么就能够确保公司未来取得成功。有效的驱动因素能够使组织朝着正确的方向前进以实现规定的财务目标和组织目标。比如，有效的驱动因素可能是"较高的顾客满意度""较好的产品质量"等。

但是在很多情况下，KPI并不是一些财务指标。确切地说，KPI反映了那些对公司财务状况影响最大的几个领域的运行状况。KPI往往是关于公司财务绩效方面的一些"领先"而非"落后"指标；相反，大部分财务指标（尤其是那些出现在公司的月度财务报告或者年度财务报告中的）多半是"落后"指标。

2）KPI是由高层管理者确定的

在公司召开的计划会议上，高层管理者往往会决定组织的短期和长期的战略方向，并以此为依据来确定衡量组织绩效的关键绩效指标。

3）KPI在组织上下形成一个层级结构（公司级、部门级、个人）

在每个组织的每个层级中，每个小组都要由一些"管理者"来管理，他们需要召开战略计划会议来确定小组中关键的驱动因素、目标和计划。较低层次上的驱动因素、目标和计划往往是更高层次的驱动因素、目标和计划的传递和分解。

4）KPI是建立在公司标准的基础之上的

公司标准包含两个意思：一个是公司制定KPI的目的或目标，这与企业理念，以及战略管理或绩效考核、绩效管理的目的、目标相关联；另一个是公司现有的绩效管理标准和体系，比如某种绩效导向或指标结构要求等。

5）KPI是建立在有效数据的基础之上的

很多高层管理人员发现为关键的价值驱动因素设计KPI非常容易。事实上，很多组织都已经建立起一套衡量组织未来成功的指标体系。不幸的是，知道衡量什么与实际所衡量的往往是两码事。在高层管理人员最终把KPI确定下来之前，他们需要向技术分析人员询问能否利用当前已经获得的数据计算出指标值以及这些数据是否已经准确到可以传递有效的结果，但技术分析人员给出的答案往往是：不能！在这种情况下，高层管理人员就需要投入资金搜集新的数据或者删掉那些无用的数据，甚至需要重新设计KPI。

6）KPI必须适量且易于理解

大部分KPI体系目前存在的问题是指标太多了。这使KPI失去了能够引起员工注意和改正员工行为的作用。数据仓库研究所（the Data Warehousing Institute, TDWI）的调查研究表明，KPI最合适的数量应该是七个。如果多于七个则可能使员工很难细读这些指标并采取必要的行动。

除此之外，KPI必须是易于理解的。员工必须知道哪些是将要被衡量的以及它们是怎么被计算出来的，更重要的是，员工必须知道他们能做什么（或不能做什么）以积极影响KPI。这就意味着仅仅公布一张评分表是不够的。管理人员必须让员工明白哪些绩效将被跟踪，并且要让员工经常得到反馈以保证他们能够理解并采取相应的行动。"没有会议的评价是无效的"。

7）KPI总是恰当的

为确保KPI能够持续提高绩效，我们必须周期性地审核KPI来判断其是否有用和恰当，因为在多数情况下，KPI是有生命周期的。在最初被引进的时候，它使员工在工作时充满旺盛的斗志，并且提高了绩效。但是过了一段时间之后，KPI失去了它的效用，这时可能就需要重新设计KPI。目前很多公司一般都是每季度审视一次KPI并加以修订。

8）KPI能够提供未来的绩效情境

普通的指标（不包括KPI）往往只提供一些反映绩效的数字，而KPI却把绩效放在一定的情境当中。它根据预期设定的目标来评价绩效的好坏。我们主要通过以下几种形式来表达未来的绩效情境：

（1）门槛（比如可接受的绩效的上下限）；

（2）目标（比如预先设定的目标，像"每个季度增加10%的新客户"）；

（3）基准。大多数的KPI也指明了绩效的方向，或者是"上升""下降"，或者是"不变"。

9）KPI能够让使用者充满动力

为使KPI有效，KPI必须与奖金联系起来。很多公司在实施KPI的时候都重新设计了奖金体系。此外，在KPI没有全部被审核完之前千万不要把奖金和KPI挂钩。在KPI取得预期效果之前它们必须做适当修改或重新设计。

10）KPI能够产生积极的结果

KPI应该产生预期的结果——提高绩效。不幸的是，许多组织让小组独立地设计KPI，这使得各个小组之间的KPI可能发生冲突并对组织产生破坏性的结果。

Wayne Erickson最后指出，一个组织可能会有成百上千个指标，但是只有少数的几个KPI能够使员工把注意力集中在那些为组织创造最大价值的关键活动中。同时，KPI实际上也是一种沟通工具。它们使高层管理者能够向员工传递组织使命和组织所关注的方面，并且能够引起员工的注意。当KPI贯穿于整个组织的各个层级时，就能确保层级上的每个人步调一致地沿着正确的方向前进并实现组织价值的最大化。

8.3.3　KPI体系的特点和作用

1）KPI体系的特点

首先，KPI来自对公司战略目标的分解，是对重点经营活动的衡量，是对公司价值、利润影响程度很大的关键指标。

其次，KPI是对绩效构成中可控部分的衡量。指标必须有明确的定义和计算方法，易于取得可靠和公正的初始数据，能有效进行量化和比较。

再次，KPI在实际绩效考核中具有敏感性，即指标能正确区分出绩效的优劣。

最后，KPI考核是一个完整的系统，在这个系统中，组织、经理和员工全部参与进来，经理和员工通过沟通的方式，将企业的战略、经理的职责、管理的方式和手段以及员工的绩效目标等管理的基本内容确定下来，在持续沟通的前提下，经理帮助员工清除工作过程中的障碍，提供必要的支持、指导和帮助，与员工一起实现绩效目标，从而实现组织的远景规划和战略目标。

战略导向的KPI体系与一般绩效考核指标体系的区别见表8-4。

表8-4　　　　　　战略导向的KPI体系与一般绩效考核指标体系的区别

	战略导向的KPI体系	一般的绩效考核指标体系
假设前提	假定人们会采取必要的行动努力实现事先确定的目标	假定人们不会主动（也不知道）采取行动以实现目标；制定和实施战略与一般员工无关
考核目的	以战略为中心，指标体系的设计和运用都是为战略服务的	以控制为中心，为了更有效地控制个人的行为
指标来源	来源于组织的战略目标与外部竞争的需要	来源于对过去行为和绩效的修正
指标的产生	在组织内部自上而下对战略目标层层分解而产生指标	通常是自下而上根据个人以往的绩效与目标而产生指标
指标的构成和作用	财务指标与非财务指标相结合；关注长期发展，兼顾短期效益；指标传达结果，也传达产生结果的过程	注重财务指标，忽视非财务指标；注重对过去绩效的评价；绩效改进与战略需要脱节
价值分配体系与战略的关系	与KPI的指标值与权重相搭配，有助于推动组织战略的实施	与个人绩效密切相关，与组织战略关系不大

2）KPI体系的作用

从表8-4可以看到，KPI体系特别强调其在组织战略中具有的重要作用。

第一，作为组织战略目标的分解，KPI的制定会有力地推动组织战略在各单位、各部门的执行。

第二，KPI使上下级对职位工作职责和关键绩效要求达成更清晰的共识，能确保各层各类人员的努力方向具有一致性。

第三，KPI为绩效管理提供了透明、客观、可衡量的基础。

第四，作为对关键经营活动的绩效反映，KPI可以帮助各职位的员工集中精力处理对组织战略具有最大驱动力的问题。

第五，通过定期测算和回顾KPI的执行结果，管理人员能清晰地了解经营领域中的关键绩效参数，及时诊断存在的问题，及时采取行动予以改进。[1]

---

[1]　汪红丽. KPI体系的战略逻辑［J］. 企业改革与管理，2005（4）.

所以,KPI体系的出发点就是将指标作为牵引所期望的行为和结果的内在动力,成为激励员工产生所期望业绩的风向标,注重把组织战略有效地转化为组织的内部管理过程,并通过指标转化成组织成员的具体行动,尽量采用各种能有效量化的指标来反映最终结果。KPI体系不仅能够成为员工行为的约束机制,还能够发挥战略导向的牵引作用。战略导向的KPI体系在评价、监督员工行为的同时,强调战略在绩效管理过程中的核心作用。

8.4 KPI体系的设计步骤

8.4.1 KPI体系的建立

1）KPI的选择原则

由上文所述KPI体系的特点及作用可知,在选择KPI时应遵循以下原则:

第一,目标导向。KPI必须是依据组织总体目标及上级目标设立的部门或个人的具体目标。

第二,可操作性。KPI必须从技术上保证可操作性,对每一指标都必须给予明确的定义,建立完善的信息收集渠道。同时,KPI应当简单明了,容易被执行人所理解和接受。

第三,目标的平衡性。涉及相关部门的配合和相互支持、协助的目标,由相关部门结合流程共同协调制定。当然,有很多指标之间是相关的、交叉的、重叠的、对立的,指标不在于全面、科学,而在于聚焦、有效。

第四,具有控制力。被考核者应对KPI的达成具有较强的控制能力。在订立目标及进行绩效考核时,应考虑任职者是否能控制该指标的结果,如果任职者不能控制,则该项指标就不能作为任职者的绩效衡量指标。

第五,执行原则。KPI考核能否成功关键在于执行,所以企业应该形成强有力的执行文化,不断消除在实施KPI考核过程中的各种困难和障碍,使KPI考核真正成为推动企业管理创新和提升效益的有效手段。

第六,SMART原则,即KPI的设定应该是具体的（specific）、可衡量的（measurable）、可实现的（attainable）、与目标相关的（relevant）、有时限的（time-bound）。运用KPI方法设立和分解关键指标时,要遵循SMART原则,在对企业价值链进行分析的基础上,根据企业使命和战略目标确定企业的关键成果领域,针对每一个关键成果领域制定KPI,对每一个KPI设计下一层KPI,直至岗位KPI,从而保证企业战略的层层分解和层层落实;要分析和构建各指标之间的逻辑关系,并对各指标进行属性测试,建立KPI指标辞典。

2）KPI体系的建立流程

应用于员工考核的KPI体系,其建立过程可分为两大部分:

第一部分：进行总体性指标分解。首先，要明确企业的战略目标，利用头脑风暴法和鱼骨分析法找出企业的业务重点，找出关键业务领域的关键绩效指标，即企业级KPI；其次，依据企业级KPI建立部门级KPI，并对相应部门的KPI进行分解，确定相关的要素目标，分析绩效驱动因素（技术、组织、人员等），确定实现目标的工作流程；最后，将部门级KPI分解到各个岗位和个人，从而建立完整的企业KPI体系。

第二部分：进行个别性指标分解。要根据各岗位的关键业务活动，建立员工具体的绩效考核指标。

具体来说，确立关键绩效指标体系的程序主要包括以下五个步骤：

（1）确定绩效指标，即明确所辖部门和个人在一定时期内应该完成的职责和任务。应保证绩效指标与组织目标相一致，并以客户需求为导向；绩效指标应尽量体现某项活动的结果或关键行为。

（2）审核关键绩效指标，即确定所选指标是否属于KPI，KPI是否能全面、客观地反映被考核者的工作绩效，以及是否适用于实际的绩效管理与考核操作。

（3）建立评价标准。KPI的建立既可以企业战略规划、业务计划或任务协议书为依据，也可以工作分析、岗位说明书为基础，但是无论来源于何处，均应选择最能反映被考核者应该完成的工作绩效的评价指标。这些指标应该有比较客观、可靠、全面的评价标准和依据。建立评价标准应同时考虑基本要求与卓越指标，以区分员工的不同绩效表现。

（4）分配指标权重。指标权重的分配一般有两种方法：一种是将指标按照重要性原则进行排序，然后依据排序确定其相应的权重；另一种是采用权值因子法，即运用权值因子判断表对设计的各个指标进行两两比较并评估分值，以此来确定相应指标的权重。无论采用何种方法，指标权重的确定都必须符合下列原则：所有关键绩效指标的权重之和为100%；单个指标的权重最小不能小于5%；各指标的权重应呈现一定的差异性，避免出现平均分配权重的状况。

（5）确定评价主体。根据360度绩效考核反馈法和责权对等原则，应该对不同的绩效指标安排相应的评价主体。如果没有合适、可靠的评价主体，设计再好的绩效指标也将无法得到公正的执行。

8.4.2　引入KPI体系的常见问题及对策

在企业实践中，应用KPI体系经常遇到的一个问题就是如何客观量化KPI。对于生产型或销售型的工作，比较容易设定客观、量化的考核指标，也可以较为公正地进行考核；而对于那些职能部门、支撑型岗位或服务性工作来说，进行KPI的量化设计就比较困难。同时，在引入KPI体系的过程中，还有如下一些常见的问题：

（1）绩效考核的结果并不是很清晰。通过智力劳动为企业做出贡献的知识型员工，他们做出的很多贡献并不是有形的产品，往往不知道工作的产出是什么，也无从知道工作是否完成得好。而且，由于互联网的广泛运用以及信息技术的快速发展，这部分员工的工作方式也与传统的工作方式不同，对其工作过程的监督与控制也变得困难起来。

（2）设计绩效指标时不能抓住关键绩效指标。每位员工都可能会承担很多的工作目标与任务，有的重要，有的不重要，如果我们对员工所有的方面都进行考核，面面俱到，抓不住重点与关键，势必造成员工疲于奔命或陷入迷茫，从而无法实现对其工作行为的有效引导。绩效考核必须从员工的工作中提取出关键成功因素，然后才能发现哪些指标可以有效监测这些成功因素，从而确立有效的可量化的关键绩效指标。

（3）在某些情况下，即使知道对工作绩效应该从什么方面进行衡量，也不知道该如何去衡量。不是所有的事情都能轻易地通过数字来衡量，当面临诸如"创造性"等考核因素时，考核者往往显得有些无所适从甚至灰心丧气。

（4）对团队进行绩效考核比较困难。团队是由许多个体构成的，对其绩效进行考核时既要针对团队，又要考虑个体，这样就使考核的工作量成倍地增长。而且，团队往往都是跨部门的，对其进行绩效考核很有可能会与组织绩效考核体系发生冲突。因此，如何建立既支持团队绩效考核，又不与个人绩效考核发生冲突的指标体系也是一件非常困难的事情。

（5）不注重对KPI体系的审核，导致考核指标及其标准无法与组织目标相一致，或者无法落实操作。在设计绩效考核指标时，设计者自身的水平有限，或外部咨询专家对企业实际情况认识不足，或缺乏充分的沟通，都可能导致指标体系设计不合理、不科学和难以操作。在具体操作中，企业相关部门和员工往往忽视对KPI体系的审核，企业高层也经常对此缺乏足够的重视。

为此，在建立以KPI为核心的绩效考核体系，或实施KPI体系时，应该注意把握好以下几个方面的要点：

第一，必须专注于企业长期战略目标。为保证绩效管理在组织目标实现过程中发挥应有的作用，必须建立战略导向的绩效管理体系。在绩效管理指标的设计上，应追求长期战略目标，而不仅仅是取得和维持短期财务结果；应注重未来的发展潜力，而不仅仅是评价过去的业绩。企业战略是企业使命的具体化，是对企业长远发展的一种规划，如果只重视对短期经营结果的评价与追求，势必助长员工的短期行为与近视眼光，这对于企业的长期发展是有害的。战略导向的绩效管理要求对战略发展的情况进行及时的评估与调控，考虑企业的长期利益与发展潜力，促进并保证所有员工关心企业的战略发展。

第二，科学合理的指标设计是有效推进绩效考核与绩效管理的重要基础。设计绩效指标时应抓住关键的指标。如果指标设计不合理，便不能有效支持企业的目标和绩效，甚至会把企业带到错误的方向。例如，如果绩效指标基本上是以各个职能部门为单位设计的，各职能部门之间就可能为了本部门的利益而相互推卸责任，从而使企业陷入混乱和低效率的状态。实际上，职能部门之间的空白地带往往是企业绩效得以改进的最大空间。同时，如果指标设计不合理，就不能够体现企业对员工的支持及对其提高自身素质的要求，使通过绩效管理促进企业与员工共同成长的目标根本无法实现。

第三，KPI的设计及绩效考核并没有固定不变的模式，应该时刻保持管理优化的理念，重视KPI的创新，这是一个动态的管理过程。应根据战略与环境的变化、时间的推移和被考核者职责能力的发展，适时适当地调整KPI。不同的企业、相同的企业在不同的时期，关注的绩效目标极有可能是不同的，设计的KPI也可能会有所不同。

第四，KPI是对绩效构成中可控部分的衡量。企业经营活动的效果是内因与外因综合作用的结果。内因是各岗位员工可控制和影响的部分，也是关键绩效指标所衡量的部分。关键绩效指标应尽量反映员工工作的直接可控效果，剔除他人或环境造成的其他方面的影响。例如，销售量与市场份额都是衡量销售部门市场开发能力的标准，而销售量是市场总规模与市场份额相乘的结果，其中市场总规模是不可控变量。在这种情况下，市场份额体现了岗位绩效的核心内容，适合作为关键绩效指标。

第五，KPI是对企业重点经营活动的衡量，而不是对所有操作过程的反映。每个岗位的工作内容都涉及不同的方面，高层管理人员的工作任务更复杂，但KPI只对其中对企业整体战略目标影响较大、为实现战略目标不可或缺的工作进行衡量。

第六，KPI的设计应注重协调性、支持性和过程管理。KPI体系的管理模式从战略管理、年度计划、系统论、工作流程或工作分析的角度出发，首先应确定企业级KPI，然后将企业目标分解为部门目标，并据此提取部门级KPI，最后将部门的目标分解为员工的个人目标，并据此提取任职者个人的KPI。KPI要经过上下级之间充分的沟通、交流、协调后，以KPI管理协议的形式加以确认。在KPI管理协议中，要明确KPI的具体标准以及上级对下级的授权和资源支持。当客观情况发生重大变化时，KPI管理协议还要适时调整。KPI管理模式重视对日常绩效管理数据的收集、鉴别和整理，强调在日常工作中对下属KPI的全程跟踪和及时辅导。

第七，绩效管理的核心作用在于绩效的改善与提高，同时进行价值评价、价值分配和对员工进行有效的激励。价值分配只是绩效考核结果应用的一个方面。只有通过绩效管理使员工的能力不断得到发展，绩效不断提高，从而不断体验到成长和成功的乐趣，才能获得员工对绩效管理的认可，从而发挥绩效管理体系应有的作用。

第八，KPI体系的实施应该以优化组织结构和流程、培育公平竞争的企业文化为前提。实施KPI体系，将促进企业组织结构的集成化，提高企业的效率，精简机构，优化人员配置、流程，降低成本。所以，培育公平竞争的企业文化是KPI体系成功的保障。为此，要建立相应的投诉与争议处理机制，使员工由

拓展阅读
8-3

苏宁公司与
新东方公司
的绩效考核
案例

被动参与绩效考核变为主动参与，同时对绩效考核中的不公正现象及时加以制约。

学思践悟

经济"KPI"

政府工作报告是每年企业家、经济学家和所有对市场关心的投资者会逐字阅读、学习的重要报告。大家之所以这么关注政府工作报告，一方面是因为政府工作报告中会包含新的一年政府在经济社会等多方面的执政重点，这些信息对于企业和个人的生活都很重要；另一方面是因为政府工作报告中会有很多量化的目标，相当于政府给自己制定的"KPI考核"，读懂这些数据，就能够理解当年政府要怎么做？为什么要这么做？

那么，哪些量化指标是最重要的？又该如何读懂这些量化指标？

首先，每年两会工作报告中最重要的指标一定是该年GDP增长目标。这个指标实际上反映了政府对于目前经济增长潜力、经济现状和总量增长必要性的综合判断。

2023年政府工作报告将国内生产总值增长目标定在了5%左右，这个目标大致落在了经济学家、研究机构预测的中间位置，比较谨慎的研究机构给出的范围是4%~5%，更积极的预测范围是5%~6%。这意味着2023年的经济增长目标基本是"积极稳妥"的。从这个"积极稳妥"的目标中，可以读出至少三点信息。

第一点，对2023年增长有信心。这一目标的制定说明政府对目前经济形势的判断整体是积极的，这也可以从报告中"明显向好""企稳向上"的表述得到印证。

第二点，政府希望引导市场的预期。政府将积极的信号，用"目标"的方式体现出来，向市场释放出来，说明政府希望市场的信心能够得到进一步的提振，以扭转"预期减弱"的趋势。

第三点，2023年的增长依然有约束条件。政府在积极的前提下，选择了市场预测中更为稳妥的目标，这也是和中国目前经济增长潜力，以及面临"三重压力"的现状是相称的，结合"实现质的有效提升和量的合理增长"的表述，这意味着政府可能并不会采取大规模刺激政策以求GDP大幅度增长，2023年的增长目标依然是放置在"高质量发展"的框架之中。

其次，2023年最重要的政策目标应该是就业指标。2023年政府工作报告有关就业的量化指标包括两项：城镇新增就业1 200万人左右，城镇调查失业率5.5%左右。

在这两项中，出现比较大变化的是城镇新增就业人数目标，可以重点关注这一个数据。近10年城镇新增就业人口目标均在1 000万至1 100万，2023年城镇新增就业人数目标较此前数年增长了100万，达到1 200万。

目标的增长与新增就业人数的增长相关，2023年全国高校毕业生规模预计达1 158万，再创历史新高，叠加超300万中等职业教育毕业生与外出务工农民工增量，2023年就业压力依然存在。从这个角度，1 200万的目标具有必要性。

一般而言，每年实际解决的城镇新增就业人口都要大幅度超过年初的目标，比如2020—2022年，全国城镇新增就业人数分别为1 186万、1 269万、1 206万人，而2020年的年初目标为900万以上，2021年和2022年均为1 100万以上，如果按照这个比例，2023年全国城镇新增就业人数应该要远超1 200万。

国务院发展研究中心宏观经济研究部研究员张立群测算，2023年城镇新增就业人口可能在1 500万人以上，而一个百分点的GDP增长率大概能提供200多万个就业岗位，为实现充分就业，2023年经济增速不能太低。

从这个数据，我们也可以印证上述GDP数据目标是"积极稳妥"的，要解决就业问题，实际增长上可能比5%更高一点。当然，2022年在3%的GDP增长前提下，也完成了年初的就业目标，这意味着疫情中，中国就业结构出现了很多变化，这个变化是短期还是长期，2023年还需要观察。

最后，关注居民消费价格目标，即CPI目标。

2023年CPI目标依然在3%左右。实际上从2015年以来，每年的CPI目标都是3%左右，从这个角度来看，2023年目标制定的延续意味着政策对于物价的稳妥运行是有信心的。

在美联储货币政策中，CPI和非农就业是两个核心指标。在中国，这两项也是核心的指标。从近年整体情况看，CPI整体运行是稳定的，就业的政策优先度还是更高。从这个角度来看，就业依然是影响宏观经济政策最核心的要素。当然，CPI依然是政策监测宏观经济的核心指标，一旦出现影响民生的物价波动，宏观政策会迅速出手。

上述三个量化指标能够让我们理解2023年政策对经济的要求和判断，我们大致可以预测2023年经济整体向好的趋势已经出现，物价运行平稳有压力但也尚在可控范围内，暂未成为宏观经济方向性的掣肘因素，宏观经济可以更聚焦于增长和就业本身。

在这三个核心指标之下，宏观政策要如何实现？财政、货币的量化指标是重要的观测路径。

2023年财政赤字率按照3%安排，较2022年的2.8%增长了0.2个百分点，赤字规模增加了5 100亿元。3%赤字率是一条财政赤字的"心理线"，只有在非常特殊的情况下，政策才会将赤字率提升至3%以上，比如2020—2021年。达到3%这条线的，近十年也只有2016年、2017年两年，这也意味着财政已经在合理空间内"加力提效"。

当然，也要考虑到2022年有"特定国有金融机构和专营机构依法上缴近年结存的利润、调入预算稳定调节基金等"这个特殊情况，按照2022年年初披露的预算数据，这一块为当年的财政加力了 1.65 万亿元。

2023 年地方专项债券额度安排为 3.8 万亿元，较上年增长 1 500 亿元，也达到了新高。地方专项债实际是目前地方政府做基建投资的重要财力保证，专项债额度的进一步提升，意味着投资特别是政府主导的基建投资依然是 2023 年的重点，如果考量到投资对就业的拉动，就更加凸显了这种必要性。

此外，2023 年专项债还扩大了投资范围。从目前的报道来看，拓展的范围包括新能源、新基建，其中就包括我们熟悉的数据中心、公共充换电基础设施等。在传统基建趋近于饱和的基础上，这些新的领域可能会更加吸引地方政府，因此倾斜力度有可能会更大。

从财政的量化指标，我们大约可以读出 2023 年财政依然保持了强度，而且在地方政府投资上，力度可能还更进一步，投资的领域也更加广泛，诸如数据中心、充换电基础设施等新能源、新基建领域有可能会释放更多机会。

宏观政策的另一端是货币政策，与此前数年报告中表述类似，2023 年也没有 M2、社融等具体量化目标，基本延续了"与国内生产总值名义增速基本匹配"的表述。尽管没有更多量化指标，我们依然可以从"精准有力"这个基本中性的表述判断货币政策大致会保持稳定性，在一些结构性政策上将有进一步调整，可以期待一些新的专项再贷款政策，但整体不会"大水漫灌"。

我们从 2022 年的一些专项再贷款政策可以看到这些发力的重点领域，主要围绕民生、绿色、短板等，比如医疗、教育行业的设备更新，煤炭节能的绿色改造等。2023 年，围绕这些领域的"发力"可能会持续，特别是设备节能改造领域的相关财政、货币政策，如果再结合政府工作报告中"单位国内生产总值能耗和主要污染物排放量继续下降，重点控制化石能源消费"的政策目标，可以更加清晰地做出这个判断。

在上述量化指标外，我们也可以从一些定性的词汇，根据实际情况，推导出一些政策目标，比如"进出口促稳提质，国际收支基本平衡"，如果考虑到目前国际市场需求的疲软对外贸的冲击，2023 年要达到"国际收支基本平衡"的目标，外资投资就格外重要，实际上 2023 年政府工作报告中也专门提了"更大力度吸引和利用外资"，要求"推动外资标志性项目落地建设"。

可想而知，吸引外资可能会成为 2023 年各地政府，特别是东部沿海地区政府工作的重中之重。

资料来源　宋笛，杜涛，田进. 经济"KPI"［N］. 经济观察报，2023-03-13（03）.

🔦 本章小结

关键绩效指标（KPI）是指企业的宏观战略目标经过层层分解产生可操作性的战术目标，它既反映战略执行的效果，也是对战略执行效果的监测。

实施 KPI 体系的目的是建立一种机制，将企业战略转化为内部过程和活动，以不断增强企业核心竞争力和持续发展能力。

KPI体系使绩效考核与绩效管理不仅成为一种激励约束的手段，更成为一种战略实施的有效工具，通过提取企业成功的关键指标，利用目标管理的方式，不断分解和传导到基层单位，从而确保企业战略目标的实现。

复习思考题

（1）什么是KPI？它的含义是什么？你是怎样理解的？

（2）什么样的指标可以看作关键绩效指标？

（3）KPI指标体系有什么特点？请简述它的设计思路。

（4）应该如何实施KPI体系？主要有哪些步骤？

（5）如何理解KPI与BSC（平衡计分卡）之间的关系？

（6）在KPI体系的设计过程中，应该遵循什么样的原则？

（7）搜寻一些企业案例，讨论其设计和实施KPI体系的利弊。

（8）到某一家企业或单位进行调查，为其设计KPI体系。

案例分析题

海底捞的KPI

海底捞作为国内成功的餐饮企业之一，有人总结它的成功秘诀就是两招：一是把员工当家人看；二是把顾客当上帝看。海底捞的KPI体系在其获得成功的过程中起到了不小的作用，但是也走过很多弯路，教训不少，主要表现在以下几点：

1）事与愿违的KPI

（1）对服务员考核"点台率"

海底捞曾经将"点台率"作为考核服务员的关键指标。根据该指标，客人来店就餐时，点哪个服务员的次数越多，就代表客人对他/她的满意度越高，从而这个被点名服务的服务员的奖金也就越高。这听上去挺合理，但是结果事与愿违。很多服务员为了赢得更高的点台率，不惜利用手中的赠品权给客人赠送黄豆、豆浆、小菜等各种食品，而且服务员之间相互攀比，看谁给客人送的东西多。结果可想而知，以点台率为指标的客观绩效考核导致了服务员之间的恶性竞争，服务员的点台率是上去了，奖金拿得也多了，但是整个分店的成本也上去了，利润率也下来了。

（2）对分店考核"利润"

由于海底捞的管理模式是总部控制选址、装修、菜式、定价和工资等大项，分店为了提高利润，就只能拼命在小项支出上节约成本，结果导致该换的扫把没有换，该送的西瓜没有送，给客户提供的毛巾也没有及时更新。为了达到短期利润考核指标，分店变相地降低了服务质量，短期利润是上去了，但长期来看客人减少了，实际上是"捡了芝麻，丢了西瓜"。

（3）对分店考核"翻台率"

后来为了提高客户的满意度，海底捞对分店考核"翻台率"。翻台率越高，证明客户满意度越高。可是这样一来，分店为了追求"翻台率"，又闹出了一些麻烦。海底捞生意火爆，不预订肯定没有位置，但是预订了，客人晚到了几分钟，结果发现还是没位置。因为预订客人晚到意味着空台，翻台率就会下降，这时候分店就会把客人预订好的位置让给别的客人。分店考核"翻台率"，结果反而造成了客户满意度的下降。

2）啼笑皆非的KPI

为了提高服务员的服务质量，海底捞曾经在考核服务员时设置了非常细化的KPI。比如，客人杯子里的水不能低于多少，客人戴眼镜一定要给眼镜布，客人的手机一定要拿套子装上，否则就扣分。只要一考核，结果就演变成只要来一个客人服务员都送眼镜布。客户说豆浆我不喝了，不用加了，不行，必须给你加上。最好笑的是手机套。有的客人说不用，服务员说我给你套上吧，客人说真不用，结果服务员会趁客人不注意的时候，把手机抓过去给套上。

3）难以落地的KPI

海底捞在给员工提供住宿方面有一个KPI：员工从餐厅到宿舍步行不能超过20分钟。因为员工下班很晚，如果走得远的话就太累了。我们都知道餐厅一般都设在繁华地段，离繁华地段只有20分钟路程的地方都是很贵的小区，而海底捞依然坚持在高档小区给员工租房子。网上很多文章对于海底捞这个指标的设置都是一片赞誉，认为是对员工关怀的管理典范，但是从绩效考核角度来讲，这实在是很奇怪的一项KPI。繁华闹市区的房子房租高暂且不谈，更为突出的是往往一房难求，海底捞一家分店这么多员工，哪里能找到这么多房源呢？这项指标真的是看上去很美，实则很难落地。

4）走向极端的绩效考核

正因为海底捞在KPI设置上走过这么多的弯路，因此海底捞的董事长张勇干脆去掉了所有客观、量化的绩效考核指标，走向了另一个极端。他主要选取三个主观评价指标：顾客满意度、员工积极性和干部培养数量。对顾客满意度的考核方式，是派区域经理去分店巡查，询问店长关于客人的满意情况；对员工积极性的考核方式，是以上司评价为主，以抽查和派遣"神秘访客"为辅；对干部培养数量的考核方式，是看管理者培养了多少个分店店长和一级店店长。而上述所有的考核，全都是上级的主观评价。这种完全主观的绩效评价非常容易导致争议，会为企业带来大量的管理成本。

以上就是海底捞在KPI绩效考核实践中走过的一些弯路。通过总结，我们能够发现，企业在设置KPI时有几点值得重视：

第一，指标不能太单一，既要有客观定量的，也要有主观定性的。这些KPI结合工作岗位合理设置，科学分配权重，让它们彼此配合，才能发挥真正的作用。

第二，指标设置要合理，让员工或部门承担超出其职责和权限范围的指标会让他们觉得不公平，这就要求管理者找出能真正起作用、能落地执行的指标。

资料来源　佚名. 海底捞在KPI绩效考核实践中走过的一些弯路［EB/OL］.［2023-06-23］. https：//www.hrsee.com/? id=867.

思考与讨论：

（1）海底捞的KPI存在什么问题？

（2）应该如何理解并改正海底捞的KPI？

第9章 目标与关键成果（OKR）及其应用

学习目标

✔ 熟悉OKR的概念及特点
✔ 了解OKR的产生与发展
✔ 掌握OKR的设计与实施
✔ 懂得实施OKR需要的条件和环境

引例　　　　　　　　　　**谷歌的OKR实践**

谷歌（Google）旗下风投机构谷歌投资（Google Ventures）的合伙人瑞克·克劳（Rick Klau）在谷歌负责博客平台Blogger时，每个季度都会制定几项目标，其中有一个季度的目标是"增强Blogger的声望"——当时Blogger虽然已经规模很大，但人气正在被Tumblr等新兴平台蚕食。针对这一目标，克劳列出了5个非常容易衡量的关键成果（OKR），包括在3场业界大型活动上做演讲、协调Blogger10周年庆公关活动、创建官方Twitter账号并定期参与讨论，等等。

克劳还表示，谷歌既有年度OKR，也有季度OKR：年度OKR统领全年，但并非固定不变，而是可以及时调整；季度OKR则是一旦确定就不能改变的。此外，谷歌从公司、团队、经理到个人都有不同层级的OKR，所有这些OKR共同确保公司按计划正常运营。

谷歌员工通常每季度会制定4~6个OKR，目标太多也会令人焦头烂额。到了季度末，员工需要给自己的OKR打分——这个打分过程只需花费几分钟时间，分数的范围在0到1之间，而最理想的得分是在0.6到0.7之间。如果达到1分，说明目标定得太低；如果低于0.4分，则说明工作方法可能存在问题。

在谷歌，上至CEO，下至每一位基层员工，所有人的OKR都是对内公开的，所有人都能在员工名录上查到任何一位同事的当前OKR和以往的OKR评分。OKR的公开化有助于谷歌员工了解同事的工作。例如，克劳负责YouTube网站主页时，有些同事可能想在YouTube上放一段产品推广视频，这时候他们可以查看克劳的OKR，了解一下他在当季度的工作，从而判断该如何与YouTube团队协商这件事。

OKR不是决定员工晋升的一项指标，但是它可以帮助员工关注自己取得的成绩。克劳表示，他为晋升做准备时，只需看一下自己的OKR，就能对自己为公司做过的事情一目了然。

资料来源 李大海. OKR——科技企业的目标管理 [EB/OL]. [2023-06-23]. https://zhuanlan.zhihu.com/p/22789913.3

通过以上案例，我们可以思考并讨论：OKR是什么？有何特点？谷歌是如何实施OKR的？谷歌的OKR实践究竟能带给我们什么启示呢？

9.1 目标与关键成果的概念及特点

目标与关键成果（objective and key results，OKR）技术源自管理实践，是在传统目标管理（MBO）法的基础上进行的改造和创新。学者们普遍认为，OKR起源于英特尔（Intel）公司，英特尔公司的CEO安迪·格鲁夫（Andy Grove）是OKR之父。作为英特尔公司的创始人和CEO，安迪·格鲁夫带领英特尔公司成为全球电脑微处理器的霸主。同时，安迪·格鲁夫还对管理学大师彼得·德鲁克（Peter F.Drucker）推崇备至。

保罗·R.尼文（Paul R. Niven）和本·拉莫尔特（Ben Lamorte）在其所著的关于OKR的书中，将OKR定义为"一个重要的思考框架与一门不断发展的学科，旨在确保员工共同工作，并集中精力做出可衡量的贡献"[1]。OKR技术是一种程序或过程，它是根据组织的使命、愿景，通过组织内部的协商与决策，明确组织在一定时期内的目标以及该目标产生的可衡量的关键成果，由此帮助组织中的成员明确目标及努力的方向，并将这些关键成果的完成情况作为考核组织绩效的标准。

OKR由两部分组成：目标（O）和关键成果（KR）。目标是对企业将在预期的方向上取得的成果的描述，它主要回答的是"我们希望做什么"的问题；关键成果是对既定目标成果的定量描述，它主要回答的是"我们如何知晓实现了目标"的问题。

OKR的目标是相对模糊的，它更关注提出极具挑战性和追踪意义的方向。OKR强调通过企业对自身业务、资源，外部市场，竞争对手的分析，找到能够让企业在竞争中制胜的方向，并持续聚焦在这个方向上，寻求突破，因此OKR倾向于在正确的方向上努力，通过激发员工的热情，得到超出预期的结果。相比于KPI关注有能力完成的指标，衡量OKR设计得是否理想的一条重要标准，就是目标是否具有挑战性和超越性。

具体而言，OKR技术是一个批判性的思维框架和持续性的行为准则，旨在

---

[1] NIVEN P R, LAMORTE B.Objectives and key results: driving focus, alignment, and engagement with OKRs [M]. Hoboken, NJ: John Wiley & Sons, 2016.

确保员工共同努力，集中精力做出可衡量的贡献以推动企业的进步。目标概述了一个含义较广泛的定性目标，旨在推动组织朝着期望的方向前进。一个措辞良好的目标是有时间限制的，并且应该起到激发团队共同想象力的作用。关键成果是一个定量陈述，用于衡量一个给定目标的实现情况。关键成果的难点和最终价值在于迫使人们量化目标中看似模糊的词语。人们必须明确对目标的描述在所处的独特的商业环境中对于组织意味着什么。

彼得·德鲁克认为："管理者必须把优势和机会进行匹配。"传统绩效评估过多关注员工的不足，而对员工的优势关注不够；更多关注过去的问题，而不着眼于当前和未来的机会。与之相比，OKR克服了传统绩效评估的不足，更加关注员工和机会。

OKR的目标包含KPI和目标值，只不过这里的KPI强调目标的可衡量性，不能是空洞的目标。OKR重要的进步就在"KR"上，战略绩效管理的十大核心理念中，最重要的就是"所有的目标都是通过行动实现的"。OKR的文化与价值观，体现的是美国麻省理工学院教授、行为科学家麦格雷戈于1957年提出的Y理论。该理论要求管理者根据每个人的爱好和特长，为其安排具有吸引力的工作，发挥其主动性和创造性；同时要重视人的主动特征，把责任最大限度地交给每个人，相信他们能自觉完成工作任务。

OKR技术可以对所制定的绩效目标进行跟踪，并对目标的实现状况进行了解与分析。这种新兴的绩效考核工具，能够让企业对宏观目标的关键成果进行分解，有利于关键目标的实施。在企业开展目标管理的过程中，OKR无疑能够对其管理系统进行简化，将企业目标管理彻底地落实到每一个部门或岗位。为企业在发展过程中的某一个项目设定合理的目标非常关键，这个关键的目标设定可以成为影响企业未来发展的决定性因素。

OKR技术还具备以下几个方面的特征：

（1）简捷。这里所指的简捷体现在每一个参与考核者的目标并不会超过5个，同时每一个目标中所要体现的关键成果也会控制在4个以内。如果OKR过多会让整个操作过程更加杂乱，导致其目标重点有所迷失。当谈到目标设定时，格鲁夫强调"少即是多"：OKR系统应该为企业提供最卓越的东西，即"聚焦"，而只有将目标的数量保持在很少时，才会真正聚焦于此。

（2）直接。在设定目标时，每一个关键成果都需要与目标形成一定的对应，而且其目标必须要靠自身来实现。OKR是一种需要量化的考核方式，考核指标的设置是一个不断追求进步的过程，每个员工的OKR指标对整个企业是透明的。

（3）公开。顾名思义，公开就是将最后的评估结果对整个企业公开，但OKR评分并不一定与薪酬、奖惩挂钩。让团队的目标统一化，既可以促进团队之间的合作，体现出评估的公平性，又能够对被考核者自我形成一定的激励。

9.2 OKR的产生与发展

1976年左右，英特尔公司为实现从存储器向处理器的转型，希望找到一个方法，同步工作重心、统御工作目标，实现"上下协同"的一致性。当时，担任英特尔公司CEO的安迪·格鲁夫，打着"HOM"（high output management）的大旗，在彼得·德鲁克提出的目标管理法（MBO）的基础上，结合英特尔公司内部的管理实际与当时的经济环境，对MBO模型进行了一些改进、创新，提出了"OKR"的概念。

在格鲁夫看来，一个成功的MBO系统需要回答两个问题：第一，我想去哪儿即目标（objectives）是什么？第二，我如何调整节奏以确保我正往那儿去？对第二个问题的回答，实际上就开创了一场变革，变成后来被人们所熟知的"关键成果"（key results），这些成果被附加到目标之中，成为OKR。

格鲁夫在英特尔公司推行OKR有四个特点：

（1）必须制定目标，但是限制目标的个数。

（2）制定目标和关键成果不是一蹴而就、一步到位的，而是要不断地调整和改善，即以更频繁的节奏去设定OKR。这种节奏不是以年为单位，而是推荐以季度甚至月度为单位。为了快速响应外部变化，同时也为了把快速反馈的文化带到组织内部，格鲁夫坚持认为，员工提出的OKR不应被视作白纸黑字的"正式文件"而限制员工能力的发挥，不能以此去单一评判员工的绩效。他认为OKR仅仅是员工绩效的一个输入。

（3）制定OKR要兼顾自上而下和自下而上的方式。格鲁夫认为员工主动参与的天性可以培育出良好的自我管理能力并提升其动机水平。

（4）强调挑战性目标的重要性。由于现代信息技术的发展速度极快，尤其是信息处理系统存在摩尔定律，迭代效应突出，作为全球电脑微处理器霸主的英特尔公司，也时时处在危机感之中。所以，强调并能不断地提出挑战性目标是非常重要的。这是一个赢者通吃的领域，你必须永远处在领跑者的地位。

当时在英特尔担任高级副总裁的约翰·杜尔（John Doerr）对这套OKR技术深以为然。1999年已经是知名风投公司凯鹏华盈（KPCB）合伙人的约翰·杜尔，因投资谷歌而成为谷歌的董事，于是他把这套技术介绍给了谷歌。经过几个季度的尝试和纠结，OKR在谷歌终于得以实施。后来，谷歌又在其所有投资的企业专门进行OKR技术的培训和实施。随着谷歌的不断发展壮大，关于谷歌的管理研究成为热点，OKR亦随之传播开来。诸多企业开始关注并尝试将OKR与自身企业实际相结合进行应用。到了2013年，瑞克·克劳发布了一段关于OKR的视频，使得OKR在全球开始风靡。

日益迭代的互联网信息技术影响着世界经济社会的格局，并为经济增长带来强劲动力，特别是近几年大数据、云计算、人工智能等先进技术正在改变着各行各业的经营模式，使得企业运营日益灵活化、平台化和扁平化，迫切要求企业变革管理方式。OKR具有易于理解和操作、兼顾自上而下和自下而上两种方式、更加强调目标等特点，在一定程度上避免了传统的MBO、KPI和BSC等考核工具的缺点，从而受到众多公司尤其是互联网公司的热捧。在国外，使用OKR的有谷歌、脸书（Facebook）、甲骨文（Oracle）、领英（LinkedIn）、推特（Twitter）、星佳（Zynga）、优步（Uber）、西尔斯（Sears）等许多知名公司。同时，OKR的思想也被引用到我国的互联网技术、风投和文化创意等新兴产业中，并引起国内传统行业的广泛关注。

随着现代管理理念的不断发展，企业绩效管理工作也发生了较大的变化。在此过程中，人们所了解的传统绩效管理技术受到了一定的质疑，OKR技术大有替代的趋势。但是，许多有识之士也认为，在进行绩效管理的过程中，切不可盲目追随某一种技术或模式，而是要结合企业自身的实际需要，做出科学合理的选择。

尽管OKR风靡世界，相比于实践研究来说，国外关于OKR的理论研究相对较少，业界和学界大多尚处于认识阶段，也未达到系统性理解的程度。与对OKR管理实践的高热度关注相比，目前国内外关于OKR的文献较少，现有文献大部分讨论的是OKR在几家著名的企业（比如谷歌、英特尔等）中的实践应用。根据保罗·R.尼文和本·拉莫尔特在2016年合作出版的《目标与关键成果法：OKRs驱动下的聚焦、调整与参与》（Objectives and Key Results：Driving Focus，Alignment，and Engagement with OKRs）的描述，虽然OKR最初适用于拥有扁平组织框架的互联网公司，但是好的管理方法会随着实践的进步不断地改进并完善，其他类型的组织在运用OKR提高绩效管理水平时，应当根据自身组织结构与企业文化进行适当的调整。科学的方法总能够经得起时间的检验，OKR的发展历史相比其他传统的绩效管理方法虽然短暂，但是通过越来越多的企业的实践，这一方法自身也会得到不断的完善。

相比国外，国内关于OKR的研究主要集中于对OKR的介绍和OKR与KPI等绩效考核工具的比较。在中国知网（CNKI）全文数据库（期刊、学位论文、报纸）中以"OKR"为关键词进行检索，其中涉及"OKR"概念的文献不到100篇（截至2020年7月），国内最早关于OKR的论文是在2014年发表的，作者主要将OKR与KPI进行比较分析，认为企业更应该关注绩效管理的核心，即绩效改善。

9.3　OKR体系的设计与实施

OKR的设计是一个多向互动的过程。从彼得·德鲁克的"目标管理"到安迪·格鲁夫的"OKR探索：高产出管理"，再到谷歌的OKR模型，始终强调"方向的一致性"、"员工的主动性"和"跨部门协作"，这三个特征分别代表了OKR在设计过程中的三种沟通模式。

作为实施OKR的先发企业，谷歌的OKR体系是OKR运作的典型代表。

谷歌将OKR划分为四个层级，由上至下依次是：公司层级OKR，指企业核心发展战略目标及关键成果，阐述企业的核心目标和预期；部门层级OKR，指企业各部门的目标及关键成果，描述各个业务单元的目标和预期；团队层级OKR，指企业各服务或产品线的目标及关键成果，描述团队的目标和预期；个人层级OKR，指员工的目标及关键成果，描述组织认可的员工的工作目标和预期。

谷歌衡量OKR的设置是否理想的标准在于其挑战性，对各层级的目标及关键成果定期进行回顾，对目标进行打分，分值范围为0~1.0。得分为0.8分及以上，说明目标的挑战性不足；得分为0.6~0.7分，说明目标设置得恰到好处（谷歌称之为sweet spot）；得分为0.4分及以下，说明目标的挑战性较高，需要重新判断该目标是否需要继续达成。

从打分体系中可以看出，谷歌的OKR强调企业方向的一致性、员工的主动性和跨部门协作，并持续聚焦于设定的关键目标，获取竞争优势。

谷歌的OKR绩效考评主要包含六个方面：

① 半年度和年度绩效评估。每季度进行一次OKR的设置及回顾，绩效评估的频率通常不采用季度模式，而是半年或者一年一次。

② 员工自评。在半年度或年度评估时，由员工对过去半年的目标及关键成果进行总结，使公司能够通过员工自我价值的实现来驱动员工的主动性和积极性。

③ 同事反馈。通常邀请合作伙伴、其他部门协作的同事进行评估。

④ 上级评估。上级根据员工的季度表现、员工自评与同事反馈以及其他因素为员工的绩效打分。

⑤ 绩效校准。参与打分的上级组成校准委员会，阐明打分理由，保证评估的公平性、可信度和高效性。

⑥ 绩效面谈。经理进行奖励分配谈话与员工发展谈话。

通过以上介绍我们可以看到，谷歌的OKR体系非常注重员工的自我价值驱动，这大大提升了员工工作的激情与发展潜力，使得谷歌能够迅速捕捉竞争优势。但是，OKR在谷歌获取的巨大成功也取决于很多特定因素。例如，谷歌身处互联网行业，外部环境变化迅速，这使得目标设定频率合理且恰当；谷歌员工的知识水平普遍较高，自我价值驱动法能获取较好的反馈。

9.3.1　构建OKR体系的准备

成功构建OKR的关键是整个方法得到管理层的支持。组织中的领导者在推进一项新的计划时起到的是示范性作用。对于计划的实施考虑周全且有责任感的领导，往往能够考虑到组织成员的主动性及预期的细节，这对于计划的顺利实施至关重要，成功构建OKR也是一样。

OKR可以从三个层面着手构建，分别是公司层面、部门层面以及项目层面。从公司层面开始构建OKR清楚地传达了组织最关注的内容，代表执行团队的承诺和责任，并为以后在公司的较低层次构建OKR提供了基础。这种方法将公司的战略目标简化为OKR，要让所有员工有时间消化这一想法，并见证它如何帮助组织改变结果。

为了限制下行风险，一些组织会选择在部门层面开始OKR计划。这需要部门层面拥有一位深刻理解OKR内部运作的领导者，并相信OKR框架能够产生真正的商业成果。这种方法一般先在少数团队试点运行，他们获得成功后，也能吸引其他渴望成功的团队模仿他们。但这一做法的风险是，一旦试点团队没有达到预期的关键成果，其他团队会强烈抵制这一计划。

从项目层面开始构建OKR，需要先考虑项目的目标，衡量项目的投资和可能得到的关键成果。这种方法有助于构建概念，为相关术语创造畅通的传播渠道，并有望改善项目的管理纪律。这是构建OKR的方法之一，但大多数组织并不适合采用这种方法。任何组织花费了时间和金钱投资的项目都必须与组织的总体战略（以及愿景和使命）联系起来。有了这些条件，组织将更有可能通过在组织整体层面应用OKR来加速计划的执行。

9.3.2 如何构建有效的OKR体系

1）设立强有力的目标

（1）目标应满足的条件

① 目标应该能够鼓舞人心。一个好的目标会使绩效实施者感到自己正在自我挑战，更大胆地创造事物。

② 目标应该迫使人们在更高的绩效标准上发挥潜力，在不同程度上思考目标的内在挑战和解决方案。

③ 目标是可实现的。不切实际的目标只会打击绩效实施者的信心和前进的动力。

④ 目标的实现是有时间限制的。要规定在一定时间内完成多少任务以达到什么样的效果。

⑤ 目标应该是团队协商的结果，而不是少数人的决定。

⑥ 目标应该具有商业价值，并且是一种定性而非定量的描述。

（2）设立目标的基本原则

设立目标的具体方法有很多种，但是都应遵循以下基本原则：

① 要避免重复或保持现状。设立目标应当避免重复地回顾所做的事情，而应当找出新的目标，不断试探和突破能力的边缘。

② 要运用澄清式提问。设立目标时，通常会有想法和概念上的冲击，这些

想法和概念具有很大价值，但经常被隐藏在模糊的措辞中，因此应当明确这些想法和概念的具体含义。

③ 要使用积极的语言。研究表明，如果要达到某种效果，我们需要获得更多的选择方式，而不是通过避免做一些事情达到目的。用积极的语言进行目标的构建，有助于激发更多的创造性思维。

④ 要利用简单的规则。虽然头脑风暴仍然是帮助我们得到结论的最流行的工具，但事实是，从一片空白的状态开始实际上会抑制我们的创造力。因此，在设定目标之前，应当制定一套简单的规则以规定界限。

⑤ 要从一个动词开始。这是一个很简单但常常被人们忽略的技巧。一个目标是一个简洁的陈述，概述了一个含义广泛的定性目标，旨在推动组织朝着一个期望的方向前进。这意味着每一个目标都要以动词来表示行动和期望的方向。

⑥ 思考是什么阻碍了计划的实施。认识和克服问题以改善处境的能力，能够帮助我们从一个明确的出发点出发，探讨目标的实现问题。

2）描述关键成果

有效的关键成果有许多特征，我们可以概括为七个：

第一，可量化性。目标是定性的，代表期望的行动，而关键成果必然是定量的，因此我们可以用数字来确定我们是否实现了目标。它可以是一个金额、百分比，或其他形式的定量数据。

第二，挑战性。设置较高的预期成果可以提高工作效率和工作满意度；相反，如果设定较容易达到的结果，在达到后绩效实施者的动机和能力水平很可能会降低。因此，在制定关键成果时应当尽量扩大界限，以挑战团队不同的想法。

第三，具体性。澄清术语和概念，确保理解的一致性，在设置关键成果时至关重要，这样才能促进团队间的沟通，避免因歧义而引起误解。

第四，成果归属性。在设置关键成果的时候，一定要确认相应的责任人员。那些负责传递关键成果的人必须积极地参与这个过程，并准备好寻找创新的方法来执行自己的任务。

第五，进度可控性。关键成果应当是包含关键时间节点并且可跟进的。绩效实施者必须经常展示自己的进步。如果绩效实施者无法确定能否在截止日期前达到关键成果，就应当通过定期的检查来控制进度并且提高达到关键成果的可能性。

第六，协调性。在制定关键成果时，应当由团队重新审视这些成果的重要性，并且通过绩效实施者和其团队的相互配合，获得团队的支持。

第七，正确导向性。有效的关键成果应能驱动正确的行为。有时投入的目标会使决策失误，导致错误的行为，因此应当仔细考虑所制定的每一个关键成果可能在人们身上引发的行为。有时尽管一项措施是出于高尚的动机而设计的，但可能导致一种产生反作用的行为，这些都是需要事先注意避免的。

9.3.3 OKR体系的实施流程

在实施OKR体系的过程中，需要制定规范的流程，以保证操作的规范化和标准化。其主要步骤可分为以下几点：

1）**设定目标：围绕组织战略确定年度目标和季度目标**

德鲁克认为，无论最高层的管理者，还是基层的员工，各个层面的组织人员都必须有内容明确、方便操作的工作目标。这些目标应包括一些具体内容，如实现怎样的绩效、要求管理者做出怎样的贡献等。进行目标管理的首要问题是设定目标。

首先，必须定义企业的战略。要系统考虑企业各个层面的问题，包括企业的现状、未来的发展状况以及整个行业的发展态势，还要考虑可能出现的风险以及各种机遇。企业的主要目标必须能涵盖企业的主要领域，而且要清晰明确，并提供能对实际工作做定期检查的基础和平台，以及进一步改进的措施。

其次，进行战略目标分解。一般战略规划的时间长度是三年，先按年度分解战略目标，明确先做什么再做什么，最后会如何发展，再从年度目标细分到季度目标，从而将整个战略层层分解、具体实施。

2）**明确每个目标的关键成果：从季度目标到关键成果的分解**

目标既要有年度关键成果，也要有季度关键成果。年度关键成果统领全年，但并非固定不变，而是可以及时调整，但调整要经过批准；季度关键成果则是一旦确定就不能改变的。在这里要切记，可以调整的是关键成果，而不是目标，也就是说，目标不能调整，关键成果可以不断完善。另外，设定的关键成果也必须是管理者与员工直接充分沟通后达成的共识。

3）**推进执行：从关键成果到行动计划**

有了关键成果（期望的结果）后，就要围绕这些具体的目标来分解任务了。所以，每项关键成果就会派生出一系列的任务，交给不同的同事负责。关键成果负责人就成了名副其实的项目经理，负责组织、协调团队成员。因此，负责关键成果的项目经理应当是团队非常重要的成员，他能够调度和影响企业资源，如果他还不具备这种能力，就不能把这项权力交给他。另外，项目经理和企业决策者之间应当保持绝对顺畅的沟通。

4）**定期回顾**

每个季度做回顾。到了季度末，员工需要给自己的关键成果的完成情况和完成质量打分——这个打分过程只需花费几分钟时间，分数的范围在0到1之间，而最理想的得分是在0.6到0.7之间。

每个员工在每个季度初需要确定自己本季度的OKR，在一个季度结束后需要根据自己这个季度的工作完成情况给OKR打分。每半年，公司要进行一次绩效评估，主要是评估员工过去半年的绩效。有的公司会根据绩效评估的结果变更员工的业务职级和薪酬等级，而有的公司，绩效评估结果不与薪酬挂钩。值得一提的是，所有人的绩效评估成绩、内容及级别都是全公司共享的。这个对于很多公司来说是不可想象的，但是这一方面可以做到更为公平和透明，另一方面也给每位同事提供了更好的学习和成长的样本，激励大家在工作中接受更高的挑战和更严格地要求自己。

此外，根据相关实践研究，在运用OKR进行绩效管理的过程中，应当时刻关注并落实好以下问题：①了解为什么要实施OKR；②获得高层管理者的支持；③开展OKR培训；④确保战略到位；⑤制定量化目标；⑥避免所有"自上而下"的OKR；⑦确定解决问题的关键成果；⑧采用一致的评分系统；⑨避免"设置后即遗忘"的综合征；⑩保持OKR可持续实施。

9.4　OKR的实施条件及适用对象

传统工业时代的管理模式往往应变能力较弱，特别是在目标快速变化的情况下，调整难度非常大。进入互联网、大数据时代，企业需要更灵活、顺应变化的组织模式，更具创新性、更符合人性的管理方式和工具，而OKR适应了很多企业尤其是互联网企业的管理需要。OKR能够适应外部环境的快速变化，让团队增强目标感，放弃对员工的过程控制，发挥员工潜力。在传统企业转型迈向新组织的过程中，绩效管理体系发生改变，从"以结果为导向"逐渐转变为"以客户为导向"，绩效指标的特点是过程与结果并重。相比之下，OKR更适合互联网企业扁平化、项目式的组织管理模式，将企业资源更多聚焦到目标与关键成果上。传统的绩效管理方法主要强调对员工的指标控制，旨在进行"目标引导"和"制度约束"。这种强调制度主义、控制导向和按部就班的做法，适合于工业经济时代相对稳定的经营环境。在互联网经济时代，企业需要实施积极正面的价值观管理，通常靠企业愿景和文化驱动，其在组织管理、客户管理和绩效管理上与传统的企业管理有显著区别。

OKR绩效管理体系虽然具有传统绩效管理体系所不具有的许多优点，但实际上并不是所有的企业都适合选用这种绩效管理工具，因为其对企业的内外部环境有一定要求。

1）对管理者的要求更高

OKR绩效管理体系需要一个比较开放和宽松的绩效管理环境，绩效实施者的自由度比较高。宽松就意味着结果不好预测，同时对绩效实施者更难以管理和协调，这就需要管理者具备较强的管理能力，甚至要具备一定的领导能力，才能让绩效实施者在宽松的环境中发挥各自的特长，并实现各自的绩效目标。

2）更适合不断创新的企业

由于OKR的目标是相对模糊的，所以它更关注提出极具挑战性和追踪意义的方向。OKR强调企业通过对自身业务、资源，外部市场，竞争对手的分析，找到能够在竞争中制胜的方向，并持续聚焦在这个方向上，寻求突破，因此OKR倾向于在正确的方向上努力，通过激发员工的热情，得到超出预期的结果。

从OKR的特点可以发现，整个OKR绩效管理体系更强调绩效实施者的主动性和创造性，因为绩效实施者需要根据不同的目标来设计相应的关键成果指标。因此，在这样的绩效管理体系下，绩效实施者往往是凭借自己的能力在不断地解决各种各样的问题，所以OKR绩效管理体系更适合需要不断提供创意和创新的企业，例如需要灵活应对市场不确定性的互联网创新型企业，需要提高团队协作能力的知识服务型企业，需要建立跨部门协作的执行能力的业务转型期企业等。

OKR已在世界范围内推广，也有不少成功案例，但使用OKR的群体主要是互联网企业。这主要是由互联网企业所面临的外部环境、人员结构、工作内容和管理模式所决定的。OKR为互联网企业面临的一系列问题提供了一条可行的解决途径，是一种比KPI更加有效的管理工具。不仅是互联网企业，那些处于快速变化环境中，需要通过不断创新和跨部门的有效协作来实现组织和个人绩效提升的企业，都可以将OKR视为一种可采纳的工具。

3）需要进行战略与组织调整

对于原先采用传统KPI方法的企业来说，在实施OKR之前，首先要进行组织支持策略（组织文化、组织结构和企业制度）调整和分层推进的导入策略调整，即由高层管理者牵头，将OKR的理念和原则向中层管理者传达，中层管理者按照所在部门的情况编制具体的材料向基层管理者讲授，基层管理者再按照更细致的团队情况或岗位情况向员工讲授目标的设定方法和关键成果的基本特征，帮助员工顺利实施首次OKR。

由于传统企业多数采取直线职能型结构，部门之间通过分工与协作的方式进行价值创造活动，形成了一种垂直型管理模式。这类企业要想实施OKR，必须改变企业形态，颠覆分工与协作的方式，为新组织设计"三引擎模型"，通过流程管理将目标与关键成果统一起来。将分享式领导和OKR应用于自组织中，对于提高自组织的环境适应能力、进行自我优化和完善有重要的作用。分享式领导是OKR得以执行的前提，同时OKR是分享式领导有效性的保障。有人基于OKR思想设计并建立了一个高效稳定的、易于扩展的OKR看板协作平台，为企业管理者提供了一种新型的管理思路。

4）需要全面借助信息管理系统

OKR绩效管理体系的设计与实施需要借助信息管理系统来实现，基于系统整体的需求分析、项目可行性分析，搭建OKR统一管理平台，主要包括数据库设计和系统结构设计。同时，在移动互联和大数据甚至人工智能时代，企业必须将OKR思想运用到相关业务的管理实践中，这样才能使任务更加明确，以简单、量化的方式和科技手段解决复杂问题，并使OKR易于普及、实施。

总之，是否实施OKR，需要根据企业/部门的内外部环境来决定。创新驱动的企业/岗位、中等规模以上的企业、业务转型企业适合采用OKR。企业在实施

OKR之前，需要建立相应的配套机制以解决后续激励问题，同时要依靠其他配套方法评估、选拔员工。

9.5 \ OKR与传统绩效管理的比较

9.5.1　OKR与MBO、KPI、BSC的比较

OKR技术与传统的绩效考核技术如MBO、KPI、BSC之间既有联系也有区别。根据相关研究，简单介绍如下：

1）OKR与MBO的比较

OKR与MBO的区别主要在于目标的超前性和灵活性。在信息科技日新月异、环境急速变化与企业竞争白热化的当今时代，OKR更能体现企业目标的明确性。MBO在管理上虽然也力求使目标简单明确，但更多关注目标执行过程与结果的关系，造成了较多的管理束缚。OKR在关键成果的设定上不求过多，一般不超过5个，而且体现挑战性和前瞻性，这便于企业将主要精力放在这些关键成果上，避免陷入贪大求全、精力分散的误区。

2）OKR与KPI的比较

OKR与KPI一样，都关注目标及其实现情况，但是OKR更加强调对目标与工作进度的管理，侧重对员工进行时时提醒，让其能够时刻了解目前的任务进展以及与相应目标之间的动态距离。也许可以说，KPI主要是一种目标分解工具，而OKR则是一种目标运行和管理工具。

KPI和OKR都强调指标制定与分解，但是KPI的指标制定是刚性的，前提是要有明确的组织战略规划和组织目标，然后才能对组织战略规划与组织目标进行分解以形成指标，再将指标层层分解到岗位或个人，最终形成具体可执行的绩效指标，而OKR的指标制定则相对要模糊一些。由于很多企业是在具有不确定性的环境中摸索前行的，组织战略规划和组织目标并未完全清晰，所以不可能单纯依靠由上而下的既定目标来层层分解和制定指标，而是更加需要上下级之间的互动以及所有员工的主观能动性和积极进取精神，这也就是说围绕组织战略规划与组织目标所形成的指标是可以灵活修正的。但是，即使组织战略规划与组织目标是模糊的，前进的方向无疑是确定的，目标的进展及其相应的关键成果也是明确的，这又反过来能够促进组织战略规划与组织目标的清晰化。OKR的这个特点是KPI无法达到的。

所以说，传统产业及其企业在经营管理上有着比较稳定的硬性要素与规则，对必须达到的结果可以用KPI来表示，而现代知识型企业或互联网企业可能更偏向于柔性化管理和项目化运作，因而可以运用OKR以及时适应用户和市场的变化并调整目标和指标。

KPI有两个缺陷：一是有些值得做的工作在计划阶段可能无法测量，导致目标虚化，如在期末以此目标考核KPI则可能流于形式；二是在信息不对称的情况下，特别是在个人利益与组织利益冲突时，被考核者为了追求个人利益会倾向于选择容易实现的KPI，在博弈中损害组织长远利益。而OKR则有利于避免以上弊端。

3）OKR与BSC的比较

与BSC相比，OKR对组织目标的聚焦性更为显著。互联网企业在设置OKR时，一般针对企业实际情况考虑重点目标，而不需要类似于BSC那样考核各个层面的指标，并针对该目标设定可以量化的关键成果，来帮助自己实现目标。

OKR的指标设定更加灵活和突出重点。BSC强调财务、顾客、内部业务流程、学习与成长等各维度的完整指标体系，追求面面俱到。OKR则回归到"用户导向"的业务本质，遵循20/80原则，重点强调价值创造。OKR强调上下互动的目标分解，试图将BSC与KPI有机结合，既是工作分解工具，也是责任分解工具。

相比于传统的MBO、KPI和BSC，OKR既以产出为导向，也以过程为导向，既关注目标的实现，也关注成果的实现，体现了现代绩效管理的基本宗旨和特点，即本书在第一章所定义的：绩效管理是对组织和员工的行为与结果进行管理的一个系统，是一系列充分发挥每个员工潜力、提高其绩效，并通过将员工的个人目标与企业战略结合以提高组织绩效的过程。

9.5.2　OKR绩效管理体系与传统绩效管理体系的比较

1）OKR绩效管理体系与传统绩效管理体系的区别

（1）绩效指标由绩效实施者（被考核者）设计，绩效督导者（或上级管理者）负责把关。

在传统绩效管理体系中，绩效指标主要是由绩效督导者根据企业战略目标的分解来制定的，包括绩效指标选取、权重分配、数据来源及处理、计分规则等，在初步制定完成后，再与绩效实施者进行沟通和确认。而在OKR绩效管理体系中，绩效实施者承担了制定绩效指标的主要工作，绩效督导者只负责把关。

在OKR绩效管理体系中，绩效目标制定以后，绩效实施者首先要根据绩效目标设计出3～5个关键成果指标。这些关键成果指标要符合以下要求：一是必须全部量化，指标原始数据采集方便，以便进行绩效评估；二是必须要相对于目标体现出关键性，也就是说，这些指标必须能够有效反映出目标的实现情况。

绩效实施者拟定好关键成果指标后，由绩效督导者进行把关。绩效督导者在把关时主要注意以下几个方面：一要确定绩效实施者所提出的指标的关键性；二要确定绩效实施者所提出的指标的目标值是否合理，是否能够支撑绩效目标的实现。如果绩效实施者在这些方面存在不足的话，绩效督导者要与其进行沟通和调整。

由于OKR多用于团队工作环境中，所以在绩效指标制定阶段还可能出现某一位绩效实施者所提出的关键成果指标与其他绩效实施者所提出的关键成果指标相同的情况。在这种情况下，绩效督导者一般会与绩效实施者沟通，在充分尊重其意愿和平衡绩效目标实现情况的前提下进行调整。

另外，关键成果指标中各指标的来源、权重分配、计算方式等都与传统绩效管理中的操作方式大致相同。

（2）绩效评估结果主要代表工作进展情况，一般不再应用于薪酬奖惩。

在传统绩效管理体系中，绩效评估结果一个非常重要的应用，就是作为绩效实施者绩效工资的发放依据，有些企业甚至将其作为绩效结果的唯一应用。

而在OKR绩效管理体系中，其绩效评估结果一般不再直接应用于薪酬，绩效实施者的绩效工资与奖金大多是通过同行评估（peer review）来实现的。由于OKR在整个企业中都是透明的，每个人都很容易获得别人的OKR记录，因此绩效评估结果及相关记录主要代表绩效实施者曾经的工作经历，其在绩效管理体系中除了用于绩效改进等外，还可应用在人才测评等方面。

（3）制定的目标有一定的前瞻性和挑战性，能够100%实现的目标并不是最好的，实现率为60%～70%的目标才算优秀。

在传统绩效管理体系中，绩效实施者与绩效督导者所追求的是怎么保证绩效目标100%的实现，甚至是超额实现。而在OKR绩效管理体系中，由于关键成果指标主要是由绩效实施者来制定的，因此，当绩效实施者100%达到关键成果指标所对应的目标值时，往往会被认为其目标值设置过低，没有挑战性。当然，当绩效实施者完成目标值的比例过低，如在40%以下时，绩效督导者就会与绩效实施者一起研究其中的原因。当绩效目标值被绩效实施者完成60%～70%时，往往被认为是最理想的情况。

（4）员工在工作中的满意度是重要的激励手段，薪酬激励变为辅助手段。

OKR绩效管理体系与传统绩效管理体系最核心的区别，或者说观念层的区别是对员工激励理念的改变。

在传统绩效管理体系中，人们认为薪酬福利是激励员工最重要的手段之一，所以绩效评估结果的一个重要应用就是去影响绩效实施者的薪酬福利。薪酬福利的激励逻辑就是：当绩效实施者取得好的绩效结果时，就提高其薪酬或奖金；当绩效结果不理想时，就自动降低薪酬福利。也就是，通过绩效实施者对薪酬福利的敏感性和薪酬福利与绩效结果的关联性来实现对绩效实施者的激励。前面已经论述了，这种做法可能导致实际效果并不如想象中的那样好。

而在OKR绩效管理体系中，绩效实施者在绩效目标实现过程中所获得的工作满意度成为其重要的激励手段，而薪酬激励则变成辅助手段。

由于绩效实施者能够自己选择绩效指标，并且设置目标值，这就使得其在绩效管理中的参与度提高，与在传统绩效管理中被动接受绩效指标相比，其对绩效指标与绩效目标的认可度更高，也会更加努力地实现它。其中的原理在心理学上能找到答案，总之，绩效实施者在这个过程中获得了较高的满意度。

绩效实施者所得到的绩效结果更多地被用于证明其工作经历和能力等方面，当绩效实施者实现大家认可的绩效目标时，其能力就得到了证明，故其能够获得极大的满意。

绩效实施者的绩效薪酬是通过同行评估的方式实现的，而同行评估所评价的更多是绩效实施者在实现绩效目标的过程中，协作方对其表现的满意度等方面，而这些方面对于绩效实施者绩效目标的实现更多的是起辅助作用，所以薪酬激励也变为辅助手段了。

除了以上OKR绩效管理体系与传统绩效管理体系存在的差别外，其在很多方面实际上都与传统绩效管理体系保持了一致，或者说得到了延续。

2）OKR绩效管理体系与传统绩效管理体系的相同点

（1）战略目标仍然是绩效管理的核心。

在绩效管理体系服务于企业的战略管理方面，OKR虽然做得比传统绩效管理更彻底，但其仍然保留了自上而下分解企业战略目标以获得各级绩效目标的方法，从而与传统绩效管理一样，使得企业各管理层级的绩效目标能够很好地支撑企业的发展战略。

（2）完整的绩效管理体系仍需遵循和贯彻。

OKR绩效管理与传统绩效管理一样，都具有完整的体系。所不同的是，OKR的绩效结果不再必然应用于绩效实施者的薪酬福利中。

（3）绩效结果及其进展在组织中完全透明。

在传统的绩效管理体系中，由绩效督导者完成对绩效实施者的绩效评估，评估结果得到双方的认可后也会被公开，以增强整个绩效管理工作的公信力。在OKR绩效管理体系中，绩效实施者的评估结果，以及关键成果指标和目标值等文件都全方位公开，以方便相关人员了解某一绩效实施者的绩效情况。

（4）都需要运用关键绩效指标思想。

传统绩效管理体系更多的是采用关键绩效指标的思想，为确保绩效指标的关键性，指标总数一般为4~7个。在OKR绩效管理体系中，关键成果指标的总数则为3~5个，也借用了关键绩效指标的思想。

3）OKR绩效管理体系的优势

与传统绩效管理体系相比，OKR绩效管理体系最突出的一点是，更能有效保障企业战略目标的实现，以及使绩效管理实施过程更为和谐。其具体表现在以下几个方面：

（1）绩效实施者能够更加专注于自己的绩效目标和绩效工作，从而使得绩效目标的实现更有保障。

首先，在OKR绩效管理体系中，关键成果指标及其目标值都是由绩效实施者自己设置的，绩效评估更容易得到绩效实施者的认可，绩效结果更能代表绩效实施者的能力，因而绩效实施者为了证明自己的能力会更专注于自己的绩效工作。

其次，在OKR绩效管理体系中，绩效指标的设置过程体现了对绩效实施者的尊重，因而绩效实施者的积极性会更高，整个绩效管理工作开展起来也会更加和谐。

最后，在OKR绩效管理体系中，由于绩效结果一般不与薪酬挂钩，所以绩效实施者更能放手专注于自己的工作，从而使绩效目标的实现更有保障，同时，绩效实施者对待绩效结果也更加理性和客观，从而避免产生矛盾冲突。

（2）能够有效避免传统绩效管理的三大隐患，降低实现绩效目标的风险，也更能有效地防止绩效主义的产生。

首先，能够最大限度地避免绩效考核中的作弊行为。在OKR绩效管理体系下，绩效结果一般不应用于薪酬调整，所以绩效实施者不会为了追求个人利益而通过作弊等方式去美化自己的绩效结果；同时，由于绩效实施者的绩效目标、关键成果和绩效记录都是高度透明的，任何人的作弊行为都容易曝光。

其次，能够有效避免绩效指标出现设计偏差，或者绩效实施者不主动发现绩效指标的问题或选用有难度的绩效指标的情况。在OKR绩效管理体系中，由于没有绩效结果与薪酬挂钩的后顾之忧，绩效实施者更倾向于挑战自己，以证明自己的能力，所以他们会积极主动地发现绩效指标中存在的问题和选用更具说服力的绩效指标。

我们说，绩效管理是实现战略管理的工具，绩效管理的目的是实现组织的目标。尽管OKR源于互联网企业，但并不是所有的互联网企业均适合采用OKR。尤其是在中国，互联网企业呈现出多种组织形态，应根据自身特点选用合适的绩效管理技术和工具。在企业绩效管理实践中，用得是否顺手、实施效果是否满意、绩效目标能否顺利实现，才是检验这些技术和工具价值的唯一标准。

不管是OKR还是MBO、BSC、KPI，本质上都是实现组织目标的管理工具，它们本身并没有优劣之分，如何最大限度地激发组织员工的内在活力和工作积极性，更为有效地促进和提升组织绩效水平，切实可行地帮助组织不断实现阶段性目标直至最终实现组织战略目标，是选择最佳绩效管理模式及其技术的标准和依据。各个组织都应该根据行业特点、企业文化、管理特征和组织基础，选用适合本组织的绩效管理体系、技术和工具。

拓展阅读
9-3

发挥OKR真
正的价值

学思践悟

绩效管理唤醒组织与个体的韧性活力①

这是一个不确定性越来越大的时代，这是一个充满危机和挑战的时代。从南美洲一只蝴蝶振动翅膀，到黑天鹅事件频发；从灰犀牛闯出，到新冠肺炎疫情蔓

---

① 受篇幅限制，本文内容为节选，全文请参阅微信公众号"新新HR管理"于2020年8月5日发表的文章：《林新奇：绩效管理唤醒组织与个体的韧性活力——危机时，脆弱处，静默建构一致性目标及共识》。

延；从各种文化冲突，到各种逆全球化浪潮凸起。世界，正在经历百年未有之大变局；人类，需要发挥异乎寻常的智慧，化危为机。此时此刻，我们看到，绩效管理唤醒组织与个体的韧性活力：危机时，脆弱处，静默建构一致性目标及共识。

新冠肺炎疫情以及政治、经济、文化、贸易等的冲突将组织决策主体推向深谷，我们不断讨论企业组织如何在危机笼罩的新常态下完成"反应、适应、再造与发展"的问题，其背后的逻辑是能否找到在"破坏性"冲击下快速响应的管理原则与实践，对组织内外各个"行动者"之间的目标差异进行协同，建构并维护一致性战略目标。为此，需要在组织成员间凝聚共识，寻求最大公约数，形成明确的统一目标导向及其实现氛围，并通过对危机进程中组织战略目标的集体意识建构，不断增强组织韧性活力，在困境中积极调整组织功能，以期化危为机，在大变局中立于不败之地。

1）不确定性危机中的决策思维框架

具有韧性活力的企业组织如何应对充满不确定性的环境变化？我们认为首先要建构一个科学合理的决策思维框架，这是一个前提。这种在不确定性环境下的决策思维框架，可以简称为 CBMB 框架。

（1）保持系统开放性（committed to openness）

面向市场的企业组织从资源流向的角度讲，均具有天然的开放性，"一个系统是开放的，并不仅仅是说它与环境之间存在交换关系，更是指这种交换关系是系统存活的关键"（Walter Buckley，1967）。虽然大部分传统工业组织仍以机械式科层制为特点，强调目标的一元性、威权与理性，寻求对环境的控制，但环境动荡性已悄然改变理性组织的内在结构，在形成内部一致性目标的同时，需要进行"被动的"开放。在移动互联网、大数据、人工智能等技术浪潮中形成的组织，更加具有系统开放的特点，其组织内部各要素间是一种松散耦合的关系，企业目标往往融入企业所处生态网络中的环境目标。在危机情境中，无论何种组织形式，保持系统开放是进行资源补给的关键举措。

（2）保持组织创新性（being innovative）

无论企业组织身处常规情境还是危机情境下，均需保持个体和团组的创造力，在组织内部结构与流程的支持下，涌现出组织创新能力。创新活动通过塑造组织适应性抵抗外界环境压力（Cefis & Marsili，2018）。企业的宗旨、使命如何能够在企业上下达成共识，进而形成组织的一致行动？管理大师彼得·德鲁克认为，企业的高层管理者必须对以下三个问题进行持续的思考，即"我们的业务是什么？""我们的业务将来会是什么？""我们的业务应该是什么？"这是德鲁克关于保持组织创新性的经典三连问，它直接关系到组织的目标制定、战略选择、资源投入与绩效形成，关系到企业的基业长青。

（3）保持战略前瞻性（maintaining strategic foresight）

具有战略前瞻性的组织通过对曾经经历事件的深度理解，对未来进行意识建构（sensemaking）。在新冠肺炎疫情及相关的各种危机之下，保持战略前瞻性显得格外重要而又困难，很多组织因此"摸着石头过河"。此次疫情被人们理解为全新的、持续时间长且影响深远的危机事件。危机爆发之前，人们对该冠状病毒的认知几乎为零。在组织层面，几乎所有与疫情相关的学习行为都指向"探索式"学习而非"利用式"学习，缺乏有效转化为"先见之明"的"后见之明"积累。我们认为，具备战略前瞻性的重要前因是贯穿组织结构的一致性目标与共识，以及在此作用下的全员共享心智模式与集体的效能感。

（4）保持技术敏感性（being technology-focused）

人工智能和大数据技术在疫情统计数据公布、个体位置精准追踪、流行病学调查等过程中被充分运用，已非2003年"非典"时期所能想象。我们看到，危机环境给组织管理与工作方式带来颠覆，人与人、人与组织的物理位置被瞬间分隔，在线教育、远程办公等技术手段在疫情严重期成为组织关键的无形资产。在传统行业与新技术行业共生的今天，如若主动放弃对新技术的理解、吸收甚至应用，不仅抗疫卫生措施无法有效实施，经济也会停摆，企业更将落后于时代。

2）绩效管理建构组织与个体的一致性目标及共识

企业组织是一种多利益团体的同盟，每个加盟者都有自己的偏好和目标，正如人力资源管理对"一元论"（unitarism）与"多元论"（pluralism）的争辩一样。这里有一个参照系的问题，所有组织的参与者与行动者不是同质的，至少追求的利益不同。在这个参照系中有两个维度：一是利益的聚合与离散程度；二是控制来源的单一性和多重性。我们一直强调"一致性目标"，并非追求组织和员工间几乎完全一致的利益诉求，以及几乎完全来源于雇主组织的单边控制，而是在多控制来源的"新一元论"与"新多元论"框架下对"一致性目标"进行理解。

组织学习理论的倡导者彼德·圣吉在其所著的《第五项修炼》（实践篇）中指出，组织建立共同愿景这项修炼非常重要，"尽管这项修炼叫作建立共同愿景，但是这个说法纯粹是为了方便而已。实际上，愿景只是引导组织深层修炼的其中一个组成要素，这些指导原则的核心是共同的目的感和命运感"。组织"建立共同愿景"所需要的各项要素包括：愿景——我们想要的未来图像；价值观——我们如何到达我们的目的地；目的和使命——组织存在的理由；目标——我们期望短期内达到的里程碑，等等。彼德·圣吉认为，组织一旦真正建立共同愿景，它就会有足够的吸引力，把人们的所有努力汇集到一点，从而形成强大的凝聚力。如果组织有一条明确的终点线，那么大家就可以清楚地知道自己的目标是否已经实现，人们喜欢向着终点冲刺。

我们认为，建构危机情境下的一致性目标与共识的关键实践是战略愿景与绩效管理。战略愿景更多属于"道"的层面，绩效管理更多属于"术"的层面。"道"与"术"必须互动结合。为此，首先需要实现战略愿景的统一和共识，在此之后，绩效管理就是实现战略管理的工具，同时成为对组织和员工的行为与结果进行管理的一个系统，并将有效促成个体、团队、组织多层目标在个体认知层面的融合。

彼得·德鲁克是现代实战型管理学的奠基人，他关于战略及其规划有一个精辟的论述：战略规划不是规划"未来做什么"，而是规划"当前必须做什么才能准备好迎接不确定的未来"。他认为在商业实践中，每一个基本的管理决策都是一种长期决策，管理者需要立足于系统性的基础，善于做出长期决策。为此，管理层别无选择，必须预测未来，进而平衡短期和长期目标，尝试塑造未来。而所谓的"短期"和"长期"，也并非根据任何固定的时间跨度来确定。一项只需要几个月时间就能够落实的决策，不一定就是短期决策。其衡量的标准是决策在多长的时间跨度内有效。"如果想要在未来占有一席之地，现在必须要做什么？如果我们当前不投入资源，什么事情将根本无法完成？"为此，我们可以意识到，在如今急速变化的时代，特别是在不确定性越来越大的危机环境中，决策的影响更不能以一般的时间长短来判断，关键的节点往往就那么几步，而且稍纵即逝，这时候预测未来就非常重要。如果说立场、格局与眼光左右对未来的预测，那么一致性目标及共识则决定了对未来的选择与决策。

这种预测、选择和决策也不仅仅是自上而下的单向行为，而是一种双向的互动的行为。在不确定性环境下，在持续的危机之中，双向互动是必然的。基于组织文化的竞争价值模型和明茨伯格的组织构型框架，我们将战略导向、组织构型与绩效管理工具进行四个象限的匹配，可以构建一个目标与绩效管理技术在权变环境因素中的选择框架。在组织内进行各个层级目标的信息传导，通过组织成员在目标制定过程中的广泛参与，增强其工作自主性和自我决定感，提高其组织承诺感与工作投入度，激发其在外部环境作用下的自我调节能力，增强其在危机过程中的个体心理能量和韧性，这样有助于组织内部上下互动，达成一致性目标和共识。

组织的目的之一就是将确定性提高到可处置的水平，尤其在复杂动荡的危机环境下，作为重要目标与绩效管理工具的MBO、BSC、KPI技术可以提供一定的参考作用，而OKR技术通过设置前瞻性和灵活性目标，经由瞬时模糊获得动态清晰，在目标与环境的快速互动中不断探索环境的未知影响，使"确定性"日渐清晰。OKR通过目标聚焦和频繁设定，既符合"关键少数"法则，又兼顾短期与长期目标，及时矫正行为偏差，将个体行动聚焦到战略目标上；目标制定过程中多次跨层级互动促使共享的意愿与一致性目标的达成，体现"去中心化"与"工作场所民主"的思想，将"垂直化决策"转变为"分布式决策"，组织成员充分参与决策过程，调动积极性和主动性。OKR目标设置的透明性还能够增强组织成员的心理安全感与公平感知，利于人际合作，协同实现一致性目标。

在新冠肺炎疫情蔓延、逆全球化浪潮与全球产业格局调整共同影响下的今天，无论企业、组织还是个体，适时激发自身的韧性活力，积极互动，努力建构危机中的一致性目标及共识，已经成为一个重要的课题，也是组织竞争力的源泉所在。这是一个不确定性越来越大的时代，这是一个充满危机和挑战的时代。世界，正在经历百年未有之大变局；人类，需要发挥异乎寻常的智慧，化危为机。此时此刻，我们看到，绩效管理唤醒组织与个体的韧性活力：危机时，脆弱处，静默建构一致性目标及共识。

本章小结

OKR由两部分组成：目标（O）和关键成果（KR）。目标是对企业将在预期的方向上取得的成果的描述；关键成果是对既定目标成果的定量描述。OKR技术具有简捷、直接、公开的特点。

OKR起源于英特尔，由CEO安迪·格鲁夫在传统目标管理（MBO）法的基础上进行改造和创新得出，后经约翰·杜尔引入谷歌，并随着谷歌的发展壮大而风靡世界。

成功构建OKR的关键是整个方法得到管理层的支持。OKR可以从三个层面进行构建，分别是公司层面、部门层面以及项目层面。

在实施OKR体系的过程中，需要制定规范的流程，以保证操作的规范化和标准化。其主要步骤有：设定目标；明确每个目标的关键成果；推进执行；定期回顾。

并不是所有的企业都适合选用OKR绩效管理体系，其对企业的内外部环境有一定要求：对管理者的要求更高；更适合不断创新的企业；需要进行战略与组织调整；需要全面借助信息管理系统。

OKR绩效管理体系与传统绩效管理体系既有联系也有区别，它们本质上都是实现组织目标的管理工具，本身并没有优劣之分。各个组织应该根据行业特点、企业文化、管理特征和组织基础选用适合本组织的绩效管理体系。

复习思考题

（1）什么是OKR？如何理解其概念和特点？

（2）OKR是如何产生的？如何看待其产生发展的背景？

（3）如何实施OKR？其操作流程和步骤有哪些？

（4）实施OKR需要什么条件和环境？它适合在什么样的企业使用？

（5）OKR与MBO、KPI、BSC等比较有什么联系或区别？应该如何看待这种联系或区别？

案例分析题

字节跳动的OKR实践

2020年初，突如其来的新冠肺炎疫情打乱了人们的工作与生活计划，在家办公成了很多企业的选择。自2020年2月3日春节假期结束之后，阿里巴巴、腾讯、小米等企业宣布远程办公。但是，远程办公带来的低效、不透明的挑战也让很多企业管理者十分头疼。没有比较就没有伤害，同样是远程办公，拥有5万人的北京字节跳动科技有限公司（简称字节跳动）却表现出了比平时更高效的状态。举几个例子：

疫情期间，字节跳动旗下抖音 App 的日活跃用户数量首次突破4亿人次，该团队扛住了用户暴增带来的考验。请全国人民看《囧妈》这项多赢的活动，整个筹备过程只花了短短36个小时，而且大部分都是团队成员在线上协作完成的。大年初一，字节跳动临时决定开发一个"健康报备"App，用来辅助员工填写健康信息，而且是通过线上协同进行开发，最终仅用2天时间就保质保量地完成了这个项目……

实际上，拥有750亿元市值的字节跳动一路走来都特别"顺"，总是能够从BAT嘴中抢到一块肉吃，在这次新冠肺炎疫情期间又让我们见识了什么叫"雷厉风行、事半功倍"。

有人把这种能够适应外界变化的能力比作免疫力。我们不禁要问：字节跳动这种超强免疫力是怎么练成的？背后有什么秘诀？

原因有很多，这不得不提字节跳动从成立之初就推行的OKR，它是国内最早一批使用该工具的互联网公司之一。该公司把OKR提到一个很高的地位，这和创始人张一鸣有很大的关系。他曾说："创业其实同时在做两个产品，一个是为用户提供服务的产品，另外一个就是公司，而CEO是公司这个产品的产品经理。"OKR成了张一鸣这个产品经理管理公司最重要的工具和方法论。

OKR之所以受到很多优秀的公司特别是互联网公司的青睐，主要是因为有以下几个优点：OKR能让个人目标和组织目标保持同步，驱动个体的积极性；OKR可以实现内部管理的"可视化"，所有工作都能被看到，可以帮助管理者和员工复盘改进；OKR通过定期调整，让组织保持灵活性，不容易被环境或者竞争者被动影响；OKR的目的不是考核谁，而是告诉员工要达到什么结果，给予员工一定的自主性和创造性。

那么，字节跳动是怎么玩转OKR的？

1）允许员工犯错，鼓励找bug（漏洞）

创始人的性格对企业文化有着决定性的作用，"性格温和，几乎不发脾气"的张一鸣让整个公司多了一份人情味儿。犯错在字节跳动并不可怕，公司甚至鼓励"找bug"的文化。

"飞书上有大大小小的群让你随时把自己看到的产品bug扔进去。"文化负责人徐敏曾说。而中午食堂的电视里播放的内容也只有一个：全球用户对头条系产品的各种吐槽。

对于员工犯错或者失职，张一鸣觉得发火是一种看上去最痛快但无益于解决问题的做法，其实是偷懒的表现，更有可能扼杀创新的火苗。

2）目标公开，减少沟通成本

坦诚、清晰是字节跳动最看重的品质。

在字节跳动，所有的OKR都是公开的，包括张一鸣的，看了他的OKR就知道他最近一段时间主要在做什么事情。如果员工有什么项目需要同事支持，可以去找他沟通，合适就列入自己的OKR。在每两个月举行一次的"CEO面对面"、部门业务沟通双月会上，张一鸣会公开讲自己的OKR进度。他会给自己打分，分析哪里做得不错，哪里做得不好。张一鸣会对公司的重要决策、战略方向、遇到的危机进行梳理和解释。OKR在字节跳动不仅仅是员工个人的事情，而是和其工作网络中的每个人有关。比如在结果评价方面，字节跳动是做"360度测评"——每个人都可以对任何人做出评价，别人也是一样，所有的评价都是公开的。

3）多提供context（上下文），少一些control（管控）

这是字节跳动员工在工作协作中遵循的很重要的一条原则。所谓多提供一些context，是指给出足够多的上下文，让对方明白系统是如何运作的，从而能够根据上下文自己分析具体问题。既要知其然还要知其所以然。

少一些control是指尽量减少管理者所做的各种管控方式。管控是当前很多企业采用的方式，弊端也很明显，容易形成部门墙，最终让整个企业反应迟钝、僵化。字节跳动在这方面做了很多事，比如弱化层级跟头衔，公司内部只有汇报关系，禁止"总""副总""哥""姐""老大"等称呼，所有人都必须直呼其名。对张一鸣，没人叫张总，都是称呼一鸣。

4）定一个激进的目标，离开舒适区

"张一鸣的愿景和目标非常大，所以也使得每个人都极致地努力工作，又有想象力，敢于迎接挑战。"字节跳动前产品合伙人、伴鱼CEO黄河接受采访时曾说。

在创业之初公司就把英文名"ByteDance"确定了下来，那个时候大家都还没出过国。在字节跳动，没人浑水摸鱼，OKR制定的目标一定要有挑战性，员工必须要全力以赴才能拿到满意的结果，如果满分是100分，通过努力能得到70分，这样的目标才是合理和科学的。

字节跳动的成功不是偶然的，正是善用OKR、追求效率才让字节跳动从知春路的一家小公司成长为估值达750亿美元的独角兽，但我们也看到不少引入OKR的企业无功而返，究其原因无非以下几种：

一是在OKR实践中，思想的转变比工具的应用更重要，很多人把OKR当成类似KPI的考核工具，忽视了其背后提倡的透明、信任、自主、结果导向。很多企业的HR表示，OKR实践过程中最大的阻力不是能力，也不是资源，而是认知。

二是要对OKR自上而下形成统一、正确的认知，高层理解了，基层员工一知半解，最后的结局也不会很好。

在这个特殊时期，OKR同样可以提高团队的免疫力，提升远程办公效率，用目标带动激情，增进自律，以结果为导向，带领团队度过危机，找到新的增长点。

资料来源　佚名. 字节跳动5万人高效办公的背后，OKR是关键！〔EB/OL〕.〔2023-06-24〕. https：//www.sohu.com/a/375009784_120543510.

思考与讨论：

（1）字节跳动是如何应引入并实施OKR的？

（2）字节跳动实施OKR有什么特点？如何看待其结果？

第10章 具体的绩效考核技术（一）

学习目标

✓ 理解业绩评定表法、图尺度评价法、标杆法的含义，能对各种方法进行比较和评价

✓ 着重把握各种考核技术方法的适用条件和实施步骤

引例 阿里巴巴的绩效考核

1）阿里巴巴绩效考核的整体概况

考核内容：业绩和价值观各占50%。

考核频次：季度考核为主。

部门排序：2-7-1排序。

个人排序：3-6-1排序。

考核工具：KPI主导。

淘汰标准：连续两个季度成为末尾10%。

晋升条件：上年度KPI达3.75。

基本年薪：多为14～16个月，好的团队更多。

目标确定：公司领导确定大目标，目标一般都很高，譬如目标是10亿元，一般完成6亿元是基本达标，完成8亿元是符合预期，完成10亿元是超出期望。

追踪目标：有了KPI后，分成4个季度，每个季度又分成月、周，有些部门分解到日。每周都有周会，每周都有周报，大家都会检查一下自己的目标实现情况，没有实现的，需要自己制订补救计划。

评价形式：三对一的考核，比如你是个经理，上级是总监，总监的上级是副总，那总监在考核经理的时候，副总要参加，还要加上相应部门的人力资源专员，这样防止"一言堂"。

结果奖励：根据目标实现情况：基本达标的话，基本奖金和红包都很少甚至没有；符合预期的话，就会有奖金和红包，且团队中前20%的人有机会升职、加薪；超出期望的话，奖金和红包的金额会很大，部门还会"敲锣打鼓"地庆祝，年终奖也会增加，部门内前20%的人中肯定会有人升职、加薪。

2）价值观考核

在阿里巴巴，价值观的考核方式为自评和他评。采用三档标准：

A档：超越自我，对团队有影响，和组织融为一体，被广泛好评，属于标杆。

B档：言行表现符合阿里巴巴的价值观要求，整体是一位合格的阿里人。

C档：缺乏基本的素质和要求，突破价值底线，根据程度不同改进或离开。连续两个考核周期都是C档，铁定被淘汰。

各个部门在做价值观评价的时候，也会特别注意：关注平时工作的细节和那些细小的行为，所有考核评价的依据一定要有时间、地点、事件、评论，而不是拍脑袋决定此人价值观是否合格。

3）阿里巴巴绩效考核评级

阿里巴巴KPI的制定核心：公司利益、部门利益、员工利益三合一，所有力都往一处使。绩效评分标准分为六档，分别是：

3分：不合格。

3.25分：需要提高。

3.5分：符合预期。

3.75分：部分超过预期。

4分：持续一贯超出预期。

5分：杰出。

3～3.25分占10%；3.5分占60%；3.75～5分占30%。也就是说，30%的员工可以评为"最好"，10%的员工一定会被评为"较差"，60%的人为"一般水平"——这是强制分布的，每次考评，团队的分数都要符合这个"3-6-1"的分布。

阿里巴巴的考评方式根据员工的层级划分为两种：

（1）M3/P8及以下，实行通关制。通过季度考核以后，年度总分将依据员工四个季度的平均分和价值观改进趋势给出。

（2）M4/P9及以上，不执行通关制，以述职为主要方式，直接打总分。

阿里巴巴坚持高绩效的文化，绝大部分工作是可以量化的，KPI是团队共同奋斗的目标，是调配资源的指导。

资料来源　HRGO.看看阿里的考核尺度，阿里人工资高是有原因的［Z］.HRGO学堂（微信公众号），201-06-24.

那么，阿里巴巴的业绩和价值观考核究竟属于一种什么样的绩效考核？绩效考核的技术具体有哪些呢？

10.1 \ 业绩评定表法

10.1.1　业绩评定表法的含义

业绩评定表法（rating scales method，RSM）是一种被广泛采用的绩效考核方法，它根据所限定的因素来对员工进行考核。这种方法是利用一个等级表对员工的业绩进行判断并评出等级。等级常常被分成几类，可以用数字、字母表示，也可采用诸如优秀、良好、一般、较差，或者最佳、较好、及格、不及格这些形容词来定义。

业绩评定表法所选择的评价因素主要有两种类型：与工作相关的因素和与个人特征相关的因素。通常要对每种因素和每一等级做出定义，对各种因素和等级定义得越精确，评价者就可能越准确地考评员工的业绩。许多业绩评定表还提供对员工成长潜力的评价。

10.1.2　业绩评定表法的应用

1）业绩评定表法的内容和适用条件

业绩评定表法是一种比较容易开发和管理，并被广泛采用的绩效评估方法。这种方法的核心是表格。表格由两部分组成：一是被评估的各项因素；二是按照一定的评估尺度，用特定的表述方式将各项被评估因素按高低渐次分为几个等级（通常为5~7个）。评价者就表内的各项因素对被考评者进行评估，并确定其等级。然后，按照特定的计分公式，将被考评者在各项因素上所得的分数相加，得出其总分，再根据总分确定被考评者的最终等级。

当评价者对被考评者进行绩效评估时，必然要有一定的客观依据，特别是打出最高或最低等级时，应给予特别的说明。如对一名员工的工作积极性评价为不满意，则评价者需要提供这种较低评价结论的书面意见。其目的在于避免出现武断或草率的判断。绩效评价的业绩评定表法实例如表10-1所示，表中对评估因素和每一等级也做出了定义。为了得到对工作质量的优秀评价，一个人必须不断地超额完成其工作任务。对各种因素和等级定义得越精确，评价者就越可能完善地评价被考评者的业绩。当每个评价者对每个因素和等级都有同样的理解时，则会取得整个组织对被考评者评价上的一致性。

2）业绩评定表法的优缺点

业绩评定表法之所以受到广泛欢迎，原因之一就是它简单、迅速。如前所述，业绩评定表法所选择的评估因素主要有两种类型：与工作相关的因素和与个人特征相关的因素。相比之下，使用工作表现为主要评估因素应该更为可靠。与工作相关的因素主要是工作数量、工作质量和工作效率；与个人特征相关的因素

表10-1 　　　　　　　　　　　　　业绩评定表法实例

姓名_____ 级别_____ 部门_____ 小队／小组_____
优秀 = 1　良好 = 2　一般 = 3　有待提高 = 4　很差 = 5

判断力	
可靠性	
工作主动性	
工作质量	
外表	
合作	
工作知识	
公共接触	
监督能力	
总体评估	

资料来源　PYNES J E.公共和非营利性组织的人力资源管理［J］. 王孙禺，达飞，译. 北京：清华大学出版社，2002：127.

主要是工作积极性、适应能力和合作精神等。评价者通过最能描述出员工业绩的每种因素及其所占比重来完成评价工作。

业绩评定表法的缺点在于标准制定比较困难，特别是针对管理者的工作标准制定难度更大，往往缺乏可量化的衡量指标，由于等级宽泛，难以把握尺度，就容易出现主观偏差和趋中效应，从而造成大多数人高度集中于某一等级。

10.2 　图尺度评价法

10.2.1　图尺度评价法的含义

图尺度评价法（graphic rating scale，GRS）也被称为等级评价法，是一种最简单也最常用的绩效考评方法。这种方法首先给出不同的等级并加以明确的定义和描述，然后由评价者针对每一个绩效指标、管理要项和标准，按照给定的等级进行评估，最后再给出总的评价。这种方法的关键在于对评价等级的说明。

10.2.2　图尺度评价法的应用

1）图尺度评价法的操作步骤

其具体操作步骤是：

第一步，挑选出对企业成功比较重要的一些特征，并对其进行界定或分级。

第二步，评价者一次只考虑一位员工，然后对照评价的图尺度，从中圈出与被考评者所具有的特征程度最相符的分数。该法既可以为评价者提供大量的不同点数，也可以提供具有连续性的点数，评价者只需要在这个连续段上做出一个复选标记即可。

比如，首先，在一张图表中列举出一系列绩效评价要素，如"生产率""工作知识""勤勉度"等；其次，为每个绩效特征要素列出取值范围，如"不令人满意""需要改进""良好""很好"和"杰出"，分别对应评价尺度为60分以下、60~69分、70~79分、80~89分和90~100分等；再次，从每一要素的备选等级中分别选出最能反映员工实际工作绩效的等级，并相应确定各个要素所得的分数；最后，加出每位员工所得到的所有分值，即可得出其最终的绩效评价结果。

2）评价等级举例

对评价等级的说明需要下较大的功夫，才能得到较为客观、可靠的评价结果。表10-2是评价等级说明例表。

表10-2   评价等级说明例表

等级符号	等级	评价尺度	评价等级说明
O	杰出（outstanding）	90~100分	在所有方面的绩效都十分突出，并且明显比其他人的绩效优异很多
V	很好（very good）	80~89分	工作绩效的大多数方面明显超出职位的要求。工作绩效是高质量的，并在考核期间一贯如此
G	良好（good）	70~79分	是一种称职的和可信赖的工作绩效水平，达到了工作标准的要求
I	需要改进（improvement needed）	60~69分	在绩效水平某一方面存在缺陷，需要进行改进
U	不令人满意（unsatis-factory）	60分以下	工作绩效水平总的来说无法让人接受，必须立即加以改进。绩效评价等级在这一水平上的雇员不能增加工资
N	不做评价（not rated）		在绩效等级表中没有可以利用的标准或因时间太短而无法得出结论

3）图尺度评价法的优缺点

图尺度评价法不仅非常容易开发，而且对于各种不同的工作、不同的战略以及不同的组织都具有普遍适用性。这种方法很实用，开发成本也小，人力资源经理们一般都能够很快地开发出这种图解方式，因此许多组织都在使用。

这种方法也存在不足：首先，这种评价方法与组织战略之间常常不完全一致；其次，该方法往往只有模糊和抽象的绩效标准，可能会导致不同的评价者对绩效标准产生不同的理解，被考评者的绩效评估结果受评价者的主观因素影响较大；最后，量表无法为员工改进工作提供具体的指导，如应当怎样为公司的目标

提供支持，或者怎样改进个人绩效，也不能有效地指导其日常工作行为。因此，这种方法不利于绩效反馈。此外，当评价者提供绩效反馈时，这些方法也容易引起员工的抵触情绪。

10.3 标杆法

标杆法（benchmarking）也叫标杆超越法，产生于20世纪70年代末80年代初美国企业"学习日本经验"的运动中，是国外20世纪80年代发展起来的一种经营管理方法，这种方法将标杆超越的思想运用于绩效评估体系的设计中，并已有许多成功的案例。据统计，全球500强企业中有近90%的企业应用了标杆管理，它的出现在西方管理学界掀起了巨大的波澜，并且与企业流程再造、战略联盟一起并称为20世纪90年代三大管理方法。

最早应用标杆法的是美国的施乐公司。20世纪70年代末，施乐公司在复印机市场上逐渐失去其领导地位，于是在1979年开始对其制造成本进行调查，结果发现其竞争对手是以施乐公司的制造成本为售价，从而形成了对施乐公司产品的价格竞争优势。根据这个调查结果，施乐公司开始针对制造活动实施产品质量及特性的改进计划，实施标杆法。对制造活动采用标杆法取得令人满意的实效后，施乐公司逐步将标杆法运用于各分公司、供应商及产品研究方面，此举使施乐公司在小型复印机市场上重新居于优势地位。此后，日本、欧洲的企业也相继采用该方法并将其应用于一些新的领域。时至今日，标杆法已成为一个流行于管理领域的热门词语，成为一种绩效评估的重要方法。

10.3.1 标杆法的含义

标杆法也被译为标杆管理、定标比超、基准管理、定点超越、标杆瞄准、竞争基准、标杆制度等。标杆管理是一种通过衡量、比较来提升企业竞争力的过程，它强调的是以卓越公司作为学习的对象，通过持续改善来强化自身的竞争优势。所谓标杆，即 benchmark，最早是工匠或测量员在测量时作为参考点的标记，弗雷德里克·泰勒（Frederick Taylor）在他的管理实践中引用了这个词，其含义是衡量一项工作的效率标准，后来这个词渐渐衍生出基准或参考点的含义。

标杆管理的实质是模仿和创新，是一个有目的、有目标的学习过程。通过学习，企业重新思考和设计经营模式，借鉴先进的模式和理念，再进行本土化改造，创造出适合自己的全新最佳经营模式。这实际上就是一个模仿和创新的过程。标杆管理的方法产生于企业的管理实践，下面是一些权威学者和机构对标杆管理的诠释。

罗伯特·坎普（Robert Camp, 1989）提出："标杆管理是组织寻求卓越绩效的行业最佳实践的过程。"这个定义涵盖广泛，包括所有不同水平和类型的标杆管理活动，应用于跨国度、跨行业的产品、服务以及相关生产过程的可能领域。该定义的好处是简单、易于理解，可运用于任何层次以获取卓越绩效。它强调卓越的绩效，促使雇员将寻求最佳实践概念深植于脑海中，唯有最佳实践才能导致卓越绩效。该定义为国际标杆管理中心所采用。[①]而瓦齐里（Vaziri）则认为："标杆管理是企业基于关键顾客的要求与行业最优（直接竞争者）或是一流实践（被确认在某一特定功能领域有卓越绩效的公司）持续比较的过程以决定需要改善的项目。"该定义强调标杆管理与内部顾客和外部顾客的满意相关。[②]

美国生产力与质量中心（APQC）对标杆管理的定义如下："标杆管理是一个系统的、持续性的评估过程，通过不断将组织流程与全球企业领导相比较，以获得协助改善绩效的咨询。"该定义更具体地体现了标杆管理的本质内容：向组织外部参照物学习的价值；使用结构化、正式的流程进行学习的重要性；持续地进行组织与一流管理实践的比较；驱使组织改善绩效行为的信息的有用性。该定义吸引了100多家大型公司采用标杆法。[③]

我们认为，标杆法是企业通过寻找和研究行业内外一流的、负有名望的企业的实践，分析这些企业达到一流水平的原因或成功要素，然后以此为标杆，将自身的产品、服务、经营管理、运作方式等与这些标杆进行比较，进而得出定量化的考核指标，同时结合自身实际加以创造性的学习，选取绩效改进的最优策略，从而赶超一流企业或创造高绩效的一个不断循环的过程。

10.3.2　标杆法的实施步骤

根据标杆法的先驱和最著名的倡导者施乐公司的罗伯特·坎普的经典说明，标杆管理活动分为5个阶段，每个阶段有2~3个步骤，具体如下：[④]

第一个阶段：计划。计划阶段的实施步骤包括：确认对哪个流程进行标杆管理；确定用于做比较的公司；决定收集资料的方法并展开收集工作等。

第二个阶段：分析。分析阶段的实施步骤包括：确定自己目前的做法与最好的做法之间的绩效差异；拟定未来的绩效标准等。

第三个阶段：整合。整合阶段的实施步骤包括：就标杆管理过程中的各种发现进行交流、讨论并获得认同；确立部门的目标等。

第四个阶段：行动。行动阶段的实施步骤包括：制订行动计划；实施行动计划并监测进展情况等。

第五个阶段：完成。完成阶段的实施步骤包括：使企业居于并保持领先地位；全面整合各种活动；重新调整标杆等。

① FONG S W, CHENG E W L, HO D C K. Benchmarking: a general reading for management practioners [J]. Management Decision, 1998, 36 (6): 407–418.

② American Productivity and Quality Center. The benchmarking management guide [M]. Houston, TX: Productivity Press, 1993: 222–226.

③ American Productivity and Quality Center. Benchmarking the best [M]. Houston, TX: Productivity Press, 1993: 30.

④ BRELIN H K. Benchmarking: the change agent [J]. Marketing Management, 1993, 2 (3): 32.

以上5个阶段及其实施步骤一直为后来者所遵循，实施者也可以对其进行创新和发展，关键是要结合实际情况不断地进行探索和实践，尤其是进行科学、合理、高效的分解与细化工作。

10.3.3　基于标杆法的绩效指标设计

如何设计合理的绩效指标是决定绩效考核体系成败的关键。而对于如何提取各项关键的绩效指标，企业往往无从下手。标杆法为企业设计绩效指标体系提供了一个全新的思路，即以外部标杆为参照的指标体系和绩效改进方法。基于标杆超越的绩效指标设计，就是企业将自身的关键业绩行为与最强的竞争企业或那些在行业中领先的、最有名望的企业的关键业绩行为进行比较与评价，分析这些基准企业的绩效形成原因，并在此基础上确定企业可持续发展的关键业绩标准及绩效改进的最优策略。

标杆超越的实质是以领先企业的业绩标准为参照，对因循守旧、按部就班、不思进取等陋习进行变革，实现企业原有"秩序"的改变。标杆超越活动由"标杆"和"超越"两个阶段构成。"标杆"阶段就是针对企业所要改进的领域或对象，确定"谁"在这一方面是最好的，分析它为什么做到了最好，我们为什么差，差在哪里。这意味着要确定学习和赶超的样板，对其进行剖析，同时也要剖析自己，通过对比找出相互之间的差距及原因，从而进入"超越"阶段。由于实施标杆超越的目的并不是要对标杆对象进行简单的模仿，而是在于"超越"对手，使自己成为领跑者，亦即他人的标杆。这就要求进行一定的超越与创新，在知己知彼的基础上，寻找企业发展的关键业绩指标及绩效改进的最优方法，拟定超越对手的策略并加以实施，努力使自己成为同业的领跑者，这就是"超越"阶段。

以标杆法为基础，基于标杆内容提取绩效考核指标，设计企业绩效管理体系的具体步骤如下[①]：

1）发现瓶颈

详细了解企业关键业务流程与管理策略，从构成这些流程的关键节点切入，找出企业运营的瓶颈，从而确定企业需要确定标杆的内容与领域。标杆法主要通过调查、观察和分析内部数据，真正了解自己的现状。尽管各个企业或部门都有自己的业绩产出，包括产品和服务等，但是确定标杆内容时首先应是从改进和提高绩效的角度出发，明确本企业或本部门的任务和产出是什么，因为它们是企业成功的关键因素，理所当然应该成为首要考虑的绩效指标。接着，应对这些任务和产出的具体内容进行分析，以便于对成本、关键任务等问题进行分析、量化和检查，最后确定标杆的具体内容。

---

① 吕建，徐侃，吴才明. 基于标杆超越的绩效管理体系构建［J］. 安徽工业大学学报（社会科学版），2008（1）.

2）选择标杆

选择与研究行业中领先企业的业绩，剖析行业领先者的共性特征，构建行业标准的基本框架。选择基准化标杆有两个标准：第一，应具有卓越的业绩，尤其是在基准化的内容方面，即它们应是本行业中具有最佳业绩的企业。第二，标杆企业被瞄准的领域应与本企业需要进行标杆超越的部门有相似的特点。选择标杆的范围可以是竞争对手及其他有潜力的公司，也可以是同一行业或跨行业企业中一个相近的部门。选择的标杆一定要具有可比性，并且其管理实践是可以模仿的。在选定标杆后，企业还要收集标杆企业的数据。作为标杆的数据资料可以来自单个的标杆企业或部门，也可以来自行业、全国乃至全球的样本。全行业、全国或全球样本反映了样本范围内的平均水平，通过对这类数据的瞄准、比较，可以了解本企业（部门）在行业及国内外同行中所处的相对位置，明确努力的方向。

3）比较分析并确定绩效标准

将标杆企业的业绩和实践与本企业的业绩和实践进行比较与分析，找出绩效水平上的差距，以及管理实践上的差异。借鉴其成功经验，确定适合本企业的能够赶上甚至超越标杆企业的关键业绩标准及最佳实践。在标杆法的推进过程中，应始终注意与员工进行沟通与交流，让全体员工理解和支持标杆基准化的目的、目标与前景，根据全体员工的建议，最终拟定各层级的绩效目标，并提出改进方案。

4）实施方案

在详细分析企业内外部资料的基础上，制订具体的行动方案，包括计划、安排、实施方法和技术，以及阶段性的绩效评估，并在组织内部达成共识，推动方案的有效实施。在具体的实践过程中，每一个实施阶段都要进行总结、提炼，发现新的情况和问题时要及时改进，最终将标杆基准融入企业日常管理工作之中，使之成为一项固定的绩效管理活动而持续推进。标杆超越强调的是一种持续不断的、梯级上升的绩效改进活动，最终它应成为一种经常性的制度化工作。

5）阶段性绩效考核

在绩效管理实施过程中，要对组织和员工的绩效完成情况进行实时的考核与反馈。对于考核中反映出来的问题，要进行认真的分析并及时加以解决。如果实施效果不佳，要弄清楚是由于标杆对象选择不当，还是由于标杆内容与领域选择不正确，或者实施不力等。应该注意的是，标杆超越是一个循序渐进的过程，其实施不一定会取得立竿见影的效果，一定要有耐心和恒心。

6）绩效改进与再标杆

绩效管理的根本目的是绩效改进，为此，要对绩效考核阶段发现的问题进行认真分析。一般来说，基于标杆超越的绩效管理实施效果不佳主要有两方面的原因：一是标杆选择方面，包括标杆对象的选择、标杆内容与领域的确定、信息的收集与分析、标杆指标与标准体系的确定等；二是实施过程方面，包括员工自身的知识与技能、沟通与辅导、组织结构与工作流程、资源支持等。对于前一个原因，要根据考核中反映出来的问题，重新确定标杆。对于后一个原因，要具体分析是由员工能力与努力程度不够等个体因素造成的，还是由沟通不畅或组织结构、业务流程等组织或系统的因素造成的。企业应该首先找出组织与系统方面的因素，再考虑个体因素，然后制定绩效改进计划表，实施绩效改进。

10.3.4　标杆法的作用

标杆法具有许多优点，做得好，可以为企业发挥很大的作用。标杆法的作用主要表现在以下几个方面：

1）标杆法可以促进企业形成一种持续学习的文化

企业的经营业绩永远是动态变化的，只有持续追求最佳业绩才能获得持续的竞争力，立于不败之地。标杆法有助于建立学习型组织。企业可以通过标杆法克服不足，增进学习，使企业成为学习型组织。学习型组织实质上是一个能熟练地创造、获取和传递知识的组织，同时也要善于修正自身的行为，以适应新的知识和变化。实施标杆管理后，企业可以发现在产品、服务、生产流程以及管理模式方面存在的不足，并学习标杆企业的成功之处，再结合实际将其充分运用到本企业当中。而且，这是一个持续往复的过程，主要基于3点考虑：首先是企业所处竞争环境的持续改变；其次是标杆企业的不断升级与更新；最后是企业业务范围和企业规模的不断变化。

2）标杆法提供了优秀的企业管理工具

标杆法为企业提供了优秀的管理方法和管理工具，以及追求不断改进的思路，帮助企业发现新目标并实现这一目标，具有一定的合理性和可操作性。

（1）标杆法是一种战略管理工具。通过标杆法，企业可以明确所处的地位，从而制定适合本企业的有效的中长期发展战略，并通过与竞争对手对比分析来制订战略实施计划，以及选择相应的策略与措施。竞争者可能维持某种现状，通过标杆管理，企业有可能发现和应用适合本企业的新战略来超越竞争者。

（2）标杆法是一种绩效管理工具。标杆管理可以作为企业提升业绩与评估业绩的工具，标杆法通过设定可达目标来改进和提高企业的经营业绩。标杆目标有明确的含义，有达到的途径，使企业坚信完全有办法提高到最佳绩效。而且，标杆法是一个辨别世界上最好的企业实践并进行学习的过程，通过辨别行业内外最佳企业业绩及实践途径，企业可以制定业绩评估标准，然后对其业绩进行评估，同时制定相应的改善措施。

（3）标杆法是衡量企业工作好坏的工具。标杆法通过对企业产品、服务及工作流程的系统而严格地检验，使企业达到工作的高度满意，进而产生巨大的成就感。标杆法是企业实行全面质量管理的工具，是任何全面质量管理活动的主要内容。企业要想知道其他企业为什么或者是哪里做得比自己好，就必然要遵循标杆法的理念和方法。

3）标杆法有助于企业的长远发展

标杆法是企业激发增长潜力的工具。经过一段时间的运作，任何企业都有可能将注意力集中于寻求增长的内在潜力，形成固定的企业文化，通过对各类标杆企业的比较，不断追踪、把握外部环境的发展变化，从而更好地满足最终用户的需要。[①]

10.3.5　运用标杆法应该注意的问题及要点

1）运用标杆法应注意的问题

运用标杆法，应该注意以下重要问题：

（1）标杆法中的标杆是指合理的实践，而不一定是最佳实践或最优标准。企业设立标杆的目的是改善企业自身的产品、服务、经营管理或运作方式，通过找出自身与标杆存在的差距，创造性地改进和优化企业实践，从而达到增强竞争力的目的，帮助企业实现其战略目标，而不是让企业和员工感到自卑、丧失信心，甚至绝望。所以，标杆的选取很重要，尤其是应用于绩效考核体系时更应该慎重。正如企业家常说的那样，要选取那些"跳一跳够得着"的标杆，而不是好高骛远，搞不切实际的赶超。

（2）标杆法中的标杆有很大的选择余地，企业可在广阔的全球视野下寻找其基准点。企业可借助"战略目标逆向分解法"或"目标管理法"层层分解战略目标，也可通过各种调研手段，寻找有助于企业实现战略目标的标杆或标杆值。为此，要突破职能分工的界限，以及企业性质与行业的局限，要重视实践经验，强调具体的环节、界面和工作流程；同时，还要对多种候选标杆进行有效的分析和筛选，根据战略需要进行相应的动态调整。

（3）标杆法是一种直接的、片段式的、渐进的管理方法。基于企业业务、工作流程和工作环节的可分解性和可细化性，企业既可以寻找整体的合理性实践作为标杆来借鉴，也可以仅仅发掘某一些优秀"片段"作为标杆值来比较，以利于制定科学、合理、公平的指标值。此外，企业也可根据总体战略的需要，分阶段、分步骤地确立相应的标杆企业或标杆值，循序渐进地改善企业的关键绩效水平。

（4）标杆法适用于行业内追随企业的多个方面，亦即企业通过在竞争对象和非竞争对象当中寻找最佳实践，揭示自己与最佳实践之间的差距并分析其产生原因，从而采取提高企业业绩的措施。这种方法认为管理者可以通过对各个领域的领先者实践行为的分析和模仿来提高业绩。

---

① 吴少勇. 标杆超越法在薪酬与考核中的应用 [J]. 中国人力资源开发，2004（3）.

（5）标杆法注重不断地比较和衡量，这是一个自始至终、不断循环的过程。因为在企业不断地模仿、学习和追踪的同时，标杆企业也在不断地改善、进步和发展。在这个过程中，必然伴随着竞争、更替和进化，企业需要提供强有力的培训和指导，建立相应的机制来促进标杆超越的实现。

2）运用标杆法的要点

在具体实施标杆法的过程中，应该做到以下几点：

第一，要注意从战略与系统方面寻找标杆对象成功的原因。在当今复杂、多变的经济社会环境下，一个企业的成功不是一两件新产品或几方面的优秀实践就能够带来的，而是由组织内外多种因素共同作用的结果，是一个组织生态系统中各组成要素之间相互作用、相互配合的结果。如果只片面地去学习其中某一个或几个成功要素，就不可能取得重大和持续的成功。因此，应从更广泛的战略与系统方面寻找标杆对象成功的原因，如企业布局、生产结构调整、核心能力塑造、外部供应链重组等，进而从系统结构、战略思路、战略决策等方面确立标杆，只有这样才能使标杆超越活动更为有效。

第二，要在借鉴、模仿、学习的基础上注重创新。标杆超越的实质是在比较、借鉴、模仿的基础上，最终超越标杆。这就要求企业在模仿的基础上注重创新，在学习借鉴的基础上结合自身的情况形成属于自己的最佳实践。只有这样，才能真正形成企业新的竞争优势，否则就会陷入落后—标杆—再落后—再标杆的恶性循环之中。

第三，要重视组建专门的调研与变革团队。为了更好地实施标杆法，企业应该组建一个专门的团队来推动变革的实施。团队成员应由企业最高管理者、各部门负责人、企业中具有相关知识和技能的专业人才以及一线的员工代表组成，必要时可以聘请外部专家参与进来。该团队负责为企业绩效管理体系的变革提供咨询服务并督促和保证变革的顺利进行。

第四，要重视标杆信息网络和数据库的建设。实施标杆法需要收集大量的标杆对象的信息，这些信息的准确性与可靠性是标杆超越能否取得实效的关键和基础，因此，企业应重视标杆信息网络和数据库的建设，增强信息收集与处理能力。在这方面，企业应该学习借鉴国外企业在应用标杆法时开展竞争情报研究的做法和成功经验，建立企业竞争情报系统，以便持续收集标杆信息。

拓展阅读
10-3

大数据在绩效考核中的应用与局限

第五，要重视培育标杆性企业文化。标杆超越强调的是一种持续不断的、梯级上升的绩效改进活动，因此，应针对环境的变化或管理的新需求，不断更新标杆，使之成为一项固定的绩效管理活动而持续推进。为此，企业需要培育标杆性企业文化，使全体员工理解、接纳与支持标杆法，自觉地进行学习与变革，从而促使企业不断改进、发展，实现可持续的成功。①

---

① 吕建，徐侃，吴才明. 基于标杆超越的绩效管理体系构建 [J]. 安徽工业大学学报（社会科学版），2008（1）.

学思践悟

深入实施新时代人才强国战略

深入实施新时代人才强国战略，是我国社会主义现代化建设的必然选择。党的二十大报告紧紧围绕全面建设社会主义现代化国家，深刻把握我国经济社会高质量发展需要和国际人才竞争新态势，第一次在党代会报告中将人才强国战略与科教兴国战略、创新驱动发展战略进行集中论述，并做出专题部署。这是在更高起点、更高层次、更高目标上对人才强国做出的顶层设计，为加快建设人才强国锚定了新坐标、树立了新标杆、描绘了新愿景。我们必须站在新的历史起点上，以更高的标准、更大的力度、更实的举措，把新时代人才强国战略的各项任务落到实处。

坚持党管人才原则，引导广大人才爱党报国、敬业奉献、服务人民。聚天下英才而用之，关键是要坚持党管人才原则。只有在党的领导下，培养造就大批德才兼备的高素质人才，才能确保人才强国建设沿着正确的方向前进。要加强党对人才工作的全面领导，管宏观、管政策、管协调、管服务，为人才"保驾护航"，搭建干事创业的平台。要坚持尊重劳动、尊重知识、尊重人才、尊重创造，实施更加积极、更加开放、更加有效的人才政策，做到人尽其才、才尽其用、用有所成。要教育引导广大人才弘扬科学家精神，服务国家、造福人民、开拓创新，把论文写在祖国大地上，把科技成果应用在实现社会主义现代化的伟大事业中。

完善人才战略布局，建设规模宏大、结构合理、素质优良的人才队伍。建设一支宏大的高素质人才队伍，是全面建设社会主义现代化国家的基础。要紧扣科教兴国、创新驱动发展等国家重大战略需求，把人才集聚和重大战略实施同步谋划、同步推进，做到重大战略部署到哪里、人才集聚就跟进到哪里，党和国家事业急需紧缺什么人才、就优先集聚什么人才。要坚持各方面人才一起抓，统筹推进各类人才队伍建设，为全面建成社会主义现代化强国提供有力人才支撑。

加快建设世界重要人才中心和创新高地，着力形成人才国际竞争的比较优势。人类历史上，科技和人才总是向发展势头好、文明程度高、创新最活跃的地方集聚。现在，我国正处于政治最稳定、经济最繁荣、创新最活跃的时期，必须抓住机遇、乘势而上。要坚持重点布局、梯次推进，坚持试点先行、改革牵引，促进人才区域合理布局和协调发展，加快形成战略支点和雁阵格局。要着力建设高水平人才高地和吸引集聚人才的平台，为我国人才事业发展提供强大牵引力和驱动力，加快形成我国在诸多领域人才竞争比较优势。

加快建设国家战略人才力量，着力造就拔尖创新人才。战略人才站在国际科技前沿、引领科技自主创新、承担国家战略科技任务，是支撑我国高水平科技自立自强的重要力量。要坚持实践标准，树立长远眼光，把解决"燃眉之急"和满足长远所需统筹起来，不断壮大国家战略人才力量。要坚持为党育人、为国育才，全面提高人才自主培养质量，努力培养造就更多大师、战略科学家、一流科技领军人才和创新团队、青年科技人才、卓越工程师、大国工匠、高技能人才。要坚持全球视野，加强人才国际交流，千方百计引进顶尖人才，使更多全球智慧资源为我所用，用好用活各类人才。

深化人才发展体制机制改革，激发人才创新创造活力。释放人才创新创造活力，必须通过改革建立起既有中国特色又有国际竞争比较优势的人才发展体制机制。要坚持问题导向，以激发活力为核心，坚决破除人才培养、引进、使用、评价、激励、流动、保障等方面的体制机制障碍，破除唯论文、唯职称、唯学历、唯奖项现象。要根据需要和实际，向用人主体授权，为人才松绑，把人才从科研管理的各种形式主义、官僚主义的束缚中解放出来。要充分发挥人才发展体制机制保障作用，真心爱才、悉心育才、倾心引才、精心用才，求贤若渴，不拘一格，把各方面优秀人才集聚到党和人民事业中来。

资料来源　本书编写组. 党的二十大报告辅导读本 ［M］. 北京：人民出版社，2022.

本章小结

所谓业绩评定表法，就是根据所限定的因素来对员工进行绩效考核的方法。采用这种方法是在一个等级表上对员工的业绩进行判断并记录。

图尺度评价法也可以称为等级评价法，是一种最简单也最常用的绩效考核方法。这种方法先给出不同的等级并加以定义和描述，然后由评价者针对每一个绩效指标、管理要项和标准，按照给定的等级进行评估，最后给出总的评价。这种方法的关键在于对评价等级的说明。

这两种方法都是基于绩效结果的考核方法，各有其特点、优点和缺点。

标杆法或标杆超越法，也被译为标杆管理、定标比超、基准管理、定点超越、标杆瞄准、竞争基准、标杆制度等，是一个通过不断衡量、比较、模仿学习和改进创新等来提升企业竞争力的过程，它强调以卓越公司为学习对象，通过持续改善来强化自身的竞争优势。

复习思考题

（1）什么是业绩评定表法？它有什么特点？

（2）谈谈业绩评定表法的实施步骤。

（3）什么是图尺度评价法？它有什么特点？

（4）谈谈图尺度评价法的实施步骤。

（5）比较业绩评定表法与图尺度评价法的优缺点。

（6）标杆法的定义是什么？如何理解其含义？

（7）收集相关案例，设计一套基于标杆超越的绩效考核体系。

（8）请谈谈标杆法在实践中可能遇到的问题以及应该注意的问题。

案例分析题

标杆超越案例两则

案例一：20世纪80年代初，福特汽车公司决定裁员，首先制定的目标是财务部门裁减20%，即从500人减少到400人。当这一计划目标达成时，福特汽车公司却发现一个比自己规模小很多的日本公司马自达的财务人员才15人，这是一个实实在在的标杆水平。于是，福特汽车公司改进了这个目标，最终使财务部门人员减少至75人，使得人员规模之比与部门规模之比相同。值得注意的是，由于标杆水平的可行性已经由马自达公司证实，如此规模的裁员计划并未引起过多的争议。

案例二：A集团B公司工资总额的核定管理办法规定如下：B公司核定工资总额=B公司年产值×标准人工费用率×［（B公司指标1/该指标统一标准值1）×权重1+（B公司指标2/该指标统一标准值2）×权重2+…］。标准值由公司统一制定公布。A集团采用标准值控制办法为下属公司指明了努力方向，使得A集团下属公司均有了超越标准值的强大动力。同时，A集团针对下属公司的实际情况，根据下属公司的相关指标仪表板，对员工进行了相关的培训与指导，帮助下属公司创造性地学习、借鉴并选取改进的最优策略，从而结合A集团战略需要不断循环提高下属公司的工作绩效水平。实践证明，A集团下属公司的工资总额核定管理办法是成功的，对集团的长远发展非常有利。

资料来源　吴少勇. 标杆超越法在薪酬与考核中的应用［J］. 中国人力资源开发，2004（3）.

思考与讨论：

（1）请分别对案例一、案例二中企业实施标杆法的基本情况进行分析。

（2）请对两个案例中的企业实施标杆法的特点进行比较。

（3）你觉得在实施标杆法的过程中还要注意什么问题？

第11章 具体的绩效考核技术（二）

学习目标

✔理解排序考评法、配对比较法、关键事件法以及行为锚定等级评价法的含义，能对各种方法进行比较和评价

✔着重把握各种考核方法的适用条件和实施步骤

引例   **今年该把谁报上去呢**

某公司是一家汽车零部件制造企业。虽然近年受到了全球经济危机的影响，但生产业绩还是很不错的，员工的工作热情也很高。可是，绩效考核总是让大家头疼。

现在又到了年终绩效考核的时候了，从主管人员到一般员工，每个人都忐忑不安。因为按照总公司的要求，必须采用强制分布法，把所有员工排出顺序；而且要求每个部门根据员工一年的工作业绩和表现将其划分为A、B、C、D、E5个等级，分别占10%、20%、40%、20%、10%。被排在最后一级的员工，第二年的工资将相应降低一级；如果连续2年被排在最后一级，则要下岗接受培训，再根据培训和考察的结果决定是否继续上岗或转岗；如果上岗后再被排在最后10%，则将被淘汰。而这些员工在培训期间只能领取基本生活费。

公司领导、部门主管与员工对这种绩效考核方法都感到头疼，但也说不出什么意见，因为不做绩效考核的确不行，而要做绩效考核，就必须动真格的，就是实行强制分布法。为此，最难受的就是部门主管。

综合管理部主管老张每年都为此煞费苦心。该部门是职能部门，大家很勤恳努力，也都没犯什么差错，工作完成得很好。把谁评为E呢？想来想去，评谁都不合适！去年考评，小潘因为家里有事，请了几天假，有几次迟到了，但也没有耽误工作。老张掂量到最后，没办法，只好把小潘报上去了。为此小潘很生气，到现在还耿耿于怀，当然也更加严格要求自己了。今年考评，又该把谁报上去呢？

看了上述案例，假如你是老张，你又该如何进行考核，把谁报上去呢？

11.1 排序考评法

排序考评法（ranking method，RM）要求评估者把工作小组或部门中的所有员工按照各自总业绩的高低或列出的每个因素进行排序，通常的做法是按总绩效排序。排序考评法一般分为简单排序、交替排序和平行比较三种类型。

11.1.1 简单排序法

使用简单排序法进行绩效考评时，考评者只要简单地把同一组中的所有员工按照其总业绩的高低顺序排列起来即可。这种方法简便易行，一般适用于员工数量比较少的绩效考评。这种方法的问题主要是，当员工个人之间的业绩水平接近时很难进行准确的排序。

11.1.2 交替排序法

交替排序法就是根据绩效考评的要素对员工进行排列，从该要素下绩效最好的人排到绩效最差的人，以此类推，直到排列完毕。例如，部门中业绩最好的员工被排列在最前面，最差的被排列在最后面，中间再一一排列。通常来说，从被考评者中挑出最好的和最差的，要比绝对地按他们的绩效进行考评要容易得多，所以这是一种运用得比较普遍的绩效考评方法。其具体操作步骤如下：

首先，将需要考评的所有被考评者名单列出来，然后将不太熟悉因而无法对其进行评价的人的名字划去；

其次，根据要评价的某个方面的要素，从所有人员名单中挑出最好的和最差的；

最后，从剩下的被考评者中再挑出次好的和次差的，依此交替进行，直至所有必须被考评的对象都被排列在表格中为止。

11.1.3 平行比较法

作为简单排序法的一种演变，平行比较法将每个员工的工作业绩与其他员工的工作业绩进行简单的比较，获得有利的对比结果最多的员工，就在绩效考核中被排在最高的位置上。这种比较一般也是基于单一标准，如总绩效等。对此有些人力资源管理者持怀疑态度，认为这样一种考核方法事实上已超出了个人绩效领域，因此应在一个更广泛的基础上进行考虑。员工所要达到的目的是实现他们的任务目标，而不是他们实现的目标比工作小组中其他人的更好。

由上述三种方法可见，排序考评法的优点在于它强迫评估者对不同的被考评者的绩效水平进行区分，便于得出一种强制的等级次序，同时也有利于避免评价过宽或过严，特别是趋中误区的出现。但是有利也有弊，这种方法的缺点在于：

第一，当被考评者的人数较多时，评估会变得耗时且困难；第二，尽管排序可以显示不同的被考评者绩效水平孰高孰低，却无法显示出其绩效水平的差距究竟有多大；第三，不同群体的排序，彼此之间无法进行比较；第四，排序法无法解释具体的排序理由，因而也无法起到信息反馈和促进员工发展的作用，特别是当排序是基于总绩效做出的时候；第五，容易给员工造成心理压力，在感情上也不易接受。

11.2 \ 配对比较法

11.2.1　配对比较法的含义

配对比较法（paired comparison method，PCM），与前述平行比较法类似，本质上也是排序法的一种。这种方法需要将每个被考评者的绩效同小组或部门中的所有其他被考评者分别做比较，获得有利的对比结果最多的被考评者被排列在最高位置，以此类推。

11.2.2　配对比较法的应用

配对比较法，顾名思义，就是把每一位员工与其他员工一一配对，按照所有的评价要素分别进行比较。每一次比较时，给表现更好的员工记"+"，另一个员工就记"-"，所有员工都比较完后，计算每个员工得"+"的个数，依此对员工工作表现做出评价——谁的"+"多，他的名次就排在前面，如表11-1所示。在表11-1中，从工作数量来看员工 E 是最优的，而在工作质量上员工 D 是最好的。

表11-1　　　　　　　　　　　　配对比较考评表

就"工作数量"所做的比较						就"工作质量"所做的比较					
对比对象	被评估员工姓名					对比对象	被评估员工姓名				
	A	B	C	D	E		A	B	C	D	E
A		−	+	−	+	A		−	+	+	+
B	+		+	+	+	B	+		+	+	+
C					+	C				+	−
D	+	−	+		+	D	−				
E	−	−	−			E	−	−	+	+	
"+"个数	2	0	3	1	4	"+"个数	1	0	3	4	2

拓展阅读
11-1

微软放弃绩
效评比制度

配对比较法的优点是判断范围小，准确度高。这种方法特别适用于工作绩效能够量化的岗位。其缺点是如果被考评者较多（大于5人），工作量就会很大，十分麻烦。配对比较的次数是按 $[n(n-1)]/2$（其中，n=人数）计算的，5个下级需要配比10次，10个下级就要配比45次，如果有50个下级就要配比1 225次；而且只能评比出下级的名次，而无法反映他们之间的差距究竟有多大，也无法反映他们在工作能力和个人品质方面的特点。

11.3　关键事件法

11.3.1　关键事件及关键事件法的含义

1）关键事件的含义与特征

在定义关键事件法之前，首先要了解什么是关键事件，这是理解关键事件法的关键。

所谓关键事件，是由员工个人或团队的关键行为产生的、对个人或团队绩效产生决定性影响的结果。关键事件应该能够反映个人的行为特征，对工作本身、工作团队或组织能够产生较大的作用，对工作发展有较深远的影响。但是，关键事件必须是与关键绩效相联系的关键行为及其结果，员工履行其职责的常规性行为、非工作行为及其结果不应视为关键事件。

关键事件的特征表现是：关键事件与个人绩效和组织绩效具有内在的必然联系，前者是手段，后者是结果；关键事件关注的是实现绩效目标过程中的行为及结果；关键事件与组织认同的企业文化、素质模型和任职资格标准具有相关性，后者是对个人关键事件性质的判断依据。

2）关键事件的分类

员工的关键事件按性质可以分为正向关键事件和负向关键事件两种类别。

正向关键事件是指对个人绩效及组织绩效产生了积极影响的关键事件，包括：超出了个人绩效承诺目标或一般要求的工作业绩，对组织绩效提升有重大贡献；支持周边协作、跨部门项目工作；在本职工作以外为组织或部门的文化建设、组织氛围建设等做出了明显的贡献；提出合理化建议并取得了重要或重大成果。

负向关键事件是指对个人绩效及组织绩效产生了消极影响的关键事件，包括重大的或重要的工作失误、重大的违纪行为等。

对于关键事件的分类还可以按照属性或范围进行界定。但是无论如何，关键事件都是由行为和结果两方面构成的，并且关键事件法就是通过对这些正向或负向的关键事件的记录，来对员工的绩效或能力做出判断与评价。正向的关键事件是用于支持和佐证员工的某种绩效状况的，负向的关键事件则是用于否定员工的某种绩效状况的。

3）关键事件法的含义

在明了关键事件是什么之后，我们就可以来定义关键事件法了。关键事件法（critical incident method，CIM），又称工作抽样法，它是由评估者通过观察、记录被考评者的关键事件，而对被考评者的工作绩效进行考评的一种方法。

如前所述，关键事件是指那些会对组织或部门的整体绩效产生积极或消极影响的重大事件。当被考评者的某种行为对组织的绩效产生了积极或消极的重大影响时，这种行为就可以被称为关键事件。关键事件法要求评估者对被考评者具有代表性的关键事件进行书面记录（见表11-2），这些记录将同其他资料一起用于对被考评者的工作进行评价，但是关键事件将受到特别的关注。关键事件法基于工作中的关键事件，制定相应的扣分和加分标准，以此对被考评者的业绩进行评价。平常绩效考核中的所谓一票否决（或肯定）制，其实就是从这里衍生出来的。

表11-2　　　　　　　　　　　　　**关键事件法实例**

积极的：
××日期：A雇员自愿完成了四项附加的工作任务
××日期：管理人员接到专业人士X打来的电话，向其推荐由雇员B担任助手工作
××日期：C雇员在截止日期两周前就将进展报告交了上来。该报告完整而准确，并进行了独立的判断
消极的：
××日期：D雇员没能交出一份准确而完整的核实报告。核查人员认为这些不足应该受到惩罚
××日期：E雇员拒绝回复客户的电话，结果导致客户遭受了损失
××日期：F雇员错过了提交经费申请的最后期限，结果导致组织没有获得××数量的资金，不得不取消××计划

资料来源　PYNES J E. 公共和非营利性组织的人力资源管理［J］. 王孙禹，达飞，译. 北京：清华大学出版社，2002：127.

11.3.2　关键事件法的应用

1）关键事件法的操作重点

关键事件法由美国学者弗拉纳根（Flanagan）和巴拉斯（Baras）于1954年共同创立。根据弗拉纳根和巴拉斯的主张，关键事件法的操作包含三个重点：第一是观察；第二是书面记录员工所做的事情；第三是提供有关工作成败的关键性事实。这种关键性事实，应该由上级主管及时记录在案，并在预定的时间，通常是半年或一年之后，由主管利用平常积累的记录与被考评者进行讨论，从而为绩效考评提供依据。

2）STAR法

我们也可以把关键事件法的操作步骤归纳成STAR法，即在平常进行记录时要关注以下几个要点：situation（情景）——事件发生时的情景是怎样的；target（目标）——要实现什么样的目标；action（行动）——被考评者当时采取了什么样的行动；result（结果）——被考评者采取行动之后获得了什么样的结果（如图11-1所示）。

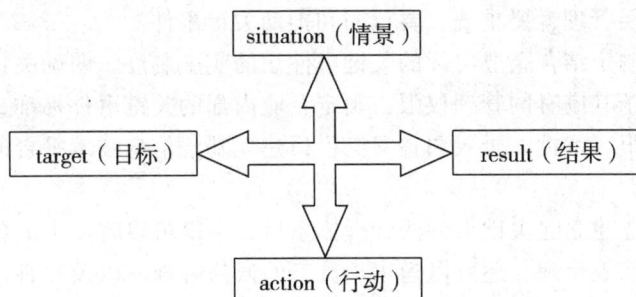

图11-1　STAR关系图

3）其他具体方法

关于关键事件法的操作与运用，一般还有如下几种具体方法：

（1）年度报告法。这种方法的一种形式是一线监督者保持对考核期内员工关键事件的连续记载。

（2）关键事件清单法。开发一个与员工绩效相联系的关键行为的清单，以此进行绩效考核。关键事件清单法常常给不同的项目以不同的权重，表示某些项目比其他项目重要。

（3）行为定位评级表。这种方法把行为考核与评级量表结合在一起，用量表对员工绩效做出评级，并以关键事件对量表值做出定位。

4）关键事件法的优缺点以及注意事项

关键事件法有许多优点，主要有：

（1）可以为评估者向被考评者进行绩效反馈提供确切的事实证据。

（2）可以避免近因效应的误区。因为绩效考核所依据的关键事件是在一个考核周期内累积出来的结果，是被考评者在整个考核期的表现，所以能够有效避免近因效应。

（3）有利于保存一种动态的关键事件记录，还可以获得关于被考评者是通过何种途径消除不良绩效的实例。

但是，关键事件法的缺点也是明显的：

（1）应用关键事件法进行绩效考核，需要花费大量的时间去搜集那些关键事件，需要进行长期的认真观察，了解员工的工作行为并加以概括和分类，操作过程比较长，成本比较高。

（2）关键事件法可能会缺乏横向或纵向的比较，主观随意性也较大，对于人力资源管理决策的参考意义可能较小。

（3）关键事件法局限于对工作绩效显著有效或无效的事件，这就遗漏了平均绩效水平。所以，利用关键事件法时，对中等绩效的员工很少涉及，而这部分员工一般是企业的主体。

为此，在实施关键事件法时，必须注意做到以下几点，以便发挥关键事件法的优点，而克服其缺点：

首先，高层管理者要重视，要认同和推动关键事件法。

其次，要制定结合企业实际的关键事件法的实施制度，明确关键事件法操作的责任人并赋予其应有的管理权限，确定企业内部的关键事件标准，建立员工对关键事件的申报、审批、录入和查阅流程，建立基于信息技术平台的员工关键事件信息库。

再次，企业建立起关键事件法管理体系后，不仅可以将员工的各种关键事件运用于员工的绩效管理，还可以运用于员工的诚信管理，以及在日常工作过程中对员工行为及结果的引导。

最后，要促进关键事件法的运用与组织文化、员工素质模型和任职资格标准之间的相关性，将关键事件作为绩效考核的依据，同时也作为干部任职考察、员工荣誉奖励和晋升调配的重要参考依据。

11.4 行为锚定等级评价法

11.4.1 行为锚定等级评价法的含义

行为锚定等级评价（behaviorally anchored rating scale，BARS）由美国学者史密斯（P. C. Smith）和肯德尔（L. Kendall）在美国护士联合会的资助下于1963年提出，是用一些具备关键事件特征的行为来对工作绩效进行定位的绩效评价方法。它将关键事件法和量表评价法结合起来，其目的在于通过一种等级评价量表，将关于特别优良或特别差劣的绩效的叙述加以等级性量化，实现以上两种方法优点的结合。

这种方法为每一个绩效指标都设计出一个等级评价量表，表上每一个等级的绩效均通过对工作中某一关键事件（特别优良或特别差劣）的客观描述性说明词来加以界定（即所谓锚定），将关键事件的叙述加以量化。例如，对于"服务意识"这一要素的考核，最优的行为表现是"把握长远盈利观点，与客户建立伙伴关系"，而最差的行为表现则是"被动的客户回应，拖延和含糊的回答"，如图11-2所示。在最优和最差行为之间，可以划分出不同的层次，开发对应的行为描述，以此确定员工的行为等级。

	1	2	3	4	5
被动的客户回应，拖延和含糊的回答		...			把握长远盈利观点，与客户建立伙伴关系

图11-2　行为锚定等级评价法举例

由于这些典型说明词的数量毕竟有限（一般不会多于10条），不可能涵盖所有员工千变万化的实际表现，被考评者的实际表现很少恰好与说明词所描述的完全吻合。但是，有了量表上的这些典型行为锚定点，评估者在进行评判和打分时就有了一定的分寸感。这些锚定了从优到劣典型行为的说明词，不但能使被考评者较深刻而信服地了解自身的状况，还可以据此找到具体的改进目标。表11-3列举了实验技术人员工作业绩行为锚定等级体系。

表11-3　　　　　　　　　**实验技术人员工作业绩行为锚定等级体系**

绩效要素	优　秀	称　职
设备账物管理	及时建账，固定资产账物相符率等于100%，低值耐用品账物相符率大于90%	建账不够及时，各项资产账物相符率大于80%
设备完好率和维护	及时维护、保养，仪器设备完好率大于90%，大型仪器设备使用遵守规章制度，功能利用齐全	经常维护、保养，仪器设备完好率大于70%，大型仪器设备使用基本遵守规章制度
实验室安全和卫生	无安全事故，实验室能长期保持整洁	无安全事故，实验室卫生条件较好
实验教学档案管理	主动、积极配合实验教学，实验室档案资料完整无缺漏	积极配合实验教学，实验室档案资料基本完整
实验准备	及时订购实验药品和器材，实验准备工作充分，学生实验能顺利完成	及时订购实验药品和器材，实验准备工作较充分，学生实验基本顺利完成
实验教学	认真指导学生实验、批改实验报告；符合上课条件的实验技术人员独立承担一门及以上实验课程，任教课程的学生教学质量评价和专家、同行教学质量评价都达到良好水平	实验中认真指导学生实验，批改实验报告较认真
实验室建设、实验课程建设、实验室开放	具备下列条件之一：①实验室建设和环境改造：年设备经费投入≥30万元或环境改造投入经费≥20万元②实验课程建设：当年度负责设计新的实验项目或实验项目改革③实验室开放管理：有确定的开放实验室名称、场地、时间；有确定的实验内容、时数、实验记录及实验结果	具备下列条件之一：①实验室建设和环境改造：设备经费投入在10万~20万元或环境改造投入经费在5万~10万元②实验课程建设：当年度参与设计新的实验项目或实验项目改革③实验室开放管理：有确定的开放实验室名称、场地、时间，但没有确定的实验内容、时数
科研工作	完成学年额定科研工作量的300%以上	完成学年额定科研工作量的100%

资料来源　张灵．行为锚定等级评价法在高校实验技术人员工作业绩考核中的运用 [J]．中山大学学报论丛，2007（8）．

11.4.2　行为锚定等级评价法的实施步骤与注意事项

1）实施步骤

实施行为锚定等级评价法，通常要由公司领导、评估者以及被考评者代表、人力资源管理工作者集思广益，有时还需要外聘专家参与，并按以下6个步骤来操作：

（1）确定工作行为。由一组对工作内容较为了解的人（员工本人或其直接上级）利用工作分析的关键事件法来找出一系列有效或无效的工作行为。

（2）收集并界定关键事件。这要求熟悉工作行为的人，如工作承担者或主管人员对一些代表优良行为和差劣行为的关键事件加以收集，并进行具体的描述和界定。

（3）初步建立绩效指标。将这些工作行为归纳为几个（通常是5～10个）绩效指标，并加以定义。

（4）重新分配工作行为，确定其应归入的绩效指标。向另外一组同样熟悉工作内容的人展示每个绩效指标的名称和定义，要求他们将所有的工作行为按正确的绩效指标进行重新分类，将每一项工作行为分别归入他们认为合适的绩效指标中。如果第二组中大部分人（通常是80%或更多）将某一工作行为归入的绩效指标与前一组相同，则该工作行为被保留下来，否则就舍弃。

（5）评定各工作行为的有效性等级。由第二组人对保留下来的工作行为的有效性等级进行评定，以便确定每个绩效指标的绩效等级的锚定物。

（6）建立最终的行为等级评定量表。对于每一个工作绩效要素来说，都将会有一组关键事件来作为其"行为锚"。工作分析者们为每个绩效指标构建一个评分量表，量表中列出该指标的名称和定义，对工作行为的描述被放置在量表上的一个与它们的平均有效性评分相对应的位置上。

表11-4列举了一个行为锚定等级评价量表的实例。

表11-4　　　　　　　　　　**行为锚定等级评价量表举例**

考核要素：市场开拓能力（满分100）	
等　级	行　为
A级 85～100分	能够系统地分析市场状况，研究潜在的客户，善于发现新的业务和市场机会，不断总结市场开拓经验，积极联络老客户、发展新客户
B级 70～84分	有一定的市场开拓能力，能够收集市场信息和竞争对手的情况，维持老客户、开发新客户
C级 60～69分	有市场开拓的意识，能够开发新客户，但不注意总结经验，对市场开拓方法的研究和掌握不足
D级 60分以下	无市场开拓意识，不掌握市场开拓方法，不能维持老客户和开发新客户

续表

考核要素：创新能力（满分5分）

等　级	行　为
A级 4～5分	了解最新专业知识，能跟踪把握本专业发展动向和同行的最佳做法 主动争取各种挑战性机会，积极拓展自己的能力和知识 不断学习新的专业知识，能够很快地获取新知识
B级 2～3分	随时关注公司的绩效标准和成功因素的变动 有学习的愿望，寻找机会学习和应用新的专业知识及管理技能 能够学习别人的长处，总结自己的经验教训
C级 0～1分	除了完成工作本身，很少致力于自我发展 不去了解行业最新动态，满足于自己目前的知识状态

2）注意事项

在运用行为锚定等级评价法进行绩效考评时，需要注意以下问题：

第一，要由那些对工作及其要求最熟悉的人来编制行为锚定等级体系，这样才能保证对工作绩效的计量更精确，工作绩效评价标准更明确，才能充分发挥这种评价方法的优点。

第二，要注意行为锚定等级评价对被考评者可能造成的误导，即这种考评方法可能使他们把工作重点放在可以让评估者看得到的具体工作行为上，从而忽略了工作的内涵和本质意义，这是需要尽力避免的。

第三，虽然通过行为锚定等级评价法可以收集大量的关键事件，但是由于具体工作情境的复杂性，不可能将每一项工作都表述得那么清楚，并且评估者有时也很难将实际中的工作行为与评定量表中的行为完全对应，这必然会给评定带来困难。

11.4.3　行为锚定等级评价法的优缺点和适用范围

1）优缺点

行为锚定等级评价法具有以下优点：

（1）行为锚定等级评价法要求对工作较为熟悉的人去收集一些有代表性的关键事件，然后将关键事件合并为为数不多的若干绩效要素，所以其设定的工作绩效评价指标比较简明、扼要，同时又能抓住关键工作要素。

（2）行为锚定等级评价法的观察量表是从对员工所做的系统的工作分析中设计开发出来的，是以关键事件技术为基础的，任职者和任职者的上级都参与了量表的开发，这使得对工作绩效的计量更精确、更容易被接受和理解，也有助于他们理解和使用量表。有调查表明，使用行为观察量表后，管理者与下属抱怨考评工具指标太模糊、不太容易理解或完全不适合考评的情况大大减少了。

（3）行为观察量表是基于关键事件技术而开发的，它明确界定了对工作岗位上的员工的工作行为要求，因此可以单独作为职位说明书的补充。行为观察量表还可以作为"工作预览"向潜在的工作候选人指出他们未来被期望的行为，从而作为降低员工流动率和工作不满意度的一种有效方式。①

（4）行为观察量表的行为项目不仅使评估者将注意力放在考评期内应观察的内容上，而且有助于评估者和下属讨论考评结果时进行回忆，这使得工作绩效评估标准更为明确，并且具有良好的反馈功能，可以使评估者更有效地向被考评者提供反馈，帮助被考评者明确自己的工作努力方向，使考核要求逐渐成为他们工作行为的自律标准，促使他们不断提高自己的水平和能力。研究证明，运用行为观察量表进行清晰的反馈并与设立具体的目标结合起来，对引导或保持正向的行为变化是一种有效的方法。②有人从使用行为观察量表、行为评价量表和特质量表的同事那里收集资料进行比较研究，结果显示：在提供反馈、区别员工、决定培训需求、设定目标、客观性和易于使用等方面，行为观察量表比其他两种量表令人更满意。③

（5）行为锚定等级评价法使用的各种工作绩效评价要素之间具有较强的相互独立性和连贯性。这种方法将众多的关键工作行为归纳为5～10种绩效要素，使得各绩效要素之间的相对独立性很强。在这种评价方法之下，评估者就不太可能仅仅因为某人的一个要素得到的评价等级高，就将此人的其他绩效要素等级都评定为高级，所以其结果更客观。

当然，行为锚定等级评价法也有缺点，比如花费的时间较多，设计和实施的成本较高，员工的那些与行为"锚定"最为近似的行为往往成为评估者容易回忆起来的信息，因此结果也可能受到评估者的主观影响。

2）适用范围

鉴于以上优缺点的分析，我们可以大致知道行为锚定等级评价法的适用范围。

首先，就岗位而言，它适宜于考评那些对工作行为的正确性和准确性要求比较高的岗位，如生产操作岗位、行政事务岗位、部分销售岗位，尤其适合考评服务类岗位和后勤岗位。由于管理岗位和研发岗位等工作的不确定性比较强，行为重复频率比较低，以及劳动产出主要为无形产品，所以行为锚定等级评价法就不太适合对这些岗位人员的考核。

其次，就指标而言，行为锚定等级评价法适合考核员工的工作态度及工作能力，对于工作业绩的考核则不太适合。

① WANOUS J P. Installing a realistic job preview: ten tough choices [J]. Personnel Psychology, 1989, 42（1）: 117-134.
② DOSSETT D L, LATHAM G P, MITCHELL T. Effects of assigned versus participatively set goal, knowledge of results, and individual differences on employee behavior when goal difficulty is held constant [J]. Journal of Applied Psychology, 1979, 64（3）: 291-298.
③ WIERSMA U J, VAN DEN BERG P T, LATHAM G P. Dutch reactions to behavioral observation, behavioral expectation, and trait scales [J]. Group & Organization Management, 1995, 20（3）: 297-309.

最后，由于行为锚定等级评价法的设计对企业工作分析的水平提出了很高的要求，所以行为锚定等级评价法是否适用还取决于企业的工作分析水平。工作分析的战略化程度越高，量表中的工作行为与企业战略目标的一致性就越强，反之则可能偏离企业的战略目标；工作分析的标准化程度越高，量表中的工作行为就越有助于员工迅速提高绩效并长期保持；工作分析的时效性越强，量表中的工作行为就越能不断适应企业、部门、岗位的变化。

拓展阅读
11-2

绩效管理
满意度调查
问卷

学思践悟

绩效考核须合规

当前，企业不仅承受着经济短期下行压力的影响，还遭遇了疫情带来的冲击，企业在之后的一段时间内将面临十分严峻的挑战。市场经济形势是否乐观以及企业生产经营的好坏，直接影响到劳动者的切身利益，浮动及变化最明显的模块体现在绩效上。

企业通过绩效考核评定劳动者的工作任务完成情况、工作职责履行程度和发展情况后给出相应的奖惩，如薪酬调整、岗位调整、解除劳动关系等。

在劳动争议案件中，对于调岗调薪，劳动者常常会要求企业补足工资差额或者补发奖金，可能会因企业未及时足额支付劳动报酬而与企业解除劳动合同并要求支付经济补偿。对于企业与劳动者解除劳动关系的，无论是不胜任解除还是末位淘汰，劳动者都会要求企业支付违法解除的赔偿金。

《最高人民法院关于审理劳动争议案件适用法律若干问题的解释》第十三条规定："因用人单位做出的开除、除名、辞退、解除劳动合同、减少劳动报酬、计算劳动者工作年限等决定而发生的劳动争议，用人单位负举证责任。"所以，企业对劳动者做出降职降薪或者解除的处理时，需要承担举证责任。反过来说，若企业无法提供相应的证据材料而直接对劳动者进行了处理，企业很可能会承担败诉的不利后果。

企业的规章制度作为企业典型的用工自主权的体现，在司法实操中具有举足轻重的地位。当企业与劳动者协商就降职降薪达成一致，并且也已实际履行时，劳资双方通常是不会存在争议的，但劳动者不同意企业做出的单方面降职降薪或解除的决定时，争议就产生了。因此，企业要降低或者避免相应的风险，必须做到以下几点：

第一，制定明确的绩效考核制度。企业没有绩效考核制度、不对劳动者进行考核但在薪酬中又约定绩效奖金的，在现有司法实践中会被认定为企业放弃了行使绩效考核的管理权限，将绩效奖金作为工资的一部分进行正常的发放。故企业希望将绩效奖金与劳动者薪酬岗位进行挂钩的，应当有明确的关于绩效考核方面的规章制度。

第二，规章制度应合法合理。从合法的角度来说，法律规定如果劳动者不胜任工作，企业应当对其进行培训或者调岗，仍不胜任时，才可与劳动者解除劳动关系并支付相应的经济补偿。若企业制度中规定劳动者一旦绩效考核不合格可以直接与劳动者解除劳动关系，则属于变相淘汰，企业系违法解除与劳动者的劳动关系。从合理性角度来说，企业需要有事实依据，在考核设计上尽可能量化，减少主观判断。同时，《劳动合同法》规定，制定涉及劳动者切身利益的规章制度时，需要经过民主和公示程序。绩效涉及劳动者的切身利益，也需要经过民主公示程序，且企业应当保留好进行民主和公示程序的材料。

第三，规章制度应当明确、具体并经劳动者确认。经过民主和公示程序的制度需要经过劳动者确认，使劳动者清楚明白地知晓企业关于绩效的制度有哪些、涉及哪些方面的具体内容、如何考核、如何评分以及所对应的结果是什么，也要注意考核内容与劳动者工作内容之间的关联性。

第四，严格按照制度执行。根据企业制定的规章制度对劳动者进行严格管理，是企业的权利，但企业不能滥用权利。在有明确的制度规定时，一定要严格按照制度来执行，不可以凭借主观判断随意对劳动者的工作表现进行评价。对于出现劳动者持有的制度与企业不一致的情况时，实际履行情况会作为裁审部门判断制度真伪的方式之一。企业也应当在规定的时间内按照考核制度的规定尽快对劳动者进行考核，及时发放绩效薪酬。

第五，劳动者对于其考核结果应当签字确认。劳动者的签字确认能够证明企业已对其进行了考核并且考核结果已经送达了劳动者，这也进一步证明了企业切实地履行了绩效考核制度。

第六，面谈。当企业考核评定以后，对于考核结果不理想的劳动者，应当给予其复核、申辩的机会，这不仅体现了企业的考核制度的公平合理，也能从劳动者的反馈中找出企业管理中的不足之处。

资料来源　龚琴. 绩效考核须合规［J］. 人力资源，2022（9）：40-42.

🔍 本章小结

排序考评法（ranking method，RM）要求评估者把工作小组或部门中的所有员工按照总绩效或列出的每个因素进行排序，但通常只是按总绩效排序。一般来讲，排序考评法分为简单排序、交替排序和平行比较三种类型。

配对比较法（paired comparison method，PCM），就是把每一位员工与其他员工一一配对，按照所有的评价要素分别进行比较。其优点是判断范围小，准确度高，特别适用于工作绩效能够量化的岗位；其缺点是如果被考评者较多，工作量会很大。

关键事件法（critical incident method，CIM）又称工作抽样法。当被考评者的某种行为对组织的绩效产生了积极或消极的重大影响时，这种行为可以被称为关键事件。关键事件法的操作包含三个重点：第一是观察；第二是书面记录员工所做的事情；第三是提供有关工作成败的关键性事实。关键事件法要求评估者在日常管理过程中对具有代表性的关键事件进行书面记录，这些记录将同其他资料一起用于对被考评者的工作进行评价。

行为锚定等级评价（behaviorally anchored rating scale，BARS）法是用由一些特定关键事件加以说明的行为来对工作绩效加以定位的工作绩效评价方法，其实质是把量表评价法与关键事件法结合起来，兼具两者之长。它为每一职务的各个考核维度都设计出一个评分量表，并有一些典型的行为描述性说明词与量表上的一定刻度（评分标准）相对应和联系，这就是所谓的锚定。

复习思考题

（1）什么是排序考评法？它有哪几种类型？请比较这几种类型的区别。

（2）什么是配对比较法？它有哪些特点？适用条件是什么？

（3）什么是关键事件？它具有什么特点？

（4）什么是关键事件法？其操作步骤如何？有什么优点和缺点？

（5）什么是行为锚定等级评价法？其操作步骤如何？有什么优点和缺点？

（6）请比较本章介绍的几种绩效考评方法，并进行简单的评价和分析。

（7）请收集若干企业案例，说说以上绩效考评方法及其运用。

案例分析题

摩托罗拉的 scorecard

摩托罗拉用于业绩评估的 scorecard（成绩报告表），是参照美国国家质量标准制定的。各个部门根据这个质量标准，针对具体业务制定自己的目标。摩托罗拉员工每年制定的工作目标包括两个方面：一个是战略方向，包括长远的战略和优先考虑的目标；另一个是业绩，它可能包括员工在财务、客户关系、员工关系和合作伙伴方面的一些作为，也包括员工在领导能力、战略计划、客户关注程度、信息和分析能力、人才发展、过程管理法方面的表现。

制定目标时要求主管和下属共同参与。摩托罗拉每3个月会考核员工的目标执行情况。员工在工作中有一个联系紧密的合作伙伴，摩托罗拉称之为 key work partner，他们彼此之间能够相互推动工作。跨部门同事和同部门同事之间有紧密联系，使考核达到360度的平衡。

摩托罗拉认为，绩效管理是一个不断进行的沟通过程，在这个过程中员工和主管应当以合作伙伴的形式就下列方面达成一致：

①员工应该完成哪些工作？

②员工所做的工作如何为组织目标的实现做贡献？

③用具体的内容描述怎样才算把工作做好。

④员工和主管怎样共同努力才能帮助员工改进绩效？

⑤如何衡量绩效？

⑥确定影响绩效的障碍并将其克服。

据此可以看出，摩托罗拉绩效考核关注的是员工绩效的提高，而员工绩效的提高又是为组织目标的实现服务的，这就将员工和企业的发展连在了一起，同时也将绩效考核的地位提升到了战略的层面。

同时，摩托罗拉强调员工和主管是合作伙伴的关系，这不仅仅是对绩效考核观念的改变，而且是更深层次的绩效考核创新，它给了员工更大的自主权，也在一定程度上解放了管理者的思想。随着这种观念的深入，员工和主管的关系更加和谐，更多地互动、互补，共同进步，这也正是摩托罗拉的绩效管理努力要实现的目标。因此，摩托罗拉十分强调沟通在绩效管理中的重要性。

摩托罗拉还强调绩效管理是一个系统，用系统的观点看待绩效考核，使其各个组成部分互相作用，并以各自独立的方式一起工作去实现既定的目标。摩托罗拉的绩效考核有5个组成部分：

第一，制定绩效目标和绩效计划。绩效目标由两部分组成：一部分是业务目标（business goals）；另一部分是行为标准（behavior standard）。这两部分组成了员工全年的绩效目标。它们相辅相成，共同为员工的绩效提高和组织绩效目标的实现服务。在这部分，主管与员工就下列问题进行充分的沟通，达成一致，最终形成签字的记录：

①员工应该做什么？

②工作应该做得多好？

③为什么要做该项工作？

④什么时候要做该项工作？

⑤其他方面如环境、能力、职业前途、培训等的相关问题。

上述问题是整个绩效管理循环的依据，其作用非常重要，需要花费必要的时间和精力来完成，制定绩效目标大约要用一个季度的时间。

第二，进行持续不断的绩效沟通。沟通贯穿于绩效管理的整个过程，仅仅是年终的考核沟通，或者仅有一两次的沟通，都是远远不够的，摩托罗拉强调全年的沟通和全通道的沟通，主要包括如下几个方面：

①沟通是一个双向的过程，目的是追踪绩效的进展，确定障碍，为双方提供所需信息；

②前瞻性；

③定期或非定期，正式或非正式，就某一问题专门对话。

为此，摩托罗拉的每个员工都会得到一张卡，叫作IDE卡。这张卡代表了任何一名摩托罗拉员工都拥有的6种最基本的权利，上面用英文写了6个问题，这是员工每个季度都要问自己、问公司的6个问题：

①您是否有一份对于摩托罗拉的成功有意义的工作？

②您是否了解自己能胜任本职工作，并且具备使工作成功的知识？

③您的培训计划是否已经确定并得到适当的安排以不断提高您的工作技能？

④您是否了解您的职业前途，并且它令您鼓舞且确实可行，而且您正在付诸行动？

⑤过去的90天来，您是否都获得了中肯的意见反馈并有助于改进工作绩效或实现您的职业前途？

⑥您个人的情况，例如性别、文化背景是否得到正确的对待而不影响您的成功？

卡上的这些项目随时提醒员工注意沟通和改进。主管与员工沟通的过程也要形成必要的文字记录，并经主管和员工双方签字认可。

第三，对事实进行收集、观察和记录。主管需要在平时注意收集事实，注意观察和记录必要的信息，为年终的考核做准备。这包括收集与绩效有关的信息，记录好的以及不好的行为等。收集信息要求全面，好的或不好的都要记录，而且要形成书面文件，必要时要经主管与员工签字认可。

以上两个过程一般在第二、三季度完成。进入第四季度，也就进入了绩效管理的收官阶段，到了检验一年绩效的时候。

第四，召开绩效评估会议。绩效评估会议讲究效率，一般选定一个时间，所有的主管集中在一起进行全年的绩效评估。它主要包括以下4个方面：

①做好准备工作（员工自我评估）；

②对员工的绩效达成共识，根据事实而不是印象进行评价；

③评出绩效的等级；

④不仅仅是评估员工，而且将其作为解决问题的机会。

根据绩效评估会议，最终形成书面的讨论结果，并以面谈沟通的形式将结果告知员工。但是，绩效考核并没有结束，此后还有一个非常重要的诊断过程。

第五，进行绩效诊断和提高。这是对绩效管理系统的评估，用来诊断绩效管理系统的有效性，改进和提高员工绩效。它主要包括以下4个方面：

①确定绩效缺陷及其原因；

②通过指导员工解决问题；

③绩效不只是员工的责任；

④对绩效的强调应该持续进行。

关于这一点，也有一个非常有效的衡量工具，具体包括以下10个方面：

① 我有针对工作的具体、明确的目标；

② 这些目标具有挑战性，但合理（不太难，也不太容易）；

③ 我认为这些目标对我有意义；

④ 我明白我的绩效（实现目标）是如何评估的；

⑤ 我觉得那些绩效标准是恰当的，因为它们测量的是我应该做的事情；

⑥ 关于在实现目标方面我做得如何，我能得到及时的反馈；

⑦ 我觉得我得到了足够的培训，也能得到及时准确的反馈；

⑧ 公司给我提供了足够的资源（例如，资金、仪器、帮手等），使我实现目

标成为可能;

⑨ 当我实现目标时,我能够得到赞赏和认可;

⑩ 激励机制是公平的,我因为自己的成功而得到了奖励。

上述每一项有5个评分标准,通过打分可以得知一年以来公司的绩效管理水平如何,差距在哪里,从而做到拾遗补阙,改进和提高绩效管理的水平。

此外,绩效考核表里可以不打分,而是运用等级法实行强制分布,这样既能分出员工绩效的差别,又可以尽量避免在几分之差上的无休止的争论。

摩托罗拉员工的薪酬和晋升都与绩效考核结果紧密挂钩,论功行赏。摩托罗拉的年终评估在次年1月份进行,个人评估是每季度一次,部门评估是一年一次,年底对业务进行总结。根据scorecard的情况,公司在年底决定员工个人薪水的涨幅,也根据业绩晋升员工。摩托罗拉常年都在选拔干部,一般比较集中的时间是每年二三月份,挑选出管理精英到总部去学习,到五六月份会定下干部名单。

摩托罗拉认为,绩效考核的质量如何与管理者的关系很大,可以说管理者的素质是关键。比如,有些人在工作中关注的焦点不是客户,而是怎样使他的管理者满意。这种情况将导致绩效考核出现误区。例如,某位员工业绩一般,但是主管很信任他,而后加入团队的员工,即使成绩很好,但没有与主管建立相互信任的交情,也难获重用。这时人力资源部的工作就变得非常重要了。人力资源部要花很多精力在工作表现排在前25名和后25名的员工身上进行细致的研究。

资料来源　林新奇. 跨国公司人力资源管理［M］. 北京:清华大学出版社,2015.

思考与讨论:

(1)摩托罗拉scorecard的主要内容和操作步骤是什么?

(2)摩托罗拉的绩效考核有什么样的特点和意义?

(3)我们可以从摩托罗拉的绩效考核中得到什么样的启发?

第12章　具体的绩效考核技术（三）

学习目标

✔理解和掌握行为观察量表法、混合标准量表法，以及其他一些常用的绩效考核技术的含义、操作步骤和适用性分析

✔了解各量表的优缺点以及开发、使用条件，并在相互比较的基础上形成更加深入的认识

引例　　　　　　　　　**海尔的PBC管理法**

每个海尔员工都以个人事业承诺（PBC）的形式做出个人对海尔集团的业绩承诺。在整个海尔集团范围内，各级员工经理和下属员工通过自上而下层层签订PBC，将海尔的战略目标逐步分解落实到每个员工身上，将组织绩效和个人绩效有机联结在一起，实现集团事业发展和个人发展的一致。

一般员工的PBC由两种目标组成，即业务目标以及个人发展目标，而经理级别的员工PBC多了一种目标，即员工管理目标。

业务目标：每位员工根据所从事岗位工作性质、职责和企业年度工作计划的要求，在员工经理的指导和帮助下制定个人的业务目标。

个人发展目标：每位员工在员工经理的指导帮助下设置个人的发展目标并制订个人发展计划，不断提高自己的工作能力，支持业务目标的实现。

员工管理目标：员工经理需设置员工管理目标，从而引导员工经理关注团队建设、下属培育，培养员工经理的领导能力，支持业务目标的实现。

海尔员工的绩效评价指标分成两种类型：定量指标和定性指标。

定量指标：将绩效结果同事先设定的目标值进行比较，以目标值的实现率为基础按照百分制计算每项指标的绩效得分。

定性指标：将绩效结果同事先设定的工作标准（定性描述）进行比较。

海尔集团对于员工的绩效评价周期分为以下几类：

定期回顾辅导，具体分为两种：第一种是月度业绩回顾辅导，各级员工经理每月针对本部门月度经营计划完成情况进行回顾总结，并对下属员工工作中存在问题以非正式的方式进行辅导，制订工作改进计划，提高工作绩效。第二种就是

年度中期绩效回顾辅导，通常在半年左右，员工经理与下属员工就个人的业务目标、员工管理目标和个人发展目标进行综合、全面的正式沟通与辅导，为下属员工提出绩效改进意见和建议，必要时进行目标调整。值得说明的是，不论是哪一种回顾辅导，都不与员工工资的发放进行挂钩。

季度业绩评价：针对所有员工的季度业务目标实现情况进行评价。在每季度结束后的第一个月自上而下地逐级进行业绩评价。季度业绩评价结果与员工的季度绩效工资挂钩。

年度绩效考核：对员工经理的业务目标、员工管理目标、个人发展目标进行年度综合绩效考核；对普通员工的业务目标、个人发展目标进行年度综合绩效考核。在每年度结束后的第一个月度内自上而下地逐级进行年度绩效考核。年度绩效考核结果与员工的年度绩效工资等挂钩。

海尔集团的PBC绩效评价结果分为五个等级，分别是A、B+、B、C、D。A为非常出色的年度顶级贡献者，表明该员工取得杰出的成果，业绩明显高于其他（同级别/工作性质）的人。B+为出色的高于平均水平的贡献者，表明该员工工作范围和影响力超越其工作职责，绩效表现超过大多数同事。B为胜任的扎实的贡献者，表明该员工始终如一地履行工作职责，具有适当的知识、技能、有效性和积极性水平。C为需要改进提高的最低贡献者，表明该员工与他人相比，不能充分履行所有的工作职责，或者虽履行了职责但水平较低或成果较差，并且/或者不能证明具有一定水平的知识、技能、有效性和积极性。D为不能令人满意的员工，表明该员工不能证明其具备所需的知识和技能，或不能利用所需的知识和技能，不能履行其工作职责。

这些员工的评价结果由直线经理进行评估，二线经理进行审核。

资料来源　佚名. 海尔集团PBC绩效管理体系案例［EB/OL］.［2020-06-30］. http://www.hrsee.com/? id=545.

　　海尔是中国企业的标杆。其绩效管理的成功说明，绩效考核或绩效管理技术并不一定是越复杂越好、越先进越好。其实，绩效考核与绩效管理的技术、方法、工具并无先进或落后之分，也无所谓系统的或非系统的之别，只要是科学、合理、公平、有效的就行。在此前提下，越简单的、越经济的越好。

12.1　行为观察量表法

12.1.1　行为观察量表法的含义

　　行为观察量表法（behavioral observation scales，BOS）也称行为评价法、行为观察量表评价法，是在关键事件法的基础上发展起来的。它是由工作绩效所要求的一系列合乎组织期望的行为组成的量表。它与行为锚定等级评价法大体接近，只是在量表的结构上有所不同。它不是首先确定工作行为处在何种水平上，而是确认员工某种行为出现的概率，它要求评定者根据某一工作行为发生的频率或次数多少来对被考评者打分。比如，从不（1分）、偶尔（2分）、有时（3分）、经常（4分）、总是（5分）。既可以将不同工作行为的评定分数相加得到一个总分数，也可以按照对工作绩效的重要程度赋予工作行为不同的权重，加权后再相加而得到总分。

下面以管理人员在企业改革中克服阻力或障碍的能力进行行为观察量表举例。

	从不	偶尔	有时	经常	总是
◇勇于承担领导责任：	1	2	3	4	5
◇解释变革的必要性：	1	2	3	4	5
◇倾听群众的意见或建议：	1	2	3	4	5
◇向下属说明改革的细节：	1	2	3	4	5

……

总分=_____

12.1.2 行为观察量表法的实施步骤

开发行为观察量表，主要有以下7个步骤：

第一，要利用关键事件技术找出关键行为，将内容相似或者一致的关键事件归为一组，形成一个行为项目，再由考核者或分析人员将相似的行为项目归并成一组，从而形成行为观察量表中的一个评价标准。

第二，评定量表的内部一致性。将工作分析得到的关键事件随机排序并拿给第二个或者第二组人，由其同样按照上述做法将关键事件进行重新归类。把归类一致性达80%的考核标准保留下来。如何计算归类的内部一致性呢？如果第一组人将1、2、3、4、5这5个关键事件归到一个考核标准下，而第二组人将1、2、4、5归入到同一指标之下，则归类的内部一致性为4÷5×100%=80%，该考核指标可以保留下来。

第三，检查行为观察量表内各考评标准之间的相关性。它应该由十分熟悉被考评者工作内容的人员对考评工具进行系统评价，以判断考评工具是否包括了所关心的行为项目的代表性样本。记录随着被分类的关键事件的增加而增加的行为指标的数目，如果75%的关键事件分类后，90%的行为指标已经出现，则可以认为是比较满意的。

第四，将每个行为指标划分为五级李克特（Likert）量表。以管理人员"向下属说明改革的细节"这一关键事件为例，如果在0~64%的情况下会做，则得分为1；在65%~74%的情况下会做，得分为2；在75%~84%的情况下会做，得分为3；在85%~94%的情况下会做，得分为4；在95%~100%的情况下会做，得分为5。

第五，根据行为观察量表，并视考核实际情况，删除不具有鉴别度的行为指标。

第六，进行因子分析，形成相关考评标准。如果被考评的人数是行为项目的3~5倍，就可通过因子分析方法，根据行为项目的相关程度将行为项目分组，形成不同的考评标准，也就是通过统计学方法得到绩效考评的标准（即构建量表的结构效度）。

第七，为考核指标赋予适当的权重。行为观察量表是基于李克特量表发展起来的，在权重方面可以给予每个考评指标相同的权重，也可以根据实际需要赋予不同的指标不同的权重。

以上7个步骤是开发行为观察量表的基本步骤。在实际操作中，应该不断改进和完善各个行为项目、考核指标以及指标权重等，使之更加准确。

12.1.3　行为观察量表法的优缺点

1）行为观察量表法的优点[①]

（1）研究显示，行为观察量表在内容上是有效的，即具有内容效度，在量表的内部一致性上是令人满意的。所有区分成功和不成功绩效的行为都被包括在量表中。

（2）行为观察量表是用使用者提供的数据针对使用者而开发的，因而量表容易被理解和接受。调查表明，使用行为观察量表之后，管理者与下属抱怨考评工具中的考核指标太模糊、不能理解或完成不适合考评员工的情况大大减少了。

（3）行为观察量表有利于进行清晰的绩效反馈，它鼓励在管理者和员工之间就员工的优缺点进行有意义的讨论。清晰的绩效反馈结合明确的目标设定，可以促进员工产生和保持积极的行为变化，实践证明这是一个有效的激励因素。

（4）行为观察量表本身可以单独作为职位说明书或作为职位说明书的补充。作为一种工作描述，行为观察量表也可以对潜在的工作候选人进行"工作预览"，使他们了解什么是他们被期望做的。

2）行为观察量表法的缺点[②]

（1）行为观察量表要求考评者根据详尽的行为清单对员工进行观察，这有较大的难度，因为指标虽然很多，但是很难包含所有的行为指标的代表性样本。

---

① LATHAM G P, FAY C H, SAARI L M. The development of behavioral observation scales for appraising the performance of foremen [J]. Personnel Psychology, 1979, 32 (2): 299-311.

② KANE J S, BERNARDIN J H. Behavioral observation scales and the evaluation of performance appraisal effectiveness [J]. Personnel Psychology, 1982, 35 (3): 635-641.

（2）行为观察量表的效度有待提高。

（3）主管人员单独考核工作量太大，不具有可操作性。

（4）五级频率标度在实际把握上有很大的困难。它要求管理者弄清一个人到底是在95%的情况下还是94%的情况下会做某件事，从而确定得4分还是5分，这是不切合实际的。对于这一点的改进方案是：不要以同样的标准评价每一行为，有些行为在50%的情况下发生则可接受，而有些行为必须100%发生才可接受。

12.1.4　行为观察量表法与其他评价方法的比较

1）行为观察量表法与行为尺度评定量表法

对行为观察量表和行为尺度评定量表进行比较，可以看到它们之间具有一定的相似性。它们都是关键事件技术的变异，都以对任务成功有着关键作用的、可观测的工作行为为基础，都使用工作者的术语，都考虑到工作绩效的多维性或复杂性。

但是，两者之间的区别也是明显的。行为尺度评定量表除了要求在无效行为与有效行为之间划分等级，还特别要求每个标准须建立在连续的垂直的图尺度量表上，同时它的行为等级包含观察到的行为和期望行为。而行为观察量表是在五级量表上对被观察者的关键行为发生的频率进行打分，每个个体的总分是由针对每个行为要素反应的次数的总和来决定的，其中要素分析选择的是差别最大的要素。行为观察量表中的要素是由那些与量表总分有着最高相关度的要素组成的。

2）行为观察量表法与行为锚定等级评价法

对行为观察量表法和行为锚定等级评价法进行比较，可以发现，行为观察量表法也有许多长处。比如，在行为观察量表行为要项的产生上，"关键"的主观定义被减到最少，重点被放在行为清单的制定、个体行为次数的分等、针对内部和外部标准所进行的要素分析上，这些都对最后用在考评量表中的每个标准应由哪些行为指标构成具有决定性的影响。

此外，在运用行为锚定等级评价法进行评价的时候，考评者可能找不到合适的事件来进行对照，但是运用行为观察量表，考评者就能知道他在观察被考评者时应该注意什么，员工也明确知道老板在关注什么。

最后，行为观察量表法还能最小化考评者的主观判断。运用行为锚定等级评价法时，由于行为对照标准与实际行为不一致，管理者可能在两个等级之间进行主观判断。而在使用行为观察量表时，考评者只需要指出他们所看到的行为发生的频率即可，这些被观察的行为已经列在了量表中。

表12-1对一些主要的绩效考核方法进行了比较。

表12-1　　　　　　　　　　　　　绩效考核方法比较

绩效考核方法	主要内容	特点及适用性
目标管理（MBO）	"目标管理"是一种程序或过程，它使组织中的上级和下级协商，根据组织的使命确定一定时期内组织的总目标，然后由各部门和全体员工根据总目标确定各自的分目标，并把这些目标作为组织考核每个部门和个人绩效产出对组织贡献的标准	有利于员工个人目标和组织目标达成一致；有明确的目标导向；有利于上下级的沟通；适用于战略和目标明确、管理规范的成熟型企业
平衡计分卡（BSC）	以企业战略为基础，将战略目标制定、战略实施和绩效管理融合在一起，除了传统的财务指标外，还引入了顾客、内部业务流程、学习和成长等业务指标。强调长期与短期、财务与非财务、前置与滞后、内部与外部、结果和驱动因素、客观性测量和主观性测量等各指标之间保持平衡	既是绩效管理工具，也是战略管理工具；适用于企业战略落地过程中的绩效管理；适用于较大型的、综合性的、规范的企业
关键绩效指标（KPI）	KPI的要点在于明确企业的战略目标和业务重点，找出关键业务领域的KPI，依据企业级KPI建立部门级KPI和各职位员工的KPI，并确定相关的要素指标，分析绩效驱动因素，确定评价指标体系	不仅是一种绩效管理和激励约束的手段，更成为战略实施的工具
目标与关键成果（OKR）	OKR由两部分组成：目标（O）和关键成果（KR）。目标是对企业将在预期的方向取得的成果的描述；关键成果是对既定目标成果的定量描述。OKR的目标是相对模糊的，它更关注提出极具挑战性和追踪意义的方向，强调通过企业对自身业务、资源，外部市场，竞争对手的分析，找到能够让企业在竞争中制胜的方向，并持续聚焦在这个方向上，寻求突破，得到超出预期的结果	目标相对模糊、关键成果清晰可衡量，具有简捷、直接、公开的特点；适合创新驱动的企业/岗位、中等规模以上的企业、业务转型企业采用
关键事件法（CRM）	通过即时性观察和书面记录员工有关工作成败的关键性事实进行绩效考核	重点突出、有理有据；管理成本较低；适用于业务关系明晰的部门和员工

绩效考核方法	主要内容	特点及适用性
行为观察量表法（BOS）	通过包含特定工作绩效所要求的一系列合乎期望的行为表单对员工进行考核，要求对员工职责和行为事先有明确的规范，并能及时加以观察	可以有效监控和指导员工的行为；管理成本较高；仅适合于对个别重点岗位的管理
行为锚定等级评价法（BARS）	通过行为锚定等级评价表格来量化各种水平的绩效，并以具体工作行为的事例描述其特征。其核心在于获取关键事件及其关键要素，建立绩效评价等级	等级标准具体明确；有利于对员工行为的反馈与指导；管理成本较高；仅适合于对某些员工的考核
员工比较系统	包括排序法、配对比较法、强制分布法等考评方法。排序法即对部门或员工按照绩效优劣排列名次；配对比较法就是把员工和员工进行平行比较；强制分布法则是强制将部门或员工的绩效考核结果从优到差按照一定的比例加以分布	管理成本较低，简单易行；避免宽厚性误差，易于决策；适用于管理变革决心大、组织文化良好的企业
业绩评定表法（RSM）	事先确定考评内容和评价等级，根据员工的行为表现，对照比较员工的每个考评点所在的等级	实用快捷；管理成本较低；适用于大规模的考评

12.2 混合标准量表法

12.2.1 混合标准量表法的含义

混合标准量表（mixed standard scales，MSS）法又称混合标准尺度法，简称混合量表法。它作为与工作标准相对照的一种绩效考评方法，是由美国学者伯兰兹（Blanz）和吉塞利（Ghiselli）于1972年在传统的评价量表的基础上提出的，主要目的是减少诸如晕轮效应和过宽、过严误差。这种量表不让考评者知道所考评的标准是什么，考评者只需根据行为指标评价员工的表现，是优于（＋）、等于（＝）还是差于（－）行为指标描述的内容即可。

12.2.2 混合标准量表法的实施

1）开发混合标准量表的要点

开发混合标准量表，需要掌握以下几个要点：

（1）确定考评维度。考评维度是由设计者根据组织的实际需要和被考评者所从事的工作性质等因素决定的。伯纳丁（H.J.Bernadin）和凯恩（J.S.Kane）提出了在绩效考评中最常用的6个主要维度：质量、数量、及时性、成本节约、监督的需要和人际影响[①]。若考评的维度较大，也可以在每一个维度下再拟出几个子维度。

（2）维度的表达。维度的表达就是为每一个考评维度的好、中、差3个等级拟出一条范例性的陈述句。若维度中包含子维度，则要对每一个子维度做出好、中、差的范例性陈述。

（3）确定每一个维度和子维度的权重。由于考评的角度不同，目的不同，每一个维度的重要性也就不同。每一个子维度又是一个维度的各个方面的分别体现，因此也可以因重要性而调整权重，但必须确保每组子维度权重之和为1，各维度权重之和也为1。

（4）打乱次序，掩盖评分等级。要打乱每一个评估指标的好、中、差3种行为表述的次序，使得每一个考评维度等级不易被人看出。可以说，打乱次序是混合标准量表法的最大特色，是检验考评者是否客观、认真、有效地进行评估的重要手段，这对于提高考评的效度与信度具有十分重要的作用。

2）混合标准量表法的具体实施步骤

完成混合标准量表的开发后，即可由人力资源部门或者相关的主管部门对所有考评者发放该量表。如果采用360度考评反馈法，那么就可以让被考评者本人，其上级、下级以及同事或客户都参与考评，必要时还可以外聘专家进行考评。

运用混合标准量表法进行考评，要求考评者针对被打乱的混合标准量表中的陈述句逐一进行评价。若范例描述与被考评者的实际工作表现相符，则在此范例陈述句后写上"="；若被考评者的表现优于范例描述，则在此范例陈述句后写上"+"；若被考评者的表现差于范例描述，则要在此范例陈述句后写上"-"。

根据考评者所给出的符号，最后对被考评者的表现做出评判。其具体实施步骤如下：

首先，将打乱次序的规范陈述按照原来的维度分布进行重排，并将考评者的打分填入其中，形成表12-2。

其次，判断逻辑的有效性。对于每一个维度或子维度的优、中、差3种描述，考评者一般都会给出3种答案，但是按照逻辑分析，有些显然是不成立的。如表12-2中第三得分列所示，被考评者的表现优于好的表述，却差于中等表述，等于差的表述，这显然是不符合逻辑的。在整个混合标准量表中，若某个考评者的无效评分达到一定的比例（如大于30%），就应该舍弃该评价表。

---

① BERNADIN H J, KANE J S. Performance appraisal: a contingency approach to system development and evaluation [M]. 2nd ed. Boston, MA: Kent Publishing Co., 1993.

表12-2　　　　　　　　　　　　　　　**考评者的打分**

分类	优于（3分）；差于（1分）；等于（2分）				第二维度（30%）	…
	第一维度（40%）				第二维度（30%）	…
	子维度1（30%）	子维度2（20%）	子维度3（20%）	…		
好的表述	3	2	3	2		
中等表述	3	3	1	2		
差的表述	3	3	2	2		
分值	9	8	6	6		

再次，求和，计算总分。将有效判断分数进行汇总，每一子维度的分数乘以权重，得出维度的分数；每个维度的分数乘以权重，得出总分数。该总分即是考评者对被考评者的总体评价分数。

最后，求得最终分数。对于每一考评者给出的有效评价分数可以进行简单平均，也可以按照考评者的类型赋予不同的权重，加权平均得到最后的分数。

12.2.3　混合标准量表法的优缺点

混合标准量表法具有以下一些优点：

（1）信度和效度较高。运用混合标准量表法进行考评时，逻辑的有效性检验在一定程度上就是对再测信度的一种检验，通过检验，排除了短时间内前后不一致的情况。混合标准量表通过一系列范例性的陈述句，可以体现考评者对被考评者的真实评价，而那些好、中、差3个等级的评价也能很好地起到提醒、激发对细节回顾的作用，从而保证了考评的效度。

（2）考评的精确度较高。每一个被考评者的得分来源都可以从混合标准量表中找到答案。混合标准量表的每一个维度及每一个子维度的范例性描述都为绩效的具体表现提供了参考依据。

（3）易于操作、适用性强。混合标准量表的操作步骤比较简单，而且一旦制定出混合标准量表，今后的相应考评一般都可以依此操作。混合标准量表既适用于对一般员工的考评，也适用于对管理人员的考评。

当然，混合标准量表法也有其不足，主要是：

（1）绩效衡量标准量化不足，可能导致不同的评价者对于绩效标准做出不同的解释，有时可能会得出差异非常大的评价等级，排出十分不同的绩效顺序。

（2）这种考评技术与组织战略之间有时不具有一致性。使用这种方法的主要理由也许就是其开发比较简单，并且相同的评价方法适用于任何组织和任何战略。

（3）有限的几个维度描述难以表达被考评者所有的现实行为。在实际工作过程中，有各种复杂性因素左右着员工的行为，环境的急速变化导致了员工行为的多样化。

所有这些不足之处，都需要在实践中结合其他考评方法加以完善和弥补。

12.3 　其他一些考评方法

绩效考核的方法有很多，除了前几章和本章介绍的各种量表法以外，还有以下一些方法可供参考。实践表明，这些方法在绩效考核的实际应用中也相当实用。

12.3.1　日清日结法

1）日清日结法的含义

日清日结法，即 OEC 法，是指全方位地对每人、每事、每天进行控制和清理，做到"日清日毕，日清日高"。其中，"O"代表"overall"，意为"全面的"；"E"代表"everyone，everything，everyday"，意为"每个人、每件事、每一天"；"C"代表"control and clear"，意为"控制和清理"。

OEC 法是根据企业总体发展战略所确定的方向和目标，在将企业战略目标层层分解量化为具体指标的前提下，通过有效的整体控制和员工自我控制，对企业和员工的每一种行为、每一项活动进行精细的量化监控与激励性管理，从而形成一种常规性的管理机制和方法。"清理"是指对企业的人、事、物、时间、空间进行全面清理；"控制"是指在工作目标和要求清楚、劳动者责任明晰的前提下，使每个员工的行为与企业目标始终保持一致，确保企业整体目标计划的实施和完成。

2）日清日结法的实施程序和原则

OEC 法的具体实施程序是：

（1）设定目标。对企业所有的工作、物品及区域进行详细分工，形成人人都管事、事事有人管的目标管理体系。

（2）控制。OEC 中的 PDCA 循环将管理工作的循环周期压缩到一天，对反映出来的问题随时进行纠偏，使偏差在最短时间、最小环节内得到控制和消除，减少了损失和浪费，提高了质量和效率，增强了管理工作的及时性和有效性。

（3）考评与激励。根据日清日结记录进行考核评价，使员工的绩效考评有据可查、事实清楚，体现了"客观、真实、公正、公平和公开"的原则。

在实施过程中，应该遵循以下原则：

（1）闭环原则。凡事都要善始善终，坚持 PDCA 的循环原则，使各项工作保持螺旋式上升和发展。

（2）比较分析原则。纵向与自己的过去比，横向与同行业比，没有比较就没有发展。

（3）不断优化的原则。根据木桶理论，找出薄弱环节，及时进行整改，从而提高全系统水平。

12.3.2　报告法

报告（report）法，又称自我报告法，是利用书面报告的形式对自己的工作所做的总结。这种方法常用于高级管理人员的自我评估，测评的人数不宜太多。自我评估是对自己过去一段工作的总结，以便让被考核者有机会主动地对自己的业绩表现加以反省、评估，对自己做出及时恰当的评价。

报告法通常要求被考核者亲自写一份工作报告，对照岗位要求，回顾一年的工作并列出未来一年的工作计划或设想。比如，举出自己一年内所做的有较大贡献的事例若干件和失败或失误的事情若干件，并对不足之处提出改进的措施。工作报告一般在每年的年终进行，最好是大家集中在一起，被考核者事先不明白集中的目的，并且没有助手参加，由自己独立完成工作总结并报告。

12.3.3　工作标准法

工作标准（working standard）法，又称劳动标准法或劳动定额法，是通过制定工作标准、劳动标准或劳动定额，对员工的实际工作和工作标准进行比较以考核员工工作绩效的一种方法，这是绩效考核的常用方法之一。

工作标准确定了员工在某一工作岗位上正常的或平均的劳动产出。工作标准一般是确定每小时生产多少产品或生产单位产品所需要的时间。这种工作标准使企业可以向员工支付计件工资。但是，制定工作标准不是一项简单的事情，需要进行艰苦细致的调查和研究。时间研究是一个重要的方法，它可以用来制定特定的岗位员工的产出标准。建立在随机抽样基础上的统计技术也可以用来制定工作标准。

现代组织一般很少单独使用工作标准法进行绩效考核。在许多情况下，工作标准只是作为绩效考核程序的一部分，因为劳动定额或生产数量仅仅是工作绩效的一部分，随着社会经济的发展，特别是由制造业时代逐渐过渡到现代服务业或知识经济时代，工作产出或结果性指标以外的过程性、行为性指标越来越重要，其他一些方面的标准也应该考虑到。此外，能够单独用个人的生产水平来衡量的工作越来越少，团队之间的协作变得越来越重要，并且严重影响了员工的个人绩效。

12.3.4　对照法

对照（comparing）法是依据一定的标准进行比较，找出被考评者的差距的一种方法。该方法首先对能力进行区分，同一能力存在高低程度上的差异，于是在量上加以区分。每一点上的差异都要控制其变动范围，对每一能力做出详细的解释，让考核者没有理解上的差别，最后还要制定能力对照表，以便对每个被考评者进行考核和对照。

12.3.5　AFP方法

拓展阅读
12-2

GE绩效管理：从通用化到定制化

拓展阅读
12-3

层次分析法

AFP方法是三种考核方法的综合：A表示 analytic hierarchy process（AHP），即层次分析法；F表示 fuzzy，即模糊测评法；P表示 pattern recognition，即模式识别法。A、F、P三者有机地结合在一起，相互弥补，形成了一个完整的考评体系。AFP方法不仅可以科学地确定指标体系的结构、权重，识别、筛选极端的意见，还可以使评分根据实际情况而变化。AFP方法可以进行直接绝对评分、两两比较相对评分、模糊评分或任何两种或者三种的混合评分。

AFP方法的应用以非工程类专业背景的人力资源工作者为对象，在目前已经普及的各种类型的个人电脑上采用简明的中文人机对话方式进行信息传递，操作者只要根据计算机屏幕上的中文提示操作，便可迅速得到自己需要的结果。测评结果可以通过屏幕直接显示或打印，也可以进行文件存储、复制、删除或调用。

学思践悟

让人才第一资源充分涌流

千秋基业，人才为本。人才是全面建设社会主义现代化国家的基础性、战略性支撑。党的二十大报告再次强调人才是第一资源。这既是对历史经验的全面回顾和深刻总结，也为新时代新征程人才工作提供了基本遵循和科学指引。

马克思早在《1857—1858年经济学手稿》中就提出了"主要生产力，即人本身"的观点。随后，在论述生产力与生产关系问题时，他再次强调"人"的重要性。可以说，人类社会发展历程已充分表明，人对一个地区的发展发挥着基础性的支撑作用。有了人，才有推动事业发展的可能。这是亘古不变的道理。

当前，人类正在迈向以知识和信息为基础的知识经济形态，对人才的需求和依赖更加明显。不同于农业经济形态和工业经济形态，这种经济形态已经清晰地显示出"人类的未来并不完全取决于空间、能源和耕地，而是取决于人类智慧的开发"。因此，许多国家纷纷把人才资源作为重要的战略资源，作为一种比黄金还重要的资本，把人才数量和质量作为影响经济增长和社会发展的基础性因素。可以说，作为知识和财富的创造者、承担者、传播者和使用者，人才已成为世界各国共同关注的宝贵资源。能否拥有和保持一支规模宏大的高素质人才队伍，已经成为事关一个国家兴衰成败的重大战略问题，也直接决定着一个国家能否在科技创新和国际竞争中占据优势和主动权。正是站在这个战略高度，党的二十大再次强调要把人才作为第一资源。

总体上看，我国人才资源充沛。目前，我国人才资源总量已达 1.75 亿人，人才资源规模、研发人员数量等居全球前列。这些不同领域的人才各尽其能、各显其长，纷纷投身中国特色社会主义伟大事业。在这个征程中，他们既实现了个体的人生价值，也融入了民族复兴伟业，推动了经济社会发展。同时，"聚天下英才而用之"永远在路上，让人才这个第一资源充分涌流而永远没有终点，还需要出台更多务实举措。

首先要树牢人才是第一资源的理念。进一步树立人才就是财富，人才就是效益，人才就是竞争力，人才就是发展后劲的观念，不拘一格选拔人才，及时发现起用人才；树立"注重实绩，竞争择优"的观念，既抓好"伯乐相马"也搞好"赛场选马"，为优秀人才脱颖而出创造条件；秉持"一沐三捉发，一饭三吐哺，起以待士，犹恐失天下之贤人"的态度，尊重人才，珍惜人才。同时，要正确处理精神鼓励与物质鼓励的关系，既要切实保障人才的正当合法权益，认真落实知识、技术、信息等生产要素参与收入分配的政策，也要真情实感关心人才，用伟大事业团结凝聚人才。

让人才这个第一资源充分涌流，要推动人才管理机制改革创新。体制活、机制新，才能使人才活力竞相迸发。近年来，一系列有关人才管理改革创新的政策接续出台，清晰地表明创新人才管理机制是激发中国特色人才制度优势的必然要求。当前，要深化人才管理的市场体系、法规体系、分类管理等方面的改革，建立健全适应新时代发展要求的人才管理新模式。特别是要打破"条块分割、部门所有"的人才管理壁垒，畅通不同领域人才互通的"旋转门"，促进各类人才在不同性质单位、不同地域区间的合理流动和充分共享。同时，要形成有效的激励机制，激发人才的创新欲望，激活人才的创新潜能，激发各领域人才自我开发的内生动能。

让人才这个第一资源充分涌流，要优化人才成长发展环境。建立健全科学合理的人才评价机制，革除单一的人才评价方式，秉持"英雄不问出处"的人才发现和培养导向，构建业绩和贡献导向的识才用才标准，进而在全社会形成尊重知识、尊重人才的工作环境，爱惜人才、成就人才的人际环境，鼓励创新、宽容失败的社会环境，让"尚贤向上"蔚然成风。特别是要努力消除城乡之间、地区之间的差异性，为各类人才的横向流动与纵向跨越提供良好的大环境支撑。

"国之强弱，不在甲兵，不在金谷，独在人才之多少。"古往今来，人才始终是事业发展的根基、国家强大的源泉、社会进步的保障。当前，我们比历史上任何时期都更接近实现中华民族伟大复兴的宏伟目标，也比历史上任何时期都更加渴求人才。这就意味着，我们要以爱才的诚意、育才的良方、用才的胆识，把各方面优秀人才集聚到党和国家事业中来，努力形成人人渴望成才、人人努力成才、人人皆可成才、人人尽展其才的良好局面，让各类人才的聪明才智充分涌流、活力竞相迸发。

资料来源　陈朋. 让人才第一资源充分涌流 [N]. 光明日报，2022-12-05（16）.

本章小结

本章介绍了行为观察量表法、混合标准量表法，以及其他一些常用的绩效考核方法的含义、操作步骤和优缺点，以及开发、使用条件。

行为观察量表（BOS）法也称行为评价法、行为观察量表评价法，是在关键事件法的基础上发展起来的，是由工作绩效所要求的一系列合乎组织期望的行为组成的量表。它与行为锚定等级评价法大体接近，只是在量表的结构上有所不同。

混合标准量表（MSS）法又称混合标准尺度法，简称混合量表法，是与工作标准相对照的一种绩效考评方法，主要目的是减少诸如晕轮效应和过宽、过严误差。这种量表不让考评者知道所考评的标准是什么，考评者只需根据行为指标评价员工的表现，是优于（+）、等于（=）还是差于（-）行为指标描述的内容即可。

其他一些常用的绩效考核方法还有日清日结（OEC）法、报告（report）法、工作标准（working standard）法、对照（comparing）法、AFP方法等。实践表明，这些方法在绩效考核的实际应用中也相当实用。随着绩效考核与绩效管理的发展，绩效考核方法的选择更加科学，考核结果更加客观。在实际的应用中，必须合理地选用各项技术，同时关注最新的绩效考核方法的发展。

复习思考题

（1）什么是行为观察量表法？它的实施步骤如何？有什么优点和缺点？

（2）什么是混合标准量表法？它的实施步骤如何？有什么优点和缺点？

（3）什么是日清日结法？其主要特点是什么？

（4）请简单介绍报告法、工作标准法、对照法和AFP方法。

（5）比较分析BOS、MSS、BARS的特点以及适用范围。

（6）你能谈谈你所了解的一些其他绩效考核技术吗？

（7）做一次企业调查，描述其绩效考核方法的选择与运用过程和效果。

（8）以零售服务业一线人员为考核对象，任选一种量表技术并编制一张考核表。

案例分析题

售票员的行为观察量表

某公共汽车有限公司为了提高公司的效益，树立公司的良好形象，弘扬文明礼仪的风气，准备对公司的售票员从以下几方面进行考评：

（1）能有效地保证票款的收取；

（2）微笑服务，礼貌用语；

（3）注意仪表，形象良好；

（4）熟悉相关线路的中转情况；

（5）熟悉沿途重要设施的分布情况。

该公司设计的售票员行为观察量表见表12-3。

表12-3　　　　　　　　　　　　**售票员行为观察量表**

行为					权重
（1）能有效地保证票款的收取					50%
从不	偶尔	有时	经常	总是	
1分	2分	3分	4分	5分	
（2）微笑服务，礼貌用语					20%
从不	偶尔	有时	经常	总是	
1分	2分	3分	4分	5分	
（3）注重仪表，形象良好					10%
从不	偶尔	有时	经常	总是	
1分	2分	3分	4分	5分	
（4）熟悉相关线路的中转情况					10%
从不	偶尔	有时	经常	总是	
1分	2分	3分	4分	5分	
（5）熟悉沿途的重要设施的分布情况					10%
从不	偶尔	有时	经常	总是	
1分	2分	3分	4分	5分	
总分=					
评价：					
不足	尚可	良好	优秀		
1~3分	3~4分	4~4.5分	4.5~5分		

思考与讨论：

参照以上案例，选择一种你熟悉的职位，为该职位制定行为观察量表时，应采取哪些具体工作步骤？谈谈你是如何思考和操作的。

第13章　360度考评反馈及其应用

学习目标

✓掌握360度考评反馈的基本含义

✓了解360度考评反馈的特点及兴起与发展的历程

✓熟悉360度考评反馈的实施步骤

✓着重掌握360度考评反馈运用过程中的问卷设计，在此基础上深入理解360度考评反馈的适用条件、有效性以及中国背景下的改进方法等

引例　360度考评反馈的困境

深圳某化工公司的人力资源经理李虹在最近的一次绩效考核中，遇到了一个大难题：市场部的一名主管对自己的考核结果不满，向人力资源部投诉，认为同部门的个别同事对自己心怀不满，在360度反馈时，有报复行为，故意打低分，导致他的绩效考核结果与往月相比，差别非常大。

"这一投诉让HR处于非常尴尬的困境。"李虹说，"因为这名主管的确在过去2个月与部门的多位同事有过非常不愉快的争执，而且这次他的绩效偏低，也的确与同事给出的低分颇有关联。问题是，同事给出的低分是否与上一次的冲突必然相关？作为HR却无法查证。"

360度反馈融合了来自上司、同事、下属和客户等4个维度的信息，将员工的优势与发展需求融入绩效评估过程中，这种做法已经得到了大量企业的认同，但不少HR经理在执行的过程中陷入类似李虹的困惑也并不鲜见。"基于同事的反馈在绩效评估过程中很容易出现偏差，这主要缘于在掌握一个同事的职业生存决定权时，大多数人都有着根深蒂固的矛盾心理。"李虹说，"即使一些中层经理人员，在填写360度反馈报告时也会非常犹豫，不愿意批评同事绩效的具体方面，特别是影响到薪酬与晋升时尤其如此：他们并不愿意开罪同事。他们担心，消极的反馈会损害自己与这些同事间的关系，特别是曾经出现争吵的更是如此。这经常使360度反馈陷入困境。"

GE前CEO杰克·韦尔奇曾指出："与其他很多由同事来驱动的事情一样，这个系统（360度反馈）在GE执行一段时间后也存在被改变方向的趋势：一方面，GE的不少人开始说其他同事的好话，以便让他们都能够获得一个好的考核等级；另一方面，报复性的心理行为也可能使有条件的一方抓准机会破坏另一个同事的专业声望。最后，很多经理人员对360度考核心生畏惧，不管他是一个考核者还是被考核者。"

那么，在绩效评估中使用360度反馈工具还合适吗？一些人对此持否定态度：已经偏离了其本身的目标！但一些人则不同意这一观点：在没有更好的之前，这是最合适的！

资料来源 董小梅. 360度考核的五个关键原则［J］. 人才资源开发，2007（1）：39-41.

那么，360度考评反馈究竟是什么样的？它的利弊又有哪些呢？

13.1 \ 360度考评反馈的兴起与基本含义

13.1.1 360度考评反馈的兴起

早在20世纪40年代，人们就开始在组织和个人职业发展评价中利用360度考评方法了，当时主要是用于对组织的绩效和发展变化等进行评价。到了20世纪五六十年代，这种评价方法开始用于对领导能力的评价与筛选，以及用于工作评价。20世纪70年代以后，它主要用于经理人员的筛选、项目的评价与定位。到了20世纪80年代，美国学者爱德华（Edward）和尤恩（Ewen）总结、发展、完善了这一评价技术。该技术已成为多数组织采用的一种绩效考评方法。据报道，在《财富》排出的全球1 000家大公司中，已有90%以上公司在职业开发和绩效考核中应用了360度考评反馈法。一项对美国企业较大规模的调查显示，包括大公司和中小企业在内的65%以上的美国公司采用了这种多面评估体系。

360度考评反馈在国际企业界兴起并快速普及的主要原因应该是经济产业的升级换代和全球化竞争所带来的经营环境的变化。20世纪80年代以来，国际上的许多企业为了适应全球化竞争的需要，都不得不抛弃老的产品和服务并源源不断地创造出新的产品和服务以满足消费者的需求。在这种情况下，企业管理者必须具备更高的素质，全面地开发自身的管理能力，同时必须鼓励普通员工（有时甚至包括外部客户和供应商）积极参与管理过程。360度考评反馈强调的就是一个相关利益群体共同参与管理的过程，同时也是一个帮助管理者和员工开发提高其管理能力的过程。

过去，大多数管理者和员工一般都无法准确、及时地获得关于个人绩效的全面而真实的反馈评价，所以很难形成对自己的准确认知。现在，通过360度考评反馈，在把来自他人的匿名反馈评价与管理者和员工个人的自我评价放到一起对比的时候，可能就会形成一个关于本人优缺点的更为真实、全面的图景。如果360度考评反馈所反映出来的缺点是自己过去没有意识到的，那么这种反馈评价

无疑会促进自身行为的改变，尤其是当这种变化受到组织鼓励和支持的时候。

360度考评反馈的最终目的在于促进组织与个人的共同成长，在于组织的变革和绩效的改进。如果企业能够通过360度考评反馈或者自下而上的反馈评价来强化管理者的自我意识，那么其组织文化就会变得更加开放和富有参与性，从而能够更为迅速地针对内部和外部客户的需要来做出反应，这将促进信任水平的提高以及团队合作精神的加强，进而大大增强企业的竞争能力。

13.1.2　360度考评反馈的基本含义

360度考评反馈（360-degree feedback）也称全视角考评（full-circle appraisal）或多源评价（multi-source assessment），是指一个组织中各个级别的、了解和熟悉被考评者的人（如直接上级、同事、下属等），以及与其经常保持密切联系的内外部客户，对其绩效行为提供客观、具体的反馈信息，以帮助其找出优缺点和发展需求并加以改进和完善的过程。

具体而言，360度考评反馈是针对特定的个人（通常是管理人员），由包括被考评者自己在内的多方面评估者来进行评价（Tornow，1993）。也就是说，它是帮助一个组织成员（主要是管理人员）从与自己发生工作关系的所有主体那里获得关于本人绩效信息反馈评价的过程。这些信息的来源包括：上级监管者的自上而下的反馈评价；下属的自下而上的反馈评价；平级同事的反馈评价；本人自身的反馈评价；内外部客户和供应商的反馈评价。360度考评反馈的内容涉及被考评者的任务绩效、管理绩效、周边绩效、态度和能力等方方面面，重点在于在考评过程中以及结束之后，要及时通过反馈程序将考评结果反馈给被考评者本人，以达到改善行为、提高绩效、促进发展的目的。

360度考评反馈的基本构图如图13-1所示。

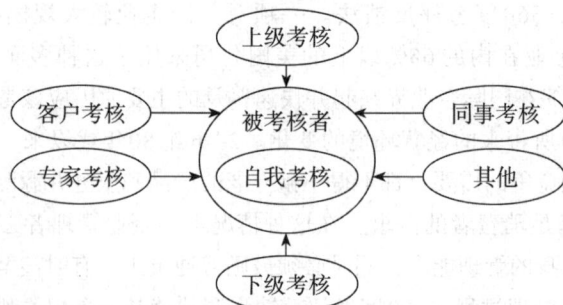

图13-1　360度考评反馈的基本构图

与传统的绩效考评方法相比，360度考评反馈从多个角度反映被考评者的绩效行为，这使得考评结果更加全面、客观和公正，特别是对反馈过程的重视，使考评起到了"镜子"的作用，提供了沟通、交流和学习、改正的机会。

360度考评反馈通常是以匿名的形式提供反馈的。这种绩效反馈过程与传统的绩效反馈方法不同，不仅把直接上级的评价作为员工绩效信息的来源，而且将组织内部和外部与员工有关的所有主体（包括员工本人）作为提供反馈信息的来源，这无疑增强了绩效考评和信息反馈的多主体性和全面性，要求在具体操作上更加科学和严谨。

360度考评反馈对企业管理者的素质能力提出了更高的要求。他们必须重视日常性的绩效管理，实现从绩效考核到绩效管理的过渡。而且，由于需要收集和整理的信息数量极大增加，设计绩效考评的内容和形式变得日益复杂，管理沟通与反馈能力也直接关系到绩效评价系统的效能，所以他们从事管理工作的能力和责任心必须大大提高。

不同的考评主体具有不同的特点，360度考评反馈并非强调面面俱到，或是让所有的相关者都来对被考评者指手画脚，从而导致"不干活的人来批评干活的人，少干活的人来批评多干活的人"。相反，360度考评反馈的核心要点是发挥相关考评主体的优点，克服其缺点，让最了解被考评者或其某一方面绩效行为的人来进行考评与反馈，重点是反馈与改进，目的是提高与发展。

表13-1就是对不同考评主体的优缺点的分析。

表13-1 不同考评主体的优缺点分析

考评主体	优点	缺点
上级	了解企业发展战略与规划，具有明确的目标导向，熟悉企业业务流程和被考评者的工作重点与绩效要求，掌握较全面信息	受个人判断能力与管理水平影响大，主观性强
下级	有利于上级详细了解具体业务需求和下属意见，促进上级管理者诊断和改进领导风格，获得基层第一手信息	可能因为从属关系而产生顾虑，不敢或不便反映真实的意见与信息，有时还可能出现故意贬低或曲意逢迎的情况
同事	彼此熟悉，对工作过程比较了解，评价和反馈意见针对性强，有利于绩效改进和团队协作	受组织文化、公司政治影响大，其客观性、公正性需要通过一定的技术程序来保障
本人	最了解自己的工作情况和绩效行为，有利于及时改进和提高，对个人发展和组织承诺抱有积极期待	不易做到严于律己，由于利益驱动可能总是偏向于自我表扬和自我保护，有较强的主观性和封闭性
客户	是企业服务的对象，也是企业利润的来源，评价意见与反馈信息对企业和员工具有决定性意义，具有很强的客观公正性	比较分散，评价意见与反馈信息不易收集，可能需要花费较多的时间和精力才能得到配合，为此需要加强日常经营管理工作和信息技术网络建设
专家	掌握系统科学的绩效考评技术方法，能够准确理解企业战略和绩效要求，比较全面了解企业业务和人员状况，具有较强的科学性、客观性、公正性和时效性	如果是深入企业的咨询专家，其评价意见与反馈信息就很有意义，否则就可能流于走马观花、主观片面。选择专家还要注意内外部结合

总而言之，360度考评反馈的最主要特点在于，它采取的是多评价源而非单评价源，因而比较全面和客观，能够有效防止采纳单一评价源进行评价时可能发生的主观偏见和武断，具有较高的信度和效度，同时也拓宽了信息来源的广度和深度，便于对组织与员工的绩效改进展开具体深入的反馈。实证研究表明，360度考评反馈在提供反馈和指导、分配奖金和机会、优化成本以及避免评价错误等4个方面均优于传统的评价方法。[①]

13.2 360度考评反馈的实施步骤与操作要点

13.2.1 360度考评反馈的实施步骤

实施360度考评反馈，主要采取以下几个步骤：

1）定义需要评价和测量的对象

实施360度考评反馈的第一步就是确定反馈需要实现的目标。绩效反馈通常与特定的管理需要和组织的战略目标相联系。通过回答下面一些问题，可以帮助分析和决定多角度评价的焦点以及调查面谈的类型：

•是否希望被考评者增强对自身优势和发展领域的意识？

•是否希望被考评者在一项或多项素质技能方面更精通？

•是否希望被考评者对他们的上司、同事更信任，与其合作、维持良好的关系？

•这项反馈会给个人特定的、可测量的绩效行为带来关键的改变吗？

•是否在意多方参与的360度考评反馈可能增加的管理成本？

2）设计调查问卷

实施360度考评反馈的关键是设计一份结构完整的调查问卷，主要包括以下几个环节：

（1）选择目标主体。典型的360度考评反馈的考评主体即参与对象，一般包括被考评者本人、上级领导、直接下级、同事或团队成员和其他的相关人员，以及内外部客户。不同的对象亦即考评主体可能强调个人素质能力和绩效行为的不同方面，比如上级领导倾向于强调结果绩效和技术能力，而同事可能更强调内部协作和人际关系等因素。

（2）识别合适的评价水平。在确定目标主体之后，需要确定他们分别对什么方面最具有发言权或最感兴趣。这些识别要素包括反应、意识或洞察力、行为转变、成本有效性等，可能需要预先调查以确定不同的评价水平。

（3）整合调查的问题。调查问卷的题目必须根据事先确定的评价水平而定。

---

① 白云辉，米宝财. 浅谈360度绩效考评的合理使用 [J]. 煤炭经济研究，2004（10）.

比如，如果对员工的行为转变最感兴趣，那么需要关注的是在360度考评反馈之后，哪些行为是被考评者做得更多、更少或者有变化的。调查问卷的题目必须简洁、客观、易于理解。

（4）确定合适的反应量表。一个合适的反应量表一般用数字来表示，比如可以用五级李克特量表的形式，每个数字都代表一定的意义，如："1"表示非常满意，"2"表示满意，"3"表示不确定，"4"表示不满意，"5"表示非常不满意。

（5）预调查。展开大规模调查之前，事先在员工中进行小范围的预调查，这样可以揭示调查问卷中存在哪些缺陷，从而可以在给目标主体使用前加以修正。

（6）修正并最终确定调查问卷。修正后的调查问卷必须科学完整，并且容易阅读，便于填写。不要忘记在付诸考评的时候，要在调查问卷的最前边附上一封信，说明为什么要进行这次调查评价，如何填写调查问卷，应将调查问卷送（寄）回何处，以及调查截止日期等，并表示感谢。

3）收集相关数据信息

在准备好了完整的调查问卷之后，重要的是对调查要有一个高度的承诺。要获得人们的信任和积极参与，收集到所需的相关数据信息，这是有一定难度的，甚至具有挑战性，所以需要讲究一定的技巧。以下几条建议可供参考：

- 选择合适的调查时机或时间段；
- 让人们在比较放松的状态下参与调查；
- 尽可能节约时间而使调查易于参加；
- 可以通过网络让人们在线参与；
- 最大化保证调查问卷的匿名性以及对反馈的承诺；
- 最小化使用开放性问题以确保调查问题简洁且易于理解。

4）分析数据信息并总结结论

使用一些有用的统计分析软件（如SPSS）和电子数据表（如Excel）对收集到的数据进行统计分析，可以获得对评价有用的基本数据信息，分析方法包括频数分析、卡方分析、相关性检验以及T检验等。需要记住的是：我们的目的不是要进行学术研究，而是要掌握如何使绩效反馈更为有效。

13.2.2　360度考评反馈的问卷设计

如前所述，实施360度考评反馈的一项重要工作内容是设计问卷，所以问卷质量的好坏直接决定着360度考评反馈的成败。那么，如何才能设计出一套科学合理的360度考评反馈问卷呢？

第一，问卷设计要突出企业的战略目标，明确预期目标并运用相应的评价指标来对其实际效果进行评价。企业采用360度考评反馈的时候，必须首先界定自己到底准备从这种绩效考核中获得哪些收益，或者实现何种目标，还要设定一个具体的时间表来对该计划实现目标的情况进行评价，从而明确考核的目的。

第二，在内容和项目设计上应尽量避免主观的引导，设计时应筹划好统计和量化的方法。在操作中需要注意以下几点：一是业绩指标要与岗位职责密切挂钩，并且事先确定，尽可能量化和具体化。业绩指标主要由直接上级来考核。二是发展指标的设置要与岗位要求挂钩，并与企业的价值理念、职业生涯规划联系起来。发展指标应由对该被考评者比较了解的相关人员来考评，可以是上级、专家、同事（包括人力资源部门），也可以是下级，或相关合作部门等。要注意让考评者了解什么就评价什么，避免大家用同一指标来评价某人时出现人缘好则评价好的现象。三是在设计中要注意业务指标与工作流程的相关性，按内部客户的观点来设置考核指标和考核权力，如上级是下级的客户，下一流程是上一流程的客户，客户要对收到的商品质量进行考核。

第三，设计360度考评反馈的问卷时，应与企业的发展战略、文化等内容有机地结合起来，而不能因为流行就模仿。这种考核本身就是一把双刃剑，它对企业的文化、价值观、管理理念有着相应的要求。如果企业员工具有高度的参与感，内部上下级和同级之间高度信任，那么推行360度考评反馈就能取得良好的绩效；反之，则会事与愿违。所以，在问卷设计上要全盘考虑，系统安排。

第四，问卷设计要重视实施后的绩效反馈和改进。因为360度考评反馈的核心任务是绩效反馈和确定改进措施，所以企业应积极地将考核结果反馈给员工，指导其改进工作中的不足之处，提高工作绩效，从而达到360度考评反馈的目的。如果这两个环节做不好，那么360度考评反馈就只剩下一张360度的皮了。许多企业在考核后不对员工进行反馈，而是倾向于将结果隐瞒或"低调处理"，将360度考评反馈当作管理层的一种单方面行为，这很容易造成员工对360度考评反馈的误解。有的企业认为员工知道了自己的考核结果会影响工作态度，但是这只是假设，关键是看什么目的和如何反馈，大多数员工还是希望知道自己的绩效考评结果并得以进一步发展的。

13.3　360度考评反馈的实施条件与注意事项

13.3.1　实施360度考评反馈法的条件

实施360度考评反馈体系的目的在于通过获得和使用高质量的反馈信息，支持与鼓励员工不断提高自己的工作能力、改进行为和绩效，达到个人与组织共同成长的目的。这种评价模式较单一评价来源的评价方式更为客观、准确、公正、真实、可信。同时，通过这种评价反馈方式，被考评者可以客观正确地评价自我，了解自己在职业发展中存在的优势与不足，激励自我更有效地发挥工作能力，赢得更多的发展机会。此外，还能帮助管理者改进管理工作行为，提高管理水平，发现和解决组织成员之间的矛盾和冲突。企业或组织则通过360度考评反馈，在客观分析和使用反馈信息的基础上，做出正确的评价与决策，加强管理者与员工的双向交流，提高组织成员的参与性，营造良好的组织氛围，激发组织成员的创新性和工作动机，帮助企业进行团队建设。

1）360度考评反馈的优缺点

具体来说，360度考评反馈的优点主要体现在以下几个方面：①

（1）全方位、多角度：由于其考评者来自企业内外的不同层面，得到的考评信息角度更多，考核评价更全面、更客观。同时，员工对管理者的直接评价实际上促进了员工参与管理。

（2）实行匿名考核：采用匿名方式，使考评者能够比较客观地进行评价。另外，通过开放式表格，可以收集到很多比较中肯的评价意见。

（3）以服务对象为导向：对不同的考评者分别赋予不同的权重，而尤以服务对象权重最大。

（4）自我发展意识增强：多角度的反馈，使员工得到充分的反馈信息，具有极大的说服力，可以帮助员工正确地调整自我认知和自我行为，增强自我发展意识。

（5）误差较小：由于考评者不仅来自不同层面，而且每个层面的考评者都有若干名，考核结果取其平均值，从统计学的角度看，其结果更接近于客观情况，可相应减少个人偏见及评分误差。

（6）基于胜任特征：其设计依据是抓住关键性的行为要素，把影响绩效表现的深层次的东西揭示出来，从而能够区分表现优异者和表现平平者的胜任特征。

360度考评反馈作为一种人力资源开发与管理的方式，确实有很多优点，但也存在明显的不足，主要有：范围广，成本高；容易用行为评价代替绩效评价；受组织文化影响大；评价参照标准不确定，偏向关注一般特质而不是特定工作行为；评价以个体记忆为基础，不能真实反映被考评者过去的工作行为；评价者不能观察到被考评者的全部工作行为，容易以偏概全；在实施360度考评反馈过程中，如果培训和运作不当，可能会在组织内造成紧张气氛，影响组织成员的工作士气。此外，实施360度考评反馈时很容易遇到一些陷阱，如专断、文化震荡、监督失效、裙带关系、组织成员忠诚的消失等。

2）360度考评反馈的关键条件是责任心

国外一些研究者认为，360度考评反馈法主要是基于两个简单假设：其一是来源于测量理论的假设，即对个体而言，从多个角度获得的观察将得出更有效和更可靠的结果，并且也更有意义和更有用；其二是假设人们行为及观念的改变总是贯穿在增强自我意识的过程之中。360度考评反馈就如同一面"镜子"，被考评者能够从中发现自我、调整自我。②所以，对于这一反馈系统的研究就主要集中在系统本身操作过程中的一些影响因素上，以求使用该系统能收到更大的

---

① 参见：白云辉，米宝财. 浅谈360度绩效考评的合理使用 [J]. 煤炭经济研究，2004（10）.

② CHURCH A H，BRACKEN D W. Advancing the state of the art of 360-degree feedback [J]. Group & Organization Management，1997，22（2）：149-161.

效果。

研究者们认为，360度考评反馈的关键是责任心问题。

莉萨·霍克格拉夫（Lisa Hochgraf，2002）认为被考评者的责任心是导致360度考评反馈能否成功的关键，同时对责任心如何影响被考评者的行为也进行了研究。

斯科特·怀默（Scott Wimer，2002）则认为，当360度考评反馈对被考评者的工作或责任心的要求超出了被考评者的认同范围时，被考评者将会由于反馈信息而觉得不安，形成抵制心理。如果这种抵制心理成为一种行为模式，则当被考评者成为考评者时，其评估的客观性和有效性将受到影响①。

洛多恩等人（London et al.，1997）研究指出，被考评者是否对使用这一反馈负有责任，考评者是否对其提供的反馈信息的准确性或有用性负责，以及组织是否愿意为改变被考评者的行为而提供人力、物力帮助等，都会影响360度考评反馈能否成功。这就需要使评估保持匿名性，也应该要求考评者对被考评者提供建设性的反馈意见和具体的建议，被考评者也应该公正地说明、解释或描述他们从反馈中得到的收获。对于如何增强责任心，London等人提出了一个责任心过程模型，试图通过找出责任心的来源和通过能够保持责任心的机制去增强360度考评反馈的效能。

萨拉姆（Salam，1997）、保罗·阿特金斯和罗伯特·伍德（Paul W.B.Atkins & Robert E.Wood，2002）认为，领导行为会影响评估的价值，并且这些影响对不同的群体是不一样的。在组织文化中，那些经常向刻板体制提出挑战的管理者将从他们的追随者那里得到高绩效的评估，但也会从他们的上级主管那里得到低绩效的评估。

芬德伯格和利维（Funderburg & Levy，1997）检验了个体和情境变量对有关360度考评反馈系统态度的影响，所得出的结论是：个体差异和情境因素一样将影响员工对这一系统的认同，但组织因素（比如管理风格、组织员工身份、寻求反馈的成本、反馈的文化支持等）则比个体因素（比如自尊、反馈寻求行为、内部控制源等）对360度考评反馈系统的态度的影响要大得多。②

洛多恩和史密瑟（London & Smither）还提出了个体的反馈倾向和组织的反馈支持文化对绩效管理过程的影响模型。③他们指出，自评与他评的一致性与评价者之间（如下属之间、上级与同事之间）一致性的交互作用将影响被考评者对反馈的接受程度和态度，被考评者越是愿意接受反馈，其绩效越可能得到提高。④

贝滕豪森和费多尔（Bettenhausen & Fedor，1997）也测量了对同级和上级反

① WIMER S. The dark side of 360-degree feedback [J]. T+D, 2002, 56 (9): 37.
② CHURCH A H, BRACKEN D W. Advancing the state of the art of 360-degree feedback [J]. Group & Organizatin Management, 1997, 22 (2): 149-161.
③ 丰琳. 绩效反馈研究的新进展 [J]. 人类工效学, 2003 (9).
④ 时雨, 张宏云, 范红霞, 等. 360度反馈评价结构和方法的研究 [J]. 科研管理, 2002 (5).

馈的个体反应。他们认为，当反馈被用于发展而不是管理目的时，个体对同级和上级的反馈更加可信。[1]

伊芙琳·罗杰斯、查尔斯·罗杰斯和威廉姆·梅特雷（Evelyn Rogers，Charles W. Rogers & William Metlay，2002）认为组织要想从360度考评反馈得到最大益处，其重要的一点就是：360度考评反馈应主要用于个人发展。[2]

韦斯特曼和罗斯（Westerman & Rosse，1997）认为，大多数360度考评反馈保持了考评者的匿名性，这样考评者是否积极参与评估变成了一个选择问题。他们还认为，在360度考评反馈系统中选择参与的考评者与选择不参与的考评者在观念上存在较大的差异，他们把绩效评估描述成一个目标导向过程，而考评者往往被自身的能力以及所获得的奖励所驱动。于是，他们利用期望理论构建了考评者的选择模式。他们的研究表明，选择参与的考评者对他们评估的准确性感到较为自信，对评估较少感到压力，对反馈过程也较为自信。他们的研究也明确地指出，具有被考评者相关绩效方面的知识、完成评估所需要的合适的时间、评估问题的相关性以及考评者感知到的评估偏差的压力（社会压力及导致的冲突）是区别参与者与不参与者的最重要特征。

瓦尔德曼（Waldman，1997）也研究了一些因素（如成就需要、集体工作标准的水平、对目前绩效管理系统的满意度以及考评者和被考评者的类型等），并对如何选择两种不同类型的绩效管理系统（360度评估和群体水平评估）产生了影响。[3]

3）360度考评反馈在我国的研究和应用

360度考评反馈在国外已经有了比较多的研究，而引入我国的时间还比较短。近几年，我国的研究者和实践者对于360度考评反馈方法的研究主要是对国外一些研究成果进行介绍，并在此基础上进行一些探索性的案例研究。有一部分研究者和实践者开始关注这种评价方法如何在中国文化背景下进一步完善和推进实施的问题。当然其中也不乏质疑和争议。但是无论如何，这都是一个值得探索和研究的方法，实践其实已经走在了前面。

随着信息网络技术在管理中的普及和"人本管理"成为主导性管理理念，360度考评反馈法在西方国家许多企业得到了广泛的应用，其具体形式也不断推陈出新。但是传到中国以后，其应用则出现了一定的困难，人们反应不一。其主要原因在于我国企业实施360度考评反馈还存在许多障碍：

一是信息网络技术在管理中的运用尚处于建设期和导入期，很多企业还没有形成可以支撑360度考评反馈所需要的内部信息网络平台，实施360度考评反馈的成本较高。

① 蒋应军. 360度解读绩效管理［J］. 企业天地，2003（6）.
② ROGERS E，ROGERS C W，METLAY W. Improving the payoff from 360-degree feedback ［J］. Human Resource Planning，2002，25（3）：44-55.
③ CHURCH A H，BRACKEN D W. Advancing the state of the art of 360-degree feedback ［J］. Group & Organization Management，1997，22（2）：149-161.

二是一些组织缺乏市场竞争意识，组织成员自我管理、自我约束、自我改进的意识较为淡薄，员工素质难以保证理性运用组织赋予他们的权利。

三是"官本位"思想使部分组织领导者难以从意识上接受来自下属的监督与批评，管理者与员工都还缺乏服务客户的意识。

四是受传统文化影响，有的组织"面子主义"盛行，不善也不愿意进行批评性的沟通和交流。

4）360度考评反馈的应用层面

DDI（Development Dimensions International，智睿咨询）的资料显示，360度考评反馈最常被应用在以下几个层面：培训与开发（support training and development）、升迁和接班人（promotion and succession）计划、绩效管理（performance management）、薪酬福利（compensation）。其中，以应用于培训与开发及升迁和接班人计划的成效最大。有20%～25%的美国企业在员工培训与开发方面运用360度考评反馈。我国国内企业则主要运用在培训与开发、选拔任用、绩效评估等方面。①

在绩效评估方面应用360度考评反馈，大都是通过360度考评反馈机制，从多元的角度实际评估员工的工作绩效。360度考评反馈机制可以提供多方面的反馈评价，真实地反映员工整体的工作表现。360度考评反馈机制还强调全员参与，通过全员参与的过程，员工将对整个考评系统及其结果产生认同感，从而达到激励员工的效果。当然，360度考评反馈机制并非用来取代其他考核方式，而是为主管提供更多样、更客观、更有效的信息来帮助主管激励部属完成工作任务，进而达到组织的目标。此外，它也可以防止因特定人的偏见而产生的评估偏差影响绩效考评的结果，相对于单一来源反馈评价，它拥有更高的信度与效度。

在具体实践中，由于企业性质和部门业务不同，采用360度考评反馈的效果也不同。比如生产型和销售型的企业，由于考核指标具体而明确，一般不采用360度考评反馈，而行政人员或研发人员占多数的企业就比较适合采用360度考评反馈。因为360度考评反馈是对被考评者全方位的考核，要求被考评者既要有上级和服务对象，又要有下级和同级（或供应商），加之考核成本较高，所以一般适合对公司的中高层进行考核。在公司规模方面，由于360度考评反馈是一项复杂的系统工程，所以一般适合那些规模在500人以上的大公司。②

13.3.2　实施360度考评反馈法需要注意的问题

基于以上分析，企业或组织在实施360度考评反馈法进行绩效考核时，第一，要取得高层领导的支持与配合，在组织内部倡导一种变革、创新、竞争、开放的文化，让员工能够从观念上接受这种考评方式。第二，应加强宣传和沟通，

拓展阅读
13-2

英特尔公司
保证360度
考评反馈实
施的9项
措施

---

① BRADLEY T P, ALLEN J M, HAMILTON S. Leadership perception: analysis of 360-degree feedback [J]. Performance Improvement Quarterly, 2006, 19（1）: 7-23.
② 白云辉，米宝财. 浅谈360度绩效考评的合理使用［J］. 煤炭经济研究，2004（10）.

对考评者进行有效的培训，向员工讲清其意义何在、评价目的是什么，消除评价中的人为因素。第三，要结合本企业或组织的实际，根据最近相关原则、有机结合原则和经济可行原则合理选择考评主体，力争以最小的成本做出客观、公正的评价。第四，充分考虑文化差异的影响，结合中国实际设计本土化的考核指标，使360度考评反馈方法既能较好地适应中国文化，在测评中又不受中国传统文化的影响。在考核完毕后，企业应积极地将考核结果反馈给员工，指导其改进工作中的不足之处，从而提高工作绩效，这才是绩效考核的目的所在。

所以，在我国企业实施360度考评反馈法时，应该注意以下几个问题：

（1）要根据企业性质、业务类型及所处的生命周期，重新审视是否适用360度考评反馈法。一般说来，企业处于初创期或急速增长期是不宜采用的，加工制造企业、高科技企业等结果导向的企业也不宜采用。当然，企业文化不健全、制度不规范的企业也应当暂缓采用。

（2）要合理界定考评者和被考评者。并非所有的人都必须由员工自己、上司、同事、下属、客户、专家等进行360度全方位的考评。原则上考评者必须了解或熟悉被考评者的工作，不应让与被考评者无任何业务往来的不相关者成为考评者，千万不能搞一刀切。

（3）根据实际需要确定考核要素。不同层级、不同工作性质的被考评者的考核要素是不一样的。比如，高层管理者的考核要素应该包括目标导向、全局意识、决策水平、模范表率、协调能力等；而一般员工的考核要素可能只包括责任心、执行力、纪律性、工作速度、业务技能等；研发人员的考核要素可能重在技术创新；而财务人员的考核要素更在意工作缜密和严格遵守财务制度等。

（4）要选用合适的考核方法。不同的工作性质、不同的考核者，其适用的考核方法应该是不同的。一般来说，目标越明确的工作，对过程的考核应该越少；如果考评者是上司，则适宜采用目标管理法；如果考评者是同事和考评者自身，则可以选择行为锚定等级评价法；如果考评者是下属和客户，可能适宜采用关键事件法。

（5）要制定适当的考核周期。不同考评者适用的考核周期是不一样的。原则上业务往来密切者适用较短的考核周期，被考评者的职位较低也适用较短的考核周期；反之，则应该适当延长考核周期。

（6）要创建适宜实施360度考评反馈法的外部环境。网络化、信息化的办公条件可以缩短考核时间、减少考核成本；和谐、合作、互助的工作氛围能保证360度考评反馈正常进行。

此外，在360度考评反馈法实施过程中，还应该具体关注以下一些细节：

（1）制定科学合理的调查问卷。那些通用的标准问卷一般不能体现组织的独特性，所以问卷的内容需要特别制定。比如，医院与企业、高科技企业与一般制造企业、银行与汽车公司，其问卷应该是大不一样的。

可能的解决办法：组织需要与管理层、咨询顾问合作，定义出本组织的管理与发展范围，在此基础上，设计出一份结构完整的、体现企业文化的调查问卷。

（2）控制考评者的选择及匿名性。由于考评者的选择关系到考核结果，所以这项任务不能留给被考核的个体去完成。而且，参与者还关心自己会不会被辨认出来，所以要确保匿名性。

可能的解决办法：每个类型的参与者需要至少5个备选，然后从中选择3个人参加360度考评反馈。为了达到合理的效果，他们不需要阐明自己与被考评者之间的关系。

（3）向员工介绍整个考评过程。仅仅对那些即将被考核的员工进行解释是不够的，还应该向组织中的其他成员解释，以便所有员工都能明确整个考评过程，做到程序上的公开、公平、公正。

可能的解决办法：组织领导召开全体员工会议，进行动员培训，说明整个考评过程，怎样开始，怎样结束，并解释个人的匿名性是怎样得到有效保护的。

（4）确保整个反馈过程的匿名性。在360度考评反馈过程当中，匿名性是很重要的，但是在内部电脑网络上进行反馈不能保证必要的匿名性，而且主持这次反馈的人知道每个人对其他人的评价是什么，这会导致组织内部的不信任，反馈的结果也不可靠。

可能的解决办法：可以通过选择一个固定的人力资源团队或优秀的咨询顾问团队来主持360度考评反馈，以避免内部员工之间产生不信任关系。要确保咨询顾问团队能提供在线反馈，而且有一个可执行的目标。

（5）允许第一次反馈是员工个人的反馈。一些组织要求360度考评反馈的第一次反馈是上级的反馈，这意味着反馈的整个过程都是监督性的，员工的担心因此会伴随整个反馈过程。

可能的解决办法：应该允许360度考评反馈的第一次反馈是员工自己的反馈，并且其结果应当是确定的，不仅咨询者知道，员工个人也知道，并且员工能够及时根据反馈的不良结果改善工作行为。

（6）提供及时有效地改进绩效的方式。在360度考评反馈之后，如果只把不良结果告诉员工，而不能提供改进绩效的方法，这种做法是不负责任的，同时具有潜在的危害性。

可能的解决办法：在把个人的360度考评反馈结果告诉员工之后，要召开一次全体员工会议，研究确定及时有效地改进绩效的方法以及改进的目标。

（7）保持360度考评反馈的长期有效性。许多企业对持续实行360度考评反馈可能没有耐心，特别是绩效反馈可能由最初的"具有开创性"而逐渐变成"老套套"，从而失去360度考评反馈的生命力。

可能的解决办法：要把实施360度考评反馈法当成制度和日常管理行为，并在最初签订协议时，就列明激励与约束条款，特别是放弃绩效反馈可能导致的惩罚性后果。

拓展阅读
13-3

360度考评反馈的评分者一致性研究

学思践悟

全链条强化人才考核工作

年底，各地相继开展人才工作目标责任制考核，但在工作中还存在"拿不清""考不实""用不好"等问题。要聚焦"考什么""怎么考""如何用"等关键环节，强化指标标准、方式方法、结果运用全链条管理，提高人才考核工作的精准性和权威性。

聚焦"考什么"，差异化设置指标体系。"考什么"决定"干什么"，确定合理有效的人才工作考核指标，是目标考核显威发力的首要之举。指标设置要坚持具体问题具体分析，根据不同部门、不同领域、不同行业、不同岗位、不同基础特点和工作重点，量体裁衣设置指标细则，让相关单位干有方向、评有依据。要聚焦组织领导、履行职能、队伍建设、产才融合、开发投入、公共服务等要素，合理设置基础工作、重点工作分值，引导其既规范科学，又重点突破。要着眼激发成员单位创新活力，增设"攻坚突破""亮点打造"等项目指标，引导各单位充分发挥主观能动性，勇破难点，争创亮点，营造你追我赶、争先创优的浓厚氛围。

聚焦"怎么考"，多种方式优化路径。在时间节点上，既要看平时也要看年终；在指标内容上，既要抓好常规又要抓好重点；在评价主体上，既要注重自评也要注重他评。要坚持靶向攻坚，对于常规工作，要坚持科学规范、一以贯之，保证各项工作不出纰漏；对于年度重点工作、阶段重点任务，要根据不同单位特点，有针对性地予以量化计分，真正考出实绩实效，避免"千篇一律""千人一面"。要做实成员单位"一把手"人才工作年底述职评议，说"真成绩"、讲"真问题"、列"真措施"、提"真意见"。在做好成员单位自评、组织部门考评的同时，还可征求"两代表一委员"、用人单位、人才代表、服务对象等意见建议，探索第三方评议模式，增强考评专业性和可信度。

聚焦"如何用"，精准化抓好结果运用。人才工作考核并非"一考了之"，要用好考核结果，推动产生更优效应。要梳理通过检查、述职评议等掌握的突出问题和意见建议，第一时间向相关单位反馈，帮助引导分析症结，对标优秀单位制定措施，不断改进工作。要对照责任清单、问题清单、整改清单，定期开展整改落实"回头看"，对整改进展滞后的及时提醒，提醒后仍然没有起色的严格追究责任。要将考核结果纳入单位绩效考核范畴，纳入领导班子和领导干部综合评价体系，对于综合考评等次为优秀的，在单位绩效考核、人才项目申报、经费资助等方面给予倾斜；对于综合考评等次为一般甚至差的，视情况落实通报批评、诫勉谈话等措施，真正让人才目标责任制考核成为落实人才引领驱动的指挥棒和助推器。

资料来源　阳祖平. 全链条强化人才考核工作［N］. 中国组织人事报，2023-02-06（3）.

本章小结

360 度考评反馈（360-degree feedback）也称全视角考评（full-circle appraisal）或多源评价（multi-source assessment），是指一个组织中各个级别的、了解和熟悉被考评者的人（如直接上级、同事、下属等），以及与其经常保持密切联系的内外部客户对其绩效行为提供客观、具体的反馈信息，以帮助其找出优缺点和发展需求并加以改进和完善的过程。

不同的考评主体具有不同的特点，360 度考评反馈并非强调面面俱到，或是让所有的相关者都来对被考评者指手画脚，从而导致"不干活的人来批评干活的人，少干活的人来批评多干活的人"。相反，360 度考评反馈的核心要点是发挥相关考评主体的优点，克服其缺点，让最了解被考评者或其某一方面绩效行为的人来进行考评与反馈，重点是反馈与改进，目的是提高与发展。

360 度考评反馈区别于传统的单维性考核方法，其全方位、多角度的考评反馈使得绩效考核逐步向绩效管理过渡，不仅考核结果更加客观、公正，而且考评反馈过程也更加合理并符合组织与员工共同成长的目的。然而，如何在中国社会环境下科学、合理、有效地实施 360 度考评反馈，使其发挥应有的作用，还需要我们在实践中不断地总结和探索。

复习思考题

（1）360 度考评反馈的含义是什么？如何正确理解？
（2）360 度考评反馈的产生背景及特点是什么？
（3）360 度考评反馈的适用范围与实施条件是什么？为什么？
（4）谈谈 360 度考评反馈的操作步骤及其要点。
（5）如何设计 360 度考评反馈的调查问卷？需要注意什么？
（6）应该如何进行 360 度考评反馈的绩效反馈与结果应用？
（7）如何避免中国背景下实施 360 度考评反馈可能产生的偏差？
（8）为什么说 360 度考评反馈使绩效考核逐步向绩效管理过渡？
（9）调查企业案例，分析其 360 度考评反馈的实施过程和效果。

案例分析题

难道 360 度考核失效了

某互联网公司主管行政与人事工作的陈总监案前摆着一摞回收来的绩效考核表，这是他新近推行的 360 度考评反馈的结果。按说初战告捷，应该很高兴，但是陈总监却高兴不起来。他认为这些考核结果并不可靠，"在落实中层层受阻，考核结果在这一受阻过程中逐步失真"，扭曲了他推行的 360 度考评反馈的初衷。为此他不禁打了一个大问号："难道 360 度考核失效了？"

变更考核方案

陈总监一直在公司里主管行政与人事工作。人力资源部成立后，他发现单向的绩效考核与员工的薪酬挂钩的执行效果不是很理想。最明显的例子是，个别部门的员工完成自我评估后，未等上级主管进行评估及绩效面谈，先签上了自己的名字，再交给上级主管签字。这种状况让陈总监哭笑不得，他也私下了解到，这些员工并不是不理解绩效考核应该如何做，而是他们本身就不重视考核结果，在评估自己绩效不会很差的情况下，就不会再关注考核的结果了。另外，上级主管的单向考核极易受主管个人感情等人为因素的影响。比如，某位员工的绩效得分非常高，但其他部门却反映收到过几次客户对他的投诉。经过一番周密的调查分析，陈总监决定改变由上级给下级单向评分的考核方案，转而实施360度考评反馈方法。他的这一建议得到了总经理的大力支持。

陈总监即刻着手编制了一份360度考评反馈方案。按照新的考核制度，被考核人的上级、同级、下级和服务的客户都要对他进行打分，通过这种多方评价的方式让被考核员工了解各方对自己工作的满意度。一方面，被考核人可以清楚自己的优点与不足，更好地提高自己的绩效；另一方面，公司及上级主管也可以更准确地把握员工的真实情况。

初战告捷

在每周一的例行会议上，人力资源部提出准备实施新的考核方案时，总经理马上表态认同这个方案，各部门经理也都表示改变原有方案很有必要。

"我的思路是，由人力资源部针对中层管理人员进行培训，再由各部门经理将360度考核的制度与思想对本部门员工进行讲解。这样就可以避免将制度仅仅停留在各部门主管层面，而要让基层员工都明白为什么要变更考核方案，新的考核方案有什么样的特点与优势，会给员工带来哪些方面的影响。"陈总监说。

于是，陈总监召集公司的7个部门经理开会，并请总经理出席。陈总监首先对新考核方法做了介绍和说明。他花了整整2个小时的时间，讲得口干舌燥。让他感到开心的是，各个部门经理都非常认真，并把执行新方法的流程记了下来。接着，陈总监把自己讲解时演示用的PPT发给了各部门经理，要求他们在一周内完成对本部门员工的培训，并提醒人力资源部列席，以提供必要的解释说明。

"从开始的实施情况来看，是非常顺利的，"陈总监说，"我个人也出席了一些部门的内部培训，从表面上看，基层员工也理解和接受了考核方案的变革，给了我非常大的信心。"一切似乎都在按照陈总监预定的轨道进行。然而，陈总监很快就发现，他过于乐观了。

执行遇阻

在实施的准备会上，陈总监做了又一次讲解和演示，把操作步骤非常细致地做了一个分解。这次让他失望的是，各部门经理似听非听、似懂非懂地看着他。技术部经理一边听，一边与身边的财务经理讨论服务器的购置问题。

待到陈总监讲解完毕，希望各部门经理提出疑问或建议时，大家的回答都很含糊，有的说"行，就这样吧，我们知道了"，有的则说"差不多了，我们知道了就行了"。会议就这样结束了。

"当时我意识到了前后两次会议为什么会出现这样的反差。总经理是否出席会议，居然影响如此之大，"陈总监说，"我发现这个差异后，就想了一个办法：但凡涉及执行考核方案的会议，都要尽可能拉总经理参加。这样做以后，效果果然有了比较大的改善。"

但是，按计划向各部门收取要求填写的最新的职务说明书时，新的问题出现了。技术部提交的职务说明书，内容和以前一模一样，几乎找不到任何变化。而陈总监一再强调的是这些职务的职责必须要重新细化。市场部经理则推说自己这几天一直在做一个市场方案，实在太忙，还来不及完成，答应会尽快提交过来。非常无奈的陈总监只好要求技术部重新填写，市场部则尽早完成。在整个过程中，他安排了人力资源部的员工持续加班，协助各个部门经理完成工作。

好不容易完成了新的职务说明书，在总经理的主导下，开始进行目标分解。由于涉及各部门的利益，各部门经理非常积极，很顺利就完成了公司目标到部门目标的分解。随后，陈总监交代各部门尽快将目标落实到个人。

到了月底，陈总监督促各部门完成对本部门员工的考核。在形成部门绩效后，开始讨论各个员工的绩效。让陈总监失望的是，回收的绩效考核结果与考核方案变更前并没有明显的差异。各个部门之间的打分都非常中庸，市场部对技术部的工作配合程度打分是80分的话，技术部也是还之以80分。双方好似事前有约定。而员工的同级打分、上下级的彼此打分也有此痕迹。

360度考核方案的目的落空。更让陈总监泄气的是，部门经理普遍抱怨360度考核人人增加了他们的管理工作量，从目标分解到进行考核打分，所耗费的时间是之前的2倍多，给他们原本就超负荷的工作增加了不必要的负担。在这样的情况下，总经理似乎也开始犹豫了。

陈总监很是困惑："我一直在想，问题出在什么地方？"360度考评反馈方案的实施究竟是哪里出问题了呢？

思考与讨论：

（1）该公司适合做360度考评反馈吗？为什么？

（2）实施360度考评反馈的正确步骤是什么？

（3）应该如何改进和完善该公司的绩效考评方案？

第14章　强制分布法及其应用

学习目标

✔掌握强制分布法的含义

✔了解强制分布法的优缺点、适用条件以及在中国环境下如何应用

引例　　　　　　　　　　　**谁是不合格员工**

　　唐经理是一家企业的人力资源部经理。面对即将到来的年终考核，唐经理心里颇感忧虑，甚至是捏了一把汗。这是因为公司要求各部门在年底的绩效考核中必须确定本部门员工的年度绩效等级（分成"优秀"、"合格"和"不合格"三个等级），再对不同等级的人员给予相应的奖惩。比如：被评为"优秀"的员工年终奖要比其他员工的高，并且被列入公司晋升的候选人名单；而被评为"不合格"的员工，除了年终奖要被扣除以外，还面临离岗优化的风险，甚至要回家待岗。虽然公司领导公开承诺不会让员工失业，也就是不会与员工解除劳动合同，但是这毕竟是一次严峻的考验，原来是旱涝保收、吃肉吃饭，现在可能只能喝汤了。

　　这是一家具有50多年历史的国有企业。根据往年的经验，唐经理知道：在年终考核结果出来后，各部门员工绩效考核的分数往往都集中在75~89分，差距很小，因此区分员工的绩效等级十分困难。以前大多数员工都是"合格"，只有少数被当成典型，评为"优秀"，就跟年底"评优评先"一样，大伙也都习惯了。这次公司采取强制分布的方法，要求各部门按照"优秀20%、合格70%和不合格10%"的比例来确定员工的年度绩效等级。这一决定在中层干部会上一宣布，会场就跟炸开了锅一样，大家意见很大，想不通，不好办！幸好有公司领导亲自在场坐镇，压住了阵脚，同时外聘的专家顾问做了权威的解释和培训，大家的情绪才逐渐地平息，并且多少理解了公司的良苦用心，表示要回去逐级传达，做好员工的思想工作。

　　但是，各部门的负责人还是想多报本部门的"优秀"员工，而不愿意出现"不合格"的员工，于是纷纷四处活动，找公司高层领导"诉苦"，找专家顾问"谈心"，找人力资源部"争取"，能做的都努力去做，起码在员工面前好有个

"交代"。这无疑是把矛盾往上推,搞得公司高层领导和人力资源部很头痛。

面对可能"不合格"的员工指标,各部门几乎都表示完不成要求。有些部门负责人甚至认为这样做是"很残忍的",自己下不了手;有些部门负责人则认为这会破坏部门内部的安定团结;还有的部门负责人认为部门内部的员工都达到了考核标准的要求,不存在"不合格"的问题。

想到这里,唐经理不禁愁上心头,锁紧了眉梢……

对于绩效考核结果,到底该不该实行强制分布呢?如果该做,怎么解决这么多的困难呢?是不是还有其他的方法或者改进措施,可以使强制分布法做得更好呢?

14.1 强制分布法概述

14.1.1 强制分布法的来源与发展

强制分布法(forced distribution method,FDM),亦称强迫分配法、硬性分布法,是指企业在评估绩效结果时,按照"两头小、中间大"的正态分布规律,事先确定好各等级在被考评者总数中所占的比例,然后按照每个被考评者实际绩效的优劣程度,将其强制列入其中的一个等级的做法。

强制分布法的起源也许可以追溯到泰勒时代,但是作为绩效考评的一个方法,其流行则是近些年的事。美国福特公司从2000年开始实行强制分布法,它将员工分为A、B、C三等,A占10%,B占80%,C占10%。其中,A等员工获得大幅晋升和奖金,B等员工获得小幅晋升和奖金,C等员工什么也得不到,如果员工得到两次C,就意味着要被解雇。GE前任首席执行官杰克·韦尔奇凭借该规律,绘制出了著名的"活力曲线"。按照业绩以及潜力,他将员工分成A、B、C三类,三类的比例为:A类20%;B类70%;C类10%。他对于A类员工,韦尔奇采用的是"奖励、奖励,再奖励"的方法,提高工资、授予股票期权以及晋升职务。A类员工所得到的奖励,可以达到B类员工的2~3倍。对于B类员工,也根据情况确认其贡献,并提高工资。但是,对于C类员工,不仅没有奖励,还要从企业中淘汰出去。

到2001年,强制分布法已经为美国20%的公司所采用,其中包括财富500强企业中的25%。DDI指出1/3的组织应用强制分布法(T+D,2003)。强制分布法得到那些追求高绩效文化或仅仅为了快速削减劳动力的美国公司的青睐。有的公司运用"totem pole"(图腾柱)的方法,将员工按绩效从高到低进行排序;有的公司应用四分法,即将员工分为4个档次,每个档次的员工占员工总数的25%;另外一些公司运用正态分布曲线对员工进行强制分布。

强制分布法的流行有许多原因：

第一，与市场压力和竞争的加剧有关。进入21世纪，经济全球化更加深入，经营环境的变化更加快速，市场竞争更加激烈，企业面临的市场压力和不确定性越来越大。为了层层传递和分担这些压力，企业经营者们开始引入强制分布法。

第二，与企业打造核心竞争力、追求高绩效有关。随着企业竞争的加剧，打造核心竞争力、追求高绩效成为企业经营者们努力的目标，为此就要求所有的员工都能适应变化的需求，对内成为高绩效的员工，对外成为具备竞争优势的团队，强制分布法就是打造这种员工和团队的有力工具。杰克·韦尔奇采取的末位淘汰制和"活力曲线"，就是其中突出的标志。

拓展阅读 14-1

末位淘汰制

第三，与经济景气程度和劳动力成本变动有关。在经济衰退、劳动力成本上升的大背景下，许多企业的管理层为了应对经济危机想大幅削减劳动力，但是发现他们并没有恰当的理由解雇员工，现有的绩效管理体系也不能系统地证明员工低绩效的存在。于是，为了给出一个恰当的理由，强制分布法应运而生。

第四，与文化变迁特别是理性主义的抬头有关。20世纪90年代以来，数字管理和理性主义文化越来越盛行，传统的人本主义和和谐文化受到压抑，提倡竞争与个人奋斗，这无疑助长了强制分布法的流行。

当然，关于强制分布法的来源及流行的原因可能还有很多看法，目前所见的研究比较少，有待我们进一步深入探讨，而且相关的争议也比较大，许多企业实际上已经对强制分布法进行了变通，甚至废止了末位淘汰的做法。但是，作为绩效考核的一种方法，原则上说，没有强制分布法，就没有绩效管理，更没有有效的绩效考核。

14.1.2　强制分布法的基本思想及特点

1）强制分布法的基本思想

强制分布法的思想主要基于这样的假设，即员工的工作行为和工作绩效整体呈正态分布，按照正态分布的规律，员工的工作行为和工作绩效好、中、差的分布存在一定的比例关系，处于中的员工应该最多，处于好、差的员工也应该占有一定的比例。

采用强制分布法的首要目的，应该是避免考评者在考评中出现趋中倾向或过分严厉、过分宽容的情况，克服平均主义。但是，如果员工的绩效呈偏态分布，则可能不适合采用强制分布法。强制分布法只能把员工分为有限的几种类别，难以具体比较员工的差别，也不能在诊断工作问题时提供准确可靠的信息反馈。

强制分布法在企业实践过程中，已经出现了许多变化的形式。以正态分布为基础，包括钟形曲线法、极点法、四分法等，如表14-1所示。

表14-1   强制分布法的种类

种类	如何运用	结果
钟形曲线法	（1）10% 超出期望，为绩优者 （2）80% 是主体，达到期望 （3）10% 未达到期望	（1）获得最高的薪酬提升 （2）获得一定的薪酬提升 （3）获得很少或没有薪酬提升/接受改进绩效的培训/遭遇解雇
极点法	基于绩效，按顺序排名，一个人处于最高点，另外一个处于最低点，其他人处于中间	跟以上结果类似
四分法	平均分为四个等级	跟以上结果类似

资料来源   BATES S. Poll：HR professionals have deep concerns about forced ranking ［N］. HR News，2004-08-12.

2）强制分布法的特点

分析强制分布法的基本思想及实践，可以发现它具有如下特点：

第一，等级清晰。强制分布法的等级划分清晰，赋予不同的等级不同的含义，区别显著。

第二，操作简便。强制分布法只需要确定各层级比例，简单计算即可得出结果。

第三，强制区分。由于强制分布法必须在所有被考评者中间按比例强制区分出不同等级，因而可以有效避免平均主义或"撒胡椒面"的现象，并且克服绩效评估中常见的趋中、过宽或过严等主观倾向。

第四，激励性强。强制分布法一般都要与员工的奖惩激励联系在一起，对绩效"优秀"者实施重奖，对绩效"较差"者实施重罚，强烈的正负激励同时运用，给人以强烈的刺激。

第五，便于管理。强制分布法能将考核所产生的部分矛盾从管理者方面转移到机制、制度设计方面，因而很多企业管理者乐意采用这种方法。

14.1.3   对强制分布法的评价

21世纪初，随着杰克·韦尔奇和GE的成功，强制分布法得到了国内外越来越多企业的青睐。许多大企业纷纷采用此方法，按照不同的绩效等级，对员工进行奖惩。在实践中，一些企业也如GE一样取得了成效，但同时也有为数不少的企业，尝到了失败的苦涩。

一项调查显示，在有200多名HR专业人员参与、支持的一项研究中，有44%的参与者认为他们公司的强制分布体系降低了员工的士气，使员工对领导层产生了不信任感；在员工超过25 000人的公司里，54%的公司有这种感觉。另外，有47%的参与者认为强制分布法在跨部门的应用中导致了不公平问题，一些高绩效的团队也必须淘汰 10% 的高绩效员工，而一些低绩效团队却可以保留 90% 的低绩效员工。同时，还有 43% 的参与者认为强制分布法影响了团队协作，因为这个体系鼓励每个人着眼于他自己的绩效排名。1/3 的参与者则认为强制分布法导致了由员工高流动率产生的高成本，在大企业中，有近一半的企业持有这种看法。

来自美国人力资源管理协会和其他组织的研究同样指出了强制分布法的一些缺陷，包括：被解雇的员工比例没有科学的支持，特别是在中小企业里；一些公司因强制分布遭遇了法律问题；影响了团队协作精神和员工士气，阻碍了员工的发展；增加了员工流动成本。

那么，应该如何科学客观地看待强制分布法呢？这是一个亟待研究和回答的问题。我们认为，强制分布法的出现有其一定的道理，我们既不能因为它的优点而盲目追捧，也不能因为它的缺点而一概否定。从我们在企业中进行绩效考核、绩效管理的实践来看，我们可以再次确认，没有强制分布法，就没有绩效管理，更没有有效的绩效考核。强制分布法并不是要求我们一定与末位淘汰挂钩，也不是为了强化对员工的惩罚。其基本导向应该是，支持客观、科学、合理、公正的绩效考核与绩效管理，使之能够纳入相应的操作规范，从而达到激励先进、鞭策后进，促进企业与员工共同成长的目的。

14.2 \ 强制分布法的操作要点与注意事项

14.2.1 强制分布法的操作要点

强制分布法的基本思想就是按照一定的百分比，将被考评的员工强制分配到各个类别中。类别一般是 5 类，从最优到最差的具体百分比可根据需要确定，既可以是 10%，20%，40%，20%，10%，也可以是 5%，20%，50%，20%，5%，等等。比如，GE 公司曾采用的强制分布比例是：top（优秀）10%；strong（良好）15%；highly valued（中等有潜力）50%；borderline（合格）15%；least effective（差）10%。而 Sun Microsystems 公司曾采用的强制分布比例则是 20%（优秀），70%（合格=达到绩效），10%（不合格）。

但是，在具体实施强制分布法的过程中，如果只是对一个部门内部的员工进行比较，常常会出现样本量不够（正态分布要求样本数量在 30 个以上）和不同工作岗位之间难以相互比较的问题，因此目前可以接受的方法是对不同部门中从事相近岗位的人员的业绩进行比较。

那么，当个人业绩与团队业绩挂钩时，强制分布法又该如何操作呢？

首先，要对各部门绩效考核的初始得分进行处理，以消除主观性。例如，A、B、C 3 个部门的得分分别为 85 分、75 分、95 分，则消除主观性的方法是：

用每个部门的考核分数除以3个部门的平均分，得到消除主观性后的部门考核系数为1、0.88、1.12。

其次，要对部门内部各成员的绩效考核分数进行消除主观性的处理，以得到各成员的实际考核分数；再将部门内部各成员的考核分数乘以部门考核系数，从而得到组织内各成员的考核分数。

最后，对组织内部各成员的考核分数实行强制分布，得到最终的绩效考核成绩。在应用强制分布法的过程中，需要强调的是，绝对正态分布是一种理想的数学模型，需要满足很多理想条件才能实现，不应该成为所有组织实行强制分布的目标。每个组织都有自己的特点，所以每个组织都可以依据自己的特点来设计预期的考核结果分布区间。

14.2.2 实施强制分布法的注意事项

既然不同部门间的平均绩效水准以及员工的素质参差不齐，在实践中还应该注意以下几个问题：

（1）在各部门人数确定的前提下，根据部门整体绩效的等级，对不同等级赋予一定的系数，确定部门内各等级员工名额，对整体绩效领先的部门给予一定的倾斜。比如，人数相同的两个部门，A部门整体绩效为"优秀"，则A部门获得"优秀"等级的员工人数为10%×人数×1.5；获得"较差"等级的员工人数为5%×人数×0.5。B部门整体绩效为"一般"，则B部门获得"优秀"等级的员工人数为10%×人数×0.5；获得"较差"等级的员工人数为10%×人数×1.5（具体倾斜系数要根据企业实际，经反复测算后方可确定）。

（2）与上述情况类似，但不强调名额的精确性，可以模糊规定上下限。比如：部门整体评价为"优秀"的，只按倾斜系数规定"优秀"的人数，而不限制"优秀"、"一般"和"较差"的人数；如果有绩效较差的，就如实评价，如果没有，也不需要强行拉入。部门整体绩效"较差"的，不仅按倾斜系数限制"优秀"的人数（"优秀"的人数可以少于规定的人数），而且"较差"的人数必须比按倾斜系数计算出的数量多。如此，不仅可以避免"绝对强制"所产生的负面效果，还可以提高团队士气，达到长久的团队激励目的。

拓展阅读
14-2

（3）对于人数较少的部门，可以不强行规定各等级人数，而由其主管领导根据绩效实际，在维持充分而良好的沟通的基础上，直接评出等级。为了有效避免主管领导评价过严或过松的现象，可以由公司的考评小组对上述部门绩效评价为"一般"以上的员工进行公开审核，主管领导必须在专门会议上进行公开陈述和答辩。如果部门评价与考评小组评价有差异，应以考评小组评价为准；对绩效评价为"一般"以及"较差"的员工，如果本人以及其他部门都没有提出异议，则不需要考评小组进行审核。

你赞同公司
实行"末位
淘汰制"吗？

14.3 强制分布法的适用环境及有效性问题

14.3.1　强制分布法的适用环境

客观地说，强制分布法也如平衡计分卡以及360度考核反馈一样，是一种绩效管理的工具。每一种管理工具都有其优缺点，如何发挥其激励作用，减少其负面影响呢？我们认为，关键是要"用对地方"，也就是要正确分析其适用环境。

强制分布法的适用环境主要包括以下几个方面：

1）制度基础

企业的人力资源政策、绩效管理体系、激励约束机制等各项管理系统必须兼容。企业愿景和使命应该能够引导员工发展，焕发员工的激情。强制分布本身并不是目的，它仅能体现出一个人在某一方面比另一个人强，而绩效管理的原则应该是甄别和引导员工对绩效改进与发展的贡献，而不是专注于强制分布的努力。

2）文化生态

强制分布法较之其他考评方法，更需要合适的文化生态。GE的"活力曲线"之所以能发挥很好的效果，在于其整整花费了10年时间来建立新的绩效文化。坦率与公开是GE绩效文化最显著的特点，人们可以在任何层次上进行沟通与反馈。在这种文化生态中，绩效改进与能力提升是人们关注的重点。如果没有这种绩效文化的依托，强制分布法也只能起到传统考核所起到的"胡萝卜加大棒"的效果。

3）管理水平

当然，GE当时实施强制分布法获得成功，与杰克·韦尔奇坚决果断的领导风格也有关系。可以说，领导的管理水平，特别是公平、公正的领导水平与沟通能力，是决定强制分布法是否适用以及能否成功的重要因素。

14.3.2　有效实施强制分布法的要件

除了上述环境因素以外，强制分布法的适用及有效性还取决于以下若干要件：

第一，企业能否有效实施强制分布法，与企业员工工作绩效的可量化程度有关。如果企业员工工作绩效的可量化程度低，那么就有必要在企业内实施强制分布法，以克服绩效考核中容易出现的"偏松"、"偏紧"和"趋中"效应，适当地拉开绩效等级分布的距离。比如，行政、信息、审计、财务、人力资源等职能部门，其工作特点决定了采用一般的绩效考评方法无法获得理想的考评结果，所以就应实施强制分布法，以充分体现绩效成绩的差别。而对于车间一线生产人员、销售人员，以及其他可以采用计件工资制的人员，就不一定要实施强制分布法，而是可以通过与事先确定的绩效标准或任务协议相比较的办法，用直接打分、直接定级的方法进行绩效考核。

第二，强制分布法适合于企业内部人员较多的部门。强制分布法是基于概率论中的正态分布规律，而概率论的假设前提是同类的随机现象将大量重复出现。因此，只有随着我们观察次数的增多，大量同类的随机现象才能呈现出明显的规律性。据此，在绩效考核实践中，对于员工人数少于5人的部门，不适合推行强制分布法。

第三，强制分布法适用于处在经营稳定期的企业。如果企业正处于高速增长期，经营状况、销售收入和利润增长的变化幅度较大，企业内高绩效员工的数量明显多于低绩效员工的数量；如果企业正面临困难，低绩效员工的数量又会大幅增加。在这种情况下，企业不宜实施强制分布法；否则，就会使员工失去公平感和安全感，企业的凝聚力将受到伤害，人员将会大量流失。因此，强制分布法只能在企业的经营稳定期推行。

第四，强制分布法适用于内部绩效管理成熟度还不太高的企业。当企业缺乏绩效考核的经验，仍然处在没有完整数据记录的粗放式管理阶段时，通过实施强制分布法，可以保证绩效考核的公平、公正，并不断强化企业各级管理人员的绩效管理意识和能力。企业在绩效管理逐步成熟后，就应该通过绩效文化建设，将正确的绩效管理理念和意识转化为员工规范的行为，而逐步减少强制性。

第五，当企业用工渠道不畅时，也不适宜实施强制分布法，特别是在强制分布中设定不合格等级。如果企业人员流动渠道不畅通，企业将无法及时有效地吸纳应该吸纳的人员，也无法解除应该解除劳动合同的员工。如果企业无法正常淘汰这部分员工，在强制分布中设定不合格的等级不但毫无意义，还会带来负面影响，甚至影响企业的正常运转。

学思践悟

给任性的"末位必罚"扎紧法治篱笆

绩效考核是企业对照工作目标和绩效标准，评定员工的工作任务完成情况、职责履行程度和发展情况，并将结果反馈给员工的过程。然而，部分企业在绩效考核中采取"末位必罚"的方式，不仅没有起到帮助企业不断提升绩效的作用，反倒引起员工反感、质疑考核的公平性。这样的"末位必罚"引来了不少劳动争议。有学者认为，处罚既要有法律依据，还要在考核方式上科学合理，避免违法处罚。

客观而言，作为一种管理手段，绩效考核能够较好解决人浮于事的管理弊病，有助于提高工作效率，实现奖优罚劣的良性循环。不过，绩效考核本身就是一把"双刃剑"，如果不对其予以规范，则容易被滥用。现实中，不少企业在绩效考核中采取"末位必罚"的极端方式，频频对排名末位的员工罚写检讨、主动加班、请同事吃饭、培训调岗，已是剑走偏锋，完全有必要对这种既缺乏科学合理性又涉嫌违法的任性行为予以喝止。

众所周知，在限定等级比例的绩效考核中，必然有人居末位，这是不可违的基本客观规律。如果企业借此对绩效考核排名在末位的员工给予处罚，那么必然招致员工的质疑和不满，引发劳动争议纠纷。如此显然不利于凝聚人心，助力企业的长远发展。因此，不论企业在绩效考核中施行"末位必罚"的理由多么冠冕堂皇，都应努力防范此举存在的负面效应，促使绩效考核扬长避短地释放出应有正能量。

在法理逻辑上，企业在绩效考核中坚持"末位必罚"，已涉嫌违法。《劳动合同法》第四十条规定，劳动者不能胜任工作，经过培训或者调整工作岗位，仍不能胜任工作的，用人单位可以解除劳动合同。员工绩效考核排名在末位，只能说明员工的工作业绩较差，不等于员工不能胜任工作。企业对该类员工祭出"末位必罚"的大棒，是对员工合法权益的变相损害，已踩踏了法律红线。

退一步讲，即使企业有必要对绩效考核排名在末位的员工进行处罚，也只能根据《工资支付暂行规定》第十六条之规定，对造成了经济损失的员工，处以不得超过当月工资的20%的罚款。毕竟，企业没有行政处罚权，对绩效考核排名在末位的员工罚写检讨、主动加班、请同事吃饭、培训调岗等，有悖"法无授权不可为"的法治原则。

不少企业任性对绩效考核排名在末位的员工必罚，既折射了其为实现自身最大利益的不择手段，也在深层上反映了当前法律不够完善、对企业"末位必罚"缺乏有力约束的短板。现行的相关劳动法律规范，虽然明确了绩效考核不合格的，不可任意降职、调岗或辞退，不许随意罚款，但针对绩效考核是否可以处罚、如何处罚，却没有明确，致使企业在绩效考核中滥用"末位必罚"手段有机可乘。

"末位必罚"不是花式侵权的马甲，必须对企业的这种任性行为扎紧法治篱笆。相关部门既要通过制定条例、出台司法解释、发布典型案例等方式，就企业在绩效考核中是否可以处罚员工、如何处罚给出明确的指引；又要依法依规地对这种任性行为严惩，以此倒逼企业取消"末位必罚"，主动把科学合理公正设置绩效考核指标作为行动自觉。如此，才能将企业与员工之间的利益博弈纳入法治化轨道，从而借助法治的力量，实现利益博弈的均衡，推动和谐劳动关系的构建。

资料来源 张智全. 给任性的"末位必罚"扎紧法治篱笆［N］. 劳动午报，2023-02-24（02）.

📌 本章小结

强制分布法（forced distribution method，FDM），亦称强迫分配法、硬性分布法，是指企业在评估绩效结果时，按照"两头小、中间大"的正态分布规律，事先确定好各等级在被考评者总数中所占的比例，然后按照每个被考评者实际绩效的优劣程度，将其强制列入其中的一个等级的做法。

国内外关于强制分布法是否适用的问题，观点不一，我们认为，强制分布法的出现有其一定的道理，我们既不能因为它的优点而盲目追捧，也不能因为它的缺点而一概否定。从我们在企业中进行绩效考核、绩效管理的实践来看，我们可以再次确认，没有强制分布法，就没有绩效管理，更没有有效的绩效考核。

在实践中，在决定是否采用强制分布法时，我们应该充分考虑企业的实际情况，如制度基础、文化生态、管理水平以及其他一些具体因素和要件。

复习思考题

（1）什么是强制分布法？其来源背景是什么？

（2）强制分布法有哪些优点和缺点？应该如何看待这些优缺点？

（3）实施强制分布法的要点是什么？怎样分析其适用环境和条件？

（4）在个人绩效与团队考核挂钩的绩效考核中，应该如何运用强制分布法？

（5）结合中国企业实际，谈谈实施强制分布法的难点和重点是什么。

（6）调查企业案例，分析其实施强制分布法的过程及意义或利弊。

案例分析题

某民营企业的强制分布法

珠三角有一家音响器材厂，老板性格敦厚，原本生意不错，为了使公司管理走向正规，开始了轰轰烈烈的考核。他采用强制分布法，将考核结果分为4级，分别是：优异10%；优秀10%；一般75%；较差5%。对考核"优异"的员工，工资上调20%；对考核"优秀"的员工，工资上调5%；对考核"一般"的员工，不涨工资，根据当月效益给予一定的奖金（"优异"和"优秀"的员工也可同样获得）；对考核"较差"的员工，无任何奖励，并且限期改善绩效，否则只能淘汰。没有想到，考核开始了，老板的烦恼也开始了。该老板遇到的问题有如下几个：

1）团队合力问题

排名"优异"的毕竟只有10%，排名"优秀"的员工对此颇有微词，有的甚至距"优异"只差零点几分，最后得到的奖励却相距甚远。绩效"一般"的员工更不平衡，"奖励都让你们拿了，工作也由你们干好了"，大家开始出工不出力。排名"优异"的员工受到排挤，情绪也开始消沉起来。

2）分数的公正性问题

有的部门，员工整体素质与绩效都很不错，在部门内被评为"一般"的，也许到部门外可以得到"优秀"，但强制分布法的规则是，必须有人是最差的，部门领导难以接受，更不忍心"下手"。

另外，行政人事部、财务部、车间办公室等部门，因为人数太少（大多两三个人），难以区分出4种结果，所以，该企业采用了"滚雪球"的办法，将这几个部门员工的考核成绩捆绑计算，按总分排名，计算出4个等级。为了使自己部门的员工能够有更好的排名，各部门负责人使出浑身解数，提高部门员工的考核分数。于是，对员工要求较严的负责人顿成众矢之的。有的受不了内挤外压，辞职了。留下来的，与员工的关系变得微妙起来，大家的关注点由原有的工作转移到高深莫测的考核政治上来。

3）结果的运用问题

（1）淘汰难以实行

对能力以及绩效都很差的员工，淘汰起来不存在太大问题；可有些岗位的员工，比如专业性强、行业内比较紧缺的，即使考核结果很差，公司也不能将其淘汰。只要公司一开口，就有大把公司等着要呢。考核结果一出来，有些人自己就痛痛快快地炒了公司的鱿鱼。

（2）奖励难以兑现

考核结果出来后，出乎大家的意料：不少领导和员工心中的好员工，不知为何拿不到好的成绩；而得到"优异"的员工，却有相当一部分难以服众。老板也不情愿给二流的人员发一流的工资。于是考核"优异"的，怪老板言而无信；考核"优秀"的，心里不服气；考核"一般"的，有了推卸责任的借口；考核"较差"的，一部分要老板付出心力苦苦挽留，另一部分要公司付出金钱谨慎淘汰。混乱的局面，直到取消考核才停止。

资料来源　陆雷鸣. 如何有效使用"强制正态分布法"[J]. 人才资源开发，2006（8）.

思考与讨论：

请结合上述案例所述情况，谈谈你对该企业实施强制分布法的改进建议。

第15章　绩效管理沟通技术及其应用

学习目标

✓ 了解绩效管理沟通的含义、原则以及绩效管理沟通的必要性

✓ 熟悉绩效管理沟通体系的四个环节，各环节的沟通原则、内容以及注意点

✓ 理解绩效管理沟通机制的运作方式，懂得如何构建完善的绩效管理沟通机制

✓ 掌握一些常用的绩效管理沟通技巧

引例 **Google 的绩效面谈**

在谷歌，绩效面谈分为两次面谈：第一次是绩效结果面谈，侧重员工的职业发展；第二次是加薪和晋级面谈。

在谷歌看来，一个过于关注薪资和晋升的员工，未必是个好员工，所以他们把这两个问题分开来谈。两次面谈时间间隔为一个月左右。

为了保证绩效面谈的有效性，谷歌通常会对经理进行培训，告诉经理应该怎么谈，谈论的主题是什么，怎样才能更和谐地沟通，如何改进绩效计划、实现计划目标。

在绩效面谈之前，经理需要做好下面四个方面的准备：

1）明确面谈目的

第一次面谈的目的是提高员工的工作绩效，让员工了解自己的优点和需要改善的地方；第二次是关于加薪和晋级的面谈。不要把两者混在一起来交谈。

2）明确谈话结构

明确整个谈话的过程中，应先谈什么，再谈什么。比如：第一，让员工回顾他一年来的业绩，第二，肯定要告诉他考核的结果；第三，可以表扬他哪些地方做得比较好；第四，向他提出需要改善的地方；第五，谈一些发展计划。

经理在面谈过程需要非常清晰、有条理地把内容传达给员工，也可以在面谈前把要表达的内容列成一张表。

3）收集和整理有关绩效的各种真实信息与事实

在绩效面谈前，经理要做好充分的准备，包含绩效评价表格、工作日常情况记录和总结等。

在面谈过程中，所有的绩效评价结果都应用事实、数据来说话，而不是凭主观印象：我认为你做得不错，我认为你有问题等。

4）学会提问，鼓励队员敞开心扉

在面谈过程中，经理要把更多的时间留给员工，让员工敞开心扉，谈一谈他的困惑，谈一谈他需要帮助的地方。

绩效管理不仅仅是考核员工的成绩，最重要的是鼓励和帮助员工，同时，对优秀的员工给予适当的奖励，保留人才。

资料来源　佚名. Google绩效管理真经，建议收藏！[EB/OL]. [2023-07-02]. https://www.sohu.com/a/252916492_263537.

诚然，绩效管理是一种结果导向的管理活动，其最终目标是建立高绩效的企业文化，营造具有激励作用的工作氛围。那么，谷歌是如何营造这种氛围的呢？

15.1 绩效管理沟通的含义和意义

所谓沟通，是指人们在互动的过程中通过某种途径或方式将一定的信息从发送者传递给接收者，并获得理解和预期反馈的整个过程。[①]绩效管理沟通，简称绩效沟通，是指在绩效管理的过程中，管理者和员工之间就工作绩效相关问题进行正式的或非正式的反馈、探讨和沟通，从而保证绩效考核结果的公平合理，促进个人与组织绩效的改进，促进员工与组织的共同成长，促进绩效管理的互动、协调、公开、公正的过程。

绩效管理沟通与一般沟通一样，遵循如图15-1所示的沟通路径。

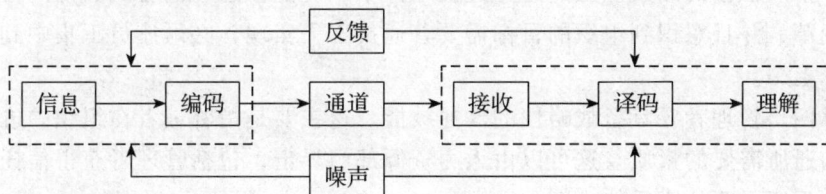

图15-1　沟通路径图

作为管理沟通的一种形式，绩效管理沟通又有其特殊性。通常，对管理者来说，绩效管理沟通可以达到以下目的：（1）获取员工的信息，掌握员工的工作情况，并根据具体的情况有针对性地提供各种资源和指导，从而帮助员工提升工作能力；（2）向员工传递组织期望，帮助其应对企业内外部发生的各种变化；

---

① 王磊. 管理沟通 [M]. 北京：石油工业出版社，2001.

（3）客观、公正地评价员工的工作绩效，提高员工对绩效评价的满意度；（4）和员工探讨并找出绩效存在的问题及原因，使绩效改进计划具有基础和依据。

对员工来说，绩效沟通也意义重大：（1）可以帮助员工及时了解自己在绩效周期内的业绩是否达到标准，及时发现在这一阶段的绩效不足并加以改进，使双方对绩效评估结果达成一致的看法；（2）持续的绩效沟通使员工的工作处于一种开放的状态，激发其工作的热情和积极性；（3）帮助员工随时了解企业变化，如组织目标的调整、工作内容的改变等，使其根据这些变化对自己的工作做出调整；（4）使员工能及时得到管理者提供的资源和指导与帮助，更好地完成任务、实现目标[①]。

15.2 \ 绩效管理沟通的基本原则

绩效管理沟通既是一项重要的管理工作，也是一门重要的管理艺术。为此，应当遵循以下六项基本原则[②]：

第一，要将沟通内化于组织战略中。组织应该在各个层级上进行充分的沟通，组织高层领导应经常和下属进行沟通以建立一种管理信任，从而让下属专注于工作。

第二，要向员工传递要求、信息和激励。关于向员工传递什么信息的问题，首先需要了解员工的需求，对此可以应用情境理论。实践发现，影响员工参与的两个重要因素是：员工在组织中的地位；用户对产品的依赖性及产品价值。

第三，要将沟通作为一种加强领导的手段。沟通并不仅仅是向员工传递一定的信息，而且要将这些信息应用于日常工作中，为此可以让直线经理找出各自部门现有的文化，然后与所要求的组织文化相比较。这个过程可以消除一些消极的因素并推广积极的因素。虽然这一过程很简单，但能让经理们看到其部门需要做出的变革，并且意识到组织的目标需要普通员工去实现，必须让员工集中到组织的目标上来。

第四，管理者要具备战略性的沟通技能。这主要是指管理者在组织中进行开放式沟通所需要的素质。这可以由人力资源部门界定，包括管理者获得信任、信誉和尊重所需要的素质能力等。

第五，分析信息流动渠道以提供明确的目标。找出沟通不充分的根源是很重要的。即使在一些绩效很好的组织中，各部门之间的沟通也会出现问题，不同部门的员工为不同的文化比如不同的决策方式而苦恼。组织可以找出信息流动的主

---

① 张惠晨. 绩效管理：与员工进行持续有效的绩效沟通 [J]. 中国质量，2004 (7).
② BAYERLEIN P，GAILEY R. The six principles of performance communication [J]. Strategic HR Review，2005，4 (4): 32–35.

要障碍，然后采取相应的措施。顺畅的信息流动不仅能提高组织的效率，而且能改善与客户的关系。

第六，计划要比变化快。这是指要用沟通来管理变化，沟通能使员工积极地应对变化。在一项重大的变革中，员工可能会变得不知所措，他们想知道他们的工作有什么变化、终极目标是什么、需要建立什么样的新关系去应对变革等，通过有效沟通可以达到这一目的。

当然，在进行具体的绩效沟通时，还应该遵循以下原则：

一是真诚原则。沟通应建立在坦诚相待的基础上。真诚的沟通可以使上级尽可能多地从下级那里获得信息，可以使下级了解自己工作的成绩和不足，利于沟通双方求得共识。

二是时效性原则。沟通应该及时，在问题出现之时或之前就通过沟通将之及时解决掉或消灭于无形。沟通应该讲求效果，双方在沟通前应进行充分的准备，提高针对性。

三是发展性原则。绩效管理具有前瞻性，绩效沟通的结果应该是具有建设性的，能给员工改善未来的绩效提供富有价值的建议，帮助员工提高绩效水平。

四是持续性原则。上级和下级应合理确定沟通的时间间隔，保持沟通的连续性。

拓展阅读
15-1

开启沟通
通道，赋能
绩效管理

15.3 绩效管理沟通的体系

15.3.1 绩效计划的沟通

绩效计划是绩效管理的第一环节，是管理者和员工共同讨论以确定员工在考核期内应该完成什么工作和实现什么样的绩效目标的过程。[①]在这一过程中，最重要的沟通任务就是通过员工参与沟通实现绩效目标的设定和细化，并达成正式承诺。为了实现这一沟通目标，准备工作通常包括沟通前的资料准备、方式选择以及环境地点的选择等。

1）绩效计划的沟通方式

绩效计划的沟通方式按企业的文化、制度特点，以及沟通对象的层级特点和人员数量可以分成以下三类：

（1）全体员工大会。企业希望借助这次机会向全体员工阐述企业的远景目标以及年度计划，调动全员参与绩效计划，从而达到激发士气以及增强认同的目的。

（2）部门会议。企业目标需要部门之间以及部门内部共同合作才能实现。部

---

① 徐伟，张建国. 绩效体系设计：战略导向设计方法 [M]. 北京：北京工业大学出版社，2003.

门会议需要在明确部门目标的基础上对部门内部人员的分工以及合作状况做出说明。

（3）单独沟通，即一对一的沟通，主要针对个人的工作目标。

2）绩效计划沟通的流程和目标

绩效计划沟通的方式多种多样，其主要流程如图15-2所示。

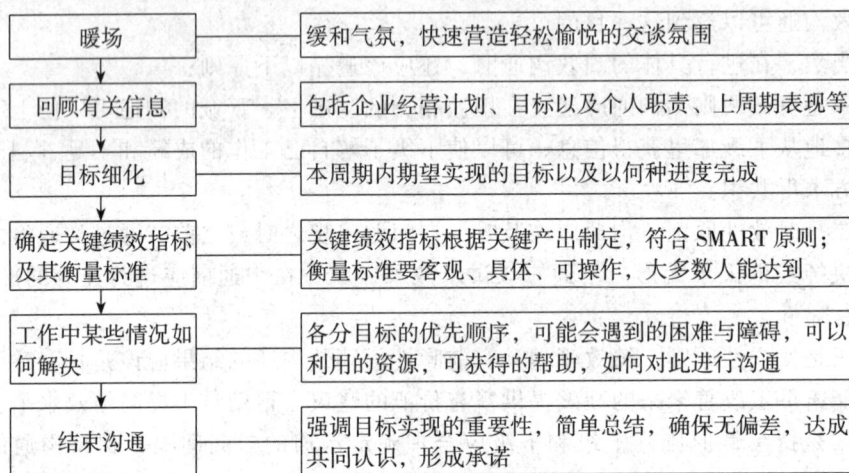

暖场	缓和气氛，快速营造轻松愉悦的交谈氛围
回顾有关信息	包括企业经营计划、目标以及个人职责、上周期表现等
目标细化	本周期内期望实现的目标以及以何种进度完成
确定关键绩效指标及其衡量标准	关键绩效指标根据关键产出制定，符合SMART原则；衡量标准要客观、具体、可操作，大多数人能达到
工作中某些情况如何解决	各分目标的优先顺序，可能会遇到的困难与障碍，可以利用的资源，可获得的帮助，如何对此进行沟通
结束沟通	强调目标实现的重要性，简单总结，确保无偏差，达成共同认识，形成承诺

图15-2 绩效计划沟通流程图

需要强调的是，在绩效计划沟通的过程中，绩效指标的下达是自上而下的，而员工意见和建议的反馈是自下而上的，在这个过程中形成了上下循环的信息流。这样的沟通方式区别于指标的硬性下放，从而将管理者的意图和员工的问题进行了充分的传递。

经过双方充分的沟通，企业的绩效计划也就基本完成。有效的绩效计划沟通应该达到以下效果：

（1）员工清晰地了解企业的目标、部门的目标以及个人的目标，并意识到实现自身目标的重要意义。

（2）企业管理者和员工对员工工作目标的衡量标准、完成工作的时间设定、资源的获取、帮助的获得以及享有的权限达成共同认识。

（3）企业管理者明确了解到员工对自己的期望以及自身应该提供的帮助和支持。

（4）企业管理者和员工双方达成一致意见、形成书面绩效合约。

15.3.2 绩效辅导的沟通

无论绩效管理循环周期是长是短，在考核指标设定之初，都无法完全估计到未来业务发展可能发生的变化，所以，在绩效管理的周期内，对目标实现情况的跟踪变得十分重要。通过双方持续而有效的沟通，既可以解决员工在完成指标过程中遇到的问题，又可以对由客观环境或条件的变化而导致的异常指标进行合理的调节和完善。

另外，上下级在平等的交往中相互获取信息，增进了解，联络感情，可以保证下属的工作正常开展，保证工作过程是动态的、柔性的和敏感的，从而使绩效管理顺利进行。

绩效目标设定以后，管理者的主要工作就是辅导、帮助员工提高技能，实现绩效目标。在这里，"辅导"的含义是，管理者辅导员工以实现绩效目标的过程。管理者帮助员工提高技能，纠正可能的偏差，并按需要对目标进行修订。有效而持续的沟通仍然是绩效辅导环节的关键。

1）绩效辅导沟通的问题

在绩效辅导沟通之初，员工应当思考工作进展如何、工作中会遇到哪些障碍、需要哪些帮助和什么样的解决办法；主管人员应该了解员工的工作实际情况以及如何辅导员工的基本知识等。绩效辅导沟通应包括正负两方面反馈，既有对员工优秀成绩的肯定，也有对员工表现不佳的提醒和指导。

具体来说，可以归纳为以下一些问题：

（1）员工的工作进展情况怎么样？

（2）员工和团队在向着目标并按照绩效标准前行吗？

（3）如果有偏离方向的趋势或可能，应该采取什么样的行动改变这种局面？

（4）员工在哪些方面的工作做得较好，哪些方面需要纠正或改进？

（5）员工在哪些方面遇到了困难或障碍？

（6）管理者和员工双方在哪些方面已达成一致，在哪些方面还存在分歧？

（7）针对目前的情况，要对工作目标和实现目标的行动做出哪些调整？

（8）为使员工出色地实现绩效目标，管理者需要提供哪些帮助和指导？

2）绩效辅导沟通的主要方式和技巧

绩效辅导沟通的主要方式及其优缺点如表15-1所示。

表15-1   绩效辅导沟通主要方式及其优缺点

沟通方式		优点	缺点
正式的沟通方式	书面报告	可以锻炼员工的逻辑思维和书面表达能力；报告方式简单，内容严谨、准确，便于保存；使沟通突破时间、空间的限制	信息单向传递，缺乏双向交流；大量的文字工作容易使沟通流于形式；不易在团队中实现信息共享
	会议沟通	可满足团队交流的需要；便于管理者向员工传递信息；能帮助员工理解组织目标并找到更好的工作方式	组织比较耗费时间和精力；有些问题不便在会议上公开讨论；召开会议会影响正常工作
	面谈沟通	可使管理者与员工进行比较深入的沟通；可以谈论不宜公开的观点；管理者在面谈中可以根据员工的处境和特点，因人制宜地给予帮助	容易使员工产生较大的心理压力；容易带有个人感情色彩；比较耗费时间，且要求主管掌握较高的沟通技巧

沟通方式		优点	缺点
非正式的沟通方式	走动式管理	管理者在员工工作期间经常到员工的座位附近走动，与员工进行交流，或者解决员工提出的问题，帮助员工克服工作困难和障碍。管理者的及时间候和关心可以减轻员工的压力，使员工感到鼓舞和激励	管理者如果掌握不好走动的频率及方式，会让员工感觉管理者监视其行为、对其干涉过多、不信任他们，容易产生心理压力和逆反情绪
	开放式办公	管理者办公室随时向员工开放，员工随时可以进入办公室和管理者讨论问题，说出自己的想法和意见；将员工置于比较主动的位置，员工可以选择与管理者沟通的时间，可以主导较多的沟通内容	占用管理者大量时间，使得管理效率降低
	非正式会议	包括联欢会、生日晚会等各种形式的非正式团队活动，可以在比较轻松的气氛中了解员工的工作情况和遇到的需要帮助的问题	传递的信息不确切，容易失真、被曲解

资料来源　徐伟，张建国. 绩效体系设计：战略导向设计方法 [M]. 北京：北京工业大学出版社，2003.

无论采用何种沟通方式，管理者都要切实提高沟通技巧，要学会认真倾听，以积极开放的态度与下属进行沟通，还要积极地克服沟通过程中存在的障碍。通过运用沟通技巧，管理者和员工之间必须实现信息的准确传递，解决现实问题，同时，使沟通双方的关系因为交流而得到巩固和加强。

（1）掌握倾听的技巧。

在交谈的整个过程中，管理者必须注意倾听员工的需求，以下几个方面可以提高倾听的效果：第一，保持良好的精神状态；第二，创造良好的倾听环境；第三，适时适度地提问，防止一味提问和一味倾听而没有反馈；第四，用动作和表情给予呼应；第五，努力营造双方的信任关系；第六，深入地理解员工想要表达的内容。

（2）消除沟通中存在的障碍。

第一，主观障碍。主观障碍主要包括：由绩效信息传递受到个人的记忆和思维能力的影响，以及管理者考虑不周或决策失误而引起的管理者和员工的信任危机；由双方经验水平和知识结构上的巨大差距或者是双方对信息的不同态度所引起的信息过滤等。因此，管理者在沟通之前应该考虑周到，做好充分的准备；在沟通的过程中要经常及时地进行反馈，以减少误解，同时考虑到信息传递的对象，尽量采用对方习惯的语言表达方式。

第二，客观障碍。例如，组织机构过于庞大，中间层次太多，信息传递失真且滞后；信息的发送者和接收者空间距离太远，接触机会少；社会文化背景的不同造成了客观的障碍。因此，反馈必须及时，避免信息的滞后；采用现代化的信息交流手段，克服时间和空间距离造成的沟通障碍；在进行跨文化沟通时，要先了解对方的社会文化背景。

第三，沟通方式的障碍。发送者在提供信息时表达不清楚，对语言符号的记忆模糊或者接收者接收失误就会产生误解；沟通的形态和网络多种多样，且它们都有各自的优缺点和适用性，选择不当就会产生障碍。

15.3.3　绩效考核的沟通

整个绩效管理过程就是一个持续双向沟通的过程，虽然在确立绩效目标时双方已经进行了沟通和确认，但是在拟定绩效考核制度时，还需要进一步沟通。企业在制定和修改绩效考核制度时，管理者只有与员工进行充分的沟通，才能得到适合企业发展需要的有效的绩效考核制度。企业只有建立有效的绩效考核沟通机制，探索全方位、多角度的绩效考核方法，才能确保考核的客观性和公正性。

拟定绩效考核制度不只是管理者的事，还要有员工的积极参与，在考核方案最终确定之前至少要让员工提出意见和建议。在平时，人力资源部要进一步加大与员工沟通的力度，认真听取员工对绩效考核制度的意见和建议，及时反馈信息，探索不断改进和完善绩效考核工作的新途径和新方法。在制定好绩效考核制度之后，企业可以通过进一步宣传和教育，取得广大员工对考核制度的认同与支持。一方面，要进一步向员工宣传绩效考核的目的及意义，使之更新观念；另一方面，要通过沟通适时对考核制度做出相应的调整。

绩效考核是一项复杂的工作，往往需要投入大量的人力和物力，而且还不一定能够达到预期的效果。绩效考核不能取得预期的效果，原因是多方面的，其中一个不容忽视的原因就是在考核过程中没有做好充分的沟通。因此，实施绩效考核时，管理者与员工之间的交流沟通是十分必要的。

1）绩效考核前的动员

为了让全体员工理解绩效考核并支持绩效考核，管理者在绩效考核前一定要进行有效的和有针对性的宣传动员。考核前的动员工作主要包括以下几个方面：第一，向员工宣传绩效考核的科学性。第二，向员工宣传绩效考核的目的和意义，让员工明白绩效考核的出发点和落脚点都是促进员工的潜能开发与能力提升。第三，向员工宣传绩效考核的公正性与方法的合理性。绩效考核以事实或者材料为依据，以公正为原则，并向员工提供申诉的权利。第四，帮助员工了解绩效考核的有关纪律和要求，让员工明确绩效考核的整个流程与运作程序。

2) 绩效考核前的培训沟通

绩效考核前的培训一般包括对管理者的培训和对员工的培训两方面，培训的过程也是一个沟通的过程。

在对管理人员的培训方面，主要是由人力资源部的专业人员或外部专家对部门管理人员进行相关培训，与之沟通，提高他们的业务能力，减少考核评定中人为的非正常误差。对管理人员的培训包括两方面内容：一是培养正确的态度，提高对绩效考核及其意义、人力资源开发与管理和考核关系的认识；二是提高专业知识和技术水平，包括考核中容易产生错误的原因及防范对策、考核方法、文件资料和数据处理方法、专用工具与设备的使用技术等。

对员工进行培训主要是让员工正确认识到绩效考核对于他们的意义。要将考核的主体、程序、方法与员工利益之间的关系等内容通过部门会议、小组讨论等方式与员工进行充分交流，使他们对整个考核心中有数。

3) 绩效考核的申诉沟通

考核申诉是为了完善考核制度和在考核过程中真正做到公开、公正、合理而设定的特殊程序。考核申诉产生的原因：一是绩效考核中存在一些误区，例如，平均趋势、极端倾向、晕轮效应、近因误差及暗示效应误差等；二是被考核员工对考核结果不满；三是员工认为考核者在评价标准的掌握上不公正，或者对考核标准的运用不当，有失公平。因此，要设立一定的程序，从制度上促进绩效考核工作的合理化，使其发挥提高组织绩效的应有作用。

处理考核申诉，一般由人力资源部门负责。首先，申诉处理机构要注意尊重员工个人，认真分析员工所提出的问题，找出问题的原因。其次，要把处理考核申诉过程作为互动互进的过程，当员工提出申诉时，组织应当把它当作一个完善绩效管理体系、促进员工提高绩效的机会，而不要简单地认为员工申诉就是员工有问题。最后，处理考核申诉，应当把能让申诉者信服的处理结果告诉员工。如果所申诉的问题属于考核体系的问题，应当完善考核体系；如果是考核者的问题，应当将有关问题反馈给考核者，以使其改进；如果确实是员工个人的问题，就应该拿出能使员工信服的证据，并做出恰当的处理。

绩效考核申诉沟通一般通过组织管理者与申诉员工进行谈话的方式来进行，可以是单独谈话，也可以是集体会谈。在处理申诉的过程中，要以具体的事实为依据，并且要注重申诉双方的沟通与协调。在了解情况、掌握事实的基础上，企业或部门主管应努力促进申诉双方当事人相互沟通与理解，并与申诉双方当事人探讨基于绩效管理流程的绩效沟通，研究协商解决的途径。

考核申诉制度通过发动广大基层员工来约束管理者谨慎使用组织给予的考评权力，能够营造绩效管理的文化氛围。通过考核申诉程序，启用相应的调查评议方法来评价管理者的管理能力，本身也是对管理人员的一个考核办法。一般而言，通过绩效考核申诉沟通，能够消除和减少员工的不满情绪和疑问。

15.3.4　绩效反馈的沟通

1）绩效反馈沟通的内容

绩效反馈是使员工了解自身绩效水平的绩效管理手段，考核者与被考核者沟通，就被考核者在考核周期内的绩效情况进行面谈，在肯定成绩的同时，找出工作中存在的不足之处，并探讨如何进行改进。

绩效反馈沟通除了告知员工考核结果外，还包含四个方面的内容：第一，具体说明员工在考核周期内的绩效状况，最好能够对照相应的标准举出实例来说明；第二，与员工探讨取得如此绩效的原因，对绩效优良者予以鼓励，对绩效不良者帮助分析原因，并一起制定改进措施和相应的培训计划；第三，针对员工的绩效水平告知将获得怎样的奖惩，以及其他人力资源决策；第四，表明组织的要求和期望，了解员工在下个绩效周期内的打算和计划，并提供可能的帮助和建议。

2）绩效反馈面谈

绩效反馈面谈是管理者与员工之间共同针对绩效考核结果所做的检视与讨论。绩效反馈的时间、地点以及一些沟通方式的选择与绩效计划的沟通一样，但是有几点必须强调一下。

（1）绩效反馈面谈的准备。

①管理者应该做的准备。在进行绩效反馈面谈之前，管理者必须准备好面谈过程所需的各种资料并充分熟悉这些资料。这些资料包括员工的绩效评估表格、员工日常工作表现的记录及平时收集的与绩效相关的信息等。

同时，管理者必须做好面谈程序的准备。首先，要计划好如何开始。采取什么样的方式开始面谈取决于具体的谈话对象和情境。其次，要计划好绩效反馈面谈的具体过程，以便更好地控制面谈进程。最后，要计划好在什么时候结束面谈以及如何结束面谈。

②员工应该做的准备。A.准备好表明自己绩效的资料或证据：对于完成得好的工作任务，需要以事实为依据说明具体在哪些方面做得好，对于完成得不好的工作任务，也需要以事实为依据来说明理由。B.准备好个人的发展计划：绩效反馈面谈不仅仅注重现在的表现，更注重将来的发展。C.准备好想向管理者提出的问题：绩效反馈面谈是一个双向交流的过程，不但管理者可以问员工一些问题，员工也可以主动向管理者提出一些自己所关心的问题。

（2）绩效反馈面谈的原则。

第一，建立和维护彼此之间的信任。面谈双方都必须摆正自己的心态，开诚布公，坦诚沟通，营造一种互相信任的沟通氛围。

第二，鼓励员工说话。要让员工充分得到表达的机会，让员工把真实的想法说出来，并且要鼓励员工说出他们在工作中确实存在的困难，以及需要主管提供的帮助。

第三，避免对立和冲突。在面谈过程中双方可能会有不同的见解，但主管应争取员工的理解，同时也多站在员工的角度考虑问题，尽量避免激烈的对立和冲突的出现。

第四，优点和缺点并重。员工的优点和缺点都应在反馈面谈中找出来，不能由于一个员工绩效很好、优点很多就掩盖他的缺点，也不能由于一个员工有比较明显的缺点就抹杀他的优点。

第五，以积极的方式结束面谈。要设法使员工带着积极的情绪结束面谈，最好是使员工受到鼓舞，振奋精神，增强工作中的干劲，而不要让员工将消极、不满的情绪带到面谈后的工作中去。

（3）绩效反馈要达到的效果：确定有待改进的项目，制订绩效改进计划。

改进项目是根据考核结果对员工的绩效进行分析，挑选并最终决定加以提高的绩效项目。这些有待发展的项目可能是现在绩效水平不足的项目，也可能是现在绩效水平尚可但以后需要更高水平的项目。改进项目都来源于未达到标准的或应该进一步提高绩效的项目，但并非所有不良绩效或有待改进的绩效都是改进项目。

首先，这些改进项目要有可改进性，即这些绩效的产生是由员工自身能力、行为或工作流程安排不当造成的。如果这些绩效是由员工自身以外的因素，特别是企业内环境和战略目标变更或资源分配不当等因素造成的，就不应该列入改进项目。其次，改进项目有选择性。由于企业资源有限，并非所有的不良绩效或有待改进的绩效都要加以改进，至少在优先顺序上是有区别的。最后，改进项目具有意愿一致性，即它不仅仅是企业认为应该改进的项目，还应该是员工也认同必须加以改进的项目。

双方就以上几个方面进行沟通，在沟通的基础之上形成绩效改进计划：第一，改进项目目前的水平和期望达到的水平。第二，发展这些项目的方式。将某个有待改进的项目从目前水平提高到期望水平可能有多种方式，例如，培训、自我学习、他人帮助改进等。第三，确定达到期望水平的期限。管理者和员工通过沟通，应就预期在多长时间内能够将有待改进的项目提高到期望水平达成共识。

15.4 绩效管理沟通的机制

15.4.1 绩效沟通机制的构成

影响企业绩效沟通效果的因素有很多，主要包括沟通主体、沟通环境、沟通系统、沟通渠道和沟通制度等方面的因素。企业绩效沟通机制主要由绩效沟通体系和绩效沟通环境两大部分构成，如图15-3所示。其中，绩效沟通体系是由绩效沟通的四个环节组成的一系列循环，绩效沟通环境主要包括绩效沟通渠道、绩效沟通制度和绩效沟通文化等要素。

绩效沟通机制
{
绩效沟通体系
{
绩效计划沟通
绩效辅导沟通
绩效考核沟通
绩效反馈沟通
}
绩效沟通环境
{
绩效沟通渠道
绩效沟通制度
绩效沟通文化
}
}

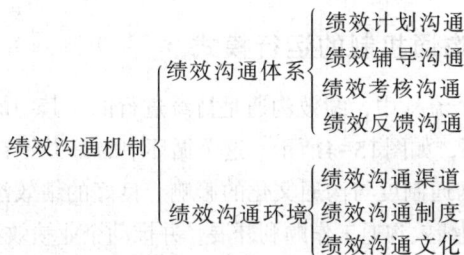

图15-3　绩效沟通机制的构成要件

15.4.2　建立完善的绩效沟通制度以及沟通文化

1）建立完善的绩效沟通制度

企业的绩效沟通需要制度化和规范化，以能使绩效沟通体系更好地发挥作用。把绩效沟通的方方面面以制度的形式记录下来，当作企业的一种沟通规范或一项工作任务，就具有一定的强制性和稳定性，从而能产生比较好的效果。

（1）建立沟通的标准。首先，企业要构建好自身的绩效管理体系，通过设置明确、科学的绩效目标指导企业行为，包括绩效沟通行为。其次，企业在搭建绩效沟通体系的过程中，加深对绩效沟通各个环节的理解，进一步明确各个环节沟通的目标和沟通的主要内容，进而建立相应的沟通标准。

（2）制定完善的沟通政策。企业必须实实在在地制定明确的、成文的沟通政策，并逐步完善各项沟通制度。企业的沟通政策是否有效，关键在于管理者的沟通意识、态度和立场。管理者应该有良好的沟通意识，并且鼓励员工积极参与沟通。

2）营造良好的绩效沟通文化

沟通文化能够在沟通方面培育员工共同的价值观念和行为规范，这是员工之间相互沟通的基础，同时，沟通文化的内涵也决定了一个企业的沟通环境和沟通氛围。因此，营造良好的沟通文化是建立企业绩效沟通机制的根本。

（1）管理者的沟通理念。管理者应鼓励员工积极参与沟通，同时他们也要有积极主动的沟通理念，才能在企业内部营造良好的沟通文化氛围，做好绩效管理工作。

（2）基本的沟通文化。企业在建立绩效沟通机制时，应当努力营造以下几种基本的沟通文化：第一，尊重的文化。管理者应像尊重自己一样尊重员工，始终保持平等的心态。第二，合作的文化。管理者与被管理者之间的利益冲突是不可避免的，但是双方可通过绩效合作关系改变企业的工作氛围，为了实现共同的绩效目标而努力进行沟通及协作。第三，服务的文化。管理者应把员工当成自己的内部客户，只有让内部客户满意才可以更好地服务外部客户。第四，分享的文化。分享是最好的学习态度，管理者与员工在工作当中应不断地分享知识、经验、目标及一切值得分享的东西，追求共同进步。

15.4.3　绩效沟通机制的运行模式

在绩效管理的各个流程中,绩效沟通是持续进行的,其中的四个基本沟通环节构成了一个绩效沟通循环,如图15-4所示。这个循环中的每个环节都有自己的沟通渠道,都会受到企业的绩效沟通制度与沟通文化的影响。良好的绩效沟通制度和绩效沟通文化能够保证各个环节的绩效沟通工作顺利开展,并推动企业绩效沟通机制顺利运行。

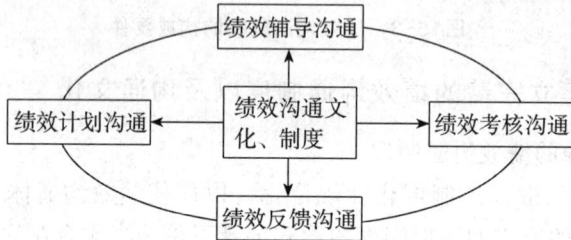

图15-4　简单的绩效沟通机制运行模式

对于一个单独的绩效管理流程,绩效沟通机制的循环运行模式如图15-4所示;而对于连续时点上的绩效管理流程,绩效沟通机制的运行则是典型的多循环模式,如图15-5所示。

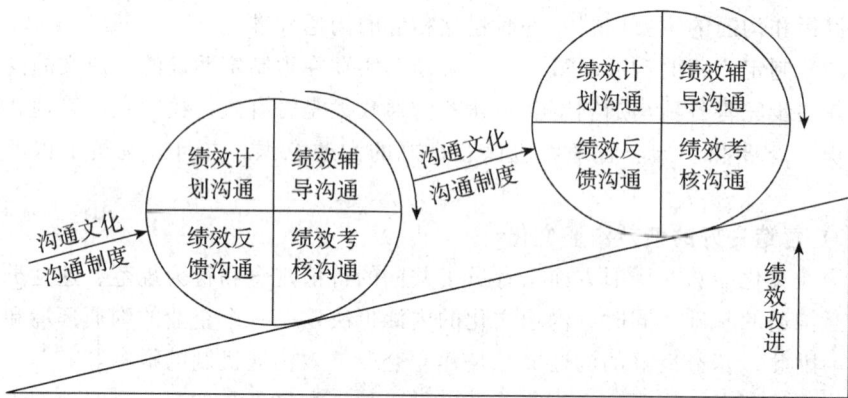

图15-5　绩效沟通机制的多循环模式

15.5　常见的绩效沟通误区和偏差及其产生原因与克服方法

15.5.1　常见的绩效沟通误区和偏差

1) 绩效沟通的误区

绩效沟通中存在的误区主要包括:[①]

(1) 单向沟通。在沟通过程中,管理者与员工只是下命令和接受命令,而没

[①]　吕小柏,金萍萍. 基于绩效沟通的企业绩效管理模式探讨 [J]. 科技情报开发与经济,2006 (2).

有就绩效问题进行交流，双方是不平等的对话，这样沟通变成了发布命令。

（2）沟而不通。在沟通过程中管理者和员工都不明白绩效沟通不是讨价还价的手段，而是讨论绩效问题的方式，最终的目的还是要改进绩效。

2）绩效沟通的偏差

（1）认知偏差。企业的管理者对绩效管理的认识存在三个方面的偏差。第一，对绩效管理的本质特点认识不全面。他们简单地将绩效管理等同于绩效评估，即对员工的工作成绩进行评定，事实上，绩效评估只是绩效管理的一个重要环节。第二，对绩效管理角色的认知偏差。管理者认为自己是绩效管理的核心，员工在这个过程中只是被考核者，将绩效管理当作管理层的一种单方面措施来推行，因而很少与员工进行互动和沟通。第三，对绩效管理目标的认知偏差。绩效管理的目标应该是双重的，既要提高企业绩效，又要实现员工的发展，而很多管理者忽视了绩效管理的人力资源开发功能。表15-2列举了沟通中容易出现的认知偏差。

表15-2　　　　　　　　　　　沟通中容易出现的认知偏差

偏差类型	偏差描述
寻求支持性证据	乐意收集支持特定结论的事例，而不愿考虑反面材料
非一致性	不能在类似的情形下运用同样的标准
保守主义	不随新信息和新证据的出现而改变自己的思维（或转变得很慢）
实时性	认为最新的事实优于过去的事实，较少考虑甚至忽略过去的事实
可获得性	依赖易于回忆的具体事件，不考虑其他相关信息
锚定性	预测过分受原始信息的影响，原始信息在预测过程中占的权重很大
虚假关联	认为一定存在某种固定的模式，并将两个没有关系的变量随意关联
选择知觉	倾向于以自己的背景和经验看问题
回归效应	如果一些现象出现的频率持续提高是由于随机因素，那么这些随机的因素又会导致这些现象以后出现的频率降低；类似地，引起一些现象出现的频率降低的随机因素可能造成以后其出现的频率提高
成败归因	认为成功源于某些人的才能，而失败则是由于厄运或者其他人的失误，这种想法将阻碍学习的发生，因为它使某些人无法认识到自己的错误
乐观主义	人们对于某些未来的结果的偏好会影响他们对这种结果预测的准确性
低估不确定性	过分乐观，虚假关联和缓解焦虑情绪的需要导致低估未来的不确定性

资料来源　明茨伯格，阿尔斯特兰德，兰佩尔. 战略历程［M］. 刘瑞红，徐佳宾，郭武文，译. 北京：机械工业出版社，2002：122.

（2）态度偏差。企业进行绩效管理时，管理者行使考核权力，戴着有色眼镜，挑剔地审视员工，而企业员工也大都认为绩效管理只是企业为了监管他们而采取的措施，感到自己处于不公平的被动地位，于是在考核者与被考核者之间存在严重的对立情绪，导致员工不配合企业的绩效管理工作，甚至消极地抵制这一工作。比如：考核量表的回收率低；填表时敷衍了事、不负责任、提供浮夸虚假的信息等。

（3）操作偏差。在绩效管理的操作过程中，存在四个方面的偏差：由人事部门单方面制定的考核指标缺乏合理性和针对性；绩效管理信息采集渠道长而不畅，致使信息不全面、不真实；考评结果缺乏反馈，员工不知道自己业绩的好坏，也无法知道今后应如何着手改进工作，从而使绩效考评结果没有起到其应有的激励和改进作用；缺乏对工作过程进行监督与指导的过程管理，造成员工对考核结果的认同度低，甚至将不满情绪带到工作中从而制约企业目标的实现。

15.5.2　产生绩效沟通偏差的原因总结

以上三个主要方面的偏差，往往导致企业绩效管理的效果与预期目标相去甚远，究其深层原因，关键在于缺少员工的参与，缺少考核双方的持续动态的沟通，企业没有形成一个全面、畅通的沟通网络，没有采取行之有效的沟通方法。具体原因分析如下：

1）人力资源管理偏重行政性

不少企业的人力资源管理还处于传统行政性管理阶段，具体表现在以人事为中心，只见事不见人，只见局部而不见整体和系统，强调事的单一静态控制和管理，管理的形式和目的都是控制人，缺少沟通和交流。

我国的一些企业，受传统文化的影响，偏重行政性管理，而忽视激励，进而影响了沟通效果。

2）沟通渠道非科学化

有些员工喜欢变通办事程序，碍于面子不愿意对别人发号施令，这样就给管理上带来了很大的麻烦，造成沟通渠道不畅；同时有些员工也因为部门之间协调不畅、任务分配不明晰、时间限制不固定，产生种种抱怨，以至于难以建立科学的沟通体系。

3）沟通层级关系过分复杂化

有些企业的沟通制度强调严格的层级关系，既不能超越上级反映情况，也不能超越下级去管理下属。因此，信息在由最高管理者传递到普通员工、再由普通员工反馈到最高管理者的过程中，出现损耗和失真，以致信息到达终点时，其内容常常与开始的时候大相径庭。

4）沟通绩效无效化

沟通的目的不仅在于传达使命说明，还在于培养使命感。在我国，有很多企业采用沟通效果不佳的单向沟通，所以要想达到以上目的，沟通至少必须是双向的，因为员工不仅要了解那些有可能对自身产生影响的事件，还希望有发表自己见解的机会。

15.5.3　克服绩效沟通偏差的方法

1）提高沟通的心理水平

首先，在沟通过程中要认真感知，集中注意力，确保信息准确而又及时地被传递和接收，避免信息被错传和接收时出现信息损失。

其次，增强记忆的准确性是消除沟通障碍的有效心理措施。记忆准确性水平高的人，传递信息可靠，接收信息也准确。

再次，提高思维能力和水平是改善沟通效果的重要心理因素。思维能力和水平对于能否正确地传递、接收和理解信息，起着重要的作用。

最后，培养稳定的情绪和良好的心理气氛，创造一个相互信任、有利于沟通的小环境，有助于人们真实地传递信息和正确地判断信息，避免因偏激而歪曲信息。

2）正确地使用语言文字

语言文字运用得是否恰当直接影响沟通的效果。使用语言文字时要简洁、明确，叙事说理要言之有据，条理清楚，富有逻辑性；措辞要得当，通俗易懂，不要滥用辞藻，不要讲空话、套话。进行非专业性沟通时，少用专业性术语。可以借助手势语言和表情动作，以增强沟通的生动性和形象性，使对方容易接受。

3）缩短信息传递链，拓宽沟通渠道，保证信息的双向沟通

信息传递链过长，会减慢流通速度并造成信息失真。因此，要避免组织机构重叠，拓宽信息渠道。另外，管理者应激发员工自下而上地沟通。例如，运用企业内部沟通平台，允许员工提出问题，并由高层领导者解答；企业内部刊物设立有问必答栏目，鼓励员工提出自己的疑问。此外，在利用正式沟通渠道的同时，可以开辟非正式的沟通渠道，让领导者走出办公室，亲自和员工们交流信息。坦诚、开放、面对面的沟通会使员工觉得领导者理解自己的需要和关注点，能够取得事半功倍的效果。

拓展阅读
15-2

绩效面谈就
该这么谈

学思践悟

以人的全面发展和高质量发展推进中国式现代化

积极应对人口老龄化中国道路的目标是以中国式现代化来全面推进中华民族伟大复兴。中国式现代化具有人口规模巨大、物质文明和精神文明协调发展等中国特色，其本质要求是实现高质量发展，丰富人民精神世界，实现全体人民共同富裕。面对百年未有之人口新格局，应当及时将发展视角从人口数量红利转向人口质量红利，以动态发展的人口队列视角发挥老年人力资源优势，推动老年人积极参与社会经济发展。这不仅有助于实现老年群体物质生活和精神文明的全面发

展，也有利于积极应对国家战略的成功实施，实现高质量发展，从而推进中国式现代化。

1）促进人的全面发展

党的二十大报告提出，坚持以人民为中心的发展思想，促进人的全面发展，实现全体人民共同富裕。促进老年人就业不仅有利于提升老年人的经济收入，也是积极老龄观的体现，有利于其融入社会，满足其物质文明和精神文明，实现人的全面发展。

鼓励老年人就业，是承认与实现老年人价值的体现，既能满足其增加收入的基本经济需求，也有利于实现其更高层级的参与社交、获得尊重以及自我实现的精神需求，从而实现老年人的自由和全面发展。中国式现代化是物质文明和精神文明相协调的现代化，应当创造老年人全面发展的社会条件，尊重老年人的经济需求和自我实现需求，破除制度和政策的不合理规定，补齐短板。应当为不断提升的老年人力资源畅通继续就业的制度渠道，为其构建能够按照自身意愿继续发挥生产力的友好环境。

2）实现高质量发展

2017年，党的十九大首次提出"高质量发展"的表述，表明中国经济由高速增长阶段转向高质量发展阶段，并提出"提高就业质量和人民收入水平。就业是最大的民生。要坚持就业优先战略和积极就业政策，实现更高质量和更充分就业"。党的二十大进一步提出"实施就业优先战略"，"破除妨碍劳动力、人才流动的体制和政策弊端，消除影响平等就业的不合理限制和就业歧视，使人人都有通过勤奋劳动实现自身发展的机会"。

发挥我国人力资源优势，促进老年人参与劳动力市场，能够从劳动力供给侧和消费者需求侧共同推动经济高质量发展。劳动力供给侧方面，应当将发展思路从人口红利优势转变为人力资源优势，抓住第二次"人口红利"的机会，提升人力资源结构与产业结构和就业结构的耦合关系。重视人力资本提升和大龄劳动力丰富的经验技术带来的人力资本累积效应，构建终身教育和终身职业技能培训体系，增加劳动力的有效供给，提升劳动生产率，从而促进产业经济发展转型，优化产业结构，将人口老龄化的劣势转为优势。从消费者需求侧来看，继续就业能够提升老年人人均可支配收入和消费能力，从而加强其老年期的经济保障，并对经济带来需求效应，促进银发经济发展，保证国内大循环的畅通，还可以减轻国家的养老和医疗负担，降低人口老龄化对经济发展的挤出效应。

资料来源　杜鹏，韩文婷. 发挥人力资源优势，推进中国式现代化 [N]. 人口与经济，2023（1）：13-19；25.

本章小结

绩效管理沟通简称绩效沟通，是指在绩效管理的过程中，管理者和员工之间就工作绩效相关问题进行正式的或非正式的反馈、探讨和沟通，从而保证绩效考核结果的公平合理，促进个人与组织绩效的改进，促进员工与组织的共同成长，促进绩效管理的互动、协调、公开、公正的过程。

绩效管理沟通在绩效管理中起着非常重要的作用，它是一套体系，包括绩效计划沟通、绩效辅导沟通、绩效考核沟通、绩效反馈沟通。企业必须构建有效的绩效沟通机制，不仅要科学把握以上各个流程，还要有效地创造沟通的环境，包括绩效沟通的渠道、绩效沟通的制度以及绩效沟通的文化，同时应该掌握绩效沟通的一些相关技巧等。

复习思考题

（1）什么是绩效管理沟通？绩效管理沟通的重要性体现在哪些方面？

（2）简要叙述绩效沟通所应遵循的原则。

（3）如何理解绩效管理沟通体系以及绩效管理沟通机制的运作？

（4）结合你掌握的沟通技巧谈谈其在绩效管理中的应用。

案例分析题

福耀玻璃美国工厂面临的人力资源管理挑战

福耀玻璃工业集团股份有限公司（简称福耀玻璃）1987年成立于中国福建省福州市，创始人为福建商人曹德旺，是一家专注于生产汽车安全玻璃的大型跨国集团，于1993年在上海证券交易所主板上市，2015年在香港交易所上市。经过30多年的发展，福耀玻璃已经在中国16个省份以及美国、俄罗斯、德国、日本、韩国等11个国家建立了现代化的生产基地、研发中心以及商务机构，全球雇员约2.7万人。迄今，福耀玻璃集已经成长为中国第一、全球规模最大的汽车玻璃供应商，改变了世界汽车玻璃行业的格局。

2008年12月，在美国考察了几个城市后，曹德旺看中了位于俄亥俄州代顿市莫瑞恩区的通用汽车旧厂房。几经谈判，最终曹德旺以1 500万美元（约合1亿元人民币）的价格买下了占地18万平方米的厂房，并准备将这座已经废弃多年的厂房改造成福耀玻璃在美国的第一家工厂。2016年10月，福耀玻璃美国工厂正式竣工投产，成为全球最大的汽车玻璃单体工厂。

福耀玻璃美国工厂已经在莫瑞恩区雇用了2 000名美国员工，据曹德旺向美国当地媒体透露，福耀玻璃仍将继续雇用当地员工至3 000人。这对于人口只有6 000余人的莫瑞恩区来说，显然是一个巨大的就业来源。

然而，全球化的经营必然需要管理方式的革新，而人力资源管理作为企业管理的重要组成部分，必然要随着全球化经营的开展而不断转型，使之适应全球化经营的相关要求。促使人力资源管理国际化的直接原因，就在于国际直接投资的迅速增长以及经济全球化的趋势。过去40年间，国际直接投资的增长是世界经济的主要潮流，经济全球化使企业的经营规模扩大到了国际范围，也使国际人力资源管理成为20世纪80年代以来人力资源管理的重要创新领域。

福耀玻璃美国工厂是中国第一家严格意义上走出去在美国建厂的工厂，其在发展过程中面临一系列国际人力资源管理的挑战。通过2016年由美国著名导演史蒂文·博格纳尔和朱莉娅·赖克特夫妇历经4年对福耀玻璃美国工厂进行拍摄完成的纪录片《美国工厂》，我们可以看到福耀玻璃在美国所经历的一些真实情况。该片曾获得美国奥斯卡金像奖最佳纪录长片奖项，内容翔实准确，得到了业内最高标准的认可。

1）薪酬和激励问题

福耀玻璃美国工厂给工人开出的薪酬是十分具有竞争力的。其时薪比当地13美元的平均工资还要多出3美元。中外员工的工资体系也不一样。美国员工按小时领工资，而中国员工每月仍然拿着几千元人民币的工资，外加每天50美元的餐食补助，整体薪资水平低于美国员工。

但是，美国员工的工作能力显然与其高薪不匹配。有些美国员工学得很慢，无法达到工作要求并完成自己的工作。而中国员工学得快做得快，通常美国员工无法完成的工作，中国员工会在周末加班补回来。换句话说，中国员工就是来收拾烂摊子的。为此，福耀玻璃美国工厂设置了五点量表法考核评分体系，主管会根据工作质量和效率来评分。但对于无法完成工作任务的美国员工，工厂的管理者也会睁一只眼闭一只眼，并不想因此引起劳资纠纷或者解雇员工。据一位受访者说，美国员工和中国员工的工作节奏完全不一样。中国员工喜欢一鼓作气把工作做完，而美国员工工作节奏比较松散，经常在工作时间内想办法偷懒，例如聊天、喝下午茶、玩手机、打电话等，但工厂一般不会立刻开除人，除非员工旷工太严重，根本不来上班。

由上面的资料可以看出，福耀玻璃美团工厂在薪酬与激励方面面临的问题主要有：（1）美国员工生产质量和培训效果不符合工厂的预期；（2）部分员工对于现行薪酬政策不满；（3）美国员工工作动机不足，工作效率达不到中国员工的水平和工厂的要求。

2）员工工作保障问题

在员工的工作保障问题上，工厂也面临激烈的观念冲击。2016年曹德旺开始在美国建厂之时，美国工人在生产方面出现了许多问题，具体体现在美国工人干活的速度太慢，要花很长时间才能生产出一块玻璃，而且这块玻璃往往质量不合格，极易炸裂，达不到品控的要求。为了提高工人的生产质量和效率，工厂挑选了几位美国高管去中国参加培训，他们目睹了中国工人的工作环境：工人不戴安全防护镜，捡玻璃的手套不是防割手套，在没有任何劳动保护的情况下直接就用手去捡玻璃。

美国高管回国之后将这套管理方式运用在了美国工厂，结果引起了美国工人对于工作保障问题的集体质疑和强烈反感。美国工人不理解为什么工厂要求他们加班，还要让他们冒着生命危险干活。有工人指出，自己在通用工作的15年时间里，从来没有受过工伤，然而来到福耀之初就遭受了工伤；更有工人以此指出福耀工厂的血汗工厂属性。刚投入生产不到一年，福耀玻璃美国工厂就有11位工人向美国职业安全与卫生管理局发起投诉，指责福耀未能保障工厂内工人的安全生产。除了有毒气体泄漏，管理层不提供手套导致多人在生产过程中被割伤手，还有多家美国媒体报道称，福耀因为生产环境的安全问题以及管理漏洞遭到前员工起诉。曹德旺在一次接受媒体采访时称，这些媒体的报道"不实"，而且对方并没有来工厂采访过自己的高管。

工作保障问题是一个值得重视的问题。这是因为，相比于其他面向脑力劳动者为主的跨国企业如微软、亚马逊、摩根士丹利等，在以玻璃厂、钢铁厂为代表的制造业，工人们面对的是高温高压的危险环境，因此安全问题自然成为员工最为关心的问题之一。而在这个关键的问题上，福耀玻璃美国工厂的举措有所缺失，导致了美国工人对工厂的安全保障产生了巨大的质疑和不满。其实，福耀工厂也在逐渐改进。例如，莫瑞恩区政府相关负责人曾评论道，"这是个巨大的上亿美元的投资项目，涉及上千名外籍员工，福耀需要时间去学习和克服文化差异的问题"，"比如工厂里的安全标志，包括紧急情况下工人如何离开？如果有设备损坏了，用什么程序去维修？这些在美国都是有完备的标准和流程的，都需要一个学习的过程"，"福耀的管理者非常善于学习，当被告知这个安全标准需要如何执行的时候，他们就很快做出了调整"。

除此之外，企业的人力资源管理，尤其是国际人力资源管理，必须严格执行当地的法律法规。因此在工作保障方面，福耀还需要注意，一切措施都应该按照当地的法律法规进行，绝对不能有违反当地法律法规的行为出现。

3）员工关系问题

在福耀玻璃美国工厂中，美国员工和企业之间的冲突，围绕在"要不要建工会"这个问题上。美国有自己的工会制度传统，每个工厂原则上都需要成立自己的工会。

福耀玻璃美国工厂在发展过程中，最大的工会"对手"是全美汽车工人联合会（United Automobile Workers，UAW），它成立于1935年。在成立之初，该工会进行罢工，要求通用、福特、克莱斯勒三大汽车公司签订提高薪资福利的合同条款，这确立了它在美国汽车行业绝对的影响力。UAW诞生时，正值汽车工业的上升期，汽车工厂一味加大产量，工人福利得不到保障，有不少汽车工人因为生产事故丧生。随后的几次斗争，让不少工人意识到只有组成工会进行斗争才能获得保障自己的权利。

从表面上看，美国工会代表较为弱势的工人群体的权益，将工人有效地组织起来与资本家抗衡和博弈以争取利益，似乎是一个百利而无一害的组织形式。事实上，包括通用汽车在内的许多美国制造业工厂的破产很大一部分原因就来自工会。代顿市其实就是一个较为典型的受害城市，在通用汽车工厂关闭后，当地大批工人失业，成为铁锈城市的其中一员。在曹德旺看来，美国工会除了保障效率低的员工不被解雇，没有什么别的作用。也正是由于以董事长曹德旺为首的福耀工厂中国方高管意识到工会的存在可能会给工厂的发展带来隐患，建厂伊始，中方对建立工会就明确表示反对。

在没有工会的情况下，为了安抚工人的情绪，福耀工厂方在成本允许的范围内为工人提供切实的福利措施。此前，正是由于工会拖垮了之前的通用工厂，曹德旺才决心不在福耀美国工厂内部采用工会形式。这本来是符合长远战略目标的，却不可避免地造成了美国工人的强烈不满，但是，这并不意味着没有解决的办法。事实上，福耀内部也在积极考虑解决问题的办法。从2020年1月7日开始，福耀为员工提供免费午餐，这项举措受到了大量员工的欢迎和认可。

资料来源　作者的硕士生赵泽珺综合新闻媒体报道和相关资料整理而成.

思考与讨论：

收看《美国工厂》这部纪实作品，对照整个事件的全貌，从双方利益冲突和对抗的劳资关系视角，思考两种文化的碰撞以及这些现象背后的深层逻辑，例如曹德旺为什么坚决反对设立工会？为什么中国工人宁愿冒着巨大的工伤风险从事不安全的操作？福耀为何要在美国投资建厂？应该如何进行跨国经营环境下的人力资源与绩效管理？

第16章　绩效管理体系的构建与运作

学习目标

✓ 了解绩效管理体系的内涵、组成要件以及各要件所包含的内容

✓ 了解绩效管理体系的基本功能、设计步骤以及可能遇到的难点

✓ 深入把握绩效管理体系的运作方式

✓ 认识绩效管理体系在整个人力资源管理体系中的地位和重要作用

引例　**新奥集团的战略绩效管理体系**

新奥集团创业起步于1989年，以"创建现代能源体系，提高人民生活品质"为使命，形成了贯穿下游分销、中游贸易储运和上游生产开采的清洁能源产业链和覆盖健康、文化、旅游、置业等领域的生命健康产品链。新奥集团业务覆盖中国27个省、自治区、直辖市的209座城市，以及东南亚、南亚、非洲、大洋洲等地区。在全球有雇员近5万名，年经营收入达1 645亿元人民币，旗下有新奥能源、新奥股份、新智认知、西藏旅游4家上市公司。

新奥集团的战略绩效管理体系（如图16-1所示）以战略为引导，以文化、制度与流程为支持，以能力提升为途径，以激励为手段，打通战略、能力、绩效、激励的通道。

新奥集团通过战略沟通确定战略目标和战略途径，把公司战略通过战略地图、平衡计分卡以及行动方案的形式展现出来，形成工作计划、年度预算，在执行的过程中定期进行战略回顾和检查，最后进行绩效评估，并根据绩效评估结果调整公司战略，形成从战略目标到组织绩效的循环（如图16-2所示）。

新奥集团层层分解战略目标，最后根据个人的岗位职责、职业发展和能力要求，制定个人的绩效目标，并通过个人计分卡和个人绩效考核表的形式展现出来，形成绩效计划、绩效执行、绩效监控与沟通、考评结果应用的循环，通过个人绩效目标的实现提升公司绩效（如图16-3所示）。

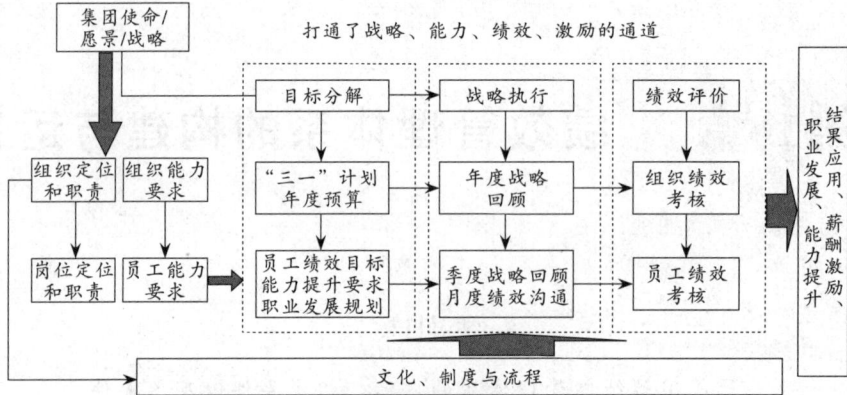

图16-1　新奥集团的战略绩效管理体系

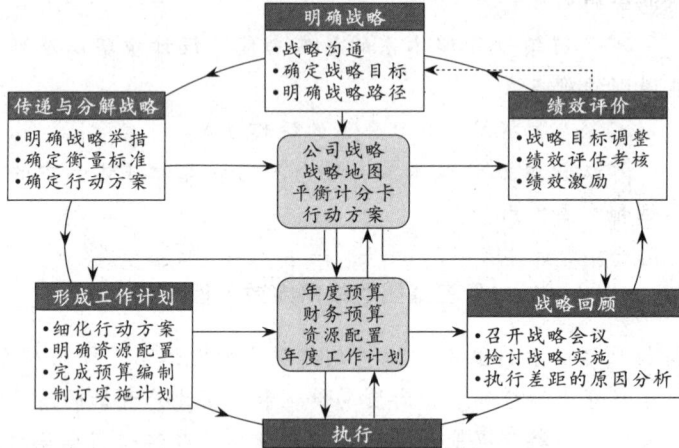

图16-2　从战略目标到组织绩效的循环

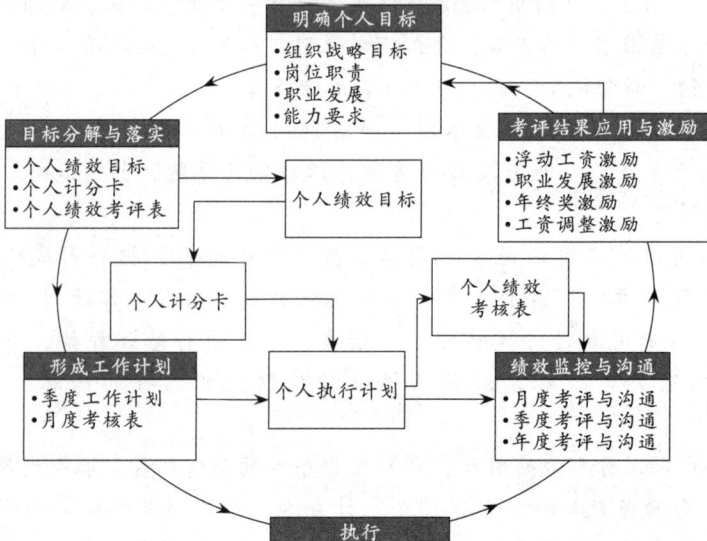

图16-3　通过个人绩效目标的实现提升公司绩效

资料来源　张正平. 案例：新奥集团的战略绩效管理体系［EB/OL］.［2023-07-16］.
https://www.hrloo.com/rz/14333592.html.

新奥集团通过建立战略绩效管理体系，形成了从战略目标到组织绩效的循环，提高了员工个人绩效和公司绩效。

16.1 绩效管理体系的基本含义与构成

16.1.1 绩效管理体系的基本含义

绩效管理体系是人力资源管理体系的核心部分，也是整个企业管理体系的重要组成部分。

所谓绩效管理体系，实际上是企业为了实现其战略目标，根据企业所处的发展阶段、背景及其他客观条件，对组织和员工的绩效进行开发管理的一整套理念、原则、程序和方法的有机整体。它必须与其他管理系统相互配合，并得到它们的良好支持才能充分地发挥作用。

16.1.2 绩效管理体系的构成

绩效管理体系的构成如图16-4所示。

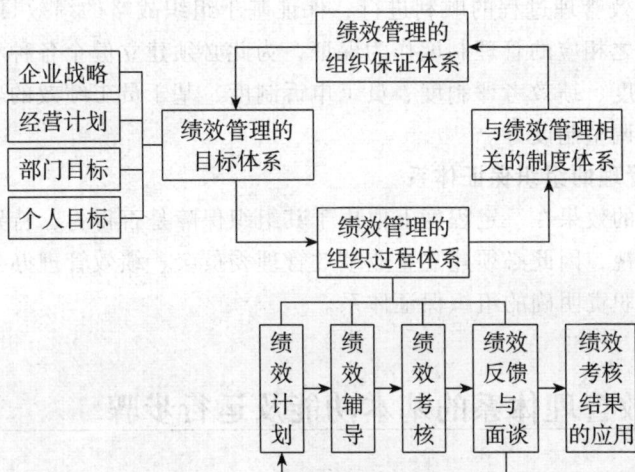

图16-4　绩效管理体系的构成

1）绩效管理的目标体系

建立绩效管理目标体系要从分析企业战略开始，根据企业战略目标确定企业级的关键绩效指标，然后再分解成部门或团队的关键绩效指标，最后进一步分解到具体岗位的关键绩效指标，以保证每个部门或团队、员工的努力都是与企业战略目标要求相一致的。

2）绩效管理的组织过程体系

如图16-5所示，绩效管理的组织过程体系就是绩效管理的四个阶段组成的循环周期，通过绩效计划、辅导、考核和反馈，及时解决员工在实施绩效过程中出现的问题，保证绩效目标的顺利实现，从而使企业的战略落到实处。

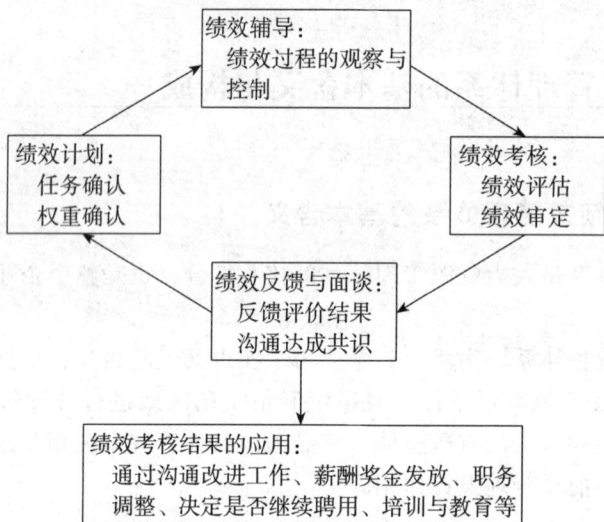

图16-5 绩效管理的组织过程体系

3）与绩效管理相关的制度体系

要保证绩效管理过程的顺利进行，保证基于组织战略的绩效目标得以实现，必须有一套与之相应的管理制度作为保证，为此必须建立健全各种相关制度，如上下级沟通制度、绩效考评制度、员工申诉制度、基于员工绩效的奖惩制度、培训制度、人事调整制度等。

4）绩效管理的组织保证体系

绩效管理的效果在一定程度上取决于其组织保障是否得力，特别是企业高层管理者是否重视，因此必须建立企业绩效管理委员会、绩效管理办公室、绩效管理推进小组等职责明确的组织保证体系。

拓展阅读
16-1

高绩效工作
系统与个体
绩效关系的
元分析研究

16.2 绩效管理体系的基本功能及运行步骤

16.2.1 绩效管理体系的基本功能

1）战略目的

绩效管理体系将员工的工作活动与组织的战略目标联系在一起。在绩效管理体系的作用下，组织通过提高员工的个人绩效来提高组织的整体绩效，从而实现组织的战略目标。从这一点看，绩效管理是与组织的战略密切相关的。组织战略目标的实现离不开绩效管理体系所发挥的应有作用，而绩效管理体系也必须与组织的战略目标密切联系才具有实际意义。

2）管理目的

组织的多项管理决策都要使用绩效管理所提供的信息（尤其是绩效考核的信息）。绩效管理的目的在于对员工的绩效表现给予评价，并予以相应的奖惩以激励员工。绩效管理中绩效考核的结果是企业进行调薪、晋升、保留或解雇、培训等重要的人力资源管理决策时的重要依据。

3）开发目的

通过绩效管理，组织能够发现员工的不足之处，进而对他们开展有针对性的培训，使他们能够更加有效地完成工作。绩效管理过程中所提供的反馈就是要指出员工所存在的缺点和不足。从比较理想的角度来说，绩效管理体系并不仅仅是要指出员工绩效不佳的方面，同时还要找出导致这种绩效不佳的原因。这样才能更有效地提高员工的知识、技能水平，促进员工个人发展，实现绩效管理的开发目的。

从以上可以看出，一个完善而有效的绩效管理体系应该将员工的活动与组织的战略目标联系在一起，并为组织对员工所做的管理决策提供有效的信息，同时向员工提供准确实用的绩效反馈以实现组织对员工的开发目的。企业要想通过人力资源管理获得竞争力，就必须利用绩效管理体系达到上述三个目的。

16.2.2 绩效管理体系的设计

1）建立绩效管理体系可能遇到的问题

企业在建立绩效管理体系时，要考虑自身的特点和所处的环境，否则，即便是企业设计的绩效管理体系完美无缺，考核标准明确，管理程序规范，考核方法先进，到头来可能还是迟迟难以落实。也就是说，企业必须意识到组织战略、业务流程、组织结构、岗位职责、企业文化及企业发展阶段等诸多因素对建立绩效管理体系的影响，要考虑到这些因素是否具备基本的合理性，并且是否阐述得很清楚。

（1）企业在建立绩效管理体系时，最容易遇到的障碍就是战略目标不明确，不知道自己的使命和愿景是什么，从而也就找不到企业发展的目标和方向。简单地说，绩效管理体系其实就是将企业的战略目标层层分解给部门和个人，并对它们实现目标的情况进行管理的方法和过程。如果企业战略目标不清晰的话，也就无法通过建立绩效管理体系来持续提升员工的绩效水平，增强企业的核心竞争力。

（2）企业的基础管理能力不强、员工特别是管理者素质结构及层次不高也是企业构建绩效管理体系时遇到的重要障碍。企业的基础管理能力是企业进行绩效管理的基础，其强弱也会影响绩效管理体系的运作。如果企业的基础管理能力有限，不仅会使绩效管理体系发挥不了应有的作用，还会使其他管理活动受到影响甚至停滞。员工特别是管理者的素质决定了绩效管理体系的最终实施效果，如果员工及管理者的素质不符合绩效管理体系的要求，即使再好的绩效管理体系也只会成为一纸空文和摆设，达不到预期的效果。

（3）企业的业务流程是否具备合理性也会影响企业建立有效的绩效管理体系。有了规范的业务流程，绩效管理体系才能得到完全的遵守和执行；否则，即使建立起了一套自以为相当不错的绩效管理体系，操作起来也会走样，因为流程不规范导致企业很难去界定各项绩效指标设定的基础及评定结果的规范性、准确性及可靠性，这使得绩效考核及管理失去了可以比较的基础，最后只能是走过场、流于形式。所以，业务流程是否以绩效为导向，是否为绩效管理建立起必要的管理环境，这是在建立绩效管理体系前需要认真考虑的。

（4）企业的组织结构是否完善，也是建立绩效管理体系时必须面对且非常重要的一个问题。如果企业内部的组织结构清晰、员工职责分工明确的话，那么在为各部门和员工设计绩效指标时就有了明确的前提；否则，如果企业内部的组织结构混乱，那么就很难做到指标分解客观化、合理化和流程化。事实上，如果管理层和执行层的职责不清或时常越位，那么不仅权力难以制衡，也使员工难以适从、不知所措，势必造成相互推诿甚至责任感丧失的局面。这与建立绩效管理体系的目标是完全相悖的。因此，只有在组织结构清晰、分工明确的前提下，绩效管理的目标才能最终实现。

（5）绩效管理体系与企业文化的矛盾也是值得关注的问题。企业文化是在企业长期运作中逐渐形成的群体意识，以及由此产生的群体行为规范。每家企业都有其独特的文化，不管是显性的还是隐性的，这种文化往往通过企业运作形式和大多数员工的行为体现出来。因此，绩效管理体系必须与企业文化相适应。

此外，企业所处的发展阶段不同，其建立绩效管理体系的重点也不一样。如果企业没有认清自己所处的发展阶段，在建立绩效管理体系时，就容易出现盲目和从众心理，别人采用什么样的绩效考核和管理体系，自己就照搬过来，从而使得辛辛苦苦建立起来的绩效管理体系严重"水土不服"，发挥不出应有的作用。

表16-1列出了影响绩效管理体系成功实施的行为因素。

表16-1　　　　　　　　　影响绩效管理体系成功实施的行为因素

分类	注意的领域	行为因素
绩效管理系统	管理者的理解 管理者对绩效管理本质的良好的理解	管理者理解 KPI 的含义 管理者研究了经营过程和 CSF（core success factors 的缩写，指成功关键因素）/KPI 之间的关系 管理者的参考框架包括相同的 KPI 管理者认可有关 CSF/KPI 体系的相关变化

续表

分类	注意的领域	行为因素
被控制系统	管理者的态度 管理者对于绩效管理、绩效管理系统、具体的绩效管理工具的积极态度	管理者同意开始的时间 管理者有绩效管理的相关经验 管理者认识到 CSF/KPI/BSC 对他们绩效的重要性 管理者没有将 CSF/KPI/BSC 视为一种威胁
控制系统	绩效管理系统的融合 管理者责任与绩效管理系统的良好结合	管理者的 KPI 体系与他们的责任范围是整合在一起的 管理者能够影响那些布置给他们的 KPI 管理者参与了分析绩效信息的过程 管理者能够运用 CSF/KPI/BSC 来管理他们的雇员
内部环境	组织文化 强调运用绩效管理系统来获得改进的组织文化	管理者在 CSF/KPI/BSC 上的相关结果被开诚布公地交流 管理者被激励改进他们的绩效 管理者相信绩效信息 管理者清楚地看到了上级是如何运用绩效管理体系的
外部环境	绩效管理系统的强调点 绩效管理系统明确的内部管理和控制重点	只有那些对于组织成功有重要影响的股东的利益才会具体化 管理者发现绩效管理系统是有相关性的，它有着明显的内部控制意图

资料来源　WAAL A A D. Behavioral factors important for the successful implementation and use of performance management system ［J］. Management Decision，2003，41（8）：688.

2）如何构建绩效管理体系

一般来说，有效的绩效管理体系可以帮助企业实现它的战略目标和管理目的。执行企业战略的一个主要方法是：首先界定实现某种战略所必需的结果、行为以及员工的表现是什么，然后设计相应的绩效衡量和反馈系统，从而确保员工能够按照企业期望的行为工作。管理人员对绩效管理体系的认识是否到位，是否具备相关的技能，是构建绩效管理体系最重要的影响因素，特别是领导团队的认识和技能至关重要。另外，绩效管理体系的构建需要几个相互配套的基础，如预算管理、按业绩付酬的企业文化等。如果没有类似的基础，推行绩效管理体系的效果就可想而知了。

因此，构建有效的绩效管理体系，要做到以下几点：

首先，要改变管理者的观念和认识，提高他们的绩效管理技能。在推进绩效管理体系的过程中，上至高层领导、下到基层员工都应该承担相应的绩效管理责任。高层领导应该对构建绩效管理体系给予充分的关注，而不只是将它看作人力资源管理部门的工作，不管从人员还是物质上都要给予配合和支持，这样才能顺利平稳地构建绩效管理体系。

其次，要明确绩效管理的目标和方向，使绩效管理一开始就朝着正确的方向努力发展。一份科学有效的绩效管理方案也是必不可少的，它可使企业避免想到什么做什么，从而前瞻、系统地构建绩效管理体系。在构建绩效管理体系之前，还应该对相关人员特别是人力资源管理部门的员工进行相应的培训，使他们熟悉和掌握人力资源管理的理念、技能和方法，尤其是对绩效管理的内容，更需要进行深入的学习和全面的掌握，从而构建出优秀的和富有说服力的绩效管理体系。

绩效管理体系的构建和运作还离不开其他管理体系的配合和支持，因此在构建绩效管理体系的过程中，其他管理体系的建设也不容忽视。这些管理体系主要包括：

（1）岗位工作标准体系。它主要是进行岗位描述并确定工作标准，从而使员工的绩效有可依据的衡量标准。

（2）计划及预算管理体系。它主要与财务评估指标的设定有关。各级管理人员所承担的收入指标、成本费用指标、利润指标、资金指标、资产指标以及这些指标的各项构成往往都是在企业的年度经营计划及预算中确定的。而且，财务指标目前仍然是个人绩效评价指标中最为重要的一类指标。因此，完善的计划及预算管理体系是绩效管理体系的实施基础。

（3）企业内外部反馈体系。在部门及个人绩效指标中，一些指标需要根据内外部的反馈意见进行评估。为了使绩效考核工作更为客观、公平、公正和透明，就需要建立必要的内外部信息反馈和收集机制。

（4）管理信息系统。绩效管理体系涉及大量的数据统计、记录、汇总和对比分析工作，管理信息系统的引入将极大地提高管理的效率，也可以确保数据计算的准确性和长期性。

（5）个人能力发展计划。建立绩效管理体系的一个重要目的就是提高员工个人的能力，因此个人能力发展计划往往也就成为绩效管理体系的一个重要组成部分。

上述几个管理体系都是构建绩效管理体系的基础，只有同时建设好这些体系，绩效管理体系的根基才会更加牢固。

此外，在建立绩效管理体系的过程中还应处理好以下几个关系：

一是绩效管理与人力资源管理的关系。绩效管理是企业将战略转化为行动的过程，是战略管理的一个重要构成要素，绩效管理的功能超出了人力资源管理部门的职能范围，其真正的责任人应该是企业的 CEO 及各级管理人员。

二是绩效管理与激励体系的关系。绩效管理体系必须获得激励体系的良好支持才能充分地发挥作用，绩效管理的结果应该与激励体系有机地结合起来，利用多样化的激励手段，真正实现持续提升员工绩效的目的。

三是绩效管理制度与经理人的责任的关系。因为绩效管理的指标体系很难实现所有工作过程和任务的定量化，所以要设计一个良好的绩效管理制度，一定要将定量的考核与定性的评价进行有机的结合，要充分发挥经理人的作用，对员工的绩效做出客观公正的、定性与定量相结合的评价。

四是绩效管理体系与管理信息系统的关系。绩效管理体系对管理信息系统有较强的依赖性。企业在构建绩效管理体系的过程中，应使两者相辅相成、相互促进，得到共同发展和完善。

3）绩效管理体系的设计步骤

绩效管理体系的设计过程分为5个阶段，如图16-6所示。

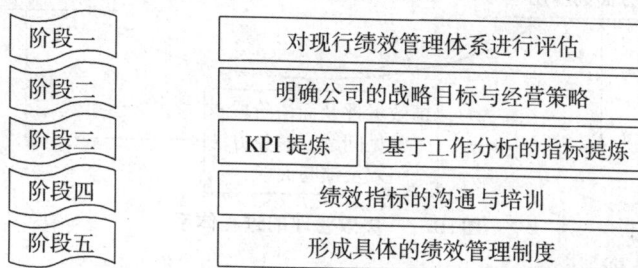

阶段一	对现行绩效管理体系进行评估	
阶段二	明确公司的战略目标与经营策略	
阶段三	KPI 提炼	基于工作分析的指标提炼
阶段四	绩效指标的沟通与培训	
阶段五	形成具体的绩效管理制度	

图16-6　绩效管理体系的设计步骤

阶段一：通过问卷调查、访谈、座谈等方式对企业现行绩效管理体系进行评估，具体包括：

• 各部门、各职位现行的考核指标。

• 考核结果如何运用？

• 考核结果如何进行反馈？

• 直接主管在考核与绩效薪酬分配上的权限。

阶段二：通过与企业中高层会谈来明晰企业的愿景与战略方向以及经营策略。注意借鉴已有项目成果，提炼出企业关键成果领域。

阶段三：对战略目标逐层进行分解，形成公司层、部门层与职能层的关键绩效指标；在前期工作分析成果的基础之上，以各职位的工作职责和任务为依据提炼出其具体的任务类指标；将上述两类指标结合，形成各职位的考核指标。

阶段四：与各层各类人员沟通其考核指标；通过培训帮助关键职位建立 KPI 的目标值。

阶段五：形成具体的绩效管理制度，具体包括：

• 为什么考核？考核谁？考核什么？谁来考核？怎么考核？

• 考核结束以后怎么办？（考核结果的应用）

• 考核结果如何进行动态反馈？

16.2.3　绩效管理的过程体系

绩效管理的过程体系如图16-7所示。

绩效计划阶段：
确定考核目标（即"考什么"）
确定绩效考核周期（即"什么时间考"）
确定绩效考核主体（即"谁来考"）
确定绩效考核信息来源（即"用什么来考"）
确定绩效考核办法（即"怎样考"）
签订绩效协议

绩效考核结果的应用：
绩效分析与绩效改进
其他方面的应用

绩效循环

绩效辅导阶段：
监督
指导

绩效考评及面谈阶段：
常见问题及避免方法
绩效反馈与面谈

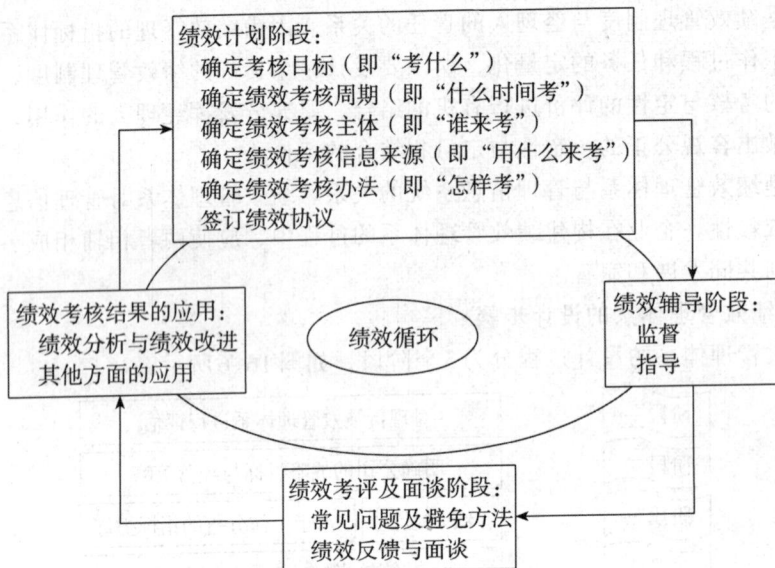

图16-7 绩效管理的过程体系

1）绩效计划

绩效计划是绩效管理过程的起点。企业的战略要落地，必须先将战略分解为具体的任务或目标，落实到各个岗位上，然后对各个岗位进行相应的职位分析、工作分析、人员资格条件分析。经理人员和员工在清楚认识目标的基础之上，必须根据岗位的工作目标和工作职责来进行讨论，搞清楚在绩效计划周期内员工应该做什么工作，做到什么地步，为什么要做这项工作，何时应做完，以及员工权力大小和决策权限等。在这个阶段，管理者和员工的共同投入与参与是绩效管理的基础，如果是管理者单方面布置任务，员工单纯接受要求，就变成了传统的管理活动，失去了协作性的意义，绩效管理也就名不副实了。通常绩效计划都是做一年期的，在年中可以修订。

（1）制订绩效计划的原则。

① 绩效计划是否与战略相关。绩效计划中的指标和标准必须与组织的战略目标相一致，不能脱离和违背战略目标。

② 被考核者和考核者要承担实现绩效计划的责任。绩效计划也是一份契约，一旦签订绩效协议，被考核者要承诺实现绩效计划，而考核者则要承担监督和指导的责任。

③ 绩效计划是考核者和被考核者沟通的结果，没有勉强的成分，不是单方面的意愿。

（2）制订绩效计划的步骤。

① 准备阶段：A.获得必要的信息。这些信息包括组织战略目标和整体发展规划、企业年度经营计划、部门岗位说明书、员工个人信息、个人以前的绩效考评结果等。B.确定沟通方式。要根据组织文化、员工个人特点、工作的目标等选

择适合的沟通方式。如果目标制定关系到组织的全体成员，可以选择召开一次全公司的大会；如果目标只是与一个部门或者团队相关，可以开一个部门或小组会议，也可以采取一对一的沟通方式。

② 沟通阶段：A.选择适合的沟通环境和时间，尽可能营造轻松的气氛，减少员工的心理压力和外界的干扰。B.在沟通中双方都应该积极听取对方的建议和意见，考核者不要认为自己的身份高于被考核者，而要多听取员工的看法。C.考核者要有引导的意识，使员工的目标与组织的目标相一致，并且调动员工的工作积极性，鼓励他们朝着共同的目标而奋斗。

③ 确认阶段：在此阶段，必须完成绩效计划的确认工作，保证企业和员工双方都认同该计划，最终形成绩效协议。

（3）绩效计划的内容。

① 确定考核目标，即"考什么"；

② 确定绩效考核周期，即"什么时间考"；

③ 确定绩效考核主体，即"谁来考"；

④ 确定绩效考核信息来源，即"用什么来考"；

⑤ 确定绩效考核办法，即"怎样考"；

⑥ 签订绩效协议。

表16-2列出了一份员工绩效目标计划书。

表16-2　　　　　　　　　　　　员工绩效目标计划书

姓名：_____　职务：_____

本季度应完成的任务项	开始/完成时间	应提交的成果	质量要求	权重	关键资源需求	潜在问题

直接上级签名：_____员工签名：_____

签订日期：_____

任务变更说明：

主管确认变更/日期：　　　　　　　员工确认变更/日期：

2）绩效辅导

绩效辅导是管理者和员工共同实现绩效目标的过程，这一阶段管理者要对员工的工作进行指导和监督，对发现的问题及时予以解决，探讨为实现绩效目标所需要改善的方面，辅导和帮助员工实现目标，并根据需要对绩效目标进行滚动调整。在整个绩效考核期间，管理者都要不断对员工进行指导与反馈。

（1）持续的监督。持续的监督能够帮助管理者获得关于员工绩效的信息，一般来说，管理者要做到：

①定期与员工通过面谈的形式来沟通他们在实现绩效目标的过程中遇到的问题；

②要求员工定期提供工作进展报告，或者进行口头报告；

③根据签订的绩效协议书定期检查员工的工作进展情况，考察其是否实现绩效目标；

④到工作现场观察工作进展情况，与员工不定时进行非正式的讨论；

⑤认真处理从与员工共事的其他人处得到的关于该员工工作情况的反馈；

⑥对于与顾客有接触的员工，要关注来自顾客方面的反馈；

⑦检查员工工作的产出及其质量。

表16-3列出了一份员工绩效目标实现情况监控表。

表16-3　　　　　　　　　　　　**员工绩效目标实现情况监控表**

20××年　月　日—20××年　月　日　　　　　　　　监控人：

本期工作						
工作内容		计划完成情况	完成时间	未完成原因	意见和建议	评价
工作组	工作内容1					
	工作内容2					

下一步工作		
工作内容		预计完成时间
工作组	工作内容1	
	工作内容2	

（2）持续的指导。指导包括正式指导和非正式指导。正式的指导一般安排在定期的绩效监督中。在进行指导前，管理者制订一份详细的指导计划有助于改善辅导的效果。通常来说，指导计划要包括以下问题：

①为什么要对该员工进行指导？

②该员工在哪些方面做得不够好？

③做得不好的原因是什么？

④这些原因能否通过他自己的努力解决？

⑤ 我能够为他提供哪些帮助？

⑥ 如何把这次的指导与员工的能力提高和职业发展联系起来？

表16-4列出了一份指导观察记录表。

表16-4   **指导观察记录表**

给指导者/观察者的说明：

利用观察记录表详细记载员工的出色表现，并把所有改进建议记录下来

关键活动	具体的行为和简要描述	优点	建议
（1）叙述进行绩效改进讨论的目的和重要性，简要解释过程			
（2）询问员工对实现目标的看法，以及他们如何提高绩效			
（3）对员工的观点给予反馈，并描述他们认为对他们有所帮助的行为			
（4）询问员工的目标和可能的里程碑，对他们的想法给予反馈，并提出你的建议			
（5）总结要采取的行动，并安排下次绩效改进讨论的时间			
（6）对员工表达你对他们的信任和支持			

资料来源   沃纳. 双面神绩效管理系统（完全版）[M]. 徐联仓，等译. 北京：电子工业出版社，2005.

3）绩效评估与绩效面谈

在绩效考核期结束的时候，依据预先制订好的计划，主管人员对员工的绩效目标实现情况进行评估。评估的依据就是在绩效考核期开始时双方达成一致意见的绩效目标和关键绩效指标。同时，在绩效辅导过程中，所收集到的能够说明被考核者绩效表现的数据和事实，可以作为判断被考核者是否达到关键绩效指标要求的证据。

绩效管理过程并不是在绩效考核中打出一个分数就结束了，主管人员还需要与员工进行面对面的交谈。通过绩效反馈面谈，员工可以了解主管对自己的期望，了解自己的绩效，认识自己有待改进的方面，也可以提出自己在实现绩效目标中遇到的困难，请求主管给予指导或帮助。

表16-5列出了一份绩效面谈表。

表16-5 **绩效面谈表**

面谈日期	年　月　日		
面谈原因			
被考核者情况	姓名：	部门：	职位：
面谈人情况	姓名：	部门：	职位：

问题列表	记录
是否认同绩效考核结果	
如果不认同的话，是什么原因	
工作成功的方面	
工作中需要改善的地方	
是否需要接受一定的培训	
本人认为自己的绩效在本部门和全公司中处于什么状况	
本人认为本部门绩效最好、最差的是谁，全公司呢	
对考核有什么意见	
希望从公司得到怎样的帮助	
下一步的工作和绩效的改进方向	
还有什么其他的问题	

面谈双方签字		日　期	
备注			

　　被考核者对考核结果持有异议时，可在考核面谈结束之后的一段规定时间内向人力资源部提出申诉。人力资源部接到被考核者的仲裁申请后在一定时间内组织考核仲裁；考核仲裁委员会是临时机构，在被考核者提出考核仲裁申请后，由人力资源部组织建立。绩效申诉流程如图16-8所示。

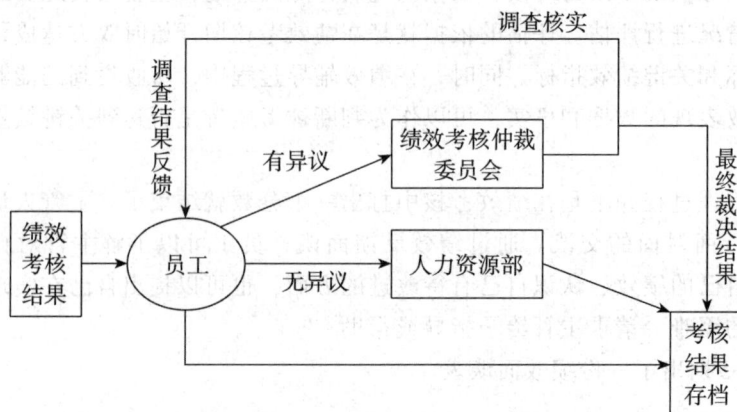

图16-8　绩效申诉流程

4）绩效考核结果的应用

（1）绩效分析与绩效改进。绩效分析和绩效改进是绩效考核结果的主要应用。绩效分析一般来说有三个步骤：通过比较绩效目标与员工的实际绩效确定绩效差距，然后分析并找出绩效差距产生的原因。员工没有实现绩效目标的原因可能有很多，其中包括主观和客观两类原因。如果造成差距的是客观方面的原因，则要想办法消除或避免外部的阻碍；如果是主观方面的原因，则可以运用图16-9来选择改进方法。

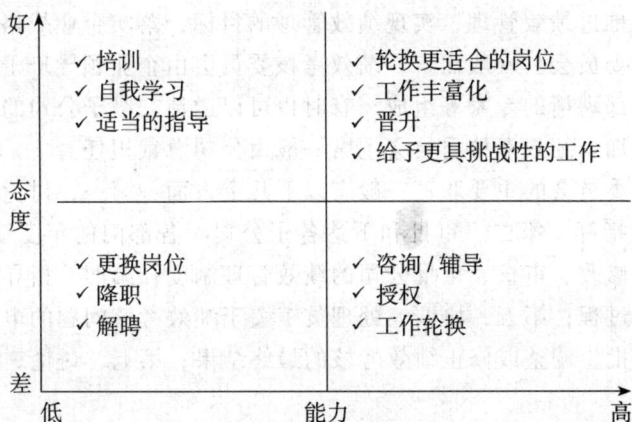

图16-9 绩效改进方法选择

（2）绩效考核结果的其他应用。

① 薪酬调整和奖金发放。绩效考核的结果与薪酬、奖金的发放有直接的联系。绩效考核结果与薪酬、奖金挂钩能使企业的薪酬体系趋于公平化和客观化，并具有良好的激励作用。

② 任职上岗评价与招聘。通过对考核结果的分析，管理者可以确认对员工的任职上岗评价，并确定应采用什么评价指标和标准来招聘员工，这样可以提高招聘的质量和降低招聘的成本。

③ 职位异动和工作调整。如果员工在某方面的绩效不够好，可能是因为目前的岗位不适合他，所以可以尝试通过职务异动和工作调整的办法使他找到更合适的岗位、从事更适合的工作。

④ 培训与开发。如果员工没有达到绩效标准是因为他们在知识、技能或能力方面存在不足，则可以组织员工参加相关方面的培训和开发课程，帮助其提高自身的能力。

⑤ 员工职业生涯规划。它是根据员工目前的绩效水平和长期以来的绩效提高过程，和员工协调制订一个长远的提高工作绩效的系统计划，以此来明确员工在企业的发展途径。

⑥ 人力资源规划和计划。通过考核，企业可以掌握总体人力资源的质量优劣情况，获得有关员工晋升和发展潜力的数据，以便为企业未来的发展制定人力

资源规划。

⑦ 处理内部员工关系。公平的绩效评价，为企业在提薪、奖惩、晋升、降级、调动、辞退等重要的人力资源管理决策方面提供公平客观的数据，减少人为因素对管理的影响，使组织内部员工的相互关系建立在可靠的管理基础之上。

16.2.4　绩效管理的组织保证体系

1）绩效考核委员会

为了顺利推进绩效管理，实现绩效管理的目标，落实企业战略，企业有必要组建绩效考核委员会。一般而言，绩效考核委员会由企业领导班子成员、各部门负责人以及外部聘请的专家等组成，有时也可以邀请二级子公司的代表、各部门员工代表等参加。绩效考核委员会主席一般由公司总裁担任。

绩效考核委员会的主要职责一般有以下几个方面：第一，讨论、审定公司的年度绩效考核指标；第二，审批和下达各子公司、各部门的年度绩效考核指标；第三，讨论、修改、审核、审批公司的绩效管理制度；第四，指导、监督绩效管理制度的实施过程；第五，协调、处理员工关于绩效考核问题的申诉；第六，讨论、决定、审批、调整或修正绩效考核的最终结果；第七，讨论、决定绩效考核结果的运用。

2）人力资源部

人力资源部作为绩效管理的主要组织、执行部门，在企业实施绩效管理的过程中更多的是扮演一种顾问或咨询师的角色，是教练而非球员。

第一，组织协调工作。企业进行绩效管理变革，必然会引起企业内部的骚动，一些冲突不可避免，因此人力资源部要担负起组织协调的工作。首先，它要协调企业内部各个部门及员工之间的关系，为保证绩效管理稳步推进建设一个和谐的人际关系环境，这在中国的企业中非常必要，也非常重要；其次，人力资源部还是企业与外部专家的一个"接口"，在这中间起到沟通桥梁的作用。

第二，计划评估工作。企业要引入新的绩效管理体系，必须从企业的实际情况和现实存在的问题出发，以问题为导向，立足于企业实际。因此，在引入新的绩效管理体系之前，必须对以下几个方面进行计划和评估：企业的文化和价值观、企业所处的行业和发展阶段、企业的基础管理能力、企业原有的绩效管理制度和体系。只有做好这几个方面的计划评估工作，才有可能使新的绩效管理体系符合企业的文化价值取向，切合企业的实际情况，并能够切中问题，做到有的放矢。

第三，方案制订与宣传。人力资源部要负责制订绩效管理方案，当然不一定是从头到尾都亲力亲为，可以与相关部门或咨询顾问组成联合工作团队来制订方案。在方案制订的过程中及以后，人力资源部要充分发挥舆论宣传的作用，使绩效管理的理念深入人心，化解员工心中的顾虑；同时，必须协助各部门和员工对企业战略进行层层分解，形成各级的KPI，为绩效管理打下基础。

第四，考核前的培训工作。在绩效管理实施之前，人力资源部要为参与考核的人提供培训，尤其是要对考评主体进行培训。

第五，日常事务管理工作。日常事务管理工作是指在推行绩效管理体系的过程中，人力资源部需要做的经常性工作，主要包括：对考核过程进行监督、检查，及时指出违反企业绩效管理制度或办法的地方，并予以纠正；收集反馈信息，包括存在的问题、难点、批评与建议，记录和积累相关资料，提出改进方案和措施；汇总、统计考核评分结果；建立员工考核档案，以此作为员工薪酬调整、职务升降、岗位调动、培训、奖惩等的依据；在绩效考核委员会的领导下，协调、处理考核申诉的具体工作。

第六，后续工作。在绩效管理方案实施一个周期之后，要对实施过程中出现的问题进行分析，进而提出改进和完善的可行性方案，以使绩效管理不断完善。

3) 各子公司、各部门领导

各子公司、各部门领导是实施绩效管理的主体，是绩效管理的前沿阵地，他们在绩效管理中的主要职责有：第一，根据企业的总体战略目标，提供本公司或本部门的资料，参与制定本公司或本部门的分目标，并提交绩效考核委员会审批；第二，协助绩效考核委员会和人力资源部，制定本公司或本部门以及所属员工的绩效考核标准；第三，坚决执行企业的绩效管理制度和方案，严格按照企业安排的绩效管理进程实施本公司或本部门的绩效管理；第四，负责对本公司或本部门的部分员工进行评分，子公司或部门的负责人要由上级主管领导进行评分；第五，绩效考核完毕后，负责本公司或本部门员工的绩效反馈和绩效改进工作。

16.2.5　绩效管理的相关制度体系

1) 绩效管理制度的内容

（1）总则。

① 概括说明建立绩效管理制度的原因，绩效管理的地位和作用，即在企业中加强绩效管理的重要性和必要性；

② 说明绩效管理的宗旨和原则；

③ 对绩效管理的组织机构设置、职责范围、业务分工，以及各级参与绩效管理活动的人员的责任、权限、义务和要求做出具体规定；

④ 说明绩效管理的考核对象和考核周期。

（2）正文。

① 对各类人员绩效考核的方法、考核方案设计的依据和基本原理、考核指标和标准体系做出简要、确切的解释和说明；

② 详细规定绩效考核的类别、层次和考核期限（何时提出计划、何时确定计划、何时开始实施、何时具体考评、何时反馈面谈、何时上报结果等）；

③ 对绩效管理中所使用的报表格式、考核量表、统计口径、填写方法、评书撰写和上报期限，以及对考核结果偏差的控制提出具体要求；

④ 对绩效考核结果的应用原则和要求，以及与之配套的薪酬激励、人事调整、晋升培训等规章制度的贯彻实施和相关政策的落实办法做出明确规定；

⑤ 对各个职能部门和业务部门的年度绩效管理总结、表彰活动和要求做出原则规定。

（3）附则。

① 对绩效考核中员工申诉的权利、具体程序和管理办法做出明确、详细的规定；

② 具体说明绩效考核文件的使用要求与保存方法；

③ 对绩效管理制度的解释、实施和修改等其他有关问题做出必要的说明；

④ 对其他绩效管理相关制度，如上下级沟通制度、基于员工绩效的奖惩制度、培训制度、人事调整制度等做出必要的说明。

2）绩效管理制度的编写

绩效管理制度是企业绩效管理的指导性文件，在起草时，一定要从企业的实际情况入手，充分考虑企业的基础管理水平和员工的素质水平，不能脱离实际。同时，一项成功的绩效管理制度也不可能一蹴而就，需要经过不断的实践和探索，总结经验教训，扬长避短。随着企业的发展和环境的变化，企业的管理水平不断提高，人员素质也不断提升，这就应该定期或不定期地对绩效管理制度进行适当的补充与修改。

编写绩效管理制度要经过以下几个阶段：

第一，调查与评估阶段。在这个阶段，需要组建绩效管理制度编撰委员会，委员会的人员构成由各个企业视自己的情况而定。编撰委员会通过问卷调查、个人访谈、团体访谈等各种手段，收集有关企业、员工素质和管理水平的数据，并整理分析，在此基础上，评估企业现阶段的基础管理水平和员工素质，以及企业原有的绩效管理制度，找出问题的症结所在。

第二，设计与起草阶段。企业绩效管理制度编撰委员会在第一个阶段所获资料的基础上，进行制度的设计与起草。

第三，讨论与修改阶段。绩效管理制度草案提出后，应由绩效管理制度编撰委员会在广泛征询各级管理者和员工意见的基础上，对草案进行深入的讨论和研究。经过反复调整与修改，上报总裁审核批准。

第四，试行过渡阶段。绩效管理制度获得批准后，人力资源部应该规定一个试行过渡期，使各级管理者和员工能够逐步理解、适应和掌握新的绩效管理制度，在试行的过程中，如果遇到一些特殊情况或重大问题，也可以及时采取补救措施，不致造成重大损失。

第五，全面推广阶段。在顺利度过试行过渡阶段后，就要在全公司范围内推广新的绩效管理制度，并监督其推行的过程。

绩效管理是一个综合的管理体系，是整个人力资源管理系统的核心，贯穿于企业管理的始终。绩效管理是人力资源管理部门整合企业人力资源管理工作的有效手段和方式，也是人力资源管理部门的工作目标。总体来说，绩效管理涉及人力资源管理的各个方面，既包括大量的管理技巧，也包括企业人力资源管理工作要实现的目标，即提高企业员工的绩效水平和企业管理员工绩效的能力。同时，绩效管理是一个完整的系统，在这个系统中，组织、管理者和员工全部参与进来，管理者和员工通过沟通的方式，将企业的战略、管理者的职责、管理的方式和手段以及员工的绩效目标等管理的基本内容确定下来，在持续沟通的前提下，管理者提供必要的支持、指导，帮助员工清除工作过程中的障碍，与员工共同实现绩效目标，从而实现企业的愿景和战略目标。

企业战略是进行绩效管理的前提和出发点，企业战略明确了，绩效管理就有了目标和方向，部门和员工也就有了分工和计划；反之，如果企业战略有偏差或比较模糊，即使绩效管理体系设计得再完善，员工的积极性再高，也只会使企业一步步走向危险的境地。企业战略就像企业的旗帜，它指引着企业前进的方向，也引导着绩效管理一步步迈向成功。

组织和员工的绩效是通过流程产生的。为了有效实施绩效管理，企业必须从流程上下功夫。设计完善的管理流程并使之得到有效的实施，可以使企业的绩效管理一开始就走在正确的道路上，而如果没有完善的管理流程，再好的绩效管理也得不到有效的实施，也就根本无法使企业的愿景和目标真正落到实处。企业管理流程的改进和优化使绩效管理的实施有了可靠的组织依托，在很大程度上保证了绩效管理的顺利进行，并最终实现企业的战略目标。

拓展阅读
16-2

B公司绩效
管理体系构
建案例

学思践悟

理解中国式管理[①]

管理是对组织内外相关的资源加以开发、运用和整合，通过相应的制度、技术、流程与方法，使之与组织文化和战略相联系，从而促进组织及其所有成员竞争力的提升与全面的共同发展。从本质上看，管理就是责任，它不仅承担着提高效率、创造绩效、促进组织可持续发展的责任，还承担着促进组织成员与相关利益方共同发展的责任。管理的有效性可以从管理的过程和产出两个方面来体现，管理产出（或结果）意味着做正确的事，管理过程（或行为）意味着正确地做事，只有两者统一协调，才可以称得上管理。

"中国式管理"是指一种具有中国本土特色的管理实践及其理论总结，对应于以欧美管理理论和实践为基础的"现代管理科学"，比拟于"日本式管理"。理解"中国式管理"可以有两个视角：一个是对现实的总结和归纳，属于"过去时"和"承认式"；另一个是对应有状态的设计和探索，属于"未来时"和"实践式"。"中国式管理"不同于"古典管理"，也不是对"传统管理"的提炼与总

---

① 受篇幅限制，本文内容为节选，全文请参阅：林新奇. 中国式管理与管理的HHP模式比较［J］. 企业经济，2021（7）：5-12；161.

结，而是一直处在探索的进化过程之中。因此，结合其过去和现实，采取"未来时"和"实践式"的视角也许更合适一些。

那么，我们又应当如何来探讨或看待"未来时"和"实践式"的中国式管理呢？中国式管理理论有数千年历史，具有悠久的传统，但是，以政治管理为中心是中国传统管理理论的特点，重视对人的管理，把管理视为艺术，并未形成一门科学。

管理在当代依然受传统影响较大，计划经济下的管理与现代管理科学存在明显差异。改革开放以来，中国管理逐渐形成一门科学，其发展可归纳为四个阶段：一是改革开放初期，在浮躁的现实面前，中国管理以及管理学呈现幼稚化特征，这是难以避免的一个阶段；二是从20世纪90年代开始，中国管理经历了"传播套用阶段"，人们在吞食、消化西方管理的同时，开始注重调查与咨询，学科独立，逐渐形成体系，并对企业具有指导性；三是迈进21世纪后，中国管理逐渐进入了"两张皮时代"（检证疑问阶段），虽然渗透与摩擦并存，但是也开始共同研究，注重研究式咨询；四是近十多年来，在某些地方，中国管理开始提出新概念、发掘现场理论、重视本国传统的新气象，进入了"概念（理论）探索阶段"。

不可否认，随着中国经济的快速发展和移动互联网等新兴技术的迭代，中国管理加速融入全球化和国际化的时代潮流。在实行改革开放的数十年来，中国管理得到了很大的进化和提高。同时，我们必须认识到，这种提高还是初步的。就国际竞争力而言，中国管理依然任重而道远，需要不断的进化与深刻的革新，包括管理机制和管理文化等都需要全面系统的改革。此外，随着数字化、智能化等技术的发展，技术与管理紧密融合，中国管理处在一个急剧整合与提升的进化过程之中。

面对VUCA①时代，必须加快推进中国本土管理创新。一方面，经济全球化的新特点、新趋势和中国"一带一路"倡议，要求中国企业坚定实施"走出去"战略，增强国际竞争力，做强、做优、做大，这就需要重新理解管理模式，实现管理国际化；另一方面，随着数字技术的不断发展应用，传统管理理论不管是制度、程序，还是方法、技术，都面临新技术革命的挑战，这也迫使中国必须走出一条适应新时代新发展格局的本土管理创新之路，这是摆在中国管理理论与实践面前的重大课题，也是必须回应的时代呼唤。

☀ 本章小结

绩效管理体系是有机整合的一套流程和系统，专注于建立制度、收集信息、处理矛盾和监控绩效管理的全过程。

绩效管理体系承担着战略落地、科学管理以及开发员工的重要作用。整个体

---

① VUCA是四个英文单词的缩写，代表了四种状态，它们分别是：volatile（不稳定）、uncertain（不确定）、complex（复杂）和ambiguous（模糊）。

系包括目标体系、组织过程体系、相关制度体系以及组织保证体系，通过四者的共同作用，完成有效的绩效管理。

在整个体系设计的过程中，要考虑到企业文化、基础管理能力、业务流程以及组织结构等各方面。

复习思考题

（1）什么是绩效管理体系？它由哪些部分构成？

（2）构建绩效管理体系的基本步骤是什么？

（3）企业在构建绩效管理体系中可能遇到的主要障碍是什么？应该如何克服？

（4）人力资源管理部门在绩效管理体系构建中负有什么样的责任？

（5）谈谈绩效管理体系在整个企业管理以及人力资源管理中的重要意义。

（6）调查企业案例，分析其绩效管理体系成功或失败的主要原因。

案例分析题

中美贸易战与中兴通讯公司案例

近年来，美国频繁向美国国际贸易委员会（ITC）提出对我国企业发起"337调查"的请求。首先，在行业方面，从2008年至2017年，美国针对中国发起的"337调查"主要集中在机电行业，其次是轻工行业，再次是医疗器械行业。可见，从2008年以来，随着我国制造业技术水平的不断提升，"337调查"涉案产品不断升级，逐渐从机电行业向轻工行业和医疗器械领域扩散，产品的附加值也越来越高。在企业方面，我国已经连续多年成为美国"337调查"涉案最多的国家。2008年至2017年间，美国发起的"337调查"中有三分之一以上的数量是针对中国企业的。据商务部数据统计，我国企业遭受美国"337调查"的诉由主要为专利侵权、商标侵权及著作权侵权案件，近年越来越多涉及反垄断及商业秘密侵权诉讼。在"337调查"中，美国企业申请的措施多数为"普遍排除令"或"有限排除令"、"禁止令"，虽然由于我国市场经济地位不被美国认可，我国企业在双反调查中较为被动，但"337调查"通过调查企业专利侵权与否进行认定，如果企业能够积极应诉，其胜诉率相对高一些。美国科文顿·柏灵律师事务所收集的数据显示，随着中国越来越多的企业开始掌握自主知识产权，在遭遇"337调查"时中国企业选择积极应诉，并且取得胜诉的概率也在逐年增加。

中美贸易知识产权争端最典型的案例之一就是中兴通讯事件。根据商务部贸易救济调查局的数据，从2011年至2016年，中兴通讯曾遭遇7次美国的"337调查"（见表16-6），中兴通讯全部应诉，其中5起取得诉讼胜利，2起和解结案。中兴通讯多次在"337调查"中取得胜诉的原因是，企业的研发投入、专利申请和有效的知识产权战略布局。

表16-6   2011—2016年中兴通讯遭遇"337调查"情况

起诉日期	起诉企业	诉由	裁决结果
2011.7.26	Inter Digital	带有3G功能的手机、无线网络设备、手提电脑等产品侵犯其专利权	2013年12月，ITC裁定中兴通讯未侵权
2012.5.23	Flashpoint Technology	对美出口、在美进口或在美销售的电子图像设备侵犯其专利权	2013年12月，ITC裁定中兴通讯未侵权
2012.7.24	Technology Properties LLC、Phoenix Digital Solutions LLC、Patriot Scientific Corporation	在美销售的无线电子设备产品的相关芯片侵犯其专利权	2014年3月，ITC裁定中兴通讯未侵权
2013.1.2	Inter Digital	对美出口、在美进口或在美销售的3G/4G无线设备及相关产品侵犯其专利权	2015年2月，ITC裁定涉案五项专利中四项不构成侵权，一项专利为无效专利
2013.5.17	Graphics Properties Holdings	对美进口以及在美销售的部分带有显示和数据处理功能的消费电子产品及同类产品侵犯其专利权	Graphics Properties Holdings主动撤诉
2013.12.18	Pragmatus Mobile	在美国市场销售的手机和平板电脑侵犯其专利权	达成和解，Pragmatlls Mobile撤诉
2016.3.24	Creative Technology	对美进口的便携式电子设备侵犯其专利权	2017年10月，中兴通讯胜诉

在逆全球化背景下，以美国为代表的发达国家倾向于采用保守的贸易保护政策，其中动用知识产权这一政策工具或者"大棒"以建立贸易壁垒，给我国的高科技企业带来了较高的知识产权争端风险。面对这一风险，我国企业，特别是高科技企业不能坐以待毙，需要采取积极的应对措施，维护企业的利益。

资料来源　作者的硕士生柳媛同学综合相关文献和新闻报道资料整理而成.

思考与讨论：

知识产权保护是全球化时代绩效管理的一项重要内容。在逆全球化的背景下，以美国为代表的发达国家倾向于采取保守的贸易保护政策，其中动用知识产权这一政策工具以建立贸易壁垒成为了经常使用的手段，增加了我国高科技企业的知识产权争端风险。面对这一风险，我国高科技企业应该如何应对？在绩效管理方面，企业需要完善什么制度和机制来增强企业预防与应对知识产权争端风险的能力？

主要参考文献

英文部分

［1］WAGNER KURT. Following Frat Party，Twitter's Jack Dorsey vows to make diversity a company goal ［EB/OL］．［2023-07-02］．https：//www.vox.com/2015/7/27/11615058/following-frat-party-twitters-jack-dorsey-vows-to-make-diversity-a.

［2］Google Ventures. How Google sets goals：objectives and key results ［EB/OL］．［2023-07-02］．https：//v.youku.com/v_show/id_XNDQwMTU0MTIxNg==.html.

［3］NIVEN P R，LAMORTE B. Objectives and key results：driving focus, alignment，and engagement with OKRs ［M］．New York，NY：John Wiley & Sons, 2016.

［4］TORP A，ALBULESCU S，PURCAREA A A. Human resource management & company performance：what do we actually know? ［J］．SEA-Practical Application of Science，2015，（8）：13-18.

［5］AGWU M O，OGIRIKI T. Human resource development and organizational performance in the Nigeria Liquefied Natural Gas Company Limited，Bonny ［J］．Journal of Management & Sustainability，2014，（4）：134-146.

［6］KAUSHIK S. Employment branding at Google：a challenge to attract and/or build talent ［J］．International Journal of Sustainable Society，2013，（4）：350-356.

［7］HUNTER D E K，NIELSEN S B. Performance management and evaluation：exploring complementarities ［J］．New Directions for Evaluation，2013，（137）：7-17.

［8］LEVY S. In the Plex：How Google thinks，works，and shapes our lives ［M］．New York，NY：Simon & Schuster，2011：162-163.

［9］SUDARSAN A. Employee performance appraisal：the（un）suitability of management by objectives and key result areas ［J］．CURIE Journal，2009，（2）：47.

［10］BAYERLEIN P，GAILEY R. The six principles of performance communication ［J］．Strategic HR Review，2005，4（4）：32-35.

［11］ROWN T C，HANLON D. Validation of effective entrepreneurship behaviors ［J］．ACAD MANAGE PROC，August，2005：B1-B6.

［12］BAUER K. KPI-the metrics that drive performance management ［J］．DM Review，2004，14（9）：63.

［13］BOTT J P，SVYANTEK D J，GOODMAN S A，et al. Expanding the

performance domain: who says nice guys finish last? ［J］. International Journal of Organizational Analysis, 2003, 11 (2): 137-152.

［14］ MOHAMMED S, MATHIEU J E, BARTLETT A L. Technical-administrative task performance, leadership task performance, and contextual performance: considering the influence of team-and task-related composition variables ［J］. Journal of Organizational Behavior, 2002, 23 (7): 795.

［15］ AVIS J M, KUDISCH K D, FORTUNATO V J. Examining the incremental validity and adverse impact of cognitive ability and conscientiousness on job performance ［J］. Journal of Business and Psychology, 2002, 17 (1): 87-105.

［16］ WITT L A, KACMAR K M, CARLSON D S, et al. Interactive effects of personality and organizational politics on contextual performance ［J］. Journal of Organizational Behavior, 2002, 23 (8): 911-926.

［17］ CONWAY M. Managerial performance development constructs and personality correlates ［J］. Human Performance, 2000, 13 (1): 23-46.

［18］ HEZLETT J. Managing five paradoxes of 360-degree feedback ［J］. Academy of Management Executive, 2000, 14 (1): 140-150.

中文部分

［1］林新奇.国际人力资源管理［M］.3版.上海：复旦大学出版社，2021.

［2］林新奇.绩效管理：技术与应用［M］.3版.北京：中国人民大学出版社，2021.

［3］林新奇.中国式管理与管理的HHP模式比较［J］.企业经济，2021（7）：5-12；161.

［4］林新奇，蒋瑞.绩效管理［M］.北京：中国人民大学出版社，2020.

［5］尼文，拉莫尔特.OKR：源于英特尔和谷歌的目标管理利器［M］.况阳，译.北京：机械工业出版社，2017.

［6］林新奇.绩效考核与绩效管理［M］.北京：清华大学出版社，2015.

［7］林新奇.跨国公司人力资源管理［M］.北京：清华大学出版社，2015.

［8］林新奇，张可人.聚焦硬件制造及科技服务差异的目标管理——联想公司与惠普公司的案例比较［J］.中国人力资源开发，2015（24）.

［9］林新奇.中国式绩效管理及其前途［J］.企业管理，2014（10）.

［10］林新奇.新中国人力资源管理变革的路径和走向——制度变迁与政策选择［M］.大连：东北财经大学出版社，2012.

［11］林新奇.国际人力资源管理实务［M］.大连：东北财经大学出版社，2012.

［12］林新奇.学者提出"25年周期进化说"［N］.光明日报，2011-05-18（15）.

［13］林新奇．绩效考核与绩效管理［M］．北京：对外经济贸易大学出版社，2011．

［14］林新奇，韩昌跃．人才战略规划［M］．北京：中国人事出版社，2011．

［15］林新奇．机关绩效管理［M］．北京：中国人事出版社，2011．

［16］林新奇，秦春玲．中日企业人力资源绩效管理比较［J］．人力资源管理，2010（4）．

［17］林新奇．人力资源管理发展八大趋势［N］．光明日报，2009-02-13．

［18］林新奇．绩效革命三十年［J］．企业管理，2008（8）．

［19］林新奇．人力资源管理三十年：路径与走向［J］．中国人才，2008（11）．

［20］林新奇．跨国公司人力资源管理［M］．北京：首都经济贸易大学出版社，2008．

［21］林新奇．国际化组织如何管理驻外人员［J］．中国人才，2008（9）．

［22］崛悦夫．在崛起与衰退之间：一个日本学者对中国改革开放的思考［M］．林新奇，译．上海：复旦大学出版社，2007．

［23］李业昆．绩效管理系统研究［M］．北京：华夏出版社，2007．

［24］阿德金斯．绩效管理案例与评析［M］．郭存海，周轶韬，译．北京：电子工业出版社，2007．

［25］贺炳红．绩效沟通的"三重境界"［J］．人力资源，2006（9）．

［26］甘新．"3+1"模式沟通绩效［J］．人力资源，2006（1）．

［27］林新奇．绩效管理手册［M］．北京：中国劳动社会保障出版社，2006．

［28］林新奇．人力资源管理者专业化的5大挑战［J］．新资本，2005（4）．

［29］江世英．LEFE模式的非正式沟通［J］．人力资源，2005（11）．

［30］朱军宁．克服360度绩效考核在国内实施的"水土不服"［J］．科技情报开发与经济，2005（5）．

［31］饶伟国．绩效沟通该怎么做［J］．人力资源，2005（3）．

［32］德鲁克．卓有成效的管理者［M］．许是祥，译．北京：机械工业出版社，2005．

［33］巴考尔．绩效管理24准则［M］．王成，译．北京：中信出版社，2005．

［34］何健，侯炜．绩效面谈中的沟通技巧［M］．中国人力资源开发，2004（8）．

［35］林新奇．中国人事管理史［M］．修订版．北京：中国社会科学出版社，2004．

［36］尼利，亚当斯，肯尼尔利．战略绩效管理：超越平衡计分卡［M］．李

剑锋，等译．北京：电子工业出版社，2004．

[37] 林新奇．管理国际化及在亚洲移植五阶段说［J］．当代财经，2003（11）．

[38] MCNAUGHTON S．绩效管理：概念与知识手册［M］．天向互动教育中心，编译．北京：清华大学出版社，2003．

[39] MCNAUGHTON S．绩效管理：应用与行动手册［M］．天向互动教育中心，编译．北京：清华大学出版社，2003．

[40] 德瓦尔．成功实施绩效管理［M］．北京爱丁文化交流中心，译．北京：电子工业出版社，2003．

[41] 丁岳枫，刘小平．绩效管理过程中的沟通及策略［J］．商业研究，2003（13）．

[42] 孙健．360度绩效考评［M］．北京：企业管理出版社，2003．

[43] 张体勤．知识团队的绩效管理［M］．北京：科学出版社，2002．

[44] 阿什沃思．整合绩效管理：实现股东价值的有效方式［M］．李克成，译．北京：电子工业出版社，2002．

[45] 莱瑟姆，维克斯利．绩效考评：致力于提高企事业组织的综合实力［M］．萧鸣政，等译．2版．北京：中国人民大学出版社，2002．

[46] 德瓦尔．绩效管理魔力：世界知名企业如何创造可持续价值［M］．汪开虎，译．上海：上海交通大学出版社，2002．

[47] 威廉姆斯．组织绩效管理［M］．蓝天星翻译公司，译．北京：清华大学出版社，2002．

[48] 佛尼斯．员工激励16法：员工行为管理的成功秘诀［M］．张帅，译．海口：海南出版社，2001．

[49] MOGLIA T．绩效伙伴：成功的绩效管理［M］．李军军，王哲，译．广州：中山大学出版社，2001．

[50] 韦斯特伍德．绩效评估［M］．白云，译．长春：长春出版社，2001．

[51] 金瑜．心理测量［M］．上海：华东师范大学出版社，2001．

[52] 拉西姆，洛克．目标设置理论［J］．黄燕，译．企业管理，2000（9）．